2021 金水年鉴

JINSHUI NIANJIAN

郑州市金水区地方史志办公室 编

方志出版社
Publishing House of Local Records

图书在版编目(CIP)数据

金水年鉴. 2021/郑州市金水区地方史志办公室编
. — 北京 : 方志出版社， 2021.10
ISBN 978-7-5144-4903-7

Ⅰ. ①金… Ⅱ. ①郑… Ⅲ. ①区（城市）－郑州－2021－年鉴 Ⅳ. ①Z526.14

中国版本图书馆CIP数据核字(2021)第275388号

金水年鉴(2021)

编　　者：	郑州市金水区地方史志办公室
责任编辑：	陈　菁
出 版 者：	方志出版社
	地址　北京市朝阳区潘家园东里 9 号（国家方志馆4层）
	邮编　100021
	网址　http://www.zgfzcb.cn
发　　行：	方志出版社图书经销中心
	电话（010）67110500
经　　销：	各地新华书店
印　　刷：	河南瑞之光印刷股份有限公司
开　　本：	889×1194　　1/16
印　　张：	18.5
字　　数：	457千字
版　　次：	2021年10月第1版　2021年10月第1次印刷
印　　数：	001～500册

ISBN 978－7－5144－4903－7　　**定价：** 280.00 元

金水区政区图

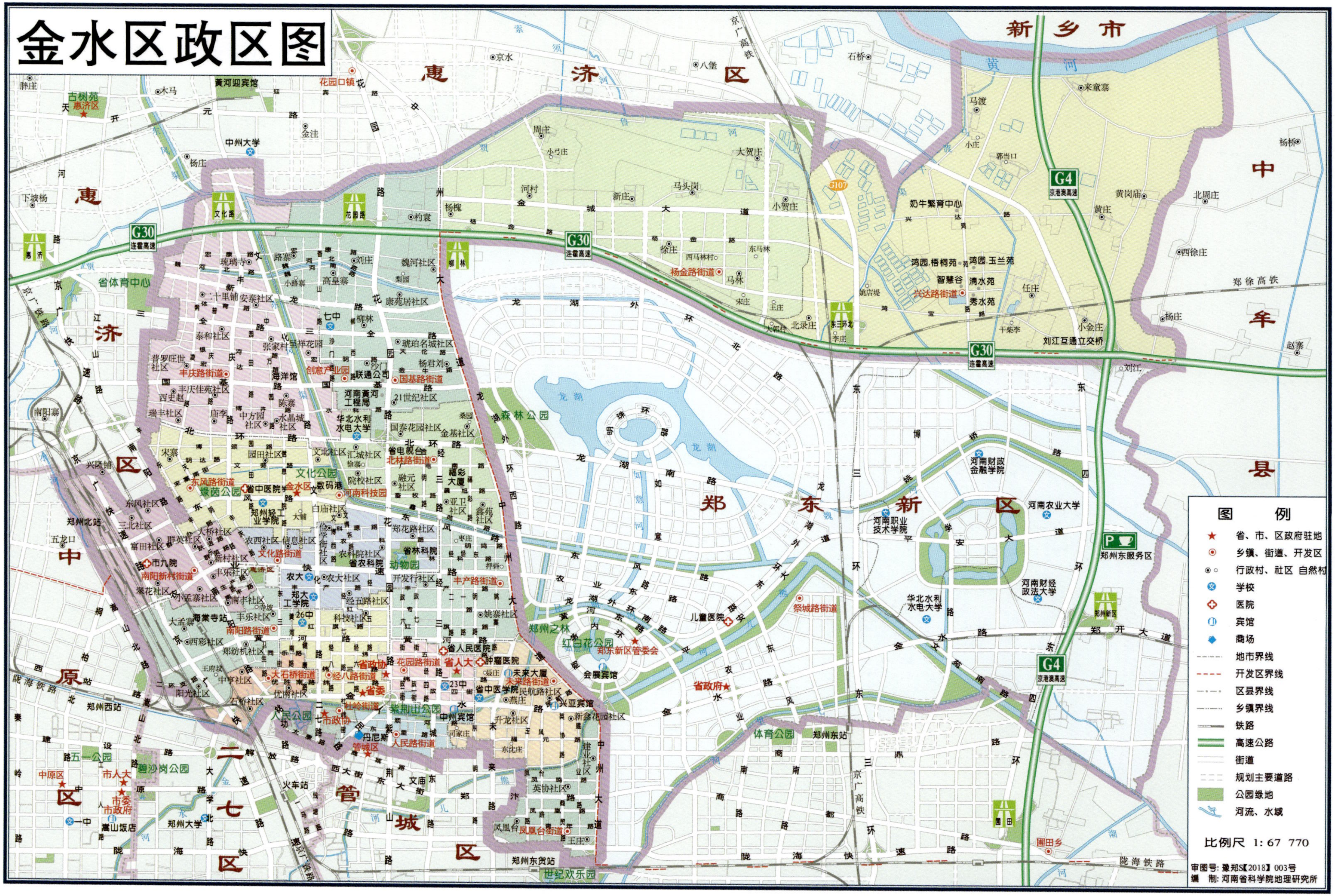
图例
省、市、区政府驻地
乡镇、街道、开发区
行政村、社区 自然村
学校
医院
宾馆
商场
地市界线
开发区界线
区县界线
乡镇界线
铁路
高速公路
街道
规划主要道路
公园绿地
河流、水域
比例尺 1: 67 770
审图号：豫郑S【2018】003号
编 制：河南省科学院地理研究所
新乡市
中牟县
惠济区
郑东新区
中原区
二七区
管城区
金水区
郑州东站
郑州北站

东风路美景（刘安顺/摄）

▲ 金水“中国结” 北环花园路立交桥 （光 华/摄）

5月24日，金水区第十三届人民代表大会第五次会议开幕（区人大常委会办公室/供图）

5月23日，中国人民政治协商会议郑州市金水区第九届委员会第四次会议开幕（区政协办公室/供图）

4月1日，中国共产党金水区第十一届纪律检查委员会第五次全体会议召开（区纪委监委办公室/供图）

1月7日，金水区2019年度党建工作责任制述职评议会召开（区委组织部/供图）

6月19日，区司法局全体人员到郑州圆方集团参观学习（区司法局/供图）

8月11日，郑州市2020年度以工代训暨职业技能提升行动工作推进会在金水区丹尼斯大卫城召开（区人社局/供图）

9月9日，金水区召开第七次全国人口普查综合业务培训班（区统计局/供图）

10月，区工商业联合会与区检察院共同举办“服务”“六稳”“六保”护航民企发展普法培训（区工商联/供图）

11月17日，金水区参加2020中国楼宇经济全球合作大会并获得中国楼宇经济领军发展城区奖（区楼宇办/供图）

11月20日，区城市综合执法局队列训练（区城市综合执法局/供图）

11月23日，区委老干部局全体党员干部奔赴河南省廉政文化教育中心参观学习（区委老干部局/供图）

12月22日，金水区国基路街道第一届居民议事会议第一次会议召开（国基路街道/供图）

12月3日，宪法宣传周省政协委员、机关干部走进法院旁听庭审（区人民法院/供图）

8月24日，中国人民大学诉讼案例研究中心与金水区人民检察院共建教学科研实践基地揭牌仪式举行（区人民检察院/供图）

“七一”节前，金水区妇联联合群团部门开展“弘扬劳动精神，争当出彩先锋”主题党日活动

（区妇联/供图）

11月，区政府采购中心干部职工参观网络安全科技馆

（区政府采购中心/供图）

12月，金水区健步走代表队参加2020年郑州市千村百镇系列体育活动决赛（区文旅体局/供图）

区退役军人事务局开展“牢记初心使命、争当出彩先锋”主题党日活动（区退役军人事务局/供图）

郑州市公安局金水分局揭牌仪式举行（郑州市公安局金水分局/供图）

2020年金水区职工健步走活动现场（区总工会/供图）

改造后的黄河路与经三路道路（区住建局/供图）

金沙月季园（区城管局/供图）

改造后的老旧小区园田路3号院一角（东风路街道/供图）

新建纬五路二小明鸿校区（区教育局/供图）

金科智慧城核心板块效果图（金水科教园区管委会/供图）

郑州国际金茂港效果图（区自贸办/供图）

金水区政务办事大厅效果图
（区政务服务办公室/供图）

未来路（倪小保/摄）

贾鲁河风景
（杨金路街道/供图）

“美丽郑州·炫舞世界”2020WDG第八届中国（郑州）国际街舞大赛现场（区文旅体局/供图）

9月，团区委开展“河”我一起·守护母亲河活动（团区委/供图）

1月10日，国基路街道举行"我们的中国梦"文化进万家活动（国基路街道/供图）

4月28日，河南省国标舞艺术联盟成立盛典在金水区举行（区委宣传部/供图）

6月19日，区市场监管局开展社区电梯应急演练安全知识宣传活动（区市场监管局/供图）

8月7日，区事管局干部职工在马渡村开展志愿者帮扶活动给村民发放帮扶宣传册（区事管局/供图）

8月25日，区民政局组织开展“金水为爱打卡，筑守一世情缘”活动（区民政局/供图）

10月，在校园科技节上学生与机器人互动（区科技协/供图）

9月23日，第11届中西部消费电子博览会在金水区举行（河南科技园区管委会/供图）

7月16日，2020“郑创汇”国际创新创业大赛7月份月赛在金水科教园区举办（金水科教园区管委会/供图）

9月9日，甲院社区人大代表联络站接待选民活动（花园路街道/供图）

7月，金水区图书馆开展"2020年金图学堂——暑期免费开放培训"活动（区文旅体局/供图）

唱响 （郭文贺/摄）

社区民警与群众学习中共十九大精神（郑州市公安局金水分局/供图）

金水区艺术小学课后服务合唱社团（区教育局/供图）

3月8日，金水区总医院医护人员在夜间准备接待病人（金水区总医院/供图）

3月11日，区市场监督管理局工作人员检查复工复产的商户（区市场监管局/供图）

▲ 2月22日，金水区总医院欢送首位驰援武汉抗疫医务人员牛书庚出征（金水区总医院/供图）

▲ 学生日常进校测温（区教育局/供图）

▲ 2月，区交通运输局干部职工在东三环北站下站口卡点值守（区交通运输局/供图）

7月7日，金水区在智汇城举办抗击疫情纪实影展（河南科技园区管委会/供图）

录制全省“名校同步课堂”直播课（区教育局/供图）

2月27号，优胜路小学刘洋老师在视频直播授课（区教育局/供图）

疫情期间志愿者服务队对无主管楼院进行消杀（区红十字会/供图）

辖区学生集体学习7步洗手法（区教育局/供图）

金水区红十字会志愿者参与疫情消杀工作（区红十字会/供图）

10月20日，区审计局投资科对区卫健委进行审计盘点（区审计局/供图）

金水区政务服务办事大厅“金小二”帮办代办一件事专区
（区政务服务办公室/供图）

金水区政务服务办事大厅“金小二”服务队伍
（区政务服务办公室/供图）

金水区政务服务办事大厅“金小二”服务受惠群众（区政务服务办公室/供图）

金水区政务服务办事大厅"最多跑一次"专区（区政务服务办公室/供图）

金水区政务服务办事大厅24小时自助服务区（区政务服务办公室/供图）

金水区政务服务办事大厅便民志愿服务站（区政务服务办公室/供图）

金水区政务服务办事大厅公安（户籍、车驾管、出入境）专区（区政务服务办公室/供图）

金水区政务服务办事大厅婚姻登记专区（区政务服务办公室/供图）

金水区政务服务办事大厅区直部门一口受理专区（区政务服务办公室/供图）

金水区政务服务办事大厅一楼总咨询台（区政务服务办公室/供图）

金水区政务服务办事大厅自助上网区（区政务服务办公室/供图）

编辑说明

一、《金水年鉴》以马克思列宁主义、毛泽东思想、邓小平理论、“三个代表”重要思想、科学发展观、习近平新时代中国特色社会主义思想为指导，坚持唯物主义和历史唯物主义立场、观点和方法，继承和发扬中国优秀文化传统，认真学习宣传贯彻中共十九大精神，为各级党政机关、研究部门和社会各界人士及中外投资者了解金水、研究金水、建设金水提供丰富的地情资料。

二、《金水年鉴》是中共郑州市金水区委、郑州市金水区政府领导下，金水区地方史志办公室编辑的年度地情书。《金水年鉴（2021）》全面、系统地记述2020年度内金水区政治、经济、文化等方面的基本情况。

三、《金水年鉴（2021）》采用分类编辑方法，主要内容划分为类目、分目、条目三个层次。类目、分目标题使用不同的字体、字号。条目是记述的基本单位，其标题用黑体字外加【】表示。正文后设置主题词索引，主题词索引标目按汉语拼音声母音序分类排列。

四、《金水年鉴（2021）》共设23个类目，即特载、大事记、区情概览、中共郑州市金水区委、郑州市金水区人民代表大会、郑州市金水区人民政府、政协郑州市金水区委员会、纪检监察、群众团体、法治、军事、农业与农村经济、工业和信息化、商贸、财政·税务、经济管理与监督、交通管理、城乡建设与管理、科教文卫、社会事业、园区建设、街道、附录。除文字内容外，为增强实用性、资料性，书中还载录领导活动、城乡面貌及辖区特色彩色图片，力求图文并茂，形象生动。

五、《金水年鉴（2021）》由区直各部、委、办、局、各垂直单位及各街道办事处组织供稿，并经各单位领导审核签字后编辑入鉴，少数内容为编者收集资料自撰，力求编辑内容准确可靠。

六、《金水年鉴（2021）》中有些数据由于其来源、使用角度及统计方法和项目内涵不同，因而不完全一致。在引用书中数据时，应以金水统计公报资料为准。

《金水年鉴》编辑部

特 载

大事记

区情概览

自然环境

建置与区划

人文历史

经济社会发展

中共郑州市金水区委

综 述

区委重要会议

金水区人民代表大会

综　述

重要会议

金水区人民政府

综　述

区政府重要会议

政务服务

机关事务管理

政府采购

共青团

妇女联合会

科 协

工商业联合会

残疾人联合会

红十字会

法 治

政法委及综治

公 安

检 察

法 院

司法行政

军 事

武装工作

人民防空

农业与农村经济

农 业

畜 牧

水　利

生态建设

审批监管

农村集体经济

结对帮扶

工业和信息化

综　述

制造业

现代产业

大数据产业

商　贸

商贸服务

粮食流通

楼宇经济

财政·税务

财　政

税　务

投融资政策研究

经济管理与监督

发展改革

统计工作

市场监督管理

应急管理

消防工作

市场发展管理

审　计

投资评审

交通管理

综　述

交通基础设施建设

行业服务管理

城乡建设与管理

资源规划

住房和城乡建设

环境保护

城市管理

城市综合执法

城市改造

房屋征收与补偿

智慧城市管理

郑州金达建设发展有限公司

郑州市金水建设综合开发有限公司

科教文卫

科　技

教　育

文化、旅游、体育

医疗卫生

社会事业

人力资源和社会保障

民政工作

爱国卫生

退役军人事务

医疗保障

园区建设

科教园区

河南科技园区

国家知识产权创意产业试点园区

金水自贸区块

滨水产业带

街 道

丰庆路街道

国基路街道

经八路街道

文化路街道

人民路街道

花园路街道

杜岭街道

南阳路街道

兴达路街道

附　录

组织机构

荣　誉

中共郑州市金水区委常委会2020年工作报告

金水区委书记 张红伟

（2021年1月9日）

2020年是全面建成小康社会和“十三五”规划的收官之年，也是金水区打造高品质现代化城区、实现“两率先一争当”的奠基破题之年。一年来，面对新冠肺炎疫情的严重冲击，区委常委会坚持以习近平新时代中国特色社会主义思想为指导，深入贯彻习近平总书记关于河南和郑州的重要讲话指示精神，坚决落实中央和省委、市委决策部署，坚持人民至上，牢记责任使命，强化统筹，精准发力，推动疫情防控取得重大成果，保持经济稳定增长，民生事业协调发展，社会大局和谐稳定，党的建设全面加强，各项工作都取得了新的成效。

一年来，区委常委会坚持以政治建设为统领，用贯彻落实习近平总书记重要讲话精神和党中央决策部署的实际行动体现“四个意识”“两个维护”，盯紧抓牢以下几件大事。

第一，坚持思想政治引领，用习近平新时代中国特色社会主义思想领航导向。把学习贯彻习近平新时代中国特色社会主义思想作为首要政治任务，落实省委“五种学习方式”“五比五不比”要求，在学懂弄通做实上下功夫、求实效。围绕习近平总书记重要讲话、指示批示精神，落实常委会“第一议题”制度，先后开展学习30次，做到第一时间学习、第一时间贯彻、第一时间行动。围绕学习贯彻《习近平治国理政（第三卷）》，中共十九届四中、五中全会以及中央全面依法治国工作会议精神等，组织中心组集体学习14次，举办“打造高品质现代化城区高端讲堂”5期，每次覆盖区直单位和街道党员干部1700人左右，开展“党的创新理论万场宣讲进基层”“百姓宣讲直通车”活动200余场，推动中央精神在干部群众中入脑入心、走深走实、见行见效。围绕习近平总书记给郑州圆方集团全体职工的回信，在全市区（县）市率先启动“弘扬劳动精神、争当出彩先锋”

系列活动，以“三研三亮两争创”为载体，发挥区域化党建引领作用，推动全区各级各类组织和党员干部职工立足本职、围绕中心，凝聚干事创业合力。围绕“黄河战略”实施，高起点规划沿黄科创带，开展“沿黄”环境问题集中整治、违建别墅整治、“占地造湖”整治，坚决把“两个维护”落实到行动上、体现到工作实效上。

第二，坚定聚焦奋斗目标，构建了高质量发展的实践体系。认真学习贯彻中央精神、省委部署和市委要求，准确把握进入全域城市化、发展面临新转折的阶段特征，着力落实市委赋予金水的“两率先一争当”总体要求，确立了以“中优”为主体，兼顾“东强”“北静”的城区功能定位，提出了打造高品质现代化城区的发展目标、工作导向、精神追求，明确了街道“五个一”“四个三”以及安全稳定、社会治理、党的建设十二项重点工作，制定实施了高质量发展三年行动计划，大力推进以“三大园区”为平台的科技创新能力提升，以自贸区建设和制度创新为支撑的对外开放功能提升，以核心板块开发为带动的城市空间结构优化，以“三项工程、一项管理”为抓手的城市有机更新，以“一网通办、一次办成”为牵引的“放管服”改革、营商环境优化，以城区绿化、污染管控、源头治理等多策并举促进绿色发展，全区上下贯彻新发展理念、推动高质量发展的思路更清晰、路径更明确、行动更自觉，效果不断显现。

第三，坚守疫情防控责任，筑牢了群众健康安全“生命线”。面对突如其来的新冠肺炎疫情，区委常委会充分发挥统揽全局、亲自指挥作用，坚持底线思维，强化统筹措施，强力推进疫情防控工作。第一时间启动战时机制，实施“属地、行业、单位、个人”四方联动，搭建“交通卡口—居民小区—各个单位—公共场所”四位一体的健康码智能管理体系，发动7338名党员干部24小时值守交通卡口，落实“六包一”楼院管控，以小区保社区、以社区保城区，不到1个月时间就取得“四个清零”的重大阶段性成果。疫情防控转入常态化以来，完善“人防+物防+技防”全方位防控体系，支持机场专班工作，加强海鲜农贸市场和冷链食品监控，辖区11家二级及以上医疗机构和区疾控中心PCR实验室全部建成投用，累计进行核酸检测51.7万人次，全区连续316天无新增本土病例，牢牢守住了辖区人民群众的生命安全防线。

第四，坚决做好“六稳”“六保”，稳住了经济社会发展基本盘。常态化开展“三送一强”“一联三帮”，推出“金水十条”“应急转贷”“为民造福若干意见”系列“政策包”，开展促消费系列活动，累计帮扶企业7.2万家、减税降费41亿元、提供资金支持509.3亿元，推动市场主体逆势新增4.2万家，总量达到26万家，占全省的1/30，市场主体活力不断增强。四大平台“多点联动”，吸引科大讯飞、中原动力等一批信息技术行业领军企业签约落户，郑州5G产业联盟、全省共享科技产业联盟、河南人工智能产业创新发展联盟成立运行，国家大众创业万众创新示范基地、国家网络安全创新应用先进示范区等“国字号”招牌纷至沓来，干成了一大批强基础、利长远的大事要事。预计全年生产总值突破1800亿元、同比增长2%左右，地方一般公共预算收入实现122亿元，社会消费品零售总额完成992.6亿元、总量占全市的1/5，成功跻身全国营商环境百强区第15位、全国高质量发展百强区第26位、全国竞争力指数百强区第46位、全国最具投资价值城域百强榜，交出了“四个百强”的优异答卷。

第五，坚持把加强党的领导、强化政治建设贯穿始终。制定完善《中国共产党郑州市金水区委员会工作规则》《关于进一步严明纪律改进作风的若干规定》，坚决扛稳加强党的领导的政治责任，推进全区上下增强“四个意识”、坚定“四个自信”、做到“两个维护”。区委常委会全年召开34次会议，研究议题152个，对事关中央和省委、市委决策部署落实和事关全局、事关民生的大事要事及时研究、及时部署。进一步完善区委依法治区委员会、区委国家安全委员会、区委编制委员会、区委审计委员会等议事机构的工作机制，切实加强对相关工作的领导。坚持“一个党委、三个党组”工作制度，先后召开了区委人大工作会议和区委政协工作会议，定期听取区人大常委会、区政府、区政协、法检等部门党组工作报告，发挥领导核心作用，充分调动各方面积极性，统一意志、团结一心，步调一致推动中央决策、省市委部署落地见效。

一年来，区委常委会高举旗帜、把准方向、扎实工作、狠抓落实，统筹推进各项工作取得新的突破性进展。

一、坚定不移贯彻新发展理念，以新举措推动城区经济转型升级

把发展城区经济作为主攻方向，以服务经济为主导、以创新经济为引领、以平台建设为支撑、以优化环境为依托，不断提升城区经济密度和产业能级。

（一）抓培育、建体系，经济发展质效持续提升。紧盯价值链中高端，实施“能级提升、龙头引领、链式集聚、品牌塑造”四大战略，做强主导产业。现代金融、高端商贸、信息服务等主导产业增加值突破900亿元，占地区生产总值比重达到50%。紧盯创新链中高端，主攻电子信息1号产业，做大新兴产业。科大讯飞“一中心四基地”、中原动力智能制造签约落地、加快建设。信大捷安正式推出全球首款5G-V2X标准智能交通安全芯片。新增数说安全、赛欧思等信息安全骨干企业50家，以电子信息产业为引领的高技术服务业增加值占GDP比重同比提升1.2个百分点，达到12%。紧盯服务链中高端，强力推进街道“四个三”重点工作，优化中心城区产业形态。实施农科路酒吧街、健康路体育用品一条街升级改造，推进大卫城、正弘城、国贸360商圈亮化提升，推动楼宇向特色化、专业化转型，全区全口径税收超亿元楼宇达到13幢，获评中国楼宇经济领军发展城区。

（二）抓要素、增优势，经济发展平台持续完善。把平台建设作为经济主战场，优化要素配置，加快功能拓展，持续强化载体支撑功能。金水科教园区新引进重点企业84家，7家企业被定为省重点上市后备企业，顺利承办国家网络安全宣传周系列活动，被工信部评为网络安全“高精尖”技术创新平台试点示范区。河南科技园区顺利完成老市场搬迁，成功举办中国（金水）科技创新发展高端论坛、中西部消费电子博览会暨第十一届中国中西部IT产品博览会，主营业务收入完成121亿元，连续3年保持10%以上增长。国家知识产权创意产业试点园区落户行知专利等龙头企业42家，阿里巴巴“1688”平台河南区域中心、“快手”河南运营中心等平台正式运营，成功发行全国首支知识产权创意信托产品“知识产权创意壹号”，被世界知识产权组织（WIPO）和国家知识产权局批准设立技术与创新支持中心（TISC）。

（三）抓创新、促开放，经济发展活力持续释放。充分发挥“双区”叠加优势，深入实施开放创新“双带动”战略，增强市场活力和社会创造力。自贸区发展步入快车道，郑州国际金贸港整合28个境外办事处，并联运行30万平方米海外仓，“区内注册、区外运营”模式持续深化，累计注册企业918家，注册资金163亿元，成功获批省级跨境电商示范园区，带动全区外贸进出口额实现109亿元，超过市内其他五区总和。自创区科技支撑作用日益凸显，全区新增科技型企业419家，新建成国家级众创空间4家、省级新型研发机构2家、市级以上工程技术中心（重点实验室）41家，全社会研发投入同比增长61.6%，投入强度达1.83%，成功举办中国创客领袖大会暨“双12”创客节，各级各界向科技发力、资源要素向科技倾斜、支持科技创新的氛围越来越浓。

（四）抓改革、蓄动能，经济发展环境持续优化。把解决体制机制上的瓶颈障碍作为基础性、攻坚性工作，用好改革“关键一招”。深化“一网通办、一次办成”改革，金水市民中心政务服务大厅全面投用，服务网络实现四级联动，政务服务“网上办”“最多跑一次”事项占比达到100%，在市内

五区率先实现营业执照“秒批秒办”，有效降低了制度交易成本。稳妥实施投融资体制改革，加快投融资平台转型，促进市场化运作。成功发行债券9.1亿元，有效缓解了重点项目建设资金压力。加快信息技术赋能，加速5G网络覆盖，教育、医疗、党建以及司法审判等领域人工智能技术赋能试点工作稳步推进。农业农村综合改革、事业单位改革稳步实施，营商环境不断优化。辖区注册资本亿元以上企业达952家，3家企业荣登2020河南企业（民营企业）100强，泰宏建设入选市长质量奖，大山教育港交所上市，高质量发展的源头活水持续奔涌。

二、坚持规划先行系统思维，以新形象展示省会中心城区品质内涵

坚持中心城区精细管理、北部城区完善配套、沿黄片区乡村振兴，以“三项工程、一项管理”和核心板块规划建设为抓手，推动城区形态更新、业态更新、功能更新、品质更新，走好“三生”融合的发展之路。

（一）承载功能提质升级。加快安置房建设，建成安置房88.2万平方米，网签安置房11673套，9352名群众回迁新居。完善市政道路配套，轨道交通6、7、8号线征迁任务大头落地，杓袁东路等17条道路建成通车，红专路断头路成功打通，农业路高架经三路下口地面道路整治拓宽，岳砦建材市场完成搬迁，一批历史遗留难题得以解决。强化核心板块规划建设，金科智慧城、郑州国际金贸港城市设计顺利通过市规委会批准，城乡接合部46个基础工程项目全部完成，美丽乡村精品村规划设计、违建拆除、建设模式、产业导入等工作加快推进。

（二）城区形象扮靓焕新。设立总设计师、总建筑师制度，严把设计关、施工关、成本关、管护关，扎实推进“双改”工作。未来路、黄河路、经三路、沙口路等4条主干道和经七路等43条支路背街实现“点、线、面”全面升级，395条路段达到优秀以上标准，92.4公里架空线缆入地改造，城区道路加速向美丽街区转变。深化“建管结合”模式，实施改造老旧小区266个，83个无主管楼院纳入专业物管服务范围，惠及群众21.3万人，改造成效被新华社、《人民日报》刊载。聚焦“四化”要求，畅通“大城管”运转体系，扎实开展创文创卫工作，圆满完成金鸡百花电影节服务保障任务。

（三）环境质量有效改善。打好污染防治攻坚战，33处工地创建绿牌工地，1265台非道路移动机械发放环保号牌，城区实现散煤清零、燃煤锅炉清零，$PM_{2.5}$、PM_{10}平均同比下降12.1%和11.1%，全年优良天数达到227天，比上年增加57天。落实落细“河长制”责任，石沟全线贯通，索须河故道综合治理稳步推进，来童寨污水处理厂投用，辖区河流4个断面水质全部实现市级考核达标。加快花园城市建设，农业路高架桥下绿化、铁路沿线新建绿化任务基本完工，建成金水上苑、金石游园等公园游园微景观107处，新增绿地133万平方米，绿地率、绿化覆盖率均超国家生态园林城市标准。

三、树牢以人民为中心的发展思想，以新成效推进民生福祉更加普惠

始终把群众期盼作为工作的着力点和落脚点，以街道“五个一”工作重点为抓手，顺应民意、改善民生、保障民安，人民群众的幸福感、获得感、安全感更加强烈。

（一）民生实事扎实推进。在收支压力极大的形势下，把财力最大限度地向民生领域倾斜，全年民生支出达到60.8亿元，增长16%，占一般公共预算收入的74.6%。累计发放创业担保贷款2.16亿元，新增城镇就业34617人，稳就业成效明显。新增公共停车泊位7575个，444座公厕全部达到二类以上标准，10个街道级党群服务中心投入运营，63个社区党群服务中心完成升级达标，中部城区最大的市民公共文化服务活动中心顺利投用，便民服务体系日趋完善。发放各类救助资金6255万元，“慈善日”募集善款9160万元，创全市捐赠纪录新高。

（二）社会事业协调并进。坚

持办好人民满意的美好教育，新建成投用中小学5所，新增公办幼儿园9所，区属中小学全部实现午餐供餐和课后服务，义务教育阶段66人以上超大班额彻底消除，成功入选全国首批、全省唯一青少年校园篮球“满天星”训练营；探索推进智慧教育试点，7所学校获评首批全省人工智能教育实验校，入选国家级信息化教学实验区。组织召开卫生健康大会，加大力度推进公共卫生服务体系、疾病控制体系建设，深入开展创建慢病防治示范区和健康促进区工作，新增社区卫生服务中心（站）23个、社区养老设施22个，金水区总医院创成全市首家区级二级甲等医院，获批全国智慧健康养老示范基地。新建城市书房3个、博物馆3家、健身场所23处、社会足球场地28块，群众生活更丰富、更多彩。

（三）社会大局和谐稳定。开展安全生产三年行动专项整治，交通运输等行业203家重点企业完成安全生产双重预防体系建设，“三分钟应急救援圈”做法得到应急管理部肯定，全年全区没有发生一起等级以上安全生产事故。加强食品安全全过程监管，新建标准化农贸市场8家，常态化抽检食品68.9万批次，成功创建省食品安全示范区。深化矛盾纠纷多元化解机制，严厉打击各类违法犯罪，深入开展扫黑除恶专项斗争，依法处置非法集资案件，稳步推进问题楼盘化解工作，群众安全感更有保障。积极助力脱贫攻坚，帮助卢氏县官道口镇、杜关镇顺利实现脱贫目标。

四、强力推进新时代民主法治建设，以新机制巩固团结奋进的良好局面

始终把发展社会主义民主法治作为推动各项事业发展的重要保障，坚持党的领导、人民当家作主、依法治区有机统一，更好地凝聚共识、共推发展、促进和谐。

（一）支持人大履行宪法法律赋予的各项职责。区人大及其常委会依法行使监督、决定、任免等职权，紧紧围绕区委中心工作，在全市率先启动民生实事项目人大代表票决制试点工作，率先推行街道居民议事会议制度，率先开展助推黄河流域生态保护和高质量发展暨“助力乡村振兴、人大代表在行动”主题活动，强力推进星级代表联络站创建，全年听取和审议“一府两院”专项工作报告24项，审查批准民生领域重点项目48项，开展视察、执法检查103次，一批人民群众关注的实际问题得到有效落实。

（二）充分保障区政协依章履行职能。深入贯彻新时代加强和改进人民政协工作的实施意见，落实党政领导领办重点提案制度，调整政协机关机构和编制，支持政协政治协商、民主监督、参政议政。区政协及其常委会主动服务全区工作大局，依托街道“政协委员之家”搜集反映社情民意，开展助力“六稳”“六保”，助力“两率先一争当”系列活动，围绕文化旅游产业发展、“十四五”规划编制等课题开展专题协商27次、组织视察调研32次，形成了一批有价值、有分量的建议案，较好地发挥了职能作用。

（三）巩固发展最广泛的爱国统一战线。制定民主党派人士民主协商计划，进一步提升多党合作制度效能。以“两个健康”和“一联三帮”专项行动为抓手，支持非公经济健康发展。新阶层人士统战工作扎实推进，民族交流、交往、交融成效突出，宗教治理三年行动计划深入实施，港澳台侨和海外联络工作不断巩固。党的群团工作不断加强，群团组织桥梁纽带作用得到较好发挥。深入开展双拥共建，获评全市党管武装模范区。

（四）深入推进全面依法治区。学习贯彻习近平法治思想和中央全面依法治国工作会议精神，把依法治区作为重要基础工作、首要营商环境来抓。严格落实党政主要负责人履行法治建设第一责任人职责，建立健全重大行政决策法定程序、“三重一大”事项决策机制和法律顾问制度。深化法治政府建设，切实规范执法行为。健全执法司法权力运行和监督制约机制，促进公正司法。扎实推进“七五”普法终期验收，顺利完成221个公共法律服务站（室）规范化建设，村（居）法律顾问实现全覆盖，全社

会法治观念不断增强。

五、不断加大全面从严治党力度，以新作为营造风清气正的政治生态

区委常委会把抓好党建作为“最大政绩”，巩固深化“不忘初心、牢记使命”主题教育成果，深刻把握党的建设各项新要求，深入推进党的建设新的伟大工程。

（一）管党治党“责”的体系越来越强。制定完善区委履行全面从严治党主体责任清单、区委常委会组成人员职责清单和各项工作制度，深化下级党组织定期向上级党组织报告工作制度，各级领导干部对口联系515个支部联系点，落实抓党建责任。把党建工作纳入各单位综合绩效考核，坚持“三级联述联评联考”，建立街道党工委书记抓基层党建工作实绩档案，常态化开展基层党建项目观摩，构建了以上率下、上下联动的党建责任共担体系，使党委管党建、书记抓党建的责任落地生根。

（二）宣传文化“引”的导向越来越明。坚持舆论先行，加大正面宣传引导，全年在传统主流媒体和新媒体发稿2万余篇，讲好金水故事、树立金水形象。打造“学习强国”主题公园，开展“出彩金水”“快乐星期天”系列文化惠民活动，成功举办2020中国（郑州）国际街舞大赛，让群众在家门口享受到了丰盛的文化盛宴。落实意识形态工作责任制，建立健全舆情引导工作机制和联席会议制度。

（三）基层基础“实”的成效越来越好。强化大抓基层、大抓基础的鲜明导向。以推行“两项制度”“两项机制”为重点，持续巩固共建共治共享的区域化党建格局。以“挂图作战、集中攻坚”行动为载体，把党的组织优势贯穿“三项工程、一项管理”全过程，探索实行无主管楼院“一核多元、融合共治”工作机制，全区647个无主管楼院实现党组织全覆盖，“党建带自治”保障“双改”工作顺利开展。以巡察反馈问题专项整治为契机，全面推行村级“四议两公开一监督”机制，充分发挥村务监督委员会作用，组织“亮承诺、赛实绩、比干劲”活动，结合村“两委”换届“出重拳”整顿选情复杂村，“下深水”物色合适人选，促进班子质量和结构持续向好。目前村（社区）党组织换届全部顺利完成，村委会和居委会换届工作正在有序开展。以“两新”党建提质扩面为抓手，培育新兴领域示范点10个，晨钟集团党委被评为全省社会组织党建示范点，建业集团党委及通信花园社区多次迎接各级领导观摩调研，鑫山党委、UFO党支部成为全国“小个专”党建工作会观摩点。

（四）干部队伍“干”的劲头越来越足。坚持“干部是干出来的，不是熬出来的”，注重选优配强，全区“一盘棋”谋划，及时跟进机构改革需要，顺利完成相关干部配备和二级机构划转工作。注重精准识别，选派优秀年轻干部到疫情防控、巡视巡察、“双改”工作、大气污染防治等急难险重岗位历练，树立在克难攻坚一线考察、识别、评价、使用干部的鲜明导向。注重薪火相传，专门调训优秀中青年干部63人，组织年轻干部积极参加全市“双百工程”，积极培养造就干事创业生力军。注重日常监管，开展党员干部因私出国（境）管理、国内请假备案专项检查，严格执行领导干部个人有关事项报告制度，实现从严监督管理干部常态化。

（五）党风廉政“严”的氛围越来越浓。坚持标本兼治、持之以恒正风肃纪。从严抓作风，严格执行中央八项规定及其实施细则精神，紧盯重要节点，深入查纠“四风”问题。集中开展街道作风纪律大整顿行动，查纠问题289项，约谈提醒17人，解聘1人，建立完善制度机制21项，推动基层作风纪律持续好转。从严抓治理，在政务服务改革、“六稳”、“六保”等重点工作领域开展“体验式监督检查”，破除政策落实“中梗阻”。在全区范围内组织各类存量资金专项清理，整治党政机关和国有企事业单位房产出租、租赁问题，顺利开展3轮巡察，实现了本届党委任期内巡察监督全覆盖。从严抓执纪，紧盯“关键少数”，聚焦侵害群众利益的腐败问题和不正之风，强化监督执纪问责，加大案件查处力

度，全年共立案审查64件，给予党纪政务处分62人，移送司法机关6人，坚决做到有腐必反、有贪必肃。从严抓教育，深入开展以案促改，不断加强警示教育，一体推进“不敢腐、不能腐、不想腐”机制建设，进一步筑牢了思想防线、扎实了制度笼子。

一年来，区委常委会始终以“打铁必须自身硬”的高度自觉加强自身建设。带头加强学习，深入学习习近平新时代中国特色社会主义思想，增强“四个意识”，坚定“四个自信”，做到“两个维护”，努力提高“把方向、谋大局、定政策、促改革”的能力和定力；带头严肃党内政治生活，高质量召开班子民主生活会，区委常委委员坚持以党员的身份参加所在支部组织生活，坚持民主集中制，严格按程序办事、按规矩办事，形成了团结一心、合作共事的良好氛围；带头改进作风，坚持以人民为中心，注重调查研究、听取各方面的意见，密切联系群众，深入一线调研指导、推动工作；带头廉洁自律，从严执行中央八项规定精神，自觉抵制“四风”，严格遵守廉洁自律各项规定，注重家风家教，接受各方面监督，以勤政廉政的实际行动树立区委常委班子的良好形象。

在看到成绩的同时，区委常委会也清醒地认识到工作中还存在不足和差距，主要表现为产业发展质量不高，科技创新能力不强，生态环境保护任务依然繁重，民生事业发展与群众日益增长的美好生活需要还有较大差距，城区治理体系和治理能力与特大城市中心城区的发展要求还不相适应，党的建设有待进一步加强，等等。在今后工作中，我们将始终高举习近平新时代中国特色社会主义思想伟大旗帜，深入贯彻习近平总书记视察河南重要讲话精神，认真落实中央和省、市委决策部署，不忘初心、牢记使命，拼搏实干、砥砺前行，与全区人民一道努力打造高品质现代化城区、创造高品质现代化生活，在中原更加出彩中率先全面出彩，在中部崛起中率先全面崛起，在全市全省发展大局中展现担当作为，作出更大贡献，奋勇争当排头兵。

政府工作报告

——在郑州市金水区第十三届人民代表大会第六次会议上

金水区人民政府区长 魏 东

（2021年2月3日）

一、2020年工作回顾及“十三五”主要成就

2020年是“十三五”规划收官之年，更是应对新冠肺炎疫情考验极不平凡的一年。一年来，在市委、市政府和区委的坚强领导下，全区上下高举习近平新时代中国特色社会主义思想伟大旗帜，紧紧围绕高品质现代化城区建设和实现“两率先一争当”总体目标，聚焦“六稳”“六保”工作任务，沉着应战抗疫情，从容应考促发展，在突出重点中兼顾全面，在突破难点中统筹全局，成功夺取了疫情防控和经济社会发展的“双胜利”。

（一）在疫情大战大考中实现了初心使命的淬炼升华

坚决以最快速度全面遏制疫情蔓延。疫情暴发时正值春节前返城高峰、消费高峰、旅游高峰。面对重点地区返郑人员多、过境中转多、探亲往来多的严峻形势，我们坚决贯彻习近平总书记重要讲话指示精神和中央、省市决策部署，2020年1月21日成立疫情防控指挥部，1月25日全面执行Ⅰ级响应，火速集结4.8万余名群防群控力量，一线组建2115个防控专班，迅速形成了“以楼院保社区、以社区保城区、以城区保城市”链条防控体系，用23天时间实现了本地确诊病例的零新增，又用10天时间实现了本地确诊、疑似、无症状感染的全清零，打了一场漂亮的疫情防控阻击战！

坚决以最硬举措守护群众生命安康。始终突出人民至上、生命至上，以“有备无患”的底线思维率先设置7个集中隔离点，以“前哨站点”的导向规范提升34家发热门诊（诊室），以“应检必检”的标准建成12个基因扩增（PCR）实验室，以“不漏一人”的要求高效排查328.4万人次，真正做到排查零遗漏、管控无死角。始终突出“大数据+网格化”方式，优化进口冷链食品监管、机场健康关爱等专班，抓牢“点到点”“门到门”闭环管控，44万名返校师生零感染、境外输入病例零扩散，用硬核管控的“战时”机制和精细智控的常态措施，筑牢了“外防输入、内防反弹”的钢铁长城。

坚决以最强担当融入服务抗疫大局。千难万险何所惧，大战大考显担当。在这场没有硝烟的战争中，辖区5.34万名医务工作者不畏生死、不舍昼夜，争当急先锋；156名医疗队员向险而行、出征湖北，勇做逆行人；7300余名党员干部和3000余名公安民警辅警闻令而动、奋战一线，甘当“守门人”；3.8万名社区工作者和志愿者夙夜值守、风雪前行、擦亮“志愿红”；快递小哥、环卫工人和物业管理人员不惧风险、不计得失、倾情奉献，各行各业劳动者服从大局、守望相助、共克时艰，150余万名金水人民以坚定信念、坚强意志、坚韧毅力共同奏响了铿锵有力的“抗疫英雄曲”，更涌现出了一大批以樊树锋、牛书庚为代表的先进典型，用生命和汗水诠释了新时代金水人的无畏担当和家国情怀！

（二）在战危机开新局中形成了高质发展的全新态势

综合实力保持稳步前行。统筹疫情常态防控与经济有序恢复，因时因势调整工作着力点，组建“六稳”“六保服务专班”，出台惠企扶企“金水十条”，常态化开展“三送一强”“一联三帮”，累计减免企业税费41亿元，协调提供资金支持509.3亿元，帮助企业商户复工复产、稳产扩产，迅速稳住了经济发展基本盘。一季度成功遏制下滑趋势，上半年增速顺利扭负转正，全年地区生产总值突破1800亿元，实现地方一般公共预算收入122亿元，完成社会消费品零售总额979.4亿元。

经济运行展现强劲韧性。项目拉动作用全面凸显，扎实开展“四比四看”活动，实施新基建项目19个，新开工重大项目41个，214个省市区重大项目完成投资738.7亿元，创历年新高。消费带动效应快速释放，深入开展“炫彩金水”等促消费活动，发放消费券2000万元，启动河南直播经济总部基地，网络消费、夜经济成为新的增长点。市场主体增长态势振奋人心，新增市场主体4.2万户，同比增长18.6%，市场主体总量达到26万户，占全省的1/30，成为金水经济行稳致远的最强信心。

产业发展实现量质齐升。数字产业逆势上扬，软件信息、互联网服务营业收入分别增长11.3%、60%，带动数字经济相关产业营业收入增长11%、现代服务业增加值达到1230亿元。新兴产业走向前沿，引进数说安全等信息安全企业74家，信息安全产业纳入全省十大千亿级新兴产业集群，3家企业代表河南亮相第三届数字中国建设峰会，信大捷安推出全球首款符合5G-V2X要求的智能交通安全芯片。服务经济高质发展，以“四个三”工作为抓手，推动农科路酒吧街、正弘城等街区商圈成为全市时尚消费地，培育未来大厦“现代金融”等特色楼宇5幢，税收超亿元楼宇达到13幢，获评中国楼宇经济领军发展城区。

（三）在深化改革创新中汇聚了转型升级的强劲势能

市场活力全面激发。万余平方米的政务服务新大厅全面投用，1263项政务服务事项集中入驻，1067个事项实现“最多只跑一次”，工程建设项目区级审批时限压缩50%以上，率先在市内六区实现企业开办“一次办成”。全力推动“小转规、企升高、股上市”，新增“四上”企业226家、科技型企业419家、高新技术企业229家；大山教育在港交所挂牌上市，中原股权交易中心挂牌企业达到819家，位居全省第一；中国创客领袖大会暨“双12”创客节等重大活动成功举办，获评国家双创示范基地。

创新高地加速崛起。以获批国家网络安全创新应用先进示范区为引领，金水科教园区入选国家网络安全“高精尖”技术创新平台，3家企业入选国家网络安全技术应用试点示范项目，推动全区研发机构、双创载体分别达到358家、62家，占全市的18.2%和20%，带动全社会研发投入增长61.6%。以老科技市场搬迁改造为标志，河南科技园区迈出由“电子卖场”向“创新创业街区”转型的关键一步。以世界知识产权组织和国家知识产权局授予技术与创新支持中心（TISC）称号为带动，国家知识产权创意产业试点园区成功发行全国首支知识产权信托产品“创意1号”和全省首笔“知识产权创新券”，建成运营全省第一家知识产权运营中心，有效助力“金水智造”加速产业化。

开放通道持续拓展。积极整合国内外运营资源，并联运行海外仓突破30万平方米，28个境外办事处覆盖五大洲、18个主要贸易国家及地区，外贸物流仓储成本最高可降40%，包裹最快1天送达海外买家。自贸区新落户跨境电商企业25家，新增外贸实绩企业60家，跨境电商交易额和外贸进出口分别达到91.6亿元、109亿元，均超过市内其他五区总和。突出线上招商与线下推进，新签约科大讯飞等产业项目69个，总签约金额301亿元，其中亿元以上项目24个，实现数量、质量双提升。

（四）在系统更新改造中凸显了中心城区的时代新貌

城区功能更趋完善。围绕“三

项工程、一项管理”，探索建立“总设计师、总建筑师”制度，严把设计、施工、成本、管控“四道关口”，入地改造高压和强弱电92.4公里，优化公交港湾37个，未来路等4条主干道和经七路等43条支路背街实现“点、线、面”系统升级，简约大方、舒朗通透的街区风貌不断彰显。突出承载能力同步提升，轨道交通6、7、8号线征迁任务大头落地，新建成通车道路17条，尤其是成功打通红专路（经五路—经七路段）断头路，顺利拓展农业路高架经三路下口地面道路，拖延多年的历史遗留难题成功解决。

城区风貌更有魅力。深化“建管结合”模式，实施改造老旧小区277个，安装充电桩2.14万个，增加公共服务用房106处，83个无主管楼院纳入专业物业管理服务，工人新村、园田路3号院改造成效被新华社、《人民日报》、中央电视台接连报道。抓好城乡接合部常态化整治，完成工程类项目46个，黑臭水体、垃圾乱堆等乱象基本消除。聚焦“四化”要求，创建优秀以上路段395条，整治窨井1022座，规范施工围挡53.6万平方米，圆满完成金鸡百花电影节和国家网络安全宣传周服务保障任务。

城区生态更加优质。以必胜信念攻坚蓝天保卫战，21家涉气企业完成绿色原料源头替代，133台燃气锅炉实现低氮改造，280家大型餐饮服务场所被纳入智慧化监管，1746辆国三及以下排放标准营运柴油货车顺利淘汰，$PM_{2.5}$浓度连续5个月达到国家空气质量二级标准，优良天数达到227天，增加57天。以最严要求推进沿黄区域生态建设，石沟完成河道和沿岸绿化综合治理，高速公路及铁路沿线绿化提升全面完工，建成公园游园微景观107处，新增绿地133万平方米，“金水蓝”与“生态绿”成为城区亮丽底色。

（五）在回应群众关切中促进了幸福指数的节节攀高

民生实事扎实推进。坚持将保障和改善民生作为财政支出的优先方向，民生支出在收支压力极大的形势下达到60.8亿元，同比增长16%。发放创业担保贷款2.16亿元，新增城镇就业3.46万人，“零就业家庭”动态为零。建成安置房88.2万平方米，网签安置房1.17万套，杓袁等5个项目顺利回迁。新增公共停车泊位8260个，444座公厕达到二类以上标准。发放各类救助6255万元，“慈善日”募集善款9160万元，创全市捐赠纪录新高。积极助力脱贫攻坚，对口帮扶的卢氏县官道口镇、杜关镇顺利脱贫摘帽。

社会事业蓬勃发展。以“五个一”工程为统揽，新投用中小学5所、公办幼儿园9所，区属中小学全部实现午餐供餐和课后延时服务，缓解了家长“接送难”，赢得了社会“声声赞”；7所学校获评全省首批人工智能教育实验校，成功入选国家级信息化教学实验区。新增养老服务设施22个，获评全国智慧健康养老示范基地。新建社区卫生服务中心（站）23个，金水区总医院创成全市首家区级二级甲等医院，医疗卫生服务网络更健全、能力再提升。新建博物馆3家、社会足球场地28个，建成城市书房7个，举办文化活动372场，群众生活更丰富、更多彩。

社会治理不断深化。扎实开展安全生产专项整治三年行动，交通运输等行业203家规模以上重点企业完成安全生产双重预防体系建设，“三分钟应急救援圈”做法得到应急管理部的充分认可。加强食品安全全过程监管，新建、提升改造高标准农贸市场8家，常态化抽检食品68.9万批次，成功创建省级食品安全示范区。深化矛盾纠纷多元化解机制，纵深推进扫黑除恶专项斗争，群众安全感更有保障。同时，工会、共青团、红十字、残疾人、妇女儿童等事业健康发展，民族宗教、地方史志、外事侨务、粮食管理、国防动员、人民防空、双拥共建、民兵预备役、退役军人事务等工作都取得新成绩。

（六）在严作风提能效中展现了服务政府的务实作为

依法行政全面落实。严格执行区人大及其常委会的决议决定，自觉接受人大法律监督、工作监督和政协民主监督，办理代表建议、委员提案309件，办结率达100%。持续规范政府权力运行，政府常务会议议题和重大行政决策事项合法性审查率达100%。扎实推进“七五”普法终期验收，规范化建设221个公共法律服务站（室），社区（村）法律顾问实现全覆盖。

政府效能持续提升。稳妥推进机构改革，完善部门机构设置，新设立政府工作部门1家、挂牌单位1家，优化理顺职能配置4家，政府运行更加高效。全面实施重点工作跟踪问效，实行工作项目化、项目清单化、清单责任化，部门执行力显著提升。坚持畅通政民互动渠道，主动公开政府信息1.8万条，认真解决“12345”市长热线等群众诉求2.5万件，政府工作更加规范。

廉政建设深入推进。始终把抓好党建作为“最大政绩”，巩固深化“不忘初心、牢记使命”主题教育成果，深刻把握党的建设各项新要求，推动全面从严治党主体责任和意识形态工作责任制落地落实。严格执行中央八项规定及其实施细则精神，树牢“过紧日子”意识，在年初压减一般性支出的基础上，继续压减非急需非刚性支出，不断深化精文简会成效，风清气正的政治生态持续巩固。

各位代表！总结2020年，我们深感逆势有为、成绩来之不易；回顾“十三五”，我们更觉历程波澜壮阔、成就激奋人心。

五年来，我们以“策马扬鞭自奋蹄”的创业豪情，踏着率先在全省迈入千亿俱乐部的坚定步伐，肩负着实现“两率先一争当”的职责使命，以高质量发展领跑者的奋进姿态，在继承中创新、在改革中攻坚、在发展中突破，地区生产总值、社会消费品零售总额、地方一般公共预算收入分别是“十二五”期末的1.8倍、1.5倍、1.3倍，成功跻身全国营商环境百强区15位、全国高质量发展百强区26位、全国竞争力指数百强区46位、中国创新百强区56位，以一个又一个硬核实力，铸就了在全省引领发展的首位度。

五年来，我们以“重整行装再出发”的革新精神，秉承自贸区和自创区“叠加”之势，全面构建了“科技型企业—高新技术企业—创新龙头企业”梯次培育机制，系统打造了“海外园区+境外办事处+海外仓”海外运营体系，成功落户信息安全、共享生态科技、人工智能、区块链等15个省市行业协会、产业联盟，科技型企业数量成功翻番，高新技术企业数量增长5倍多，外贸进出口始终位居市内六区首位，走出了一条以大通道、大平台、大生态为支撑的开放创新发展的新路子。

五年来，我们以“咬定青山不放松”的工作韧劲，率先在全市踏上“全域城市化”发展的新征程，把准把牢并深度融入“中优”兼顾“东强、北静”发展布局，打响高品质现代化城区建设的“总体战”，用好污染防治和生态治理的“组合拳”，累计建成安置房975万平方米，新通车道路突破110公里，318个老旧小区旧貌换新颜，$PM_{2.5}$和PM_{10}下降率均超过40%，河道断面水质全部考核达标，贾鲁湖和杲村湖点缀城区，646万平方米生态绿地扮靓金水，全面拉开了国家中心城市核心城区的发展大框架。

五年来，我们以“一枝一叶总关情”的为民情怀，聚焦群众最关心、最直接、最现实的利益问题，投入民生资金245亿元，办成民生实事197项，用实实在在的惠民举措增强了群众的幸福感、获得感。特别是投资26.3亿元，建成学校23所、增加优质学位3.4万个，新增普惠性幼儿园81所、增加普惠性学前学位2.2万个；投资17.6亿元，建设中部城区最大的市民公共文化服务活动中心，投用9个街道党群服务中心和34个500平方米以上社区党群服务中心；投资5.6亿元，建设改造社区卫生服务设施32个、养老服务设施72个、文化服务设施231个，让辖区群众过上了有品质、有空间、有温度的新生活。

回望“十三五”的风雨兼程，特别是2020年的特殊历程，我们坚定执着、践行嘱托，用担当诠释初心使命，用奋斗书写时代华章，找准了新发展阶段的金水定位、干出了新发展理念的金水实践、站上了新发展格局的崭新起点。今日之金水，全方位高质量发展其时已至、实现“两率先一争当”其势已成、社会主义现代化城区其兴可待！这些成绩的取得，离不开以习近平同志为核心的党中央举旗定向、掌舵领航，得益于省市和区委的正确领导、科学决策，凝聚着全区广大干部群众的聪明才智、辛勤汗水。在此，我代表区人民政府，向奋斗在各条战线的干部群众，向人大代表、政协委员和各民主党派、工商联、无党派人士、人民团体以及辖区机关、部队、企事业单位，向为金水繁荣发展作出贡献的同志们、朋友们，表示衷心的感谢，并致以崇高的敬意！

安不忘危，兴不忘忧。我们也清醒地看到经济社会发展中存在一些问题和不足，主要是：经济持续向好的态势不够牢固，新消费热点培育的不够多，新产业新业态的布局还需提速；城区建管品质、生态质量、营商环境还需进一步提升；优质的教育、医疗、养老等公共服务供给与群众期待还有差距；干部能力、作风建设仍需持续加强等。对此，我们将高度重视，认真研究，采取有效措施切实加以解决。

二、2035年远景目标及“十四五”经济社会发展主要目标任务

进入“十四五”时期，新一轮科技革命和深层次产业变革步伐提速，区域合作与竞争发展新格局全面展开，推动高质量发展的外部环境和内部条件都在发生复杂而深刻的变化。这就要求我们必须着眼“两个大局”，保持战略定力，树牢底线思维，把握发展规律，致力在危机中育先机、于变局中开新局。

根据《中共金水区委关于制定金水区国民经济和社会发展第十四个五年规划和二〇三五年远景目标的建议》，区政府编制了《金水区国民经济和社会发展第十四个五年规划和二〇三五年远景目标纲要（草案）》，提出了今后一个时期金水发展的战略定位、目标路径和重大任务，提请大会审议。

纲要草案提出了2035年远景目标：率先建成高品质现代化城区，创造高品质现代化生活，高水平实现“四优五化”。“四优”，即：创新优势更加凸显，科技进步成为拉动经济增长的主力军，高水平建成领航中西部的创新金水；环境优势更加凸显，靓丽城区建设成为全国标杆，高水平建成人与自然和谐共生的美丽金水；文化优势更加凸显，黄河文明和中原文化所蕴含的时代精神得到充分彰显，高水平建成历史文化与现代文明交相辉映的人文金水；治理优势更加凸显，全面实现市域治理体系和治理能力现代化，高水平建成平安金水法治金水。“五化”，即：“人本化”，高品质公共服务体系全面建成，人的全面发展、全体人民共同富裕率先取得实质性重大进展；“精细化”，城区运行更加安全高效，共建共治共享的社会治理体系更加完善；“国际化”，经济外向度进入全国中心城区先进行列，成为代表河南参与全球竞争合作的先行示范区；“数字化”，居民数字化生活、企业数字化经营、社区数字化治理、城市数字化孪生取得显著成效，高水平建成智慧金水；“协同化”，在郑州大都市区的战略地位和作用充分体现，成为中西部地区的重要核心节点。通过“四优五化”，推动综合实力进入全国百强区第一方阵，人均地区生产总值达到发达经济体前列水平，形成具有金水特色的现代化城区经济体系，率先基本实现社会主义现代化。

为实现上述目标，“十四五”时期经济社会发展的指导思想是：高举习近平新时代中国特色社会主义思想伟大旗帜，深入贯彻中共十九大和十九届二中、三中、四中、五中全会精神，全面贯彻党的基本理论、基本路线、基本方略，深入贯彻习近平总书记关于河南、郑州的重要讲话指示精神，统筹推进“五位一体”总体布局，协调推进“四个全面”战略布局，坚持党的全面领导，坚持以人民为中心，坚持新发展理念，坚持深化改革开放，坚持系统观念，坚持稳中求进工作总基调，以推动高质量发展为主题，以深化供给侧结构性改革为主线，以改革创新为动力，以数字化为基础，统筹发展和安全，聚焦“四优五化”现代化金水战略目标，围绕高品质现代化城区建设，打响“创新智城·品质金水”城市品牌，构筑“两带引领、三区提质、区域联动”空间格局，全力推

动高质量发展、创造高品质生活、扩大高水平开放、实现高效能治理，打造“四高地四样板”，奋力实现“两率先一争当”总体目标，为郑州建设现代化国家中心城市、中原更加出彩、中部地区崛起、黄河流域生态保护和高质量发展作出新的更大贡献。

锚定2035年远景目标，着眼于推动“十四五”乃至更长时期金水现代化建设，我们要树牢“对标一流、干在实处、走在前列”工作导向，抓实“一一三四六”目标路径，在打造高品质现代化金水新征程中奋勇争先、率先出彩。两个“一”就是紧扣实现“两率先一争当”这一总体目标，打响“创新智城·品质金水”这一城市品牌。“三”就是实现三个突破：地区生产总值突破3000亿元、人均GDP突破3万美元、财政总收入力争突破500亿元。“四”就是打造“四高地四样板”：打造经济高质量发展新高地，成为集中展示黄河流域生态保护和高质量发展的金水样板；打造创新要素集聚新高地，成为集中展示双自联动和内外循环的金水样板；打造数字治理新高地，成为集中展示数字赋能和智慧城市的金水样板；打造幸福文明新高地，成为集中展示品质生活和文化繁荣的金水样板。“六”就是努力实现“六个明显提升”：经济发展能级明显提升，经济保持稳定增长，新旧动能转换初步完成；创新引领能级明显提升，全社会研发投入占GDP比重明显提高，形成以创新为动力的经济体系和发展模式；文明文化能级明显提升，公共文化服务体系和文化产业体系更加健全，金水文化品牌全面打响；生态环境能级明显提升，绿色低碳发展持续推进，公共绿地面积和城市绿化覆盖率继续提升；公共服务能级明显提升，居民人均可支配收入年均增长不低于经济增速，建成以需求为导向的公共服务供给体系；社会治理能级明显提升，国际化、法治化、便利化的一流营商环境加快构建，数字治理建设取得实质性突破。

围绕“十四五”发展，纲要草案提出了一系列推动高质量发展、建设高品质现代化城区、创造高品质现代化生活的重大工程、重大项目和重点任务，突出体现在以下六个方面：一是坚持创新驱动引领，深入实施人才强区战略，活用四张国家级“金名片”，高水平构建“创新源头+创新孵化+创新主体”的全周期“创新矩阵”，推进全域、全面、全民创新，打造创新创业要素高度集聚、服务体系完善、氛围持续浓厚的中西部创新领航区。二是聚焦数字经济赋能，始终以产业基础高级化、产业链现代化、产业体系数字化为方向，积极探索五型经济形态，着力发展五大重点产业，壮大提升四大产业园区和三大特色产业载体，构建“5+5+X”的现代城区经济体系，全力建设数字经济创新发展示范区。三是主动服务新发展格局，坚持把实施扩大内需战略与深化改革、扩大开放有机结合起来，积极促进消费升级和扩大有效投资，高水平推进郑州国际金贸港建设，持续营造市场化法治化国际化营商环境，力争成为中部消费新地标和国内国际双循环的重要节点。四是突出融合协同发展，深入实施黄河流域生态保护和高质量发展战略，注重与周边区域联动对接和协同发展，全力构筑“两带引领、三区提质、区域联动”空间布局，以“三项工程、一项管理”和“四个三”工作为载体，有序推进城区有机更新和业态升级，打造高品质美丽城区新名片。五是践行以人民为中心的发展思想，始终把群众对美好生活的向往作为奋斗目标，以“五个一”工程为牵引，全面提高美好教育水平，加快推进健康金水建设，繁荣发展文化事业和文化产业，不断健全公共服务体系和社会保障体系，着力构筑宜居宜业的幸福新城区。六是创新社会“智治”管理模式，统筹发展和安全，加快“数字金水”城市大脑建设，深化新一代信息技术在城区治理领域的创新应用，全力建设更高水平的法治城区、平安金水，打造国内一流善治之区新样板。

三、2021年重点工作

今年是“十四五”开局之年，也是高品质现代化城区建设进程中的关键一年。我们将立足新发展阶段，贯彻新发展理念，坚持稳中求进工作总基调，推动经济行稳致远、社会安定和谐、群众安居乐业，努力在服务新发展格局中迈好第一步、彰显新担当。

今年经济社会发展主要预期目标是：地区生产总值增长7.5%以上，地方一般公共预算收入增长5%，固定资产投资增长6%，社会消费品零售总额增长9%，居民人均可支配收入增长与经济增长同步，各项社会事业取得新进展。

为顺利实现预期目标，我们将重点抓好以下六个方面工作：

（一）坚定不移地抢占创新发展新赛道。紧紧抓住科技创新关键变量和改革开放关键一招，加快构建富有创新性、成长性和竞争力的创新生态链，让科技创新成为金水发展的最强音。

持续增强创新实力。实施创新主体培育“十百千”行动。利用大数据分析等技术对企业进行“全息画像”，加强企业成长全周期引导扶持，重点支持10家创新引领企业成长为省市龙头创新企业，100家创新骨干企业成长为小巨人或瞪羚企业，1000家创新潜力企业成长为高新技术企业，形成“龙头领军+优势骨干+快速成长”的“创新型企业雁阵”。实施协同创新能力提升行动。深入开展科技资源大走访大调研活动，梳理省级以上科研院所、重点实验室、工程技术研究中心和新型研发机构科研方向，建立金水智力技术支撑库和企业需求库，试点推进大学校园、科技园区、公共社区“三区联动”发展，鼓励企业与科研院所共建创新联合体、新型研发机构，年内新建省级以上创新平台15家。实施创新生态优化提质行动。充分用好“国家双创示范基地”金字招牌，不断完善柔性引才机制，探索轻资产入驻“拎包办公、拎包入住”、重资产落地“签约即拿地、拿地即开工”服务模式，大力推进“人才+资本+场景”建设，引进培育创新载体7家、高层次人才（项目）10人，力争在引进“头部”企业、大院名所等方面实现标志性突破。

不断深挖开放潜力。加快打造自贸区块运营新名片。加强与先进自贸区合作，积极引进深圳前海自贸片区开放平台运营模式，探索“一照多址”“照后减证”“一业一证”等改革，谋划设立自贸区联动园区，推动自贸区建设运营取得更大突破。加快拓展对外贸易新途径。依托“一带一路”经贸产业园，引进一批优质的物流、通关、结算、检测认证等服务企业，补强货物贸易服务链条，发展跨境电商9710、9810模式，破解外贸企业税收和结汇难题。加快构建跨境电商发展新平台。加强与金水海关协调对接，积极申建金水跨境电商海关监管查验中心，探索建立知识产权跨境服务平台，布局保税展示交易、保税研发等监管场所，力争实现海关特殊监管平台建设零的突破。加快形成专业化招商引资新体系。以“金水自贸十条”等产业扶持政策为引领，瞄准新兴产业发展新动向，深化“三位一体”、专班推进机制，灵活运用定向招商、以链招商等方式，加速引进一批位居价值链顶端、具有产业链号召力的龙头企业，实现招商引资由招企业向招产业转变。

全面释放改革动力。创新科技资金多元化投入模式，学习杭州等先进地区经验做法，探索成立金水高科技投资公司，实行市场化运作、社会化服务，着力破解科技中小微企业和初创企业融资难、融资贵问题。创新科技企业综合评价体系，以高新技术企业为试点，探索实行科技企业“亩均论英雄”评价机制，设立“亩均产出英雄榜”，实现政策引导由“漫灌式”向“滴灌式”转变，激励科技企业对标先进、高质发展。深化投融资体制改革，加快整合重组区属平台公司优质资源和经营性资产，不断提升运营水平与可持续发展能力，为全区高质量发展提供更有力支撑。深化土地要素市场化改革，建立低效利用土地动态发现和调整机制，开展集中盘活存量土地攻坚行动，推进新型产业供地、“标准地”供应、带“施工图”出让等用地制度改革，以供地改革促进优地优用、助推经济高质量发展。

（二）坚定不移地锻造竞争合作金名片。坚持把现代服务业高质量发展作为发力点，主动服务和融入“双循环”，加快构建“5+5+X”

现代产业体系，铸就在省市产业链供应链中的核心地位。

构筑服务经济新优势。增强消费带动作用。以扩大内需为战略基点，以“四个三”工作为载体，以业态更新、场景塑造、智慧升级为方向，加强需求侧管理，创新消费产品和场景，抓好花园路等5个商圈、凤凰台休闲旅游步行街等4个特色街区优化改造，鼓励发展养老、托育、康体等生活性服务业，扩大文化旅游产品供给，支持发展首店经济、周末经济、假日经济和夜经济，全力打造时尚化、国际性的消费中心。强化产业金融支撑。加强与前海金控、省租赁行业协会等战略合作，大力发展科技金融、供应链金融、普惠金融等新兴金融业态，持续完善产业基金、企业上市等服务体系，力争引进新型金融服务机构20家，持续提升金融服务实体经济的能力。提升商务服务能级。围绕楼宇空间功能升级和楼宇产业延伸发展，探索成立楼宇商业协会，上线“金管家”精准服务，推动信息传输、软件服务、咨询评估、法律服务等营利性服务业集聚发展，力争新增特色楼宇5幢以上，区级税收超千万楼宇突破50幢。扩大投资拉动效应。突出“两新一重”领域，统筹推进216个省市区重点项目，深入落实“四比四看”要求，广泛开展项目大比武、大竞赛活动，力争全年项目投资超过720亿元。充分发挥政府投资撬动作用，用足用好地方政府专项债，吸引更多社会资本到金水投资发展。

打造数字经济新高地。巩固新兴产业引领优势。围绕“龙头企业+配套产业”集群发展，着力引进信息安全、网络安全领域50强企业，加速突破安全工业控制器等领域核心技术，争创国家级信息安全产业基地。围绕产业高端、产品终端、科技尖端、服务前端，汇聚产业生态共享企业200家以上，构建共享生态科技产业全链条发展格局。拓展文化创意产业特色优势。坚持黄河文化与创意产业融合发展，突出发展数字智能设计、智慧生活设计和时尚创意设计，大力推进大河美术拍卖融媒体等项目建设，力争引进数字创意类企业15家，打造“文化产品+文化服务+前卫创意”的大文创IP。抢占人工智能和5G产业先发优势。紧跟5G网络建设和应用场景发展趋势，统筹推进5G基础设施建设，与河南移动合作推进5G技术创新及应用，与河南广电合作落地中国广电5G（河南）联合创新中心，与知名高校共建5G产业学院，支持科创企业研发“5G+信息安全”产品，拓展“5G+工业互联网”“5G+智能汽车”等应用场景，打造5G产业生态链。

深化平台经济新格局。产业平台是助推城区经济高质量发展的主战场。金水科教园区突出乘势发展上台阶，充分发挥沿黄科创带集聚效应和省信息安全产业协会等机构驻区优势，加快推进科大讯飞人工智能生态示范园等重大产业项目，建立科技企业与行业协会联盟、专家智库定期沟通、融合创新、联动发展机制，打造“沿黄科创带最智慧园区”。国家知识产权创意产业试点园区突出品牌输出拓空间，加快推动“一区多园”辐射带动发展，着力建设“高级版”TISC、“升级版”知识产权运营中心和“专业版”快维中心，积极申报实用新型专利快速预审试点，发展知识产权托管、专利价值评估等高端增值业务，引进知识产权服务企业10家以上，打造全国重要的知识产权成果交易中心和转化高地。河南科技园区突出改造升级促转型，加快编制二期产业规划、招商计划和运营方案，引导电子信息企业在智汇城及周边集聚发展，推进与中国电子商会的深度合作，提升中西部消费电子博览会等展会影响力、辐射力，打造新型电子信息产业生态圈。核心板块突出高质发展出形象，围绕国际化、生态化、数字化，注重塑造以建筑形态为骨架的城市天际线、以公共交通为引领的TOD开发建设、以高品质绿化为重点的环境打造，加快推进郑州国际金贸港板块建设和金科智汇城板块发展，力争“两年初见成效、三年大见成效、五年基本成型”，形成支撑金水高质量发展的新极核。同时，利用闲置楼宇等空间，布局建设“园中园”、创新创业综合体，打造布局合理、充满活力、特色突出的高端生产制造类小微企业园。

（三）坚定不移地推动美丽城区换新颜。树牢“抓环境就是抓机遇、促发展、降成本”的意识，做优“软环境”，培育“硬实力”，让企业群众在金水尽享创业沃土、畅享品质生活、乐享生态美景。

注重有机更新，打造宜居之城。坚持设计引领、精细施工，围绕“三项工程、一项管理”，突出系统综合，注重节点改造，坚持细节为王，高效完成“一环十横十纵”二期、三期主干道和纬一路等13条支路背街综合改造；创新“片区统筹”老旧小区综合改造新模式，以“一拆五改三增加”为重点，统筹做好地下管网、雨污分流、楼道整理、楼顶维护等改造，落实好物业管理等长效机制，为群众创造良好生活环境；坚持“治标”“治本”双统筹，强化违法建设、散乱污企业等常态化治理，确保城乡接合部区域动态清零。坚持生态优先、融合发展，突出黄河流域生态保护和高质量发展，高标准编制马渡、来童寨、黄岗庙3个精品村各项规划，全面启动基础设施、景观打造、湿地保护等工作，系统推进美丽乡村庭院和文旅融合、农旅融合发展，重点推动袁隆平杂交水稻黄河科学园等产业项目，努力走出一条中心城市郊区一二三产业互动融合的乡村振兴之路。坚持完善设施、提升功能，以“断头路”打通工程为引领，加大道路建设和轨道交通工程征迁扫尾力度，力争金宝路下穿京广高铁等4个节点性工程和黄埔路等34条道路建成通车，全力营造更加宜居、宜行的舒适环境。同时，始终围绕“建得好、配套全、早回迁、能办证”的工作思路，全力以赴加快安置房建设进度，全面提升安置房建设品质，同步推进安置房手续办理，力争沙门等8个项目安置房基本建成，桑园等4个项目实现回迁，逐步实现安置房网签常态化。

突出环境优化，打造兴业之城。注重以用户思维优化服务内涵。持续深化“一件事”和“一网通办、一次办成”改革，围绕商事登记、人才引进和惠企惠民等领域，上线高频事项300项以上、民生热点“一件事”50件以上，让群众和企业“一网”“一码”办齐事、好办事。注重以法治手段提升服务效能。突出“一事件”和“一网统管、依法处置”改革，系统梳理市场主体反映最急切、群众反映最强烈、整改需求最突出的“事件”，理清权力清单、责任清单，形成线上及时发现问题、依据清单落实职责、线下及时解决的工作格局。注重以客户体验提高服务质量。依托政务服务平台，开设“金港驿站”特色模块和“金水在线”服务专线，搭建企业互动、专员服务等特色应用，全力打造“金小二”“首席政务服务官”服务品牌，努力创建国家级政务服务办事大厅。

厚植城区底色，打造生态之城。精准治污换取碧水蓝天。坚持减污降碳双向发力，强化$PM_{2.5}$、臭氧等指标协同控制，从严落实抑尘、管车、治企等举措，扎实推进老旧小区油烟治理改造，确保“工地不停工、企业分类管、指标降下来、空气好起来”。深入实施河长制，巩固提升“清四乱”成效，不断提升水环境质量。大力开展危险废物管理提标整治行动，完善危险废物风险分级管控体系，确保土壤环境质量持续稳定。滨河整治打造水岸花园。统筹推进东风渠（三全路—贾鲁河段）综合提升工程，治理修复2.7公里河道水环境、水生态，系统提升两岸绿化及便民设施，实现与贾鲁河、魏河水系景观串联互通，打造生态净水廊道和休闲慢行绿廊，真正还水于民、还绿于民、还岸于民，让群众乐享悠长水韵。绿化提质塑造花园城区。围绕“增绿量、提品质、添色彩、精管理”，加快建设沿黄生态廊道、S312示范性绿道和郊野公园，因地制宜打造街角花园，精心提升园林景观品质，新增绿化面积60万平方米以上，让“四季有花、四季多彩”成为新生态。

（四）坚定不移地构筑社会和谐大格局。聚焦城区治理体系和治理能力现代化，狠抓系统治理、依法治理、综合治理、源头治理，加快形成共建共治共享的城区治理新局面。

统筹打造“大城管”。高效解

决难点问题。常态化推进“四化”管理，全力抓好停车管理、文明习惯养成等工作，严查严控新增违建，规范提升窨井1.4万个，入地改造东三街等路段架空通信线缆，基本消除“城区空中蜘蛛网”。加快补齐基础短板。围绕提升承载能力，新建公厕10座、环卫驿站10座，整修16.1万平方米车（人）行道，改造升级环卫中转站3座，推动生活垃圾分类覆盖率达到97%以上、回收利用率达到37%以上。系统提升管理能力。以《郑州市城市精细化管理服务规范》为标准，进一步明晰职能部门与各街道办事处职责分工，构建“信息采集、立案、下派、处置、反馈”工作闭环，打造统一管理、责任明晰、标准一致、号令严明、高效快捷的大城管体系。

联动实现“大治理”。聚焦“智慧化、数字化”，加快“数字金水”城市大脑建设，筹建城市运行综合管理中心，整合城市建设、公共管理、公共安全、公共服务等各种系统、资源和服务，构建“一网统管”“一屏全观”的智慧化城市运行管理体系。聚焦“规范化、标准化”，大力开展社区规范化建设专项行动，试点建设智慧社区，探索社区治理智慧化服务、数字化治理模式，创建省级规范化社区15个以上，推动所有社区党群服务中心面积全部达标。聚焦“专业化、制度化”，全面推进街道级社工站和志愿者队伍建设，不断提升专业社工服务能力与志愿服务水平，支持引导社会组织、社会工作者、志愿者参与社会管理、基层治理，擦亮金水社工服务及志愿服务名片。

系统保障“大安全”。以安全发展示范城市创建为着力点，扎实推进安全生产专项整治三年行动，狠抓双重预防体系建设和消防应急救援能力提升，不断提高源头管控、智慧监测、安全保障水平。以创建国家食品安全示范城市为切入点，实施食品安全风险分级管理，持续开展农贸市场、网络餐饮、学校食堂、校园周边食品安全和“药化械”监管等专项检查，打造群众满意的食品药品安全城区。以提升平安创建水平为落脚点，深入开展信访突出问题攻坚化解活动，持续抓好非法集资、问题楼盘等问题化解处置，常态化推进扫黑除恶，强化社会治安防控体系建设，依法严厉打击各类违法犯罪活动，确保金水长治久安。

（五）坚定不移地织密民生幸福服务网。坚持把人民利益放在最高位置，以“五个一”工程为重点，坚持有温度的发展、办品质化的民生，真正把城区的经济实力转化为城区的发展魅力。

抓好常态化疫情防控。坚持外防输入、内防反弹，严格落实“四早”“四集中”要求，压实“四方责任”，统筹“人物同查同防”“城乡同查同防”，加强冷链物流等重点部位和关键环节管控，严格医院学校等重点场所环境监测与卫生消杀，做好重点人员排查管理及应检尽检，全力做到境外输入病例零传播、重点高危群体零失控、医疗机构内部零交叉、隔离酒店人员零感染、进口冷链食品监测零遗漏。发挥发热门诊等“哨点”作用，强化应急处置和物资储备，有序推进新冠疫苗接种，保障群众生命安全和身体健康。

提升兜底性保障能力。把稳就业摆在更加突出的位置，持续开展职业技能提升行动，支持高校毕业生、退役军人等群体就业创业，让每一位“金水人”都有干事的舞台、出彩的机会。落实社会救助和保障标准与物价上涨挂钩联动机制，完善公益慈善等扶助措施，确保困有所济、难有所助、急有所帮。持续推进社区养老照料设施建设，试点开展困难老年人家庭居家适老化改造，提供长者助餐、互助养老、医养结合等多元服务，让幸福在家门口升级。持续推进农贸市场建设，新建6个高标准农贸市场（农产品超市），提升改造4个农贸市场，基本实现街道全覆盖、全达标。加快医保公共服务平台标准化建设，逐步实现基本医疗保险、大病保险、医疗救助的“一站式服务、一窗口办理、一单制结算”。

做优普惠型公共服务。高质量建设美好教育。大力推进普惠性学前教育资源扩容和义务教育优质均衡发展，巩固无证幼儿园治理成效，持续增加公办学位供给。深度实施提升课程品质研究与实践项目，创新德育、体育和美育教学方式，促进教育事业向更高层次均衡发展。建成投用“互联网+教育”大平台，提升完善教育城域网和学校信息化环境，抓好智慧校园建设和AI课程教学，让“创新”伴随孩子们健康快乐成长。高标准提升健康服务。大力开展爱国卫生运动，全面落实社区卫生服务中心“政府主导”政策，支持金水区总医院创建三级医院。依托人工智能、数字医疗等先进技术，加快建立以“一平台、六应用”为主要内容的智慧医疗体系，打造全省首个“人工智能+互联网”医疗服务示范区。高品质丰富文化生活。坚持文化与科技相结合，推进文化馆、科技馆和专题博物馆建设，以街道办事处为单位投放公共文化一体机，着力构建“全区一张网、服务全覆盖”的智能化便民文化空间；持续推动全民健身与大众健康深度融合，推进体育馆和健身设施建设，让群众享有更加优质的文化生活、拥有更加健康的身心素质。

大力践行社会主义核心价值观，持续推进精神文明创建，加强国防动员、人民防空、双拥共建、民兵预备役、退役军人事务等工作。支持工会、妇联、残联、共青团、工商联、红十字会等群团组织更好发挥桥梁纽带作用，抓好审计、统计、外事、侨务、粮食、民族宗教、地方史志、机关事务等工作。高质量完成社区（村）“两委”换届工作。

（六）坚定不移地提振干事创业精气神。民之所望，政之所向。我们将深入落实全面从严治党要求，深化推进政府法治建设、效能建设和作风建设，努力以发展实效和工作实绩服务于民、取信于民。

坚决把提高政治能力摆在首位。坚持从习近平新时代中国特色社会主义思想中找方向、找思路、找动力，进一步增强“四个意识”，坚定“四个自信”，做到“两个维护”，切实把胸怀“两个大局”作为抓好政府工作的立足点，不断提高政治判断力、政治领悟力、政治执行力。时刻把思想和行动统一到党中央对形势的分析判断上来，着力让党的领导贯彻政府部门履职的全过程，确保金水发展始终在高质量轨道上不断前行。

坚决把严格依法行政贯穿始终。自觉接受区人大及其常委会的法律监督和区政协的民主监督，主动接受监察监督、司法监督和社会各界舆论监督，高质量办好人大代表建议和政协委员提案。健全行政调解与人民调解、司法调解的衔接机制，着力提升综合行政执法效能，不断提高政府公信力。扎实践行习近平法治思想，启动“八五”普法，加大政务公开力度，严格落实行政应诉和复议工作，全面营造人人学法、遵法、守法、用法的良好氛围。

坚决把强化能力素质落到实处。以丰富专业知识、提升专业能力、培育专业精神为重点，切实增强补课充电的紧迫感，全方位加大干部职工培训力度，努力使之成为践行新发展理念、构建新发展格局的行家里手。坚持“五比五不比”导向，大力弘扬焦裕禄同志的“三股劲”，建立健全正向激励和容错纠错机制，推行一线工作法，努力在急难险重等关键岗位上敢担当、善作为，创造群众满意的一流业绩。

坚决把恪守纪律规矩挺在前面。坚持“严”的主基调，严格落实全面从严治党要求，深入贯彻中央八项规定及其实施细则精神，以马不离鞍、缰不松手的定力坚决纠治形式主义、官僚主义。继续发扬艰苦奋斗、勤俭节约精神，坚决压缩一般性支出，切实用政府过紧日子换取企业和群众过好日子。加强政府系统干部日常监督管理，严惩重点领域、关键环节及群众身边的腐败问题和作风问题，打造政治清明、政府清廉、干部清正的政务环境。

各位代表！征途漫漫，唯有奋斗！让我们更加紧密地团结在以习近平同志为核心的党中央周围，高举习近平新时代中国特色社会主义思想伟大旗帜，在市委、市政府和区委的坚强领导下，迎难而上、锐意进取，只争朝夕、不负韶华，在不断满足群众对美好生活的新向往中接续奋斗，在加快奋进金水现代化建设的新航程中破浪前行，奋力谱写高品质现代化城区建设和实现“两率先一争当”的绚丽篇章，以优异成绩庆祝建党100周年！

1月

2日

△金水区与建业集团签订老旧小区综合改造及物业管理意向合作备忘录。市、区领导王刚、魏东、时博、何守华及建业集团联席董事长、党委书记、总裁刘卫星出席签约仪式。区政府办、保障办、经八路街道办事处主要负责人和居民代表参加签订仪式。

△金水区在太极文化健康产业园项目现场举行2020年第一批重大项目集中开工仪式。区委书记陈宏伟带领区四大班子主要负责人、分管负责人及科教园区班子成员参加仪式。该次集中开工项目11个，投资44亿元，其中手续完全完备的3个，总投资4.4亿元。

3日

△济源市人大常委会到金水区考察人大工作。济源示范区人大工委主任、济源市人大常委会主任、党组书记李军星等一行9人，在市人大常委会副主任王广灿、市人大常委会秘书长周亚民等人的陪同下，到金水区考察代表履职平台及信息化建设工作。区人大常委会党组书记、主任薛燕，区人大常委会常务副主任李贻忠、区人大常委会党组成员冯景义及常委会相关委室负责人陪同考察。

4日

△区长魏东主持召开根治欠薪冬季攻坚行动工作推进会。区领导卢书选、杨洁、赵德武、竟新宇出席会议。区政府办、人社局、住建局、教体局、发改统计局、各街道办事处、辖区各公安分局主要负责人参加会议。

8日

△郑东新区党工委副书记、管委会常务副主任牛瑞华一行40余人到人民路街道调研工人新村改造提升工作。区委书记陈宏伟陪同调研，区委常委、统战部部长付建峰，区委常委、区委办公室主任曹可艳，区政府副县级干部何守华参加调研。

9日

△金水区与驻马店市平舆县共同签署“示范园区＋产业基地”战略合作协议。省商务厅厅长张延明，驻马店市市长朱是西，区领导魏东、薛燕、武建民、李小虎、曹可艳、赵高翔、王居良及驻马店市平舆县四大班子领导出席签约仪式。

10日

△全市创新创业孵化载体培训

会在金水区召开。市科技局副局长缑云峰、区政府领导段庆洲出席会议。各县（市、区）科技部门主管领导、全市创业孵化载体负责人等300余人参加会议。

13日

△金水区监察委员会召开首届特约监察员会议。10名特约监察员接过聘书，正式开启履职生涯，这标志着全区监察机关特约监察员制度正式建立。会上，区委常委、区纪委书记、区监委主任赵惠玲为特约监察员颁发聘书并讲话。

15日

△应急管理部副部长，国家煤矿安监局局长黄玉治、安全总监商登莹一行到金水区调研慰问。省、市、区领导魏晓伟、张昕、严寅初、任立功、魏东、杨洁陪同。

△市委副书记、市长王新伟一行到人民路街道调研工人新村综合改造提升工作。市城管局局长李雪生，区委书记陈宏伟，区委副书记、区长魏东，副区长闵武杰参加调研。

16日

△区委常委、区政府常务副区长杨洁会见北京联东投资（集团）有限公司投资发展中心总监杨彬一行。副区长赵高翔及区自贸办、楼宇办、商务局、科教园区相关负责人陪同会见。

△金水区新的社会阶层人士联谊会召开第二次会员大会。区委常委、统战部部长付建峰出席会议。

17日

△区委常委、区政府常务副区长杨洁到国家知识产权创意产业试点园区，走访慰问“1125”人才汤继华教授。区政府办、创意园区相关负责人陪同。

△省委常委、市委书记徐立毅到金水区调研“三项工程、一项管理”工作。区委书记陈宏伟，区委副书记、区长魏东，区委常委、统战部部长付建峰，区委常委、区委办公室主任曹可艳，区政府副县级干部何守华参加调研。

19日

△市长王新伟一行到金水区调研安全生产、节前氛围营造等工作。区领导魏东、闵武杰参加调研。

20日

△区人大常委会机关召开“不忘初心、牢记使命”主题教育总结会议。区人大常委会党组书记、主任薛燕作总结讲话，区人大常委会党组副书记、常务副主任李贻忠主持会议，区人大常委会领导许贵舟、燕建华、杜艳洁、冯景义、张涛、杨旗出席会议，区委第七巡回指导组组长王松乾等人到会指导，区人大常委会机关全体党员参加会议。

△省委副秘书长、办公厅主任吉炳伟，省委办公厅副主任郑灏东到经八路街道走访慰问，区委书记陈宏伟，区委常委、区委办公室主任曹可艳参加慰问。

21日

△金水区举行2020年新春团拜会。会上，与会人员观看了《2019年全区经济社会发展纪实片》后，区委副书记、区长魏东致新年贺词。

2月

21日

△郑州市副市长、金水区委书记陈宏伟等一行到郑州市公安局东风路分局看望慰问牺牲在抗疫一线的社区民警樊树峰的家属，代表金水区委向其家属表示深切慰问和关怀，并送去慰问金。金水区委常委、区委办主任曹可艳陪同慰问。

22日

△金水区总医院影像科技师牛书庚作为金水区首位支援湖北的医生，参加河南省第13批支援湖北医疗队“出征”湖北。

23日

△省委常委、市委书记徐立毅到金水区看望慰问樊树锋家属，号召全市党员干部学习樊树锋精神。

26日

△徐立毅调研金水科教园区企业复工复产及疫情防控。市、区领导牛卫国、吴福民、陈宏伟参加调研。

3月

5日

△金水区参加2020年郑州市招商引资集中网络签约活动。活动采取线上签约方式，设1个网络签约主会场及各县、市、区分会场。副市长、区委书记陈宏伟，区委副书记、区长魏东，副区长赵高翔在区分会场参加活动。签约项目包括国密安全智能物联终端、碧奥清洁能源河南总部2个项目，签约总金额1.5亿元。

25日

△省委常委、市委书记徐立毅到金水区调研高品质城市建设管理工作。

27日

△经开区、高新区、荥阳市、巩义市、登封市观摩团一行先后到金水区考察学习老旧小区综合改造工作。区领导魏东、李伟革、竟新宇、何守华陪同。

28日

△区长魏东主持召开高品质推进城区建设工作电视电话会议。区领导李伟革、杨洁、时博、李小虎、赵高翔、竟新宇、张川、闵武杰、何守华、许忠出席会议。区直各相关部门主要负责人在主会场参加会议，各街道党政正职及分管副职在分会场参加会议。会上，区住建局、保障办、人民路、未来路街道办事处分别作表态发言；区委副书记李伟革就全区高品质推进城区建设工作进行安排部署；区长魏东讲话。

4月

1日

△中国共产党郑州市金水区第十一届纪律检查委员会第五次全体会议召开。市政府副市长、区委书记陈宏伟出席会议并讲话。

2日

△市人大常委会主任胡荃到人民路街道调研工人新村改造提升工作。副市长、区委书记陈宏伟，区人大常委会主任薛燕，区委副书记李伟革参加调研。

△省住建厅副厅长郭风春带队到金水区调研老旧小区综合改造工作。区长魏东陪同调研。

6日

△副省长、市长王新伟一行到花园路街道观摩经一路示范道路建设工作。副市长、区委书记陈宏伟，区长魏东，副区长闵武杰参加观摩活动。

7日

△中国共产党郑州市金水区第十一届委员会第十次全体（扩大）会议召开。全会审议了区委常委会2019年工作报告和区委常委会2019年抓党建工作情况专题报告，讨论通过《中共金水区委2020年工作要点》《中共金水区委关于贯彻落实党的十九届四中全会精神推进城区治理体系和治理能力现代化的意见》《金水区高质量发展三年行动计划》，审议并表决通过《中国共产党郑州市金水区第十一届委员会第十次全体（扩大）会议决议》。全会由区委常委会主持。副市长、区委书记陈宏伟讲话。区委副书记、区长魏东代表区委、区政府全面总结全区2019年工作，全面安排部署2020年工作。

8日

△金水区召开全区初中三年级复学工作会议。区长魏东，区委常委、宣传部部长杨林，区政府领导王珂出席会议。区教育防控部成员、各街道办事处主要负责人和辖区各初中校长参加会议。会上，区委常委、宣传部部长杨林对初中三年级复学工作进行了安排部署；区长魏东讲话；区政府领导王珂对贯彻落实会议精神提出了具体要求。

13日

△区长魏东主持召开全区城市管理工作会议。区委副书记李伟革、副区长闵武杰出席会议。区政府办，城管局，执法局，住建局，爱卫办，保障办，交警一、四、五大队和各街道办事处主要负责人参加会议。会上，李伟革传达了省委常委、市委书记徐立毅调研城市管理工作的指示精神；闵武杰通报了2019年“全城清洁”行动开展情况，安排部署了下一步工作；魏东讲话。

△金水区组织收听收看2020年市安委会第一次全体（扩大）电视电话会议。会议结束后，金水区立即召开全区安全生产和消防工作会议暨2020年全区安委会第一次全体（扩大）会议，总结了2019年全区安全生产和消防工作情况，安排部署了2020年工作。区政府副县级以上领导出席会议。各街道办事处，区安委会、防火委员会成员单位主要负责人参加会议。

16日

△市人大常委会主任胡荃到金水区督导学校复学和疫情防控工作落实情况。市、区领导周亚民、姜朝红、王中立、魏东、赵惠玲、杨林、曹可艳、王珂陪同督导。

△市财政局局长赵新民、税务局局长杨立平一行到金水区调研财税工作并在区机关301会议室召开现场办公会。区长魏东，区委常委、区政府常务副区长杨洁出席会议。区财政局、税务局、税源办主要负责人参加会议。

20日

△区长魏东主持召开2020年重大项目储备和专项债券申报工作会议。区委常委、区政府常务副区长杨洁，区政府副区长竟新宇出席会议。区直各相关部门、各街道办事处主要负责人参加会议。会上，区发改统计局通报了2020年重大项目储备和专项债券申报工作要求；区委常委、区政府常务副区长杨洁对下一步工作进行了安排部署；区长魏东讲话。

△武陟县县长申琳一行到金水区观摩学习工人新村老旧小区综合改造工程。区长魏东陪同。

21日

△副省长、市长王新伟到金水区调研老旧辖区改造工作。副市长、区委书记陈宏伟，区委副书记、区长魏东参加调研。

△金水区召开2020年环境污染防治攻坚战动员视频会。区领导魏东、李伟革、杨洁、许贵舟、杨旗、赵高翔、赵德武、竟新宇、张川、闵武杰、徐建军、潘杰昌、何守华、王珂、许忠、江涛、毛国安出席会议。区直各相关部门、各街道办事处主要负责人分别在主会场和分会场参加会议。会上，副区长闵武杰全面总结了2019年环境污染防治工作，安排部署了2020年环境污染防治工作；区委副书记李伟革就如何做好下一步工作提出具体要求；区长魏东讲话。

△区政协召开新任班子成员见面会。区政协主席武建民主持会议。区政协领导余遂盈、张华、王居良、宋红霞、王静、徐建军、李劲松、王浩，秘书长张书林出席会议。会上，武建民传达了市委、区委关于区政协领导班子人事调整的意见：余遂盈任区政协党组书记；张华、王浩任区政协党组成员。张书林介绍了政协班子成员和机关全体人员。

22日

△区人大常委会主任薛燕在区机关1320会议室主持召开区十三届人大常委会第三十六次主任会议。区人大常委会领导李贻忠、许贵舟、燕建华、杜艳洁、冯景义、张涛、杨旗出席会议。机关各委、室负责人列席会议。会议决定于2020年4月28日召开区十三届人大常委会第二十五次会议，建议议题共三项：一是传达学习习近平总书记在二十国集团领导人特别峰会上的重要讲话、在《求是》杂志发表的有关文章精神及4月8日中共中央政治局常务委员会议、4月17日中共中央政治局会议精神；二是审议通过区人大常委会2020年重点工作（草案）；三是听取和审议金水区人大常委会主任会议关于确定2020年度向区人大常委会述职并接受评议的金水区选举产生的郑州

市十五届人大代表的议案。会议同时听取了以上建议议题的筹备情况汇报。会议最后，对近期人大工作和党风廉政建设进行了安排部署。

△区长魏东主持召开城乡规划土地委员会会议。区领导魏东、周学军、竟新宇、张川、张双喜、何守华出席会议。区政府办、自然资源局、城改办、开发公司、相关街道办事处主要负责人参加会议。在分别听取了各部门关于大孟砦、姜砦、大铺城中村改造项目进展情况及存在问题汇报后，与会人员针对项目存在问题进行分析研究，并提出解决方案。

26日

△金水科教园区在河南外包产业园四楼会议厅召开2019年度目标总结暨2020年工作推进会。区政府领导魏东、李小虎、杜保民、王浩、唐成山、时军亮、高学峰出席会议。科教园区、杨金路、兴达路街道办事处全体工作人员及部分企业代表参加会议。会上，园区管委会副主任唐成山宣读了表彰决定；杨金路街道、兴达路街道和部分村、企业代表作了表态发言；园区管委会主任李小虎就加快推进园区建设进行了安排部署；区长魏东讲话。

27日

△市政协党组书记张延明、副主席王东亮、秘书长吴耀田一行到金水区调研。区长魏东、区政协主席武建民、区政协党组书记余遂盈陪同调研。张延明一行先后到区文化馆、未来路街道党群服务中心（和谐号），实地参观了仁清金石传拓艺术博物馆展厅、聂庄党群服务中心“两代表一委员”联络室、委员谈心谈话室、委员大讲堂以及各类群众活动场所，认真听取了相关工作汇报。

△副区长赵高翔会见中国石化天然气分公司川气东送销售中心副经理闫永强一行。区商务局主要负责人陪同会见。

△市政协党组书记张延明带队到金水区调研文化文史和政协工作，市政协副主席王东亮、秘书长吴耀田参加调研。区长魏东、区政协主席武建民、区政协党组书记余遂盈陪同调研。区政协领导班子全体成员及各委（室）主任参加座谈会。

28日

△区十三届人大常委会第二十五次会议举行。会议由区人大常委会主任薛燕主持，区人大常委会领导李贻忠、许贵舟、燕建华、杜艳洁、冯景义、张涛、杨旗及其他常委会组成人员共35人出席会议。会议深入学习贯彻习近平总书记重要讲话精神。会议审议通过了区人大常委会2020年工作要点。会议审议确定了2020年度向区人大常委会述职并接受评议的金水区选举产生的郑州市十五届人大代表。区人民政府常务副区长杨洁，区监察委员会副主任刘建伟，区人民法院院长蔡理亮，区人民检察院检察长王青列席会议。

△区长魏东主持召开“三项工程　一项管理”专项工作推进会。区领导李伟革、竟新宇、闵武杰、何守华出席会议。区直各相关部门、各街道办事处主要负责人参加会议。推进会深入传达了市级相关会议精神，安排部署了近期全区“三项工程　一项管理”专项工作。

5月

1日

△区长魏东带队考察“五一”期间安全生产暨复工复产、疫情防控工作。区委常委、常务副区长杨洁一同考察。区政府办、应急局、消防救援大队、卫健委、住建局、商务局、文化旅游局、市场监管局、金水市场发展中心及相关街道办事处主要负责人陪同。魏东一行先后到大铺城中村改造建筑工地、丹尼斯百货花园路店和新世纪农贸市场，详细询问各单位安全生产、复工复产、疫情防控和值班值守等工作，认真听取相关工作汇报。

8日

△金水区组织收听收看全省防汛抗旱工作电视电话会议。区

长魏东，区委常委、常务副区长杨洁，区人武部部长周学军，副区长闵武杰出席会议。区直各相关部门、各街道办事处主要负责人参加会议。电视电话会议结束后，金水区立即召开专题会议，贯彻落实全省防汛抗旱工作电视电话会议精神，安排部署金水区各项工作。

13日

△金水区召开全区领导干部会。市委组织部常务副部长朱河顺出席并讲话。市委组织部县区干部处处长孙晓嘉宣读市委决定：张红伟任中共郑州市金水区委委员、常委、书记，陈宏伟不再担任中共郑州市金水区委书记、常委、委员职务。会议由陈宏伟主持，张红伟、魏东分别作了发言。

15日

△副市长陈宏伟到人民路街道调研城市综合改造工作。区委书记张红伟、区政府副区长闵武杰参加调研。

16日

△金水区组织收听收看全市卫生健康大会。区领导张红伟、薛燕、余遂盈、燕建华、张川、徐建军，各街道党政正职，区直有关单位主要负责人在金水区分会场收听收看。会议贯彻学习了习近平总书记关于卫生健康工作和疫情防控重要讲话指示精神及全国、全省卫生健康大会精神，并坚持以人民为中心的发展思想，动员全市上下统筹新冠肺炎疫情防控和经济社会发展，加快健康郑州建设，推动卫生健康事业高质量发展。省委常委、市委书记徐立毅，副省长、市长王新伟出席会议并讲话。

21日

△省民政厅党组书记、厅长鲍常勇到金水区调研养老工作。市民政局党组书记、局长冯明杰，区领导张红伟、曹可艳、张川参加调研。鲍常勇一行先后到广电社区养老中心、首慈乐康养护院、颐养乐福老年公寓、金水区总医院南院，详细询问了各养老机构的发展状况、运行情况，了解各养老机构目前存在的困难、政府扶持养老服务业政策的落实情况，围绕智慧养老、适老化改造、医养结合等内容实地调研。

△区长魏东主持召开迎接国家卫生城市复审工作动员大会。副区长闵武杰出席会议。区直各相关部门、各街道办事处主要负责人及社区书记、主任在各分会场参加会议。会议传达了全市国家卫生城市复审工作动员会会议精神，安排部署了金水区迎接国家卫生城市复审各项工作。

23日—25日

△中国人民政治协商会议郑州市金水区第九届委员会第四次会议在省人民会堂召开。会议表决通过了政协郑州市金水区第九届委员会第四次会议关于常务委员会工作报告的决议、政协郑州市金水区第九届委员会第四次会议提案委员会关于政协九届四次会议提案审查情况的报告、政协郑州市金水区第九届委员会第四次会议政治决议。

24日—25日

△郑州市金水区第十三届人民代表大会第五次会议在省人民会堂召开。会议票决出区人民政府2020年度民生实事项目。会议表决通过郑州市金水区人民政府工作报告的决议、郑州市金水区2019年国民经济和社会发展计划执行情况与2020年国民经济和社会发展计划的决议、郑州市金水区2019年财政预算执行情况和2020年财政预算的决议、金水区人大常委会工作报告的决议、金水区人民法院工作报告的决议、金水人民检察院工作报告的决议。

25日

△市财政局局长赵新民到金水区调研老旧小区综合改造工作。区委书记张红伟，区委副书记、区长魏东陪同调研。赵新民一行先后到工人新村、纬二路26号院和通信花园社区等老旧小区改造工程施工现场进行实地调研，听取项目工作进展情况和资金拨付使用情况汇报后。

26日

△金水区率先启动全市县（市）区级“弘扬劳动精神　争当出彩先锋”宣讲活动。区委书记张红伟出席并讲话，市委组织部部务委员王素梅出席。全区县处级以上领导干部、各级各单位领导班子成员、各村（社区）党组织书记、“两新”党组织书记及部分党员群众代表，共计1600余人参加活动。宣讲活动重温习近平总书记给郑州圆方集团全体职工重要回信全文。郑州圆方集团党委书记薛荣作了“伟大出自平凡，英雄来自人民”的宣讲。

△市委组织部召开全市提升城市基层党建质量推进“三项工程、一项管理”工作会议，市委常委、组织部部长吕挺琳带领各县市区组织部部长，到金水区经八路街道现场观摩道路综合改造提升、区域化党建工作。区委书记张红伟，区委副书记、区长魏东陪同调研。

27日

△市委常委、市委秘书长牛卫国，副市长陈宏伟一行到金水区调研“双改”项目建设。区长魏东，区委常委、组织部部长时博陪同调研。

△市政协副主席岳希荣一行到凤凰台街道党群服务中心调研政协委员联系社区工作。区政协主席余遂盈、区政协党组成员徐建军陪同。岳希荣一行实地察看了政协委员接待室、政协委员议事厅，现场听取了凤凰台街道“1+3X+N”政协工作模式和召集人制度工作情况的介绍，详细了解凤凰台街道政协“委员之家”和辖区政协委员履职情况的介绍。在随后的座谈会上，岳希荣听取区政协和凤凰台街道关于政协委员联系社区工作的情况汇报，并和委员们进行充分讨论。

29日

△金水区“迎接少代会，争做好队员”少先队庆“六一”主题队日活动在文源小学举行。团省委书记王艺，市领导周富强、赵新中、刘睿，区领导张红伟、王珂出席活动。

30日

△区委书记张红伟到金水科教园区调研金科智汇城核心片区建设情况，并主持召开金科智汇城核心片区城市设计方案汇报会。区领导杨洁、李小虎、曹可艳、赵高翔、竟新宇、王浩陪同调研并参加会议。

△区委书记张红伟听取金水区支路背街综合改造工程设计方案汇报。区委常委、区委办公室主任曹可艳、副区长闵武杰参加会议。

6月

1日

△金水区召开全区领导干部会议。区委书记张红伟主持会议并讲话。会议传达了习近平总书记在全国两会期间系列重要讲话精神。传达了《政府工作报告》和《中华人民共和国民法典》《全国人民代表大会关于建立健全香港特别行政区维护国家安全的法律制度和执行机制的决定》的主要内容，全国人大常委会工作报告主要内容，全国政协十三届三次会议主要精神等。

△区委书记张红伟会见中建七局助理总经理兰天一行。区委常委、常务副区长杨洁，区委常委、区委办主任曹可艳，区政府副县级干部王珂一同会见。区自贸办相关负责人陪同会见。

3日

△市委副书记周富强带领市教育局、市自然资源和规划局等部门到金水区调研消除义务教育大班额和市属高中外迁工作，市委副秘书长张志泉参加调研，区领导张红伟、魏东、李小虎、王珂陪同调研。

4日

△金水区组织收听收看全市迎接国家卫生城市复审工作领导小组第一次推进会。区领导魏东、李伟革、闵武杰、张川出席会议。区直各相关部门，各街道办事处，辖区各公安分局，交警一、四、五大队主要负责人参加会议。会议组织与会人员观看了全市复审工作突出问题视频，安排部署下步工作各项任务，动员全市上下积极行动起来，统筹做好常态化疫情防控和迎审准

备工作，持续巩固提升国家卫生城市创建成果，确保顺利通过复审。会后，金水区立即召开专题会议，传达学习贯彻会议精神。

5日

△金水区2020年第二批重大项目集中开工仪式在金水科教园区举行。区委书记张红伟在全市集中开工仪式主会场汇报金水区项目情况。区委副书记、区长魏东宣布金水区第二批重大项目正式开工。该次集中开工重大项目13个，总投资442亿元，年度计划投资79亿元。涉及产业转型发展、基础设施建设、民生社会事业及生态环保等多个领域。其中，30亿元以上项目2个，10亿元以上项目4个，核心板块所属重大项目1个。

7日

△区委书记张红伟主持召开招商引资工作会。区领导魏东、王爱辉、杨洁、李小虎、曹可艳、赵高翔出席会议。区商务局、区楼宇办、区自贸办等相关单位主要负责同志参加会议。会议传达学习了6月4日全市招商引资工作会精神，听取了区商务局、郑州金水科教园区、国家知识产权创意试点园区、区楼宇办、区自贸办招商引资工作情况汇报。

9日

△由河南科技园区管委会主办、河南虚拟与现实联盟承办的2020年河南省虚拟现实产业工作会议在硅谷广场B座703会议室召开。河南科技园区全体班子成员出席会议。园区相关企业代表及省虚拟现实产业联盟代表参加会议。会议深入探讨规划了2020年新冠肺炎疫情下全省虚拟与现实产业发展概况，明确当前虚拟现实产业发展面临的主要问题和发展瓶颈。

△市人大常委会副主任、荥阳市委书记宋书杰到金水区考察学习老旧小区综合改造工作。区委书记张红伟，区委副书记李伟革，区委常委、组织部部长时博陪同考察。

11日

△市人大常委会副主任王福松到金水区视察金水区危房治理工作。区委书记张红伟、区人大常委会主任薛燕、区政府领导何守华陪同视察。王福松一行先后到省委幼儿园、经八路一号院进行视察，现场听取了金水区房屋安全管理工作及危房治理情况汇报，同时就《郑州市房屋使用安全管理条例（草案）》的立法交流了意见。王福松对金水区的危房治理工作给予了肯定，并要求进一步查缺补漏，摸清隐患房屋底数，有计划地分类施治消除辖区房屋安全隐患，切实保障居民生活安全。

16日

△区委书记张红伟，区委副书记、区长魏东主持召开疫情防控工作领导小组会议。区领导赵惠玲、杨林、卢书选、曹可艳、张川参加会议。会议传达了中央、省市委关于疫情防控工作有关指示精神和最新要求，详细听取了全区疫情防控常态化工作，特别是农贸市场疫情防控、卫生消杀、从业人员核酸检测情况的汇报。

17日

△市委常委、市纪委书记杜新军到金水区就贯彻落实中央和省市纪委全会精神、全国“两会”精神及基层党风廉政建设情况进行调研。

18日

△金水区城镇小区配套幼儿园签约仪式在丰庆路街道办事处会议室举行。区政府领导王珂出席签约仪式。区直各相关部门、相关建设单位、村委会负责人参加签约仪式。活动中，区教体局主要负责人与丰庆路街道办事处村委会、开发建设单位代表分别签订了枈村东幼儿园、枈村西幼儿园、庙李幼儿园和名门熙昕苑幼儿园4所幼儿园的移交协议。

22日

△区长魏东召开全区经济运行分析会。区委常委、常务副区长杨洁，区政协副主席王浩，创意园区管委会副主任刘运泽、崔文修出席会议。区发改统计局、财政局、工信局、商务局、住建局、自然资源和规划分局、农委、城改办、保障

办、税务局和各街道办事处主要负责人参加会议。会上，区发改统计局、财政局、工信局、商务局、住建局、自然资源和规划分局、农委、城改办、保障办、税务局依次汇报了1—5月份工作开展情况、上半年转正目标分析存在问题和下步工作安排；科教园区、创意园区、科技园区分别汇报了重点项目进展情况、推进措施和预期完成量；部分街道办事处汇报了辖区主要经济指标完成情况、上半年转正目标分析存在问题和下步工作安排；区委常委、常务副区长杨洁对全区经济工作提出了具体要求；区长魏东讲话。

23日

△区政协召开九届十七次常委会会议。区政协主席余遂盈主持会议并讲话。区政协领导张华、王居良、王静、王浩、徐建军、李劲松，秘书长张书林出席会议。区委副书记李伟革应邀参加会议。区政协各专门委员会副主任、街道政协工作召集人，以及部分区政协委员列席会议。会议传达学习了习近平总书记在全国两会期间系列重要讲话精神、十三届全国人大三次会议和全国政协十三届三次会议精神，李伟革对省委常委、市委书记徐立毅调研金水讲话精神及金水区贯彻落实安排情况进行了解读。会议审议通过了《政协郑州市金水区委员会委员履职工作规则（试行）》《政协郑州市金水区委员会委员履职综合评价办法（试行）》。与会人员围绕会议主题进行分组讨论，深入交流。

24日

△金水区召开区委中心组学习（扩大）会议。区委书记张红伟主持会议并讲话。会议传达了习近平总书记在近期中央政治局会议上的重要讲话精神、6月18日省委王国生书记调研郑州讲话精神、6月22日市委常委会会议精神以及6月12日市委徐立毅书记在金水调研时的讲话精神。

25日

△区委书记张红伟、区长魏东召开黄河金水区段生态突出问题专项整治暨黄河防汛专题会议。区领导杨洁、李小虎、曹可艳、竟新宇、张川、闵武杰出席会议。会议传达了6月24日黄河郑州段突出生态环境问题专项整治工作推进会会议精神，听取了黄河金水区段生态突出问题和全区黄河防汛备汛准备工作情况汇报。

28日

△区委书记张红伟参加“迎‘七一’庆建党99周年”系列活动。区委副书记李伟革，区委常委、宣传部部长杨林，区委常委、组织部部长时博，区委常委、区委办公室主任曹可艳参加相关活动。

△副省长武国定到金水区调研黄河防汛工作。省领导魏晓伟、苏茂林、李宝翼、王炳，区长魏东陪同调研。

7月

1日

△金水区开展区直机关庆祝建党99周年表彰会暨“牢记初心使命、争当出彩先锋”主题党日活动。市直机关工委副书记乔成田受邀参加活动，区四个班子主要人员、区委常委会成员出席活动。活动首先对区直机关优秀共产党员、优秀党务工作者和先进基层党组织代表进行了表彰，随后分“中国梦、劳动美”“初心与使命”“出彩路上再出发”3个主题章节，由来自金水区直机关的57名党员干部携手演绎了《回信精神、光耀金水》《永恒的精神底色》等6个文艺节目，充分展现了金水党员干部不忘初心、牢记使命，围绕“两率先一争当”总体要求，担当作为、克难攻坚，以学习宣传贯彻习近平总书记给圆方集团全体职工重要回信精神为契机，大力弘扬劳动精神、充分发挥榜样力量，坚定信心、攻坚克难，抢抓机遇、奋勇争先的良好精神风貌和昂扬斗志。最后，区委书记张红伟致辞。

△金水区开展政银企对接活动。该此举为积极应对新冠肺炎疫情带来的不利影响，搭建银行与企业合作平台，促进经济与金融良性

互动，让政府、银行、企业三家抱团取暖、合作共赢，共同推进全区经济加速复苏、持续健康稳健发展。区委书记张红伟、区长魏东、中国银行河南分行副行长郭林出席活动并讲话；中国银行河南省分行相关业务部门负责人、金水区部分企业代表和区直有关部门主要负责人参加对接活动。

2日

△河南尚建置业与万豪国际集团举行签约仪式。副区长赵高翔出席仪式并致辞。区商务局、文化旅游局及丰产路街道办事处主要负责人参加活动。该次河南尚建置业M&E TOWN项目与万豪旗下Moxy酒店成功签约，标志着万豪国际集团正式进驻金水区，将进一步促进区域消费活力和影响力。

4日

△金水区召开十一届区委常委会（扩大）会议。会议由区委书记张红伟主持，集中传达学习习近平总书记在第十九届中央政治局第二十次、第二十一次集体学习，中央全面深化改革委员会第十四次会议上的重要讲话精神和“一带一路”高级别视频会议精神，深入学习7月3日省委、省政府专题会议精神，7月4日市委常委会（扩大）会议精神和7月1日全市黄河郑州段突出生态环境问题专项整治工作推进会精神，同时研究部署金水区2020年扫黑除恶专项行动、党风廉政建设和经济运行等方面有关工作。会议还对近期全区扫黑除恶专项行动、党风廉政建设和经济运行、黄河金水段突出生态环境问题专项整治等方面工作进行了研究部署。区四大班子主要负责人员，区委常委会组成人员，全区副县级以上领导，各街道、区直机关党政主要负责人员参加会议。

6日

△金水区举办助推黄河流域生态保护和高质量发展暨“助力乡村振兴，人大代表在行动”主题活动。省人大常委会党组副书记、副主任王保存，省人大常委会选任联工委主任李恩东，市人大常委会党组书记、主任胡荃，区委书记张红伟等省市区领导出席启动仪式。区人大常委会党组书记、主任薛燕主持启动仪式。部分驻区人大代表、区人大常委会各街道工委和居民代表参加活动。

7日

△副省长、省招委主任霍金花到郑州市第一〇六中学考察指导高考工作。省政府副秘书长尹洪斌，省教育厅厅长郑邦山，省招办主任刘刚，市教育局党组副书记、常务副局长刘鹏利，区政府领导王珂参加考察。

△省政协副主席高体健带领部分政协委员到金水区考察高考工作。省政协副秘书长张广东，省教育厅副厅长毛杰，省招办副主任岳文娟，区领导魏东、王珂参加考察。

8日

△市委副书记周富强到金水区调研美丽乡村建设。市、区领导张志泉、孙建功、魏东、李伟革、张川陪同调研。

9日

△市委副书记周富强到金水区观摩调研国家卫生城市复审工作。区领导魏东、李伟革、闵武杰参加调研。

10日

△郑州市2019年度综合工作第三考核组到金水区进行年度考核。郑州市发改委党组成员、二级调研员李伟涛组长带领，区领导张红伟、魏东及相关部门负责人员参加考核见面会和测评。

13日

△区委书记张红伟主持召开科大讯飞第一次工作推进周例会。专题研究科大讯飞股份有限公司中原总部落户金水相关事宜。区领导魏东、杨洁、李小虎、曹可艳、赵高翔、王浩及区商务局、科技局、工信局主要负责人，科大讯飞、中以科技城公司相关负责人参加会议。

14日

△由郑州金水科教园区与中原新媒体产业联盟联合打造的“河南

直播经济总部基地”正式启动运营。河南直播经济总部基地位于郑州金水科教园区，分三期建设完成，一期已投用面积5000平方米，二期、三期拟规划面积共60000平方米。

△省工信厅、省商务厅、市委网信办、市工信局、市商务局等有关领导，区领导张红伟、魏东、杨林、李小虎、曹可艳、赵高翔，新媒体行业、联盟、协会负责人出席启动仪式。

△金水区组织收听收看国家和省市防汛抗洪救灾工作专题视频会议。区领导魏东、杨洁、高国全、张川出席会议。区防汛抗旱指挥部成员单位主要负责人及惠金河务局相关负责人参加会议。

△市“双改”办第四督导组组长李海阔一行到金水区督导“双改”工作，区委副书记李伟革参加督导。

15日

△郑州市5G产业联盟成立大会在郑州金水科教园区河南省信息安全产业示范基地召开。市区领导史占勇、范建勋、张幼明、张红伟、魏东、李小虎、曹可艳、赵高翔、王浩，市相关局委、各县市区工信系统主要负责人，以及联盟首批76家成员单位参加。会议表决通过了《郑州市5G产业联盟章程》，产生了首届理事会机构，举行了揭牌仪式。

△区委书记张红伟、区长魏东会见河南邓亚萍体育产业投资基金创始人邓亚萍一行。区领导李伟革、杨洁、曹可艳、王珂参加会见。

△区委书记张红伟、区长魏东召开专题会听取金水区城市绿化景观提升策划方案汇报。

△副区长赵高翔会见河南省浙江商会会长葛红平一行，双方就项目投资、产业发展事宜深入交流并达成广泛共识。区政府办、商务局相关负责人参加会见。

16日

△2020“郑创汇”国际创新创业大赛7月月赛决赛在金水科教园区外包产业园举办。市、区领导夏扬、缑云峰、魏东、李小虎、赵高翔出席活动。各县（市）区、开发区科技部门负责人、创新创业综合体负责人、合作金融机构负责人、投资机构负责人通过视频直播观看大赛。

△区委书记张红伟、区长魏东召开专题会听取金水区城市绿化景观提升策划方案汇报。区领导李伟革、曹可艳、闵武杰及相关单位负责人参会。

△金水区举办第二期打造高品质现代化城区高端讲堂。讲座邀请森禾控股集团股份有限公司董事长、教授级高级工程师、农学博士郑勇平以《美丽中国建设中的城市景观定位和追求》为题为全区领导干部作专题辅导报告。区委副书记李伟革主持报告会。全区县处级、科级、机关干部共1500余人参加报告会。

22日

△区人大常委会主任薛燕主持召开区十三届人大常委会第三十九次主任会议。区人大常委会领导李贻忠、许贵舟、燕建华、杜艳洁、冯景义、张涛、杨旗出席会议。机关各委、室负责人列席会议。会议决定于2020年7月29日召开区十三届人大常委会第二十七次会议。

23日

△区委书记张红伟主持召开科大讯飞第二次工作推进周例会，听取项目进展情况，研究相关事宜。区领导魏东、杨洁、曹可艳、赵高翔、王浩、区直相关部门及科大讯飞总裁助理方明、科大讯飞和中以科技城相关负责人参加会议。

25日

△区委书记张红伟主持召开城市道路综合改造工作专题汇报会。区领导李伟革、曹可艳、竟新宇、闵武杰、何守华及相关单位主要负责人员参加会议。会上，东华大学环境艺术设计研究院汇报了“一环十横十纵”示范道路整治提升项目进展情况和城市更新美丽街区“支路背街”项目方案设计情况，与会领导和相关单位进行了深入研讨，提出意见建议。

26日

△副市长陈宏伟到金水区调研示范道路建设工作。区领导张红伟、魏东、曹可艳、闵武杰参加调研。

27日

△市委常委、市委秘书长牛卫国到金水区调研防汛及河长制工作。区领导张红伟、魏东、李伟革、曹可艳陪同调研。

△副市长、市公安局局长马义中到金水区督导部分退役士兵“两险”补缴工作。市退役军人局局长刘天启、副区长赵德武陪同督导。

28日

△金水区政协举行全区各级政协委员助力“六稳”、“六保”，助力“两率先一争当”系列活动启动仪式。全国政协委员、省政协副秘书长张广东，市政协党组书记、主席张延明，市政协党组成员、副主席刘睿，市政协党组成员、秘书长吴耀田，区委副书记李伟革等省区市领导出席启动仪式。区政协党组书记、主席余遂盈主持启动仪式，区政协班子成员，部分全国、省、市、区四级政协委员，各街道政协工作召集人参加启动仪式。

△金水区组织收听收看国务院第七次全国人口普查电视电话会议。

29日

△区十三届人大常委会第二十七次会议召开。会议由区人大常委会主任薛燕主持，区人大常委会领导李贻忠、许贵舟、燕建华、杜艳洁、冯景义、张涛、杨旗及其他常委会组成人员共33人出席会议。

△金水区召开国家卫生城市复审工作第二次月点评会暨第四次双周点评会。区委副书记李伟革，副区长张川、闵武杰出席会议。

30日

△中国共产党郑州市金水区第十一届委员会第十一次全体（扩大）会议召开。全会由区委常委会主持，区委书记张红伟作了讲话，审议并表决通过中国共产党郑州市金水区第十一届委员会第十一次全体会议决议。十一届区委委员、区委候补委员出席会议。

31日

△区委书记张红伟、区长魏东会见正星科技股份有限公司董事局主席李浩杰一行。区领导杨洁、曹可艳、赵高翔、王浩、王珂以及区商务局、区自贸办、国基路街道、科教园区主要负责人参加会见。

△中共金水区委外事工作委员会召开第一次会议。区委书记、区委外事工作委员会主任张红伟主持会议并讲话。区长、区委外事委副主任魏东出席会议。

8月

2日

△市政协副主席王万鹏带领市委宣传部、市委网信办、市科协到金水科教园区调研网络安全科普教育基地建设情况。区委书记张红伟，区委常委、宣传部部长杨林，区政协副主席王浩等陪同调研。

4日

△市农委主任樊惠林带队到金水区督导城乡接合部农村人居环境整治工作。副区长张川陪同督导。

△市粮食和储备局副局长张世然一行到金水区调研夏粮收购、粮食应急供应网点建设、行政相对人法律风险防控等工作。区政府副区长张川陪同调研。

△金水区召开区委常委会（扩大）会议。会议由区委书记张红伟主持，区四大班子主要负责人员、区委常委会组成人员出席会议，部分副县级以上领导、部分区直机关主要负责人员、各街道党工委主要负责人员列席会议。

△区委审计委员会第二次会议召开。区委书记、区委审计委员会主任张红伟主持会议并讲话。区长、区委审计委员会副主任魏东出席会议。区领导赵惠玲、杨洁、李贻忠参加会议。

5日

△金水区纪检监察工作会议召开。区委常委、区纪委书记、区监委主任赵惠玲出席会议。区纪委监委机关、派驻机构全体人员，区委巡察机构相关人员，各街道纪工委书记、监察办公室副主任参加会议。

△金水区“深化放管服　落实就近办”商事登记全业务一体机启用仪式在创意园区举行。创意园区管委会副主任王友光及区市场监管局等相关单位负责人参加活动。市场主体开办申请人可在一体机上办理名称申请、设立登记、变更登记、备案登记、注销登记等业务，并在注册登记业务审核通过后，只需持身份证即可使用一体机打印并领取营业执照，真正实现了企业开办“就近办”“零见面”。

7日

△“绿色食品事业创立30周年　河南省绿色食品宣传月”活动启动仪式在金水区举行。中国绿色食品发展中心主任张荣华和省区市领导赵耕、余新华、樊惠林、张川等出席启动仪式，省各级“三品一标”工作机构、绿色食品获证企业、参展商代表及采购商代表参加活动。

10日

△区委书记张红伟会见上海社科院经济研究所副所长唐忆文一行，区领导杨洁、曹可艳参加会见。

11日

△省人大常委会委员、省人大社会委主任委员蔡永礼，省人大社会委副主任委员王惠一行到金水区凤凰台街道党群服务中心，检查慈善法实施情况。市人大常委会一级巡视员赵新中，市慈善总会会长姚待献，区委书记张红伟，区人大常委会党组书记、主任薛燕，区委常委、区委办主任曹可艳，副区长张川陪同检查。

12日

△区委书记张红伟主持召开“三项工程　一项管理”工作推进周例会。区领导魏东、李伟革、曹可艳、竟新宇、闵武杰、何守华及相关单位主要负责人参加会议。

13日

△副市长吴福民到金水区调研社会足球场地设施建设工作。区委书记张红伟，区委常委、常务副区长杨洁参加调研。

14日

△市委副书记周富强、市政协副主席王万鹏到金水区调研市场监管疫情防控工作，区领导张红伟、李伟革、曹可艳参加调研。

15日

△区委书记张红伟主持召开金水区黄河流域生态保护和高质量发展项目策划方案评审会。区领导魏东、李伟革、张川、王珂及相关单位主要负责人参加会议。

17日

△“决战决胜全面小康——河南驻村第一书记助力脱贫攻坚图片展”在金水区举办。省委组织部副部长王忠梅，省委办公厅副主任、省档案局副局长韩林，省档案馆馆长李修建，省档案馆副馆长李宝玲，区委书记张红伟参加了展览活动。

△区委书记张红伟主持召开全区老旧小区改造工作推进会，区领导曹可艳、竟新宇、何守华参加会议。

19日

△金水区召开全区民营经济“两个健康”提升行动暨“一联三帮”保企稳业专项行动推进会。区委常委、统战部部长付建峰出席会议并讲话。副区长赵高翔主持会议。

△金水区人大常委会机关举办机关干部学习贯彻党的十九届四中全会精神集中培训班开班暨第一次集中学习。区人大常委会机关党支部书记、办公室主任李慧敏主持开班仪式，机关全体干部职工参加学习。

20日

△郑州市委组织部副部长史传春一行到金水区UFO.WORK共享办公进行非公企业党建观摩调研，区委书记张红伟陪同。

△科大讯飞董事长刘庆峰做客金水区打造高品质现代化城区高端讲堂。区委书记张红伟出席并主持讲座。高端讲堂以视频网络教学的形式，设1个主会场、1个分会场，在各街道设立17个分会场。全区县处级、科级、机关干部以及300余名科技企业代表共1600余人参加该次讲座。

21日

△副市长史占勇调研中科新兴产业技术研究院。中国科学院院士、中国科学院过程工程所所长张锁江，区领导张红伟、曹可艳、王浩参加调研。

△金水区召开全区街道作风纪律大整顿动员部署会。区委书记张红伟出席会议并作重要讲话。区委副书记、区长魏东主持会议，区委常委、区纪委书记、监委主任赵惠玲详细传达了作风纪律大整顿活动实施方案。会议设1个主会场和17个街道分会场，全区县处级领导干部、区纪委监委领导班子成员以及区委组织部、区巡察机构相关负责人等在主会场参会；各街道领导班子成员以及中层以上干部、社区“两委”、村“三委”主要负责人在分会场参会。

22日

△区政府召开第一次全体（扩大）会议暨第四次廉政工作会议。区领导赵惠玲、赵高翔、赵德武、竟新宇、张川、闵武杰、何守华、王珂、江涛、毛国安出席会议。

23日

△2020年郑州市科技活动周启动仪式暨科技创新成果展在金水科教园区举行。副市长史占勇、市科技局局长夏扬、区委书记张红伟，市委宣传部、市科技局、市卫健委及各县（市）区科技部门负责人，企事业单位代表近200人参加活动。

△副市长史占勇到金水科教园区调研河南众诚信息技术科技股份有限公司。市科技局局长夏扬，区领导张红伟、曹可艳、赵高翔、王浩参加调研。

24日

△副市长陈宏伟一行到金水区调研“一环十横十纵”主干道综合改造工作。区长魏东、副区长竟新宇陪同调研。

25日

△金水区召开教育系统秋冬季疫情防控工作会议。区政府领导王珂出席会议并讲话。区政府办、教育局、卫健委、市场监管局、各街道办事处相关负责人，辖区各中小学校长、幼儿园园长参加会议。

26日

△区委书记张红伟主持召开区政协重点提案协商座谈会，并领办《关于发展高端产业　引领金水“十四五”时期经济高质量发展的提案》。区政协主席余遂盈，区委常委、常务副区长杨洁，区委常委、区委办公室主任曹可艳，区政协副主席张华、党组成员徐建军、秘书长张书林，部分区政协委员出席会议。区直有关单位负责人列席会议。

29日

△区委书记张红伟主持召开金水区黄河流域生态保护和高质量发展项目策划方案评审会。区领导魏东、李伟革、杨洁、曹可艳、赵高翔、张川、闵武杰、王珂及区直相关单位主要负责人参加会议。

31日

△区委书记、区委全面深化改革委员会主任张红伟主持召开区委全面深化改革委员会第二次全体会议。区领导李伟革、薛燕、余遂盈、赵惠玲、付建峰、卢书选、王爱辉、杨洁、曹可艳、高国全、李贻忠、赵德武、竟新宇、张川、闵武杰、王青参加会议。区直有关单位负责人列席会议。

△金水区收听收看省会创建全国文明城市暨郑州市改进城市管理工作推进会。区长魏东，区委常委、宣传部部长杨林出席会议。区直相关部门、各街道办事处主要负责人参加会议。

9月

2日

△市政协主席张延明到金水区开展"六稳""六保"工作调研。区委书记张红伟，区政协主席余遂盈，区委常委、区委办公室主任曹可艳陪同调研，区商务局、丰庆路街道负责人参加调研。

△市城管局局长李雪生一行到金水区调研"一环十横十纵"综合改造工程扬尘治理工作。区委副书记李伟革参加调研。

△区委书记张红伟主持召开全区大棚户区改造工作推进会，区领导杨洁、曹可艳、许贵舟、张涛、竟新宇、何守华、许忠参加会议。

3日

△区委书记张红伟主持召开金水区"十四五"规划编制工作座谈会，区领导魏东、李伟革、薛燕、余遂盈、杨林、王爱辉、杨洁、曹可艳、竟新宇、张川、杜保民、张双喜参加会议，区直有关部门主要负责人列席会议。

4日

△区委书记张红伟会见越秀集团副总经理、华中区域董事长兼总经理朱晨一行，双方就加强城市开发建设合作进行深入交流，达成了广泛共识。区领导魏东、杨洁、曹可艳、竟新宇参加会见。

5日

△"豫见光明，善行金水"慈善救助活动在金水区启动。原河南省委常委、省政法委书记、省助残济困总会创会荣誉主席张世军，原省民政厅巡视员、省助残济困总会高级顾问朱昆明，原郑州市委常委、组织部部长、郑州慈善总会会长姚待献，区委书记张红伟及相关部门领导出席启动仪式。

8日

△郑州地铁集团有限公司董事长张洲一行到金水区调研轨道交通7号线一期工程征迁建设情况。区政府领导许忠陪同调研。

9日

△十三届全国人大代表、河南省十三届人大代表、河南省人民政府副省长舒庆赴金水区花园路街道甲院社区人大代表联络站开展活动。市人大常委会党组书记、主任胡荃，区人大常委会党组书记、主任薛燕，副区长赵德武及花园路街道主要负责人陪同。

△市委常委、市委宣传部长黄卿到金水区调研网络安全科普教育基地运营情况。市委宣传部常务副部长徐西平、市委网信办主任卢士海、市城建局局长梁远森、郑州报业集团副社长杜长涛，区领导张红伟、魏东、杨林、曹可艳、王浩等参加调研。

10日

△金水区举行2020年教师节庆祝表彰大会。省教育厅总督学李金川，区委书记张红伟，区委副书记、区长魏东，区委副书记李伟革，区人大常委会主任薛燕，区政协主席余遂盈以及区领导杨洁、曹可艳、燕建华、张华、王珂出席会议，各街道党工委书记，区直有关单位主要负责人出席会议，区各中心校、局属各中小学（幼儿园）校长（园长、主任）、书记，受表彰的教师代表等400余人参加表彰大会。

△金水区召开全区卫生健康大会。区委书记张红伟出席并讲话，区委副书记、区长魏东对全区卫生健康工作进行总结和部署，并特别邀请省卫生健康委一级调研员、卫生健康监察专员张伟平到会指导卫生健康与秋冬季疫情防控工作。区四大班子主要领导、区委常委、区人大、区政府、区政协分管负责人，区直有关单位主要负责人，各街道党政正职，辖区部分公立医院院长，各社区卫生服务中心负责人参加会议。

△区委书记张红伟会见浙富控股集团股份有限公司董事长孙毅一行，区领导曹可艳、赵高翔及商务局主要负责人参加会见。

15日

△区委常委、常务副区长杨洁会见中国交通建设集团河南总部总

经理崔现华一行。区财政局、开发公司、金达公司、自贸办相关负责人参加会见。

16日

△市政协副主席王万鹏一行到金水区调研第29届中国金鸡百花电影节筹备工作。区政府领导魏东、王珂陪同调研。

△区委书记张红伟主持召开金水区园林绿化游园提升情况汇报会。区领导曹可艳、闵武杰及区直相关单位、设计单位主要负责人参加。

17日

△金水区2020年秋季科级干部主体班开班。区长魏东，区委副书记李伟革出席开班典礼。

18日

△2020年国家网络安全宣传周“金融日”系列宣传活动在金水区举办。省、市、区领导陈立吾、王义民、张少康、段庆洲出席活动。

21日

△副市长吴福民到金水区调研重点项目建设工作。市政府副秘书长王保来、区长魏东参加调研。

22日

△副市长陈宏伟到金水区调研主干道综合改造工程。区长魏东、副区长竟新宇陪同调研。

23日—25日

△中西部消费电子博览会暨第十一届中国中西部IT产品博览会开幕。中国亚洲经济发展协会副会长、中国电子商会副会长、中关村电子商会名誉会长鲁瑞清，省区市领导郭瑞山、林继民、张红伟、余遂盈等参加开幕式。

25日

△河南影视助力黄河文化产业传承创新发展高峰论坛成功举办。管委会主任张双喜出席活动。

△郑州市首家世界知识产权组织技术与创新支持中心（WIPO.TISC）落户创意园区。

26日

△中国创新发展大会暨河南省人工智能产业创新发展联盟成立仪式在金水区举行。省区市相关部门领导、省内外人工智能领域知名专家、行业领军企业代表以及联盟首批100家成员单位共400余人参加了成立大会。

27日

△金水区教育局与河南建业足球俱乐部举行战略合作签约仪式。双方将立足学校，立足未来，立足青少年全面发展，共同探索全新的青少年足球培养模式。省体育局副局长马宇峰，省教育厅总督学李金川，省体育局青少处处长赵艳萍，省球类运动管理中心主任李激扬，省教育厅体卫艺处二级调研员高翔，市教育局副局长葛飞，建业地产集团创始人兼董事主席胡葆森，建业足球俱乐部董事长代纪玲，金水区委书记张红伟，金水区委常委、区委办办公室主任曹可艳，金水区政府领导王珂，金水区教育局主要负责人与金水区“满天星”足球训练营的教练员、队员共100余人参加了活动。活动由金水区政府领导王珂主持。

28日

△郑州市“十一黄金周”系列促消费活动启动仪式在金水区隆重举行。副市长万正峰出席启动仪式并宣布郑州市“十一黄金周”系列促消费活动正式启动。市政府副秘书长、市商务局局长李兵，区委书记张红伟，区委副书记、区长魏东，副区长赵高翔及市、区相关单位负责人及社会各界代表参加启动仪式。

△副市长吴福民带领相关区县（市）及市直局委负责人到金水区调研黄河流域生态保护和高质量发展工作。区领导魏东、李伟革、张川、高学锋参加调研。

△区委书记张红伟会见了中原动力智能机器人有限公司首席执行官林杰一行。区领导魏东、曹可艳、赵高翔及金水科教园区相关负责人参加会见。

△区政协召开九届十八次常委会会议，围绕文化旅游产业发展进行专题协商议政。区政协主席余遂盈主持会议并讲话。区政协领导付

建峰、王居良、李劲松，秘书长张书林出席会议。区政府副县级干部王珂，市政协委员、市旅游协会会长王晓东，区政协文化旅游产业发展课题组成员应邀参加会议。部分区政协委员、街道政协工作召集人，以及区政府有关部门负责同志列席会议。

29日

△副市长万正峰到金水区督导安全生产工作。市应急局副局长马龙飞、区政府领导段庆州等参加督导。

△金水区召开以案促改暨“双节”廉政谈话会，传达郑州市纪委监委通报的赵某某、鲁某某等人严重违反中央八项规定精神等典型案例，落实以案促改常态化制度化要求，以案为鉴、以案示警，巩固全区上下风清气正、干事创业的良好政治生态。区委书记张红伟出席会议并讲话。区委常委、区纪委书记、监委主任赵惠玲主持会议。

△金水区举行2020年第三批重大项目集中开工仪式。区领导张红伟、魏东、李伟革、薛燕、余遂盈、赵惠玲、杨林、付建峰、卢书选、王爱辉、杨洁、曹可艳、李贻忠、赵德武、张川、王居良、王青、王珂及区直相关单位、各街道、项目单位主要负责人出席开工仪式。

△区委书记张红伟会见深圳市特区建设发展集团有限公司副总经理刘超洋一行。区领导魏东、杨洁、赵高翔、王浩及区商务局、区自贸办、金水科教园区相关负责人参加会见。

30日

△区长魏东督查节前安全生产、市场供应和疫情防控工作。区委常委、区政府常务副区长杨洁一同督查。

△金水区第七次全国人口普查宣传月暨第十一届“中国统计开放日”活动启动仪式在金水区举行。区委常委、区政府常务副区长、区第七次全国人口普查领导小组组长杨洁出席并宣布活动启动。区第七次全国领导小组部分成员单位、各街道办事处相关负责人参加活动。

10月

1日

△区委书记张红伟调研督导国庆中秋假日辖区应急值守、安全生产、假日经济和疫情防控工作。区领导杨洁、曹可艳以及区委办公室、消防、公安、应急、文旅、市场监管等部门负责人陪同调研。

9日

△区长魏东召开金水区9月份经济运行工作会。区领导杨洁、王浩、刘运泽、崔文修出席会议。区直相关部门、各街道办事处主要负责人参加会议。

12日

△市政协主席张延明实地调研金水区幼儿健康工作。市政协副主席王万鹏、市政协秘书长吴耀田、市政府副秘书长张江涛、市教育局局长王中立、市体育局局长王微、市卫健委主任付桂荣及部分市政协委员参加调研，区政协主席余遂盈，区政府副县级干部王珂，区教育局、区文旅体局相关负责人陪同调研。

13日

△“上善若水　汇爱成金”金水区举办2020年慈善日集中捐赠活动。活动由中共金水区委、金水区人民政府主办，金水区民政局、金水区慈善总会承办。旨在传播慈善文化，弘扬慈善精神，发展慈善事业，践行社会主义核心价值观，动员社会力量积极投身慈善事业，全面推进金水区慈善事业健康发展。河南省慈善总会会长邓永俭，河南省慈善总会秘书长刘高贵，郑州市慈善总会会长姚待献，郑州市民政局局长冯明杰、副局长李淑萍，郑州市慈善总会常务副会长李建民、副会长兼秘书长李刚良，中共金水区委书记张红伟，金水区人民政府区长魏东、中共金水区委副书记李伟革，金水区人大常委会主任薛燕，金水区政协主席余遂盈及全区副县级以上领导干部出席活动。全区各街道党政正职，区直各单位主要负责人，辖区慈善单位、部分爱心企业、爱心人士代表，志

愿者代表以及新闻工作者参加了活动。该次慈善日系列活动，累计筹措善款9160万元。

14日

△市人大常委会副主任张春阳带领市人大代表一行到金水区视察“双改”工作。市、区领导陈宏伟、魏东、薛燕、闵武杰陪同视察。

△金水区召开金科智慧城核心板块城市设计方案汇报会。区领导魏东、曹可艳、竟新宇及相关单位主要负责人参加会议。

15日

△工信部科技司副司长朱秀梅一行到金水区调研人工智能产业发展情况。省、市、区领导郝敬红、陈金芬、赵高翔、王浩陪同调研。

△市人大常委会党组书记、主任胡荃带队实地调研金水区中小学午餐供餐及课后服务工作。市人大常委会秘书长周亚民，市教育局常务副局长刘鹏利，区委书记张红伟，区人大常委会党组书记、主任薛燕，区委常委、区委办公室主任曹可艳，区政府副县级干部王珂，区教育局主要负责人及市人大代表20余人参加调研。

16日

△金水区举行2020年秋季科级干部主体班结业和第三期中青年干部培训班开班典礼。区委书记张红伟、区委副书记李伟革参加典礼。

△区政协主席余遂盈带领政协委员专题视察全区“三项工程　一项管理”工作。区政协党组成员徐建军参加视察，副区长闵武杰、区“三项工程　一项管理”各专项指挥部牵头部门及人民路、经八路街道负责人陪同。

20日

△金水区举行2020年秋季科级干部主体班结业和第三期中青年干部培训班开班典礼。区委书记张红伟、区委副书记李伟革参加典礼。

27日

△共青团中央社会联络部联络培训处处长甘一辰到金水区调研新兴青年群体团建工作。团省委社会联络部副部长李刚、团市委副书记毛新辉、区委副书记李伟革参加调研。

△区委政协工作会议召开。会议深入学习贯彻习近平总书记在中央政协工作会议暨庆祝中国人民政治协商会议成立70周年大会上的重要讲话精神，落实中央、省委、市委政协工作会议精神，研究部署新时代全区政协工作，推动全区政协事业创新发展。区委书记张红伟出席会议并讲话，区委副书记、区长魏东主持会议。李伟革、薛燕、余遂盈、赵惠玲、杨林、付建峰、王爱辉、杨洁、曹可艳出席会议。

30日

△河南省服务型行政执法标兵单位现场观摩会在金水区召开。省、市、区领导林涵碧、张键、陈晓伟、张建彬、魏东、闵武杰等参加会议。

△区长魏东主持召开10月份经济运行分析会。区领导杨洁、王浩、刘运泽、崔文修出席会议。区直相关部门、各街道办事处主要负责人参加会议。

11月

3日

△金水区组织收听收看全国疫情防控工作电视电话会议。区领导魏东、张艳华、杨林、杨洁、燕建华、赵高翔、张川、王居良、王珂出席会议。区疫情防控指挥部各成员单位、区直相关部门和各街道办事处主要负责人参加会议。

△金水区召开疫情防控领导小组“一办四部”工作会。区委副书记、科教园区管委会主任，区疫情防控领导小组执行副组长张艳华立即组织“一办四部”召开疫情防控工作会。区委常委、区委政法委书记，区疫情防控领导小组社会防控部部长卢书选，副区长、区疫情防控领导小组卫生防治部部长张川，“一办四部”主要负责人参加会议。

△区政协召开党组（扩大）会议，传达学习党的十九届五中全会精神、区委书记张红伟在区委常委（扩大）会议上的讲话精神和区委

政协工作会议精神，交流学习体会，并就抓好学习贯彻落实工作进行安排部署。区政协党组书记、主席余遂盈主持并讲话，区政协领导班子成员参加会议，机关各委（室）主任、区纪委监委驻政协机关纪检监察组组长列席会议。

4日

△国家统计局党组成员、副局长盛来运到金水区调研第七次全国人口普查工作。省、市、区领导陈红瑜、冯文元、王保来、陈平山、魏东陪同调研。

△区政府召开党组（扩大）会议传达学习贯彻党的十九届五中全会精神。安排部署全区政府系统学习贯彻落实工作。区政府党组书记、区长魏东主持会议并讲话。区政府领导杨洁、高国全、赵高翔、赵德武、张川、闵武杰、吴怀广、何守华、王珂、许忠、毛国安、杨宇峰出席或列席会议。

△区人大常委会召开党组（扩大）会议传达学习贯彻党的十九届五中全会精神，区委书记张红伟在区委常委（扩大）会议上的讲话精神和区委人大工作会议精神，安排部署常委会机关学习贯彻落实工作。区人大常委会党组书记、主任薛燕主持会议，李贻忠、许贵舟、燕建华、杜艳洁、冯景义、张涛、杨旗出席或列席会议。区人大常委会机关全体工作人员，人大各街道工委主任、专职工作人员，区纪委监察委驻人大常委会机关纪检监察组组长列席会议。

6日

△金水区举办第五期打造高品质现代化城区高端讲堂。本次讲座邀请河南省委党校教育长、党组成员、研究生导师组组长丁素教授围绕《习近平谈治国理政》第三卷进行了专题辅导。区委书记张红伟主持报告会，全区县处级、科级、机关干部共1600余人参加报告会。

10日

△金水区召开全区村（社区）“两委”换届工作推进会，深入贯彻落实全省村（社区）“两委”换届电视电话会议精神，全面总结分析金水区换届工作前期准备情况，对下一步工作进行再部署、再推进。区委书记张红伟、区委副书记张艳华、人大常委会党组成员杨旗、副区长赵德武、副区长张川出席会议，区换届工作领导小组各成员单位主要负责人、各街道党工委书记、区换届办工作人员160人参加会议。

12日

△省人大教科文卫委员会主任委员、常委会教科文卫工作委员会主任朱清孟到金水区调研社区科普工作。省科协、市科协相关领导，区人大常委会副主任燕建华、区科协主要负责同志陪同调研。

13日—14日

△全国市场监管系统“小个专”（即小微企业、个体工商户、专业市场）党建工作会在郑州举行。13日上午，国家市场监督管理总局副局长唐军，国家市场监督管理总局注册局局长杨红灿，副局长韩旭，省市场监管局党组书记、局长马林青以及来自全国各省、市、自治区的参会代表一行160余人，观摩调研金水区非公企业党建工作。郑州市副市长高永，郑州市市场监督管理局党组书记、局长吴凤军，金水区委书记张红伟，副区长赵高翔等参加调研。

15日

△金水区组织召开金水区2020—2021年秋冬季大气污染防治攻坚动员会，贯彻落实全市视频会议精神，动员部署全区秋冬季大气污染综合治理攻坚行动。会议通报了近期市、区督导发现的典型问题，安排部署了秋冬季大气污染防治工作及做好2020年省委污染防治攻坚战实施情况暨黄河流域生态保护专项督察准备工作。区委书记张宏伟、区长魏东在会上讲话。

17日

△省人大常委会法工委副主任李诺民一行到金水区督导调研基层立法联系点工作开展情况。市人大法制委员会主任委员、常委会法工委主任李艳，区人大常委会党组书记、主任薛燕，党组成员

杨旗和相关部门负责人陪同调研。

△区委书记张红伟主持召开北三环改造设计实施方案汇报会，区领导张艳华、曹可艳、闵武杰及区直有关部门、相关街道负责同志参加会议。

18日

△区委书记张红伟主持召开全区支路背街综合改造（EPC）项目设计方案汇报及综合协调会。区领导张艳华、曹可艳、闵武杰、何守华参加会议。区直相关单位主要负责人参加会议。

19日

△区委书记张红伟主持召开美丽乡村建设工作推进会。区领导张艳华、曹可艳及相关单位主要负责人参加会议。

20日

△金水区召开进口冷链食品监管工作会议。区委副书记张艳华，区进口冷链食品监管工作专班各成员单位以及区大型商超、农贸市场、餐饮单位、第三方冷库等相关负责人参加会议。会议由区工作专班执行组组长、区政协副主席王居良主持。

23日

△区委书记张红伟主持召开市民文化公园、丰庆路绿化及健康路综合改造设计方案汇报会。区领导杨洁、曹可艳、闵武杰及相关单位主要负责同志参加会议。

27日

△（2020）第二十届中国电子专业市场年会暨中国（金水）科技市场发展论坛金水区召开。工信部原常务副部长张学东，上海交通大学党委常委、副校长张安胜，国务院发展研究中心市场研究所副所长王青，中国电子商会会长王宁，区委书记张红伟，区委常委、区委办公室曹可艳，副区长赵高翔出席论坛。

△市委统战部副部长、市工商联党组书记李金勇一行到河南科技园区调研指导，区委常委、统战部部长付建峰参加调研。

△区十三届人大常委会第二十九次会议举行。会议由区人大常委会主任薛燕主持，区人大常委会领导李贻忠、许贵舟、燕建华、杜艳洁、冯景义、张涛、杨旗及其他常委会组成人员共34人出席会议。

30日

△区委书记张红伟主持召开金水区北部城区品质提升规划座谈会。区领导魏东、王爱辉、杨洁、曹可艳、赵高翔、竟新宇、张川、闵武杰、王珂及相关单位主要负责人参加会议。

△金水科教园区作为全国唯一一个内生安全方向的高新技术产业开发区被授予“国家网络安全创新应用先进示范区”称号。区委副书记、金水科教园区管委会主任张艳华带队赴北京参加工信部联合北京市人民政府组织召开的中国网络安全产业高峰论坛。

12月

1日

△郑州市“党建带关建”基层关工委组织建设经验交流会在金水区召开。省关工委常务副主任、秘书长张德广，市关工委主任刘振中，市委组织部副部长、老干部局局长李建国等省市领导出席会议。区委书记张红伟出席会议并致辞。市委组织部副部长、老干部局局长李建国主持会议。

△区委书记张红伟主持召开全区“十四五”规划编制工作座谈会。区领导魏东、薛燕、王爱辉、杨洁、曹可艳、赵高翔、张川、王居良及相关单位主要负责人和社会各界代表参加会议。

2日

△金水区召开2020年重点企业产销对接会。市工信局副局长谷振风、副区长吴怀广出席会议，区直相关部门、各街道办事处相关负责人和辖区企业负责人参加会议。

3日

△区委书记张红伟主持召开金水区北三环绿化设计方案汇报会，

区领导魏东、杨洁、曹可艳、闵武杰出席会议，相关单位主要负责人参加会议。

4日

△河南首家标准化街道社会工作服务站在金水区举行挂牌仪式。民政部慈善事业促进和社会工作司副司长陈军，金水区委书记张红伟共同揭牌。金水区副区长张川主持揭牌仪式。民政部慈善事业促进和社会工作司干部王海强，河南省民政厅一级巡视员尚英照，河南省民政厅慈善事业促进和社会工作处二级调研员吴艳君，郑州市民政局党组书记、局长冯明杰及市区相关领导出席仪式，金水区各社工机构、社会组织、志愿者、心理工作者代表100余人参加仪式。

△金水区组织召开全区疫情领导小组会议，认真学习国务院副总理孙春兰，省委书记王国生，省长尹弘和省委常委、市委书记徐立毅近期关于疫情防控作出的重要讲话精神，贯彻落实市疫情防控领导小组第21次会议精神，分析研判金水区疫情防控形势，对下一步工作进行安排部署。区委副书记、区长魏东主持会议，区委书记张红伟出席会议并讲话。

△金水区召开道路交通安全集中整治“百日攻坚”行动、施工围挡暨国三集中整治工作动员部署大会。区政府领导魏东、闵武杰、许忠出席会议。区直相关部门，各街道办事处，金水公安分局，交警一、三、五大队主要负责人参加会议。

7日

△金水区召开2020年环境污染防治攻坚战第12次调度会。区政府领导魏东、杨洁、闵武杰、潘杰昌出席会议。区直相关部门、金水公安分局主要负责人，各街道办事处主要负责人、分管副职参加会议。

8日

△市人大常委会主任胡荃一行到金水区调研科技创新工作。区领导魏东、张艳华、薛燕、王浩、唐成山陪同调研。

9日

△金水区召开村（社区）“两委”换届工作推进会。贯彻落实中央和省市委关于村（社区）“两委”换届的部署要求，全面分析形势、集中梳理问题，对全区村（社区）“两委”换届工作进行再动员、再部署。区委书记、区换届工作领导小组组长张红伟出席会议并讲话。区委副书记、区长魏东主持会议。

11日

△金水区召开优化村“两委”班子人选结构专题工作会议。区委副书记、金水科教园区主任张艳华，区换届办主要负责人及各有村街道党工委书记参加会议。

12日

△市政府副市长陈宏伟到金水区调研“一环十横十纵”陇海路改造工程。副区长闵武杰陪同调研。

△第六届中国创客领袖大会暨“双12”创客节在郑州举行。大会以“听党话　跟党走　后疫情时代　创业新力量”为主题，以中国后疫情时代新经济趋势为切入点，聚焦时代巨变下中国创新创业新兴力量，来自全国的创客精英和大咖约450人参加大会。省人大常委会党组书记、副主任赵素萍，副省长霍金花，省政协副主席、民建省委主委龚立群出席大会。

13日

△科技园区举办大数据及人工智能产业发展研讨会。副区长吴怀广、科技园区管委会主任张双喜出席会议。

15日

△区委书记张红伟主持召开重点招商引资项目推进会。区领导魏东、张艳华、杨洁、赵高翔、吴怀广、王浩及区直各相关部门主要负责人参加会议。

△金水区总工会正式启动2021年“双节送温暖”活动。15日—17日，金水区政协党组成员、区总工会主席李劲松深入大铺城中村改造和刘庄村安置房建设等7个区重点建设项目工地，现场走访慰问一线职工和农民工代表。

17日

△河南省校园足球专题座谈会在郑州召开。教育部体卫艺司司长、全国校足办主任王登峰，体卫艺司三级调研员杨森，省、市、区领导李金川、聂世忠、高翔、郭蔚蔚、王克杰、王珂出席会议。

△市城管局副局长翟月修到金水区调研智慧停车项目。副区长闵武杰陪同调研。

△郑州市人大常委会副主任王福松到金水区对街道居民议事会议制度推进工作进行调研指导。市人大常委会选任联工委主任马安庄、市人大人事任免委员会副主任委员蔡军龙等参加调研。区人大常委会党组书记、主任薛燕，副主任张涛和部分街道党工委、街道人大工委和居民议事代表陪同调研。

△金水区召开国家卫生城市复审迎检工作会。贯彻市委关于复审迎检工作的安排部署，动员全区上下立即行动，全力以赴切实做好迎接省爱卫办国家卫生城市创建现场评估工作。区委书记张红伟出席并讲话，区领导魏东、张艳华、张川、闵武杰参加会议。

18日

△市交通局党组成员、二级调研员马微带领市政府安全生产督导组到金水区督导安全生产工作。区委常委、区政府常务副区长杨洁，区政府领导许忠陪同督导。

19日

△市文化广电和旅游局党组书记、局长李芳到金水区督导文化市场创卫复审工作。区政府领导王珂陪同。

21日

△工信部信息技术发展司王建伟副司长到郑州金水科教园区调研企业工控安全工作开展情况，省工信厅副厅长朱鸣，省工信厅信息安全处处长朱新定，市工信局党组成员刘学江，区委副书记、科教园区管委会主任张艳华，区政协副主席王浩参加调研。

△市城管局局长李雪生一行到金水区督导创卫复审工作。副区长闵武杰陪同。

△郑州市2020年校本教研工作推进会在金水区举行。市、区领导王中立、王克杰、王海花、王珂出席会议。各县（市、区）教育局、市教育局相关处室、全市各学校主要负责人及教师代表共300余人参加会议。

22日

△阿里巴巴集团战略发展部总经理郅永宽、总监张刘林一行到郑州金水科教园区参观访问，区委副书记、金水科教园区管委会主任张艳华，区政协副主席王浩参加。

24日

△郑州市委常委、市委秘书长牛卫国到金水区调研村（社区）“两委”换届工作，市法院常务副院长李广湖，市妇联主席马斐颖，区委常委、区委办主任曹可艳及相关区直部门负责人等参加调研。

△金水区召开河长制工作会议。会议的主要目的是深入贯彻落实省市河长述职视频会议精神，全面总结2020年以来河长制工作，安排部署今后一个时期重点任务。区委书记张红伟主持会议。魏东、张艳华、薛燕、余遂盈、杨林、付建峰、卢书选、王爱辉、杨洁、曹可艳等出席会议。区农委、各街道办事处等相关单位主要负责人参加会议。

△区委书记张红伟主持召开沿黄区域美丽乡村精品村建设工作推进会。国家发改委国经中心城市发展中心规划处处长陈光辉，区领导张艳华、曹可艳、张川，相关单位主要负责人及规划设计单位参加会议。

△第四期“金水创客领袖200”加速营在UFO共享办公紫荆山社区举办结营仪式。副区长吴怀广出席。加速营共吸引30余家优秀企业参与，其中2个项目融资1500万元，6个项目达成意向合作。

25日

△2020年郑州国家知识产权服务业集聚发展示范区验收汇报会在创意园区召开。省、市、区领导闻相俊、冯红建、王智明、吴凤

军、张元龙、石允昂、王爱辉、吴怀广、刘运泽等出席会议。

△金水区召开党的十九届五中全会及中央经济工作会议精神专题学习会，深入学习研讨党的十九届五中全会及中央经济工作会议精神，科学指导做好金水区“十四五”规划编制和2021年工作谋划。区委书记张红伟主持会议。魏东、张艳华、薛燕、余遂盈、杨林、付建峰、卢书选、王爱辉、杨洁、曹可艳、高国全、赵高翔、赵德武、竟新宇、张川、闵武杰、吴怀广、张双喜、何守华、王珂、许忠、江涛参加会议并发言。

26日

△金水区2020年度“阅读之星”和“志愿服务之星”颁奖典礼在区图书馆举行。区政府领导王珂出席。

28日

△区长魏东陪同市委副书记周富强、副市长陈宏伟一行到金水区督导施工围挡集中整治工作。

29日

△区委书记张红伟主持召开袁隆平杂交水稻科学园项目座谈会，区领导魏东、张艳华、曹可艳、张川参加会议。

30日

△金水区举办“弘扬劳动精神、争当出彩先锋”表彰暨主题宣讲会。郑州市委常委、组织部部长吕挺琳，市委组织部组织处处长、四级调研员蒋明伦，金水区副县级以上领导等出席活动。活动对“弘扬劳动精神、争当出彩先锋”41个先进集体和100名先进个人进行了表彰。

31日

△金水区召开金水区信访突出问题化解攻坚工作推进会。区委书记张红伟出席并讲话。区领导魏东、张艳华、杨洁、卢书选、赵德武、张川、竟新宇、蔡理亮、王青，六个专项工作牵头单位和配合部门主要及各街道主要负责人参加会议。

区情概览

自然环境

【概况】 金水区地处华北沉降带开封拗陷区西南边缘过渡地带，地理坐标为北纬30°50′~34°57′、东经113°40′~113°47′。金水区是郑州市中心城区，位于郑州市东北隅，东临郑东新区，南连管城回族区、二七区，西接中原区，北靠惠济区。辖区东西最大距离22.9公里，南北最大距离17.2公里，总面积136.66平方公里。

【地形地貌】 金水区是黄河冲积扇形平原南翼的顶端。全区属平原洼地，为黄河冲积平原，局部有盐碱和风成粉细沙丘堆积。地势西高东低，西南高东北低，最高点为紫荆山公园紫荆阁（海拔109米），最低点为柳园口村（海拔82.4米）。

【气候、降水】 金水区地处北温带和亚热带气候的过渡带，属半干旱、半湿润大陆性季风气候，四季分明，日照时间长，热量充足，自然降水偏少。主要特征是：春旱多风，冷暖无常；夏炎多雨，水热同期；秋凉清爽，日照充足；冬季干燥，风多雪少。年平均气温14.8℃，降雨量586.1毫米，无霜期213天，日照2052.6小时。

【水系资源】 金水区水资源丰富，境内共有7条河流。其中，黄河流经辖区马渡、来潼寨、三坝等村，入中牟县境，境内河段长7公里；贾鲁河在境内长度为23公里，流域面积63平方公里；东风渠在境内长度为25公里，流域面积37平方公里；金水河在境内长度为8.64公里，流域面积22平方公里；熊儿河在境内长度为8.1公里，流域面积31平方公里；七里河在境内长度为9.2公里，流域面积16平方公里；贾鲁支河在境内长度为25公里，流域面积77平方公里。

金水辖区水资源总量为31330万立方米，人均水量450.7立方米，每公顷农田平均用水量为12750立方米。年平均利用黄河水2523万立方米。地表水年径流深为90毫米，年径流量为2179.8万立方米。地下水以浅层水为主，埋藏深度0.5米~10米，年允许开采量20万立方米/平方公里~50万立方米/平方公里。单井出水量约50立方米/小时。全年黄河侧渗补给量700万立方米。全区地下水年允许开采量13876万立方米。

【生物资源】 金水区生物类繁多，在农业生产中利用价值较高，并呈现养殖种类增加，农业役用大牲畜数量明显减少的趋势。养殖动物主要有黄牛、水牛、奶牛、马、骡、驴、山羊、绵羊、猪、犬、鸡、鸭、鹅、鸽等；特种养殖动物有海狸鼠、珍珠鸡、梅花鹿、小香猪、小尾寒羊等；奶牛养殖业发展较为迅猛。由于辖区地处中原，靠近城市，境内缺少山、河、湖泊，野生动物资源相对稀少，境内野生动物主要有鸟类、鱼类、飞鼠类及刺猬、黄鼠狼、野兔、野鸡等。其中，鸟类主要有喜鹊、乌鸦、大雁、猫头鹰、燕子、黄莺、啄木鸟等。境内栽培植物主要有粮食、油料、蔬菜、林木、果树、花卉、药材7大类。其中粮食作物以小麦、水稻、玉米、大豆、绿豆、红薯等为主。

建置与区划

【行政区划】 1980年，成立刘寨街道办事处，1984年，成立大石桥街道办事处。1987年，郑州市进行区划调整，撤销金海区、新密区和郊区，成立邙山区（今惠济区），金水区刘寨街道办事处划归邙山区。原郊区的柳林乡、祭城乡、姚桥乡，原金海区的庙李乡划归金水区。2000年5月，金水区撤销海滩寺乡，成立丰产路街道办事处。2000年9月，区四大班子机关由文化路106号迁至东风路16号新址办公。2002年8月，金水区进行区划调整，成立未来路、北林路、东风路3个街道办事处。2002年年底，金水区辖杜岭、人民路、花园路、文化路、南阳路、南阳新村、大石桥、丰产路、未来路、北林路、东风路、经八路12个街道办事处，136个社区居民委员会；庙李镇、柳林镇、祭城镇、姚桥乡4个乡镇，70个行政村村民委员会，175个自然村。2005年11月，撤销姚桥乡，设立龙子湖街道办事处。2006年6月，撤销祭城镇，同时设立祭城路街道办事处、凤凰台街道办事处。2010年11月，调整祭城路街道办事处、龙子湖街道办事处行政管辖区域，将祭城路、龙子湖街道办事处管辖范围内连霍高速公路以北区域的北录庄村、任庄村、马渡村、来童寨村、黄庄村、黄岗庙村、小金庄村以及连霍高速以南、京港澳高速以东区域的刘江村、马楼村、柳园口村、贾陈村、徐庄村共12个行政村整建制划出，设立兴达路街道办事处。2010年11月，将祭城路街道办事处、龙子湖街道办事处划出，划至郑东新区，撤销柳林镇，设立杨金路街道办事处、国基路街道办事处，金水区辖庙李镇及文化路、南阳新村、经八路、大石桥、人民路、花园路、杜岭、南阳路、丰产路、北林路、未来路、东风路、兴达路、国基路、凤凰台、杨金路16个办事处，7月，撤销庙李镇，设立丰庆路街道办事处。至2020年年底，金水区共辖文化路街道办事处、南阳新村街道办事处、经八路街道办事处、大石桥街道办事处、人民路街道办事处、花园路街道办事处、杜岭街道办事处、南阳路街道办事处、丰产路街道办事处、北林路街道办事处、未来路街道办事处、东风路街道办事处、兴达路街道办事处、国基路街道办事处、凤凰台街道办事处、杨金路街道办事处、丰庆路街道办事处17个街道办事处，金水科教园区、河南科技园区、国家知识产权创意产业试点园区3个园区，40个行政村、174个社区，总面积136.66平方公里，其中，城区面积78.37平方公里，常住人口133.32万人。

【建置沿革】 1960年4月，金水人民公社成立，由七一、紫荆山、人民路、杜岭、黄河路、文化区、郑纺机、岗杜、南阳新村9个街道分社和1个农业分社组成。1961年8月，金水人民公社改成金水区，9个街道分社改成杜岭、人民路、花园路、经八路、文化路、南阳路、南阳新村7个街道办事处，农业分社改建成金水农业公社。

人文历史

【区名溯源】 金水区因流经辖区、起源于春秋战国时期的金水河而得名。相传春秋战国时期，如今郑州一带的郑国，有一位著名的政治家子产，他在执政期间，励精图治，治国有方，使得郑国路不拾遗、夜不闭户，深受当地百姓爱戴。周景王贵二十三年（公元前522年），执政26年的子产逝世，家中没有积蓄为他办丧事，当地百姓纷纷捐献珠宝玉器帮助他的家人办理丧事，子产的子女不肯接受，老百姓便将大量财物全部抛入子产封邑的河中，以悼念子产，珠宝在碧绿的河水中放射出绚丽的光彩，泛起了金色的斑斓，故此，这条河被称为金水河，金水河流经辖区，故辖区称为金水区。

【文化遗迹】　金水区历史悠久，文化底蕴丰富，是中华文明的重要发祥地之一。1964年，在辖区大河村与杨槐村接壤处的一座自然土岗上，发现大河村遗址。经考古发掘，该遗址包含着仰韶文化、龙山文化和夏商文化3个时期的内容，出土有大量彩陶，彩陶中绘制的太阳纹、日晕纹、星座纹等天象图案，体现了中原彩陶文化的独特神韵，最具代表性的属中国古代彩陶之冠——“双莲壶”（发掘出土的唯一单件国宝酒器）。1974年，在辖区杜岭街道办事处张砦南街出土2件商代乳丁纹青铜方鼎，比著名的司母戊鼎还早，为商代铜器之罕见，是商王室的“重器”，属稀世瑰宝，更是研究商代前期青铜冶铸的宝贵资料。其中，大的铜方鼎通高100厘米，重86.4千克，方形，深腹，双耳四足，腹上部饰兽面纹，两侧及下部饰乳丁纹，形体质朴庄重，被命名为“杜岭一号”，现藏于中国国家博物馆；小的铜方鼎通高87厘米，重64.25千克，被命名为“杜岭二号”，收藏于河南省博物院，被誉为“九大镇院之宝”之一。

【景观古迹】　毛主席视察燕庄纪念亭。为纪念毛泽东主席1960年5月11日视察辖区燕庄村，于1970年5月修建，亭高10米，底座直径5米，坐高1.2米，亭中央是六角形砖结构柱体，周围有六根红漆木柱，亭顶是琉璃瓦六角挑檐。

千年皂角树。在兴达路街道办事处北来童寨村，现存有一棵约30米高的千年皂角树，树围约4米，树围3.85米，需3名成年人合抱方能围住，其枝繁叶茂的树冠向四周伸展，罩地约2亩。据当地世代相传，这棵皂角树与宋高宗赵构有关。赵构为宋徽宗第九子，被封为康王，北宋靖康元年（1126年）出使金国途经此处，把马拴在一棵皂角树上稍做休息，康王拴马的这棵树即为现在的千年皂角树。

凤台荷香。凤凰台村，位于凤凰台街道办事处辖区，过去被称为“东湖”，明、清以前的凤凰台，不仅盛产大米、莲藕，有凤台荷香之称，还是一个布满亭台楼榭，宛如仙境的游览胜地，曾被誉为郑州八景之一。

王府坟。南陵王朱睦模（周定王的五世孙）墓址位于王府坟村，墓碑碑文记录了南陵王生平事迹，长达1400余字。

胡公祠。位于杜岭街道辖区西太康路人民公园南门。1936年，爱国将领冯玉祥为纪念胡景翼（曾追随孙中山参加辛亥革命）而修建。

彭公祠。又称铭功园，位于杜岭街道辖区西太康路人民公园西门，为纪念民国11年（1922年）保卫郑州的将领彭象乾团长及其下属的阵亡将士而建。

经济社会发展

【概况】　2020年，金水区地区生产总值突破1800亿元，地方一般公共预算收入完成122亿元，社会消费品零售总额完成979.4亿元，城镇居民人均可支配收入突破5万元，接连入选全国营商环境百强区第15位、全国高质量发展百强区第26位、全国竞争力指数百强区第46位、中国最具投资价值区域百强榜。

【产业发展质量】　综合实力保持稳步前行，统筹疫情常态防控与经济恢复，制定出台“金水十条”和“为民造福”若干措施，常态化开展“三送一强”，累计减免企业税费41亿元、协调提供资金支持509.3亿元。金水科教园区获批国家网络安全“高精尖”技术创新平台；“四个三”［即：在每个街道至少培育3个特色街区（含商圈）、培育3座特色楼宇、打造3个综合改造老旧小区或片区（含主管楼院）示范点、打造3条综合改造示范道路］工作有序推进，培育未来大厦、“现代金融”等特色楼宇5幢，税收超亿元楼宇达到13幢，获评中国楼宇经济领军发展城区。经济运行展现强劲韧性，扎实开展“四比四看”活动，实施新基建项目19个，新开工重大项目41个，214个省、市、区重大项目完成项目投资738.7亿元，再创历史新高；深入开展“炫彩金水”等促消费活动，发放消费券2000万元，启动河南直播经济总部基地，网络消费、夜经济成为新的增长点。

【改革创新驱动】 突出自贸区开放带动，积极整合国内外运营资源，并联运行海外仓突破30万平方米，28个境外办事处覆盖五大洲、18个主要贸易国家地区，累计注册企业突破918家，注册资金超163亿元，带动全区外贸进出口实现109亿元，超过市内其他五区总和。突出自创区科技引领，以获批国家网络安全创新应用先进示范区为引领，新增科技型企业419家，新建国家级孵化载体4家、省级新型研发机构2家，有市级以上工程技术中心（重点实验室）41家，全社会研发投入同比增长61.6%，成功举办中国创客领袖大会暨“双12”创客节。突出营商环境不断优化，万余平方米的政务服务新大厅全面投用，1067个事项实现“最多只跑一次”，工程建设项目区级审批时限压缩50%以上，率先在市内六区实现企业开办“一次办成”。

【城区环境改善】 城区功能更趋完善，未来路等4条主干道和经七路等43条支路背街实现“点、线、面”全面升级，395条路段达到优秀以上标准，入地改造高压和强弱电92.4公里，城区环境面貌加速蝶变。城区风貌更有魅力，深入探索老旧小区“建管结合”“路院共治”等新路径，实施改造老旧小区277个，83个无主管楼院纳入专业物管服务范围，受益群众达到21.3万人。城区生态更加优质，石沟完成河道和沿岸绿化综合治理，高速及铁路沿线绿化提升全面完工，建成公园游园微景观107处，新增绿地133万平方米，辖区河流4个断面水质全部实现市级考核达标，$PM_{2.5}$、PM_{10}平均同比下降12.1%和11.1%，全年优良天数达到227天，比上年增加57天。

【社会民生服务】 民生实事扎实推进，发放救助资金6255万元，新增城镇就业3.46万人，建成安置房88.2万平方米，网签安置房1.17万套，新增公共停车泊位8260个，444座公厕达到二类以上标准。社会事业蓬勃发展，新投用中小学5所，公办幼儿园9所，新认定普惠性民办幼儿园20所，区属中小学实现午餐供餐和课后服务全覆盖；新建社区卫生服务中心（站）23个，医疗卫生服务网络更健全；新建博物馆3家、社会足球场地28个，建成城市书房7个，举办文化活动372场，群众生活更丰富、更多彩。社会治理不断深化，交通运输等行业203家规模以上重点企业完成安全生产双重预防体系建设，新建、提升改造高标准农贸市场8家，常态化抽检食品68.9万批次，成功创建省级食品安全示范区。

【新冠肺炎疫情防控】 以最快速度遏制疫情蔓延，第一时间启动战时工作机制，组建2115个防控专班，形成“以楼院保社区、以社区保城区、以城区保城市”链条防控体系，用23天实现本地确诊病例的零新增，再用10天实现本地确诊、疑似、无症状感染的全清零。以最硬举措守护群众安康，突出人民至上、生命至上，抓牢“点到点”“门到门”闭环管控，以“大数据+网格化”方式高效排查328.4万人次，4万名返校师生零感染、境外输入病例零扩散，真正做到排查零遗漏、管控无死角。以最强担当融入抗疫大局，7300余名党员干部和3000余名公安民警、辅警奋战一线，3.8万名社区工作者和志愿者夙夜值守，150余万名金水人民用生命和汗水诠释了新时代金水人的无畏担当与家国情怀。

中共郑州市金水区委

综　述

【概况】 2020年是全面建成小康社会和"十三五"规划的收官之年，也是金水区打造高品质现代化城区、实现"两率先一争当"的奠基破题之年。一年来，面对新冠肺炎疫情的严重冲击，区委坚持以习近平新时代中国特色社会主义思想为指导，深入贯彻习近平总书记关于河南和郑州的重要讲话指示精神，坚决落实中央、省委、市委决策部署，坚持人民至上，牢记责任使命，强化统筹，精准发力，推动疫情防控取得重大成果，保持经济稳定增长，民生事业协调发展，社会大局和谐稳定，党的建设全面加强，各项工作均取得了新的成效。

【城区经济转型升级】 抓培育、建体系，经济发展质效持续提升。紧盯价值链中高端，实施"能级提升、龙头引领、链式集聚、品牌塑造"四大战略，做强主导产业。现代金融、高端商贸、信息服务等主导产业增加值突破900亿元，占地区生产总值比重达到50%。紧盯创新链中高端，主攻电子信息1号产业，做大新兴产业。科大讯飞"一中心四基地"、中原动力智能制造项目签约落地。信大捷安正式推出全球首款5G-V2X标准智能交通安全芯片。新增数说安全、赛欧思等信息安全骨干企业50家，以电子信息产业为引领的高技术服务业增加值占GDP比重同比提升1.2个百分点，达到12%。紧盯服务链中高端，强力推进街道"四个三"重点工作，优化中心城区产业形态。实施农科路酒吧街、健康路体育用品一条街升级改造，推进大卫城、正弘城、国贸360商圈靓化提升，推动楼宇向特色化、专业化转型，全区全口径税收超亿元楼宇达到13幢，获评中国楼宇经济领军发展城区。

抓要素、增优势，经济发展平台持续完善。把平台建设作为经济主战场，优化要素配置，加快功能拓展，持续强化载体支撑功能。金水科教园区新引进重点企业84家，7家企业被确定为省重点上市后备企业，顺利承办国家网络安全宣传周系列活动，被工信部评为网络安全"高精尖"技术创新平台试点示范区。河南科技园区顺利完成老市场搬迁，成功举办中国（金水）科技创新发展高端论坛、中西部消费电子博览会暨第十一届中国中西部IT产品博览会，主营业务收入完成121亿元，连续3年保持10%以上增长。国家知识产权创意产业试点园区吸引龙头企业落户

42家，阿里巴巴“1688”平台河南区域中心、“快手”河南运营中心等平台正式运营，成功发行全国首支知识产权创意信托产品“知识产权创意壹号”，被世界知识产权组织（WIPO）和国家知识产权局批准设立技术与创新支持中心（TISC）。

抓创新、促开放，经济发展活力持续释放。充分发挥“双区”叠加优势，深入实施开放创新“双带动”战略，增强市场活力和社会创造力。自贸区发展步入快车道，郑州国际金贸港整合28个境外办事处，并联运行30万平方米海外仓，“区内注册、区外运营”模式持续深化，累计注册企业918家、注册资金163亿元，成功获批省级跨境电商示范园区，带动全区外贸进出口实现109亿元，超过市内其他五区总和。自创区科技支撑作用日益凸显，全区新增科技型企业419家，新建成国家级众创空间4家、省级新型研发机构2家、市级以上工程技术中心（重点实验室）41家，全社会研发投入同比增长61.6%，投入强度达1.83%，成功举办中国创客领袖大会暨“双12”创客节，各级各界向科技发力、资源要素向科技倾斜、支持科技创新的氛围越来越浓。

抓改革、蓄动能，经济发展环境持续优化。把解决体制、机制上的瓶颈障碍作为基础性、攻坚性工作，用好改革“关键一招”。深化“一网通办、一次办成”改革，金水市民中心政务服务大厅全面投用，服务网络实现四级联动，政务服务“网上办”“最多跑一次”事项占比达到100%，在市内五区率先实现营业执照“秒批秒办”，有效降低制度交易成本。稳妥实施投融资体制改革，加快投融资平台转型，促进市场化运作。成功发行债券9.1亿元，有效缓解重点项目建设资金压力。加快信息技术赋能，加速5G网络覆盖，教育、医疗、党建以及司法审判等领域人工智能技术赋能试点工作稳步推进。农业农村综合改革、事业单位改革稳步实施，营商环境不断优化。辖区注册资本亿元以上企业达952家，3家企业荣登2020河南企业（民营企业）100强，泰宏建设入选市长质量奖，大山教育港交所上市。

【城区品质提升】 承载功能提质升级。加快安置房建设，建成安置房88.2万平方米，网签安置房11673套，9352名群众回迁新居。完善市政道路配套，轨道交通6、7、8号线征迁任务大头落地，杓袁东路等17条道路建成通车，红专路断头路成功打通，农业路高架经三路下口地面道路整治拓宽，岳砦建材市场完成搬迁，一批历史遗留难题得以解决。强化核心板块规划建设，金科智慧城、郑州国际金贸港城市设计顺利通过市规委会批准，城乡接合部46个基础工程项目全部完成，美丽乡村精品村规划设计、违建拆除、建设模式、产业导入等工作加快推进。

城区形象扮靓焕新。设立总设计师、总建筑师制度，严把设计关、施工关、成本关、管护关，扎实推进“双改”工作。未来路、黄河路、经三路、沙口路4条主干道和经七路等43条支路背街实现“点、线、面”全面升级，395条路段达到优秀以上标准，92.4公里架空线缆入地改造，城区道路加速向美丽街区转变。深化“建管结合”模式，实施改造老旧小区266个，83个无主管楼院被纳入专业物管服务范围，惠及群众21.3万人，改造成效被新华社、《人民日报》刊载。聚焦“四化”要求，畅通“大城管”运转体系，扎实开展创文创卫工作，圆满完成金鸡百花电影节服务保障任务。

环境质量有效改善。打好污染防治攻坚战，33处工地创建绿牌工地，1265台非道路移动机械发放环保号牌，城区实现散煤清零、燃煤锅炉清零，$PM_{2.5}$、PM_{10}平均同比下降12.1%和11.1%，全年优良天数达到227天，比上年增加57天。落实落细“河长制”责任，石沟全线贯通，索须河故道综合治理稳步推进，来童寨污水处理厂投用，辖区河流4个断面水质全部实现市级考核达标。加快花园城市建设，农业路高架桥下绿化、铁路沿线新建绿化任务基本完工，建成金水上苑、金石游园等公园游园微景观107处，新增绿地133万平方米，绿地率、绿化覆盖率均超国家生态园林城市标准。

【民生福祉】 民生实事扎实推进。在收支压力极大的形势下，把财力最大限度地向民生领域倾斜，全年民生支出达到60.8亿元，增长16%，占一般公共预算收入的74.6%。累计发放创业担保贷款2.16亿元，新增城镇就业34617人，稳就业成效明显。新增公共停车泊位7575个，444座公厕全部达到二类以上标准，10个街道级党群服务中心投入运营，63个社区党群服务中心完成升级达标，中部城区最大的市民公共文化服务活动中心顺利投用，便民服务体系日趋完善。发放各类救助资金6255万元，“慈善日”募集善款9160万元，创全市捐赠纪录新高。

社会事业协调并进。坚持办好人民满意的美好教育，新建成投用中小学5所，新增公办幼儿园9所，区属中小学全部实现午餐供餐和课后服务，义务教育阶段超大班额彻底消除，成功入选全国首批、全省唯一青少年校园篮球“满天星”训练营；探索推进智慧教育试点，7所学校获评首批全省人工智能教育实验校，入选国家级信息化教学实验区。组织召开卫生健康大会，加大力度推进公共卫生服务体系、疾病控制体系建设，深入开展创建慢病防治示范区和健康促进区工作，新增社区卫生服务中心（站）23个、社区养老设施22个，金水区总医院创成全市首家区级二级甲等医院，获批全国智慧健康养老示范基地。新建城市书房3个、博物馆3家、健身场所23处、社会足球场地28块，群众生活更丰富、更多彩。

社会大局和谐稳定。开展安全生产三年行动专项整治，交通运输等行业203家重点企业完成安全生产双重预防体系建设，“三分钟应急救援圈”做法得到应急管理部肯定，全年全区没有发生一起等级以上安全生产事故。加强食品安全全过程监管，新建标准化农贸市场8家，常态化抽检食品68.9万批次，成功创建省食品安全示范区。深化矛盾纠纷多元化解机制，严厉打击各类违法犯罪，深入开展扫黑除恶专项斗争，依法处置非法集资案件，稳步推进问题楼盘化解工作，群众安全感更有保障。积极助力脱贫攻坚，帮助卢氏县官道口镇、杜关镇顺利实现脱贫目标。

【新时代民主法治建设】 支持人大履行宪法法律赋予的各项职责。区人大及其常委会依法行使监督、决定、任免等职权，紧紧围绕区委中心工作，在全市率先启动民生实事项目人大代表票决制试点工作，率先推行街道居民议事会议制度，率先开展助推黄河流域生态保护和高质量发展暨“助力乡村振兴、人大代表在行动”主题活动，强力推进星级代表联络站创建，全年听取和审议“一府两院”专项工作报告24项，审查批准民生领域重点项目48项，开展视察、执法检查103次，一批人民群众关注的实际问题得到有效落实。

充分保障区政协依章履行职能。深入贯彻新时代加强和改进人民政协工作的实施意见，落实党政领导领办重点提案制度，调整政协机关机构和编制，支持政协政治协商、民主监督、参政议政。区政协及其常委会主动服务全区工作大局，依托街道“政协委员之家”搜集反映社情民意，开展助力“六稳六保”，助力“两率先一争当”系列活动，围绕文化旅游产业发展、“十四五”规划编制等课题开展专题协商27次、组织视察调研32次，形成了一批有价值、有分量的建议案，较好地发挥了职能作用。

巩固发展最广泛的爱国统一战线。制定民主党派人士民主协商计划，进一步提升多党合作制度效能。以“两个健康”和“一联三帮”专项行动为抓手，支持非公经济健康发展。新阶层人士统战工作扎实推进，民族交流、交往、交融成效突出，港澳台侨和海外联络工作不断巩固。党的群团工作不断加强，群团组织桥梁纽带作用得到较好发挥。深入开展双拥共建，获评全市党管武装模范区。

深入推进全面依法治区。学习贯彻习近平法治思想和中央全面依法治国工作会议精神，把依法治区作为重要基础工作、首要营商环境来抓。严格落实党政主要负责人履行法治建设第一责任人职责，建立健全重大行政决策法定程序、“三重一大”事项决策机制和法律顾问制度。深化法治政府建设，切实规范执法行为。健全执法司法权力运行和监督制约机制，促进公正司法。扎实推进“七五”普法终期验收，顺利完成221个公共法律服务站（室）规范化建设，村（居）法律顾问实现全覆盖，全社会法治观念不断增强。

【全面从严治党】 管党治党“责”的体系越来越强。制定完善区委履行全面从严治党主体责任清单、区委常委会委员职责清单和各项工作制度，深化下级党组织定期向上级党组织报告工作制度，各级领导干部对口联系515个支部联系点，落实抓党建责任。把党建工作纳入各单位综合绩效考核，坚持“三级联述联评联考”，建立街道党工委书记抓基层党建工作实绩档案，常态化开展基层党建项目观摩，构建了以上率下、上下联动的党建责任共担体系，使党委管党建、书记抓党建的责任落地生根。

宣传文化“引”的导向越来越明。坚持舆论先行，加大正面宣传引导，全年在传统主流媒体和新媒体发稿2万余篇，讲好金水故事、树立金水形象。打造“学习强国”主题公园，开展“出彩金水”“快乐星期天”系列文化惠民活动，成功举办2020中国（郑州）国际街舞大赛，让群众在家门口享受到丰盛的文化盛宴。落实意识形态工作责任制，深入开展网络空间专项规范整治，意识形态领域总体态势持续向好。

基层基础“实”的成效越来越好。强化大抓基层、大抓基础的鲜明导向。以推行“两项制度”“两项机制”为重点，持续巩固共建、共治、共享的区域化党建格局。以“挂图作战、集中攻坚”行动为载体，把党的组织优势贯穿“三项工程、一项管理”全过程，探索实行无主管楼院“一核多元、融合共治”工作机制，全区647个无主管楼院实现党组织全覆盖，“党建带自治”保障“双改”工作顺利开展。以巡察反馈问题专项整治为契机，全面推行村级“四议两公开一监督”机制，充分发挥村务监督委员会作用，组织“亮承诺、赛实绩、比干劲”活动，结合村“两委”换届“出重拳”整顿选情复杂村，“下深水”物色合适人选，促进班子质量和结构持续向好。截至年底，村（社区）党组织换届全部顺利完成，村委会和居委会换届工作正在有序开展。以“两新”党建提质扩面为抓手，培育新兴领域示范点10个，晨钟集团党委被评为全省社会组织党建示范点，建业集团党委及通信花园社区多次迎接各级领导观摩调研，鑫山党委、UFO党支部成为全国小个专党建工作会观摩点。

干部队伍“干”的劲头越来越足。坚持“干部是干出来的、不是熬出来的”，注重选优配强，全区“一盘棋”谋划，及时跟进机构改革需要，顺利完成相关干部配备和二级机构划转工作。注重精准识别，选派优秀年轻干部到疫情防控、巡视巡察、“双改”工作、大气污染防治等急难险重岗位历练，树立在克难攻坚一线考察、识别、评价、使用干部的鲜明导向。注重薪火相传，专门调训优秀中青年干部63人，组织年轻干部积极参加全市“双百工程”，积极培养造就干事创业生力军。注重日常监管，开展党员干部因私出国（境）管理、国内请假备案专项检查，严格执行领导干部个人有关事项报告制度，实现从严监督管理干部常态化。

党风廉政“严”的氛围越来越浓。坚持标本兼治、持之以恒正风肃纪。从严抓作风，严格执行中央八项规定及其实施细则精神，紧盯重要节点，深入查纠“四风”问题。集中开展街道作风纪律大整顿行动，查纠问题289项，约谈提醒17人，解聘1人，建立完善制度机制21项，推动基层作风纪律持续好转。从严抓治理，在政务服务改革、“六稳”、“六保”等重点工作领域开展“体验式监督检查”，破除政策落实“中梗阻”。在全区范围内组织各类存量资金专项清理，整治党政机关和国有企事业单位房产出租、租赁问题，顺利开展3轮巡察，实现了本届党委任期内巡察监督全覆盖。从严抓执纪，紧盯“关键少数”，聚焦侵害群众利益的腐败问题和不正之风，强化监督执纪问责，加大案件查处力度，全年共立案审查64件，给予党纪政务处分62人，移送司法机关6人，坚决做到有腐必反、有贪必肃。从严抓教育，深入开展以案促改，不断加强警示教育，一体推进“不敢腐、不能腐、不想腐”机制建设，进一步筑牢了思想防线、扎实了制度笼子。

【文秘政研】 以辅助决策为核心，着力提升以文辅政水平。文稿服务突出前瞻性、指导性。聚焦“打造高品质现代化城区”的发展目标和“在中原出彩、中部崛起中率先全面出彩、率先全面崛起，在全市全省发展中争当排头兵”的总体要求，紧扣中心工作、紧跟领导思路，注重在出观点、出思路、出精品上下功夫，完成区委主要领导讲话等各类文稿200余篇，起草审核区委文件84份，编发区委常委会会议纪要23期。特别是提出的街道“五个一、四个三”重点工作与市委“三项工程、一项管理”工作总格局高度契合，为区委准确高效地落实市委各项决策部署奠定了坚实基础。调研服务突出针对性、预警性。紧扣市、区重大决策实施和中心工作部署，针对现代服务业发展、大气污染防治、城市精细化管理等重点，科学选题、深入研究、搞好调研，形成了一批高质量的调研报告。着眼“零差错”，提升办文水平。结合市委关于党的规范性文件清理、精简文件简报等要求，出台了不符合党内法规、没有实质内容等“九个一律不发”实施办法，明确了主办单位、文秘科长、分管副主任、分管区领导“四级审核”制度，内容力求突出政策导向、符合工作实际，保证了公文质量。

【信息调研】 突出做好紧急性信息的收集报送，严格落实24小时紧急信息报送制度，规范紧急信息报送流程，明确“30分钟口头报告，1个小时书面报告，2个小时详细续报”的时限要求，提升紧急信息报送效率。搜集整理区外动态和经验做法，精心提炼信息内容，深度挖掘信息内涵，常态化编发《领导参考》，高标准起草的《郑州金水区加快城区有机更新 全面提升城市发展品质》经验信息，被省委办公厅“写好绚丽出彩‘河南答卷’”内部专栏采用，为省、市、区委决策、推进重点工作提供了有益参考。

【深化改革】 坚持把准方向，系统谋划部署了十大领域、33项重点改革专项和一批事关战略布局、长远发展、人民福祉的重要改革任务。突出改革重点，深化“一网通办、一次办成”改革，金水市民中心政务服务大厅全面投用，服务网络实现四级联动，政务服务“网上办”“最多跑一次”事项占比达到100%，在市内五区率先实现营业执照“秒批秒办”，有效降低了制度交易成本。稳妥实施投融资体制改革，加快投融资平台转型，促进市场化运作。成功发行债券9.1亿元，有效缓解了重点项目建设资金压力。加快信息技术赋能，加速5G网络覆盖，教育、医疗、党建以及司法审判等领域人工智能技术赋能试点工作稳步推进。农业农村综合改革、事业单位改革稳步实施，营商环境不断优化。辖区注册资本亿元以上企业达952家，3家企业荣登2020河南企业（民营企业）100强，泰宏建设入选市长质量奖，大山教育在港交所上市。

【外事工作】 加强对全区外事工作的统筹协调和战略谋划，推动外事工作取得新进展。召开区委外事委会议，研究部署金水区外事工作，印发了《中共金水区委外事工作委员会工作规则》《中共金水区委外事工作委员会办公室工作细则》《金水区2020年对外工作要点》。加强涉外服务。高效办理外国人到郑州邀请函，共审批办理17家企业邀请外国人到郑州的入境签证69人；对辖区76家涉外规模以上企业进行全面排查梳理，并全部建立企业台账。依法依规调查处理涉外事件。领事保护影响力不断提升。采取线上线下联动宣传模式，进一步扩大宣传覆盖面，确保辖区企业、居民在海外遇到困难时能及时维护自身合法权益不受侵害。统一制作《领事保护和协助手册》3000多份，海报2000份，宣传手提袋5000个，发放至各单位便于向学校、企业、社区宣传。在市出入境管理处（北区）接待大厅发放宣传手册200余份，展示宣传展板2块，方便办理出国境业务群众了解领事保护知识。全区共投放宣传标语136条、宣传资料6660多份、宣传品5800多份，扩大了领事知识宣传的覆盖面，形成了“领保知识进万家”的浓厚氛围。国际化建设有效推进。重点征集经贸、科技、文化、教育等方面的对外合作项目10个，上报思爱普（SAP）总部考察活动、俄罗斯“优卖特国际”电商、中以科技城等对外合作交流项目等4项。扎实做好涉外人员疫情防控服务。开展全区外籍人士大排查，对排查出的900余名外籍人士逐一进行信息核实，对其中返回郑州的外籍人士建立信息台账，以集中或居家的方式进行隔离。截至2020年12月底，金水区160余名进入郑州的外籍人员未出现确诊或疑似病例。立足服务发展，助力企业复工复产。积极发挥议事协调机构牵头联络作用，联系商务局、自贸办等相关单位，主动开展“三送一强”活动，着力优化营商环境，全力打好企业服务主动仗，辖区规模以上涉外企业复工复产达到100%。

【档案工作】 持续提高档案管理服务水平。在第13个国际档案日来临之际，金水区依托已有档案资源，精心准备，周密安排，组织区档案馆、丰庆路街道办事处等8个单位在YOYO PARK购物公园广场开展宣传活动，宣传档案文化，营造全社会重视档案工作的良好氛围。档案法治建设取得突破性成果。为深入贯彻执行新颁布的《中华人民共和国档案法》，促进档案工作规范、标准化管理，有效地保护和利用档案，金水区开展了为期一个半月的档案执法检查，涉及全区88家单位，对新修订档案法作了全面系统的宣讲解读，充分行使监督检查职能，为做好新时代档案工作提供了政治和法治保障。档案馆查阅利用服务大幅度提升，全年接待查档者7025人次，利用档案6937件/卷次。

【督查工作】 以推进落实为目标，着力提升以督辅政水平。突出中心抓督查。紧紧围绕全年各项目标任务、综合运用阶段性集中督查、专项整治督查、明察暗访等方式，建立了区级领导牵头、职能部门参与、督查部门联动的大督查工作格局，推动目标考评和督查督办共同发力，确保了每项工作部署按照既定目标快速推进。注重实效抓督查。建立区、街道和区直单位两级督查网络体系，健全完善12项督查工作制度和流程，开办《督查通报》《督查专报》《督查简报》等5类刊物载体，对发现的问题及时处理，不能处理的建立台账，明确牵头单位、协同单位、责任人、完成时限，全程跟踪督查，确保快速解决。心系民生抓督查。加强人民网网民留言办理工作，畅通网民留言渠道，全年共办理留言350条，回复率100%，解决了一批涉及群众切身利益的实际问题。转变作风抓督查。通过到一线实地考察具体情况、面谈约谈了解详细情况、暗访督查掌握真实情况，有力提升了督查效果。全年共开展督查活动300余次，编发《金水督查》450期，下发《督查事项通知单》341期，办理日询问225期、周报138期。

【机要保密】 按照机要保密职责，以扎实落实制度、纪律为工作保障，抓好队伍建设，架好沟通桥梁，全面保障涉密设备高效运行，强化宣传教育、监督检查力度，全年共办理各类电报789份，未发生任何失泄密事件。

【党史工作】 持续做好党史研究、宣传、编纂工作。充分发挥党史工作资政育人作用，全面完成了工作目标任务。中共金水区委党史研究室整理编辑了区委、区委书记大事记以及《金水年鉴》区委部分的资料，积极配合市委党史研究室完成《郑州市委工作纪实》供稿工作，做好市委党史研究室安排的党史三卷编写工作；坚持做好党史资料的征集、整理和编纂，实现了数字化管理；组织开展纪念中国人民抗日战争暨世界反法西斯战争胜利75周年征文活动，抒发对革命先烈的缅怀之情；在全区党员干部中开展党史、新中国史、改革开放史、社会主义发展史宣传教育，发放党史书籍200多套；紧紧抓住建党99周年契机，在全区中小学校中开展“讲好‘四个故事’、根植红色基因”主题活动，掀起了学习党史、热爱祖国、热爱中国共产党的新高潮。

【目标考评】 区目标办紧紧围绕区委、区政府工作部署，通过修订方案、不断创新、狠抓落实、严格考评，高质量完成各项工作，研究出台《金水区进一步加强综合考评工作的意见》等工作方案，简称“1意见4办法1方案”，充分发挥了综合考评工作“风向标”“指挥棒”的作用。

【综合服务】 以高效运转为动力，着力提升以谨辅政水平。建立工作周报制度，及时了解掌握区委办工作进度，有效推动了各项工作的高效落实。建立反馈制度，要求主动反馈、及时反馈，实现“事事有反馈、层层有反馈、工作落实必反馈、落实不了必报告”，最大限度形成工作回路。建立警示备忘制度，主动查找分析工作中存在的问题和不足，及时剖析问题原因并举一反三。建立健全会议预案制度、重大会议活动联动协调机制，保障重大会议、重要活动有序开展。研究出台《区委常委会会议工作细则》，对区委常委会会议实施全过程管理，会前建立议题预报计划统筹机制、会议材料预审机制和提前呈送机制，做到议题数量合理、讨论时间充裕，确保会议高质量召开；会中固定记录人员，严格记录标准；会后坚持编发《区委常委会会议纪要》《区委常委会会议决定事项通知》，跟踪督查决策事项落实。建立健全了与省直机关和各级驻区单位、四个班子办公室、区级重点工作领导小组、各街道和区直各单位的对接机制，全力做好重要会议、重要活动、重要接待的服务工作，以主动服务凝聚各方力量，有效促进了市委区委决策的贯彻落实。

【新冠肺炎疫情防控】 全力做好新冠肺炎疫情防控工作。把统筹推进全区疫情防控和经济社会发展工作作为重要政治任务，立足自身职能，服务区委主要领导深入疫情防控和复工复产一线调研，组织、服务区委常委会、疫情防控专题会、疫情防控领导小组等会议20余次，为推动全区疫情防控工作提供有力保障。深入开展“三送一强”活动，协助出台“金水十条”惠企政策，实施援企稳岗护岗行动，为企业复工达产提供有力支撑。

（撰稿：刘　静　审阅：王　飞）

区委重要会议

【2020年新春团拜会】 1月21日上午，金水区举行2020年新春团拜会。会上，与会人员观看了《2019年全区经济社会发展纪实片》后，区委副书记、区长魏东致新年贺词，指出2019年在全区上下的共同努力下，改革、发展、稳定等方面都取得了显著成绩，进入了重要历史拐点，开启了崭新的发展时期。

【全区疫情防控工作会议】 1月27日上午，金水区组织召开全区疫情防控工作会议，深入研究分析当前疫情形势，并对前期制定的疫情防控方案、分工、机制等进行再细化、再量化、再强化，突出重点区域、重点部位、重要节点防控部署，高位推进全区各项疫情防控工作。副市长、区委书记陈宏伟主持会议并讲话。区副县级以上领导干部、区新型冠状病毒肺炎疫情防控指挥部、各专项小组负责人以及区直有关部门负责人参加会议。

【全区疫情防控推进工作会】 1月29日，金水区组织召开全区疫情防控推进工作会，会议深入研究疫情防控存在的突出问题，分析研判当前面临的严峻形势，进一步梳理明确各项工作举措，对下步工作进行安排部署。副市长、区委书记陈宏伟主持会议并讲话，全区副县级以上领导干部、区新型冠状病毒肺炎疫情防控指挥部、各专项小组负责人以及区直有关部门负责人参加会议。

【全区疫情防控推进会】 2月9日上午，金水区组织召开全区疫情防控推进会，进一步强化对疫情防控工作的组织领导，针对薄弱环节强化防控举措，切实严明工作纪律，确保防控工作落实落细落到位。副市长、区委书记陈宏伟主持会议并讲话。区副县级以上领导干部、区新型冠状病毒感染肺炎疫情防控指挥部、各专项小组负责人以及区直有关部门负责人参加会议。

【疫情防控领导小组工作调度会】 2月13日下午，金水区组织召开疫情防控领导小组工作调度会，深入学习贯彻市委书记徐立毅在全市疫情防控领导小组会议上的讲话精神，对做好下一步全区疫情防控各项重点工作进行安排部署。副市长、区委书记陈宏伟作讲话，区委副书记、区长魏东主持会议，区副县级以上领导干部、区新型冠状病毒肺炎疫情防控指挥部、各部（室）负责人以及区直有关部门负责人参加会议。

【疫情防控工作调度会】 2月17日，在区机关301会议室召开工作调度会，会议对金水区疫情防控前阶段工作进行了分析总结，动员全区上下以不胜不休的精神状态和毫不懈怠的工作劲头，持之以恒把疫情防控各项工作落实落细，确保疫情发展稳中有降、全面清零，对做好下阶段疫情防控各项工作进行安排部署。会议由副市长、区委书记、区疫情防控领导小组组长陈宏伟主持。区委副书记、区长、区疫情防控领导小组组长魏东，区委常委、区纪委书记、区监委主任、区疫情防控领导小组执行副组长赵惠玲，区疫情防控领导小组副组长，各部（室）主要负责人参加会议。

【区委十一届十次全会】 4月7日，中国共产党郑州市金水区第十一届委员会第十次全体（扩大）会议召开。

全会高举习近平新时代中国特色社会主义思想伟大旗帜，深入学习贯彻习近平总书记关于河南郑州的重要讲话指示精神和中共十九届四中全会、中央经济工作会议精神，全面落实省委十届十次全会、省委经济工作会议、市委十一届十一次全会、全市高质量发展制造业和高水平扩大对外开放三年行动计划推进会、全市优化营商环境大会安排部署，对全区2019年工作进行回顾总结，对2020年工作进行全面部署。

全会审议了区委常委会2019年工作报告和区委常委会2019年抓党建工作情况专题报告，讨论通过《中共金水区委2020年工作要点》《中共金水区委关于贯彻落实党的十九届四中全会精神推进城区治理体系和治理能力现代化的意见》《金水区高质量发展三年行动计划》，审议并表决通过《中国共产党郑州市金水区第十一届委员会第十次全体（扩大）会议决议》。动员全区上下牢记初心使命、抢抓战略机遇、顺应发展大势、积极主动作为，决战决胜全面领跑中部城区发展，加快打造高品质现代化城区，为郑州国家中心城市建设、中原更加出彩作出更大贡献。

全会由区委常委会主持。副市长、区委书记陈宏伟讲话。区委副书记、区长魏东代表区委、区政府全面总结全区2019年工作，全面安排部署2020年工作。

会上，为获得2019年度目标考核表彰代表颁奖。区发改统计局、区城管局、区市场监管局、凤凰台街道、经八路街道、兴达路街道代表进行了表态发言。区委委员、候补委员出席会议。

【全区领导干部会】 5月13日，金水区召开全区领导干部会。市委组织部常务副部长朱河顺出席并讲话。市委组织部县区干部处处长孙晓嘉宣读市委决定：张红伟任中共郑州市金水区委委员、常委、书记，陈宏伟不再担任中共郑州市金水区委书记、常委、委员职务。会议由陈宏伟主持，张红伟、区长魏东分别作了发言。

全区副县级以上领导，区委办

公室常务副主任，区人大常委会、区政府办公室主任，区政协秘书长，办公室主任，区委常委所在部门常务副职，各街道党政正职，区直机关各单位主要负责人，区法院、区检察院常务副职，区纪委、监委班子成员，区委巡察办主任、巡察组组长，区人大、政协各工作（专门）委员会主要负责人参加会议。

【金水区率先启动全市县（市）区级“弘扬劳动精神　争当出彩先锋”宣讲活动】 为进一步深入学习贯彻习近平总书记给郑州圆方集团全体职工的回信精神，在全区上下营造崇尚劳动、担当作为、奋发进取的浓厚氛围，5月26日上午，金水区率先启动全市县（市）区级“弘扬劳动精神　争当出彩先锋”宣讲活动。区委书记张红伟出席并讲话，市委组织部部务委员王素梅出席。

宣讲活动采取“主会场+分会场”视频会议的方式举办，在全区机关、街道两级设立1个主会场和19个分会场。全区县处级以上领导干部、各级各单位领导班子成员、各村（社区）党组织书记、“两新”党组织书记及部分党员群众代表，共计1600余人参加活动。

宣讲活动重温了习近平总书记给郑州圆方集团全体职工的回信全文。郑州圆方集团党委书记薛荣作“伟大出自平凡，英雄来自人民”的宣讲。

【党委第一书记任职会议】 5月27日下午，金水区人武部举行党委第一书记任职会议。郑州市委常委、警备区政委白江民，区委书记张红伟，郑州市委组织部调研员周遂鹏，区委副书记李伟革，区委常委、人武部部长周学军，区人武部政委高国全，区政府副区长张川出席会议。

仪式由区委常委、人武部部长周学军主持。郑州市委常委、警备区政委白江民宣读了区委书记张红伟担任金水区人武部党委第一书记的任职决定，并颁发任命书。区委书记张红伟、区人武部政委高国全分别作表态发言。

区国防动员委员会成员单位主要负责人，各街道党工委书记、武装部部长，人武部全体干部职工等出席会议。

【全区领导干部会】 6月1日，金水区召开全区领导干部会议，传达学习习近平总书记在全国两会期间的重要讲话精神和全国两会精神，贯彻落实省、市领导干部会议精神，进一步动员全区上下坚定信心、攻坚克难，抢抓机遇、奋勇争先，稳住经济基本盘，推动发展高质量，坚决取得疫情防控和经济社会发展双胜利，着力打造适应群众美好生活需求的高品质现代化城区。区委书记张红伟主持会议并讲话。

会议传达了习近平总书记在全国两会期间系列重要讲话精神。传达了国务院《政府工作报告》和《中华人民共和国民法典》《全国人民代表大会关于建立健全香港特别行政区维护国家安全的法律制度和执行机制的决定》主要内容，全国人大常委会工作报告主要内容，全国政协十三届三次会议主要精神等。

会议还对全区近期经济运行、项目建设、常态化疫情防控、安全稳定、招商引资、创卫复审等工作进行了详细部署，要求全区上下要按照“时间过半、任务过半”的节奏，进一步提振精神、全力冲刺，在干中比拼、在拼中取胜，确保实现“半年红”“全年红”。

区四大班子主要负责人，区委常委会组成人员，其他副县级以上领导，区委办公室常务副主任，区人大常委会、区政府办公室主任，区政协秘书长、办公室主任，区委常委所在部门常务副职，区委巡察办主任、巡察组组长，各街道党政正职，区直机关各单位党政主要负责人，区人大、政协各工作（专门）委员会主要负责人参加会议。

【疫情防控工作领导小组会议】 6月16日上午，区委书记张红伟，区委副书记、区长魏东主持召开疫情防控工作领导小组会议。区领导赵惠玲、杨林、卢书选、曹可艳、张川参加会议。

会议传达中央、省市委关于疫

情防控工作有关指示精神和最新要求，详细听取全区疫情防控常态化工作，特别是农贸市场疫情防控、卫生消杀、从业人员核酸检测情况的汇报。

【区委中心组学习（扩大）会议】 6月24日，金水区召开区委中心组学习（扩大）会议传达学习习近平总书记在近期中央政治局会议上的重要讲话精神和省、市相关会议精神，动员全区上下因时应势、创新思路，对标一流、奋勇争先，高标准、高质量、高效率开展各项工作，坚持不懈打造高品质现代化城区，坚定不移在中原更加出彩中率先全面出彩、在中部崛起中率先全面崛起、在全市全省发展中争当排头兵。区委书记张红伟主持会议并讲话。

会议传达了习近平总书记在近期中央政治局会议上的重要讲话精神、6月18日省委书记王国生调研郑州讲话精神、6月22日市委常委会会议精神以及6月12日市委书记徐立毅在金水调研时的讲话精神。

会议还对当前的经济运行、疫情防控、招商引资、创卫复审、防汛备汛、日常值班等重点工作进行安排部署，要求各部门、各单位要合理安排好时间精力，做到重点工作不断档、重要事项有人盯、日常工作不脱节。

区四大班子主要负责人，区委常委会组成人员，其他副县级以上领导，区委办公室常务副主任，区人大常委会、区政府办公室主任，区政协秘书长、办公室主任，区委常委所在部门常务副职，区委巡察办主任、巡察组组长，各街道党政正职，区直机关各单位党政主要负责人参加会议。

【区直机关庆祝建党99周年表彰会暨“牢记初心使命、争当出彩先锋”主题党日活动】 为热烈庆祝中国共产党99周年华诞，金水区举办区直机关庆祝建党99周年表彰会暨“牢记初心使命、争当出彩先锋”主题党日活动，市直机关工委副书记乔成田受邀参加活动，区四个班子主要负责人、区委常委会成员出席活动，各街道党工委书记，区直各机关党组织书记、副书记、党员代表等300名党员干部参加活动。

活动首先对区直机关优秀共产党员、优秀党务工作者和先进基层党组织代表进行了表彰，随后分“中国梦、劳动美”“初心与使命”“出彩路上再出发”3个主题章节，由来自金水区直机关的57名党员干部共同参演了《回信精神、光耀金水》《永恒的精神底色》《出彩路上、旗帜飞扬》等6个文艺节目，围绕“两率先一争当”总体要求，担当作为、克难攻坚，以学习宣传贯彻习近平总书记给郑州圆方集团全体职工的回信精神为契机，大力弘扬劳动精神、充分发挥榜样力量，坚定信心、攻坚克难，抢抓机遇、奋勇争先的良好精神风貌和昂扬斗志。

【街道党工委书记工作交流会】 7月2日，金水区召开街道党工委书记工作交流会，传达学习6月12日省委常委、市委书记徐立毅调研金水时的讲话精神和6月29日全市第二次乡镇（街道）党（工）委书记工作交流会精神，听取各街道工作开展情况和下半年工作谋划情况，并对各街道今后一段时期的重点工作进行了安排部署。区委书记张红伟主持会议并讲话。区委常委、区委办公室主任曹可艳参加会议。

会议还对经济运行、疫情防控、创卫复审、防汛备汛等几项重点工作进行安排部署。

【国家卫生城市复审工作月点评会】 7月4日，金水区召开国家卫生城市复审工作月点评会，对全区国家卫生城市复审工作进行再动员、再部署。区委书记张红伟、区长魏东、区委副书记李伟革、副区长张川、副区长闵武杰出席会议。会议由区委副书记李伟革主持。

会上，首先观看了有关市容环境、城市管理等方面突出问题的影像片，通报了各街道双周、月成绩，发放了“红黑旗”，随后，“红黑旗”单位分别作了典型发言和表态发言，区长魏东对当前创卫复审工作情况进行点评，区委书记张红伟作了讲话。

【十一届区委常委会（扩大）会

议】 7月4日下午，区委书记张红伟主持召开十一届区委常委会（扩大）会议。

会议集中传达学习习近平总书记在第十九届中央政治局第二十次、第二十一次集体学习，中央全面深化改革委员会第十四次会议上的重要讲话精神和“一带一路”高级别视频会议精神，深入学习7月3日省委、省政府专题会议精神，7月4日市委常委会（扩大）会议精神和7月1日全市黄河郑州段突出生态环境问题专项整治工作推进会精神，同时研究部署金水区2020年扫黑除恶专项行动、党风廉政建设与经济运行等方面有关工作。

会议还对近期全区扫黑除恶专项行动、党风廉政建设和经济运行、黄河金水段突出生态环境问题专项整治等方面工作进行了研究部署。

区四大班子主要负责人，区委常委会组成人员，全区副县级以上领导，各街道、区直机关党政主要负责人参加会议。

【第二期打造高品质现代化城区高端讲堂】 7月16日上午，金水区举办第二期打造高品质现代化城区高端讲堂。讲座邀请森禾控股集团股份有限公司董事长、教授级高级工程师、农学博士郑勇平教授以《美丽中国建设中的城市景观定位和追求》为题为全区领导干部作专题辅导报告。区委副书记李伟革主持报告会。全区县处级、科级、机关干部共1500余人参加报告会。

【区委十一届十一次全会】 7月30日，中国共产党郑州市金水区第十一届委员会第十一次全体（扩大）会议召开。

全会高举习近平新时代中国特色社会主义思想伟大旗帜，全面贯彻中共十九大和十九届二中、三中、四中全会精神，深入学习贯彻习近平总书记对河南、郑州的重要讲话指示精神及关于统筹疫情防控和经济社会发展的重要论述，落实省委十届十一次全会、市委十一届十二次全会及省委常委、市委书记徐立毅专题调研金水时的讲话精神，准确把握市委对金水区的定位要求和期望重托，动员全区上下立足高质量、面向现代化，强化责任担当，抓实“六稳”“六保”，勇于开拓创新，凝心聚力打造高品质现代化城区，努力在中原出彩中率先全面出彩、在中部崛起中率先全面崛起，在全市全省发展中争当排头兵。

全会由区委常委会主持，区委书记张红伟作了讲话，审议并表决通过中国共产党郑州市金水区第十一届委员会第十一次全体会议决议。

会上，国家知识产权创意产业试点园区、金水科教园区、河南科技园区、区自贸办、兴达路街道、花园路街道、文化路街道、丰产路街道、区发改统计局、区商务局、区政务服务办公室、区卫健委作表态发言。

十一届区委委员、区委候补委员出席会议。

【中共金水区委外事工作委员会第一次会议】 7月31日上午，区委外事工作委员会第一次会议召开。区委书记、区委外事工作委员会主任张红伟主持会议并讲话。区长、区委外事委副主任魏东出席会议。

会议传达学习了中央外事工作委员会第一次会议精神、中央外事工作会议精神和市委外事工作委员会第一次会议精神，听取了区委外事工作有关情况汇报，审议并原则通过了《中共金水区委外事工作委员会工作规则》《中共金水区委外事工作委员会办公室工作细则》《2020年金水区对外工作要点》。区委书记张红伟对金水区外事工作给予充分肯定，并对做好下一步工作提出了明确的要求。

【区委审计委员会第二次会议】 8月4日上午，区委审计委员会第二次会议召开。区委书记、区委审计委员会主任张红伟主持会议并讲话。区长、区委审计委员会副主任魏东出席会议。区领导赵惠玲、杨洁、李贻忠参加会议。

会议传达了习近平总书记、李克强总理关于审计工作的有关讲话精神以及中央、省委、市委审计委员会有关会议精神，宣读了区委审计委员会组成人员拟调整名单，听取了近期全区审计工作开展情况，审议并原则通过了《金水区审计联席会议及办公室工作制度》《2020年度审计项目计划安排》。

【区委常委会（扩大）会议】 8月4日下午，区委书记张红伟主持召开区委常委会（扩大）会议。

会议传达学习习近平总书记近期重要讲话精神和中央有关会议精神、8月3日市委常委会（扩大）会议精神，分析金水区经济运行和疫情防控形势，安排部署下一步工作。

区四大班子主要负责人、区委常委会组成人员出席会议，部分副县级以上领导、部分区直机关主要负责人、各街道党工委主要负责人列席会议。

【深化全国文明城市创建暨国家卫生城市复审工作推进会】 8月6日上午，金水区召开深化全国文明城市创建暨国家卫生城市复审工作推进会。会议对国家卫生城市复审工作和全国文明城市创建工作进行了总结点评，并对下一步的目标任务和工作重点进行了安排部署。

大会采取云视讯视频会议形式，主会场设在区机关一楼东厅，各街道设立视频分会场。区级领导、各街道党政正职、相关区直单位主要负责人，交警一大队、交警四大队、交警五大队单位负责人，国家卫生城市复审工作12个工作组、4个督导组负责人在主会场参会。各街道班子成员、中层干部、村（社区）书记在分会场参会。

【第三期打造高品质现代化城区高端讲堂】 为提高全区领导干部对前沿技术的认识和理解，布局壮大人工智能等新兴产业，8月20日，金水区第三期“打造高品质现代化城区高端讲堂”专程邀请科大讯飞股份有限公司董事长、语音及语言信息处理国家工程实验室主任刘庆峰授课。区委书记张红伟出席并主持讲座。该次高端讲堂以视频网络教学的形式，在区机关设1个主会场1个分会场，在各街道设立17个分会场。全区县处级、科级、机关干部以及300余家科技企业代表共1600余人参加该次讲座。

专题讲座上，科大讯飞董事长刘庆峰以“用人工智能点亮人间烟火”为题，详细介绍了科大讯飞在智能语音和人工智能方面的发展情况，从核心源头技术创新和人工智能行业应用等方面具体阐释了科大讯飞历年来取得的成果，并通过多样的数据、案例，系统介绍了人工智能在党建、医疗、教育等多个领域的融合运用成果。

【全区街道作风纪律大整顿动员部署会】 8月21日，金水区召开全区街道作风纪律大整顿动员部署会。区委书记张红伟出席会议并作重要讲话。区委副书记、区长魏东主持会议，区委常委、区纪委书记、监委主任赵惠玲详细传达了作风纪律大整顿活动实施方案。会议设1个主会场和17个街道分会场，全区县处级领导干部，区纪委监委领导班子成员以及区委组织部、区巡察机构相关负责人等在主会场参会；各街道领导班子成员以及中层以上干部、社区“两委”、村“三委”主要负责人在分会场参会。

会上，区委书记张红伟从“为什么要开展街道作风纪律大整顿活动、抓好街道作风纪律大整顿活动的主要任务有哪些、强化主体责任和监督责任推动街道作风纪律全面改进”三个方面，对作风纪律大整顿活动全面部署、提出要求。

【各街道8月重点工作现场观摩讲评活动】 8月27日，区委书记张红伟带领全区副县级以上领导干部、各街道党政正职以及有关区直单位主要负责人，开展全区各街道8月重点工作现场观摩讲评活动。

开展街道重点工作观摩讲评活动是落实省委十届十一次全会、市委十一届十二次全会和全市第二次乡镇（街道）党（工）委书记座谈会工作部署的重要举措，是搭建街道交流学习的重要平台，检验基层干部作风的重要途径。旨在通过观摩讲评，引导全区各单位相互交流、学习借鉴、查摆问题、取长补短，努力在全区营造出“比、学、赶、帮、超”的浓厚氛围，确保省市委决策部署和各项重点工作有效落实。同时，通过现场观摩、评先评优，检验基层干部的工作能力和工作作风，发现重用一批干部，激励鞭策一批干部，真正树牢“对标一流、干在实处、走在前列”的工作导向，激发实现“两率先一争当”，打造高品质现代化城区的强大动力。

观摩组一行利用一天时间，聚焦“三项工程一项管理”、党群服务中心建设、特色经济街区打造、街道社区卫生服务中心和养老（为老）服务中心建设等重点工作，对全区17个街道逐个进行了实地观摩，现场点评、现场打分，成绩计入各单位年终综合考核成绩，真正使观摩讲评活动成为一场擂台赛。

【区委全面深化改革委员会第二次全体会议】 8月31日下午，区委书记、区委全面深化改革委员会主任张红伟主持召开区委全面深化改革委员会第二次全体会议。区领导李伟革、薛燕、余遂盈、赵惠玲、付建峰、卢书选、王爱辉、杨洁、曹可艳、高国全、李贻忠、赵德武、竟新宇、张川、闵武杰、王青参加会议。区直有关单位负责人列席会议。

会议传达学习中央、省委、市委深改委会议精神，听取12个专项小组工作推进情况汇报，并安排部署下一步工作。会议审议通过《区委全面深化改革委员会2020年工作要点》《区委全面深化改革委员会下半年重点改革事项具体工作任务》《金水区2020年度全面深化改革工作考核方案》。

【老干部情况通报会】 为贯彻落实省委、市委老干部局《关于做好向老干部通报工作情况的通知》精神，9月1日，金水区召开老干部情况通报会，重点向老干部介绍金水区老旧小区改造、示范道路建设工作进展情况。区领导张红伟、魏东、李伟革、薛燕、余遂盈参加。

该次通报会以实地观摩的形式举行。在区委老干部局的组织下，全区四大班子副处以上离退休老干部先后参观了工人新村、园田路3号院老旧小区改造示范点，经一路、黄河路经三路示范道路建设现场，详细了解了全区2020年部分民生工程、重点项目建设情况。观摩结束，工作人员向各离退休干部发放了金水区上半年经济社会发展情况、主要领导讲话文件以及调查问卷，切实让每位老干部都能及时了解金水区社会各项事业发展情况，为金水区未来发展积极献言献策。

通过观摩情况通报会，老干部们纷纷发挥余热、畅所欲言，为全区经济社会持续健康发展和实现“两率先一争当”总目标贡献了智慧和力量。

【金水区“十四五”规划编制工作座谈会】 9月3日下午，区委书记张红伟主持召开金水区“十四五”规划编制工作座谈会，区领导魏东、李伟革、薛燕、余遂盈、杨林、王爱辉、杨洁、曹可艳、竟新宇、张川、杜保民、张双喜参加会议，区直有关部门主要负责人列席会议。

座谈会上，上海社科院专家团队先后发言，就金水区“十四五”规划编制中的创新发展、产业发展、人才发展、自贸区建设、土地资源利用等领域提出意见和建议。

【2020年教师节庆祝表彰大会】 9月10日上午，金水区2020年教师节庆祝表彰大会在金水区艺术小学举行。省教育厅总督学李金川，区委书记张红伟，区委副书记、区长魏东，区委副书记李伟革，区人大常委会主任薛燕，区政协主席余遂盈以及区领导杨洁、曹可艳、燕建华、张华、王珂出席会议，各街道党工委书记，区直有关单位主要负责人出席会议，区各中心校、局属各中小学（幼儿园）校长（园长、主任）、书记，受表彰的教师代表等400余人参加表彰大会。

表彰大会以“立德树人奋进担当　教育脱贫托举希望”为主题，回顾了金水教育系统一年来的锐意进取、砥砺前行，对涌现出的一批先进个人进行了表彰，并向全区教育工作者致以亲切的问候和节日的祝贺。与会领导分别为金水区优秀教师、金水区优秀教育工作者、金水区优秀班主任和金水区师德先进个人代表颁奖。

【全区卫生健康大会】 9月10日

下午，金水区召开全区卫生健康大会，深入学习贯彻习近平总书记关于卫生健康工作系列重要讲话精神，贯彻落实省、市卫生健康大会部署要求，统筹新冠肺炎疫情防控和经济社会发展，研究部署加快推进健康金水建设，动员全区上下合力开创金水区卫生健康事业高质量发展新局面。区委书记张红伟出席并讲话，区委副书记、区长魏东对全区卫生健康工作进行总结和部署，并特别邀请省卫生健康委一级调研员、卫生健康监察专员张伟平到会指导卫生健康与秋冬季疫情防控工作。会上，区卫健委、经八路街道、北林路街道、区总医院代表作表态发言。

区四大班子主要领导，区委常委、区人大、区政府、区政协分管负责人，区直有关单位主要负责人，各街道党政正职，辖区部分公立医院院长，各社区卫生服务中心负责人参加会议。

【以案促改暨“双节”廉政谈话会】 9月29日上午，金水区召开以案促改暨“双节”廉政谈话会，传达郑州市纪委监委通报的典型案例，落实以案促改常态化、制度化要求，以案为鉴、以案示警，巩固全区上下风清气正、干事创业的良好政治生态。区委书记张红伟出席会议并讲话。区委常委、区纪委书记、监委主任赵惠玲主持会议。

全区副县级以上领导干部，区委办公室常务副主任，区人大常委会、区政府办公室主任，区政协秘书长、办公室主任，区委常委所在部门常务副职，区委各工作部门和区直机关各单位主要负责人参加会议。各街道领导班子成员及部分中层干部在分会场参会。

【老旧小区综合改造观摩讲评活动】 10月10日，金水区组织开展老旧小区综合改造观摩讲评活动。全区副县级以上领导干部、各街道党政正职以及有关区直单位主要负责人参加观摩。

开展老旧小区综合改造观摩讲评，是落实市委“三项工程、一项管理”工作部署、推进“五个一、四个三”精准有效落地的重要举措，是金水区坚持常态化开展月观摩工作机制的一次重要活动。通过现场观摩、评先评优，搭建街道交流学习的重要平台，检验基层干部的工作能力和工作作风，发现重用一批干部，激励鞭策一批干部，真正树牢“对标一流、干在实处、走在前列”的工作导向，激发实现“两率先一争当”，打造高品质现代化城区的强大动力。

观摩组一行利用一天时间，对全区17个街道老旧小区综合改造工作逐个进行实地观摩，现场点评、现场打分，成绩计入各单位年终综合考核成绩，全面检验老旧小区综合改造取得的成效。

【金水区推行街道居民议事会议制度工作会议】 10月26日下午，金水区推行街道居民议事会议制度工作会议召开。会议印发《中共金水区委关于建立金水区街道居民议事会议制度的指导意见（试行）》，安排部署了街道民生实事票选工作。区委书记张红伟出席会议并讲话。区人大常委会党组书记、主任薛燕主持会议。区委副书记李伟革，区人大常委会领导李贻忠、燕建华、杜艳洁、冯景义、张涛、杨旗出席会议。

金水区各街道党工委书记、办事处主任、人大街道工委主任、专职工作人员，区人大常委会各委室主任、副主任，部分中央、省、市新闻媒体参加会议。各社区（村）党支部书记、主任在各街道分会场以视频形式参加会议。

【区委人大工作会议】 10月26日下午，金水区委人大工作会议召开，深入学习领会习近平总书记关于坚持和完善人民代表大会制度的重要思想，认真贯彻落实习近平总书记视察河南、郑州时的重要讲话精神，省委、市委人大工作会议精神，对做好新时代全区人大工作、更好发挥人大作用进行了安排部署。区委书记张红伟出席会议并讲话。区委副书记、区长魏东主持会议。

区人大常委会党组书记、主任薛燕对当前和今后一段时期的人大工作进行了总结和部署。

会议传达市委人大工作会议精神，印发《中共金水区委关于加强新时代人大工作和建设的意见》。花园路街道党工委、未来路街道党工委、人大文化路街道工委、人大南阳路街道工委代表进行了交流发言。

区人大常委会副主任、区人民法院院长、区人民检察院检察长等区级领导出席会议。区委办公室常务副主任，区政府办公室主任，区政协秘书长、办公室主任，各街道党工委书记、办事处主任、人大街道工委主任、专职工作人员，区直机关各单位主要负责人，由区级领导担任正职的区直机关单位常务副职，区人大常委会各委室主任、副主任，各行业代表联络站站长、副站长、联络员，部分中央、省、市新闻媒体参加会议。各社区（村）代表联络站联络员、民情联络员在各街道分会场以视频形式参加会议。

【区委政协工作会议】 10月27日下午，区委政协工作会议在区机关三楼多功能会议室召开。会议深入学习贯彻习近平总书记在中央政协工作会议暨庆祝中国人民政治协商会议成立70周年大会上的重要讲话精神，落实中央、省委、市委政协工作会议精神，研究部署新时代全区政协工作，推动全区政协事业创新发展。区委书记张红伟出席会议并讲话，区委副书记、区长魏东主持会议。

会议印发《中共金水区委关于新时代加强和改进人民政协工作的实施意见》。区委副书记李伟革就实施意见制定情况进行说明，区政协主席余遂盈传达中央和省委、市委政协工作会议精神，凤凰台街道党工委书记、未来路街道政协工作召集人、医药卫生界别召集人分别从不同角度、不同层面作了交流发言。

区政协领导，区法院院长，区检察院检察长，金水公安分局局长，区委办公室常务副主任，区人大常委会、区政府办公室主任，区直机关各单位主要负责人，各街道党工委书记，街道政协工作召集人、统战委员、专职政协工作联络员，区政协机关各委（室）主任、副主任参加会议。会议还以视频形式在全区17个街道设立分会场。

【第五期打造高品质现代化城区高端讲堂】 11月6日下午，金水区举办第五期打造高品质现代化城区高端讲堂。讲座邀请河南省委党校教育长、党组成员、研究生导师组组长丁素教授围绕《习近平谈治国理政（第三卷）》进行了专题辅导。区委书记张红伟主持报告会，全区县处级、科级、机关干部共1600余人参加报告会。

报告会上，丁素教授结合自己多年的理论研究，对以习近平同志为核心的党中央治国理政新理念、新思想、新战略作了详细解读，阐述了《习近平谈治国理政（第三卷）》的框架脉络、内涵要义，提出了许多新的视角、新的维度、新的思路、新的方法，具有很强的教育、指导意义。

讲堂以视频直播形式举行，全区设1个主会场、17个街道分会场，同中心组学习一并进行。

【改进城市管理、改善人居环境工作观摩推进会】 为贯彻落实11月12日全市改进城市管理、改善人居环境工作推进会精神，全面提升“双改”工作水平。11月14日金水区集中1天时间召开“双改”工作观摩推进会。推进会采取实地观摩与座谈会议相结合的形式开展。上午由区委书记张红伟带队，组织区“双改”工作领导小组成员单位、各街道主要负责人先后对管城区、二七区、中原区、惠济区老旧小区改造、道路综合改造、城乡接合部综合改造以及改进城市管理工作进行了考察学习，现场对标先进查不足、找差距、鼓干劲。

当天下午召开专题推进会，听取“双改”工作开展情况汇报并对17个街道“双改”工作逐一进行交流点评。关于下一步“双改”工作，会议明确了目标任务，详细进行了安排部署。

区领导张艳华、卢书选、杨洁、曹可艳、许贵舟、竟新宇、张川、闵武杰、徐建军、何守华、毛国安出席会议。区委社治委、区住建局、区城管局、区住房保障办、区爱卫办、区执法大队、区农委、区资源规划局、金达公司主要负责人，各街道党政正职，区委办、区政府办、区委组织部、区委宣传部、区网信办、金水科教园区相关负责人参加会议。

【2020—2021年秋冬季大气污染防治攻坚动员会】 11月15日下午，金水区在组织收听收看郑州市2020—2021年秋冬季大气污染防治攻坚视频会后，立即组织召开金水区2020—2021年秋冬季大气污染防治攻坚动员会，贯彻落实全市视频会议精神，动员部署全区秋冬季大气污染综合治理攻坚行动。

会议通报了近期市、区督导发现的典型问题，安排部署了秋冬季大气污染防治工作及做好2020年省委污染防治攻坚战实施情况暨黄河流域生态保护专项督察准备工作。

【全区“十四五”规划编制工作座谈会】 12月1日下午，区委书记张红伟主持召开全区“十四五”规划编制工作座谈会。区领导魏东、薛燕、王爱辉、杨洁、曹可艳、赵高翔、张川、王居良及相关单位主要负责人和社会各界代表参加会议。

会议听取金水区“十四五”规划编制工作进展情况汇报，与会领导、部门负责人和社会各界代表开展了交流讨论，并提出了相关意见建议。

【全区疫情防控领导小组会议】 12月4日上午，金水区组织召开全区疫情领导小组会议，认真学习国务院副总理孙春兰、省委书记王国生、省长尹弘和省委常委、市委书记徐立毅近期关于疫情防控作出的重要讲话精神，贯彻落实市疫情防控领导小组第21次会议精神，分析研判金水区疫情防控形势，对下一步工作进行安排部署。区委副书记、区长魏东主持会议，区委书记张红伟出席会议并讲话。

会议还听取近期全区疫情防控工作整体情况。“一办四部”相关部室、冷链食品监管工作专班以及部分区直单位、街道主要负责人进行发言。

区级有关领导，区疫情防控领导小组“一办四部”、督查组、健康关爱中心专班、冷链食品专班有关领导，区直有关单位主要负责人，各街道党工委书记参加会议。

【村（社区）“两委”换届工作推进会】 12月9日上午，金水区召开村（社区）“两委”换届工作推进会。贯彻落实中央和省市委关于村（社区）“两委”换届的部署要求，全面分析形势、集中梳理问题，对全区村（社区）“两委”换届工作进行再动员、再部署。区委书记、区换届工作领导小组组长张红伟出席会议并讲话。区委副书记、区长魏东主持会议。

会议首先听取丰庆路街道、杨金路街道、兴达路街道、国基路街道代表的表态发言。随后，区委副书记张艳华对金水区村（社区）“两委”换届工作相关情况进行通报，并提出具体要求。最后，区委书记张红伟对全区村（社区）“两委”换届工作进行全面安排部署。

推进会后，随即召开了全区村（社区）“两委”意向人选和候选人区级联审会议，区委副书记张艳华对区级联审工作进行安排部署。

随会下发关于全区村（社区）“两委”换届工作联系指导、氛围营造、宣传报道、信访保障、换届防疫指导和医疗保障等方面的工作方案以及分类设置的村（社区）“两委”换届工作流程图、时间安排表等相关文件。

【区直部门工作交流会】 12月16日上午，金水区召开区直部门工作交流会。召开全区区直部门工作交流会，是检验区委全会工作部署的重要举措，旨在建立街道和职能部门块抓条保、协同联动工作机制，营造比学赶超、互促共进的工作氛围，引导全区各单位相互沟通交流、取长补短、全力以赴、快马加鞭，以冲刺冲锋、决战决胜的攻坚姿态，确保圆满完成全年目标任务，奋力实现“十三五”规划圆满收官和“十四五”规划良好开局。区委书记张红伟出席并讲话。

会上，区发改委、区统计局、区教育局等25家区直单位主要负责人结合PPT演示，现场汇报了2020年工作推进情况、特色亮点、业绩成效、工作中存在问题和2021年工作打算，与会的区级领导，各部门、街道主要负责人对区直单位进行了现场打分。评分成绩当天公布，计入各单位年终综合考核成绩。

全区副县级以上领导，区委办公室常务副主任，区委人大常委会、区政府办公室主任，区政协秘书长、办公室主任，区委各部委有区委常委担任正职的部门常务副职，区委个工作部门主要负责人，各街道党政正职，区直机关各单位主要负责人参加会议。

【河长制工作会议】 12月24日，金水区召开河长制工作会议。会议的主要目的是深入贯彻落实省市河长述职视频会议精神，全面总结2020年以来河长制工作，安排部署今后一个时期重点任务。

区委书记张红伟主持会议。魏东、张艳华、薛燕、余遂盈、杨林、付建峰、卢书选、王爱辉、杨洁、曹可艳等出席会议。区农委、各街道办事处等相关单位主要负责人参加会议。

【党的十九届五中全会及中央经济工作会议精神专题学习会】 12月25日上午，金水区召开党的十九届五中全会及中央经济工作会议精神专题学习会，深入学习研讨中共十九届五中全会及中央经济工作会议精神，科学指导做好金水区“十四五”规划编制和2021年工作谋划。区委书记张红伟主持会议。

【“弘扬劳动精神、争当出彩先锋”表彰暨主题宣讲会】 为进一步深入学习习近平总书记给郑州圆方集团全体职工的回信精神，贯彻落实中共十九届五中全会、中央经济工作会议精神和省委十届十二次全会暨省委经济工作会议精神，激励辖区各级各类组织和广大职工群众紧紧围绕省委、市委、区委中心工作及金水打造高品质现代化城区的奋斗目标，以更加饱满的热情与敢为人先的斗志，推动全区经济社会高质量发展，12月30日下午，金水区举办“弘扬劳动精神、争当出彩先锋”表彰暨主题宣讲会。郑州市委常委、组织部部长吕挺琳，市委组织部组织处处长、四级调研员蒋明伦，金水区副县级以上领导等出席活动。

活动对“弘扬劳动精神、争当出彩先锋”41个先进集体和100名先进个人进行了表彰。同时，从辖区各行各业中选拔优秀典型组建成弘扬劳动精神“宣讲团”，以“主会场+18个分会场”的形式开展主题宣讲，用情景讲述、大合唱、诗歌、歌曲等7个节目讲述了辖区各级各类组织和个人在投身疫情防控、助力经济社会高质量发展中的生动实践。

组织工作

【概况】 2020年，金水区组织系统坚持围绕区委中心工作，坚持以党的政治建设为统领，大力培养锻造高素质干部队伍，不断夯实党的基层组织体系，全面深化人才强区战略，为打造高品质现代化城区、实现“两率先一争当”发展目标提供坚强组织保证。

扎实开展“学习、讨论、提升”行动，编写《打造高品质现代化城区——金水区组工干部学习资料汇编》，依托“组工讲坛”，每周紧盯一个专题学深、学透，深入开展以案促改警示教育，打造组织工作文化墙，不断传承和弘扬优秀的组工传统，厚植新时代组工干部的精神气质，培养“讲政治、重公道、业务精、作风好”的机关文化。在《中国组织人事报》《河南组工信息》等各级党报党刊发文50余篇，通过“郑州党建”“金水区红色家园”等平台刊发信息1000余条。

新冠肺炎疫情发生以来，区委组织部第一时间发出党员倡议书、出台《关于激励广大干部在疫情防控中担当作为的通知》《关于加强对疫情防控一线工作人员关心关爱的通知》，组织2437名区直机关党员下沉社区楼院参与一线防控，全区635个管控服务点全部成立临时党支部；及时抽调人员充实指挥部、集中隔离点、机场专班力量，组织捐款309万元、划拨党费220万元支持疫情防控，深入开展“三送一强”活动，引导党员干部全面助力复工复产，倡导树立王慧敏、王博帆、王存龙等35名先进典型，有效激发党员干部担当作为。

【村（社区）“两委”换届】 顺利完成全区214个村（社区）“两委”换届任务。站在对金水区未来5年发展负责的高度，将换届作为提升基层治理水平、夯实基层基础的有利契机，超前谋划、高标要求，出台《金水区村（社区）“两委换届”工作实施方案》，建立“4+2”联系指导督查、选举现场“五必到”、摄像拍照“双纪实”工作机制，提出“四必谈”“五个100%”工作要求，开展“八个一”履新启航行动，推动了换届工作高质量开展。214个村（社区）全部实现“一肩挑”；村“两委”班子成员平均年龄由49.7岁降为43.7岁，大专以上学历由23.3%升至32.9%；社区“两委”班子成员平均年龄由37.1岁降为34.2岁。

【基层党建工作】 制定工作目标及考核细则，明确责任，传导压力；推动515名党员领导干部带头建立党支部工作联系点；健全党员干部自学、理论宣讲等学习制度，以庆“七一”系列活动为契机，层层筛选出6个感人事迹集中展示，实现以身边事教育身边人。聚焦“三项工程、一项管理”“五个一”“四个三”等中心工作，开展“挂图作战、集中攻坚”行动，推动全区437个改造项目全部成立临时党支部，647个无主管楼院全部建立党组织和居民自治组织。以学习贯彻习近平总书记给郑州圆方集团全体职工的回信精神为契机，深入推进“弘扬劳动精神 争当出彩先锋”活动，延伸开展“三研三亮两争创”系列活动，引导531名代表委员、优秀党员等亮明身份，悬挂340面“劳动模范店”等标识，层层遴选表彰为金水区发展作出积极贡献的20个集体、50名个人。出台《关于完善“四议两公开一监督”工作机制的实施方案》等文件，着力提升农村基层治理水平。扎实做好巡察反馈问题专项整治，全面开展村（社区）党组织书记“亮赛比”活动，扎实推进村（社区）“两委”换届。建立按期换届提醒机制，有效规范党组织调整，督促28个区直机关党组织完成组织换届等工作，妥善做好11所市属初中的党员接收和党组织设置工作。

【人才工作】 组织第二届经济社会发展顾问团座谈会，收集关于新经济业态打造等方面意见20余条，为编制“十四五”规划奠定基础。通过走访调研、组织座谈等形式，收集基本信息256项、意见建议48余条，高质量编制《金水区急需紧缺产业人才需求目录》。组织“中国·河南招才引智创新发展大会——汇智成‘金’·数字经济高层次人才园区行”活动，邀请40余名专家、学者进行项目推介和洽谈交流。打造的UFO共享办公等人才服务示范点，受到国家市场监督管理总局局长张工等60多个代表团、3000余人参观调研，并作为全市样板进行推广。

6月7日，区委组织部举办金水区打造高品质现代化城区高端讲堂（第一期）

（区委组织部/供图）

12月3日，金水区2020年度区直机关“万名党员进党校充电计划”示范班开班
（区委组织部/供图）

【领导班子和干部队伍建设】 结合新考核条例，对全区93个科级单位、1156名科级干部2019年度工作情况进行考核，并强化结果运用。配合做好市管领导班子、市管干部年度考核和疫情防控斗争专项考核工作。梳理市管干部公务员登记等情况。推动机构改革落实落地，调整配备涉改单位领导班子。高质量完成两会选举及乡镇（街道）党（工）委书记工作交流会议相关工作。选派70余人次参加巡视巡察、大气污染防治等中心工作，举办青年干部等各类培训班，全新推出5期“金水区打造高品质现代化城区高端讲堂”，累计培训领导干部6500余人次，持续提升领导干部的政治素养和治理能力。协助全区1100余名科级干部完成个人信息采集。强化提醒函询诫勉运用，及时做好“12380”等信访举报处理工作。

【党员干部现代远程教育工作】 遴选《繁星守护》《担当》等27部作品参与2020年全市党员教育电视片观摩交流活动，并荣获一等奖3部（共10部）、二等奖7部（共20部）、三等奖3部（共30部）、优秀奖7部（共60部），获奖总数位居全市各县区首位。开展2020年远程教育骨干队伍培训，确保站点管理员“会管理、会使用、会维护、会排除”，提升了远程教育骨干队伍综合素质。拍摄制作的微视频《因为有我》、MV《和你在一起》被“学习强国”APP河南学习平台展播。充分利用“金水区红色家园”微信公众号等平台，强化宣传学习教育，扩大对外影响力；大力推进学用示范基地建设，促进学用转化。

（撰稿：周永杰　审阅：陈文静）

宣传工作

【概况】 区委宣传部是区委主管意识形态方面工作的职能部门，挂区新闻出版局、区精神文明建设指导委员会办公室、区互联网信息办公室牌子。2020年，金水区宣传思想文化系统深入贯彻落实习近平新时代中国特色社会主义思想，理论武装不断强化，始终坚持党管意识形态原则，确保意识形态领域安全稳定。积极做好市委、市政府重要部署和全区重点工作的宣传报道，讲好金水故事，提升金水形象。以文化惠民为切入点，以项目带动为抓手，助力金水从文化大区向文化强区迈进。深耕厚植社会主义核心价值观、深化公民思想道德建设、持续推进群众性精神文明创建活动。

2020年的新冠疫情防控工作开展以来，区委宣传部全体党员干部终止休假，返岗上班，统筹做好疫情防控宣传和引导工作。区委常委、宣传部部长杨林作为区新冠肺炎疫情防控工作领导小组宣传部和教育防控部的部长，做到率先垂范、以上率下，带领部机关全体党员干部深入一线，协助社区对无主管楼院进行人员进出登记、体温测量、疫情信息收集、人员隔离、公共设施消毒、防疫知识宣传等工作。疫情防控期间，区委宣传部全体人员主动担当作为，通过加强宣传引导切实凝聚战疫合力，通过下沉社区筑牢疫情防控战斗堡垒，为疫情防控工作作出积极贡献。

【思想理论建设】 紧紧围绕习近平新时代中国特色社会主义思想，以区委中心组理论学习为重点，组织开展区委中心组集中学习14次，中心组成员撰写心得体会和调研文章100余篇，有力、有效地推动党的理论及中央最新精神深入人心。积极开展“两率先一争当”主题演讲、“爱国心 报国情 强国志”主题征文等活动，多形式、多样化搭建理论宣讲平台，切实增强了党员干部的理论学习实效性、理论宣讲鲜活性。全区共开展“党的创新理论万场宣讲进基层”“百姓宣讲直通车”等活动200余场，受众人数达2.1万余人，实现理论武装全动员、全方位、全覆盖。同时，高质量打造“学习强国”主题公园（示范街），吸引众多市民前来学习体验，为打造高品质现代化城区提供坚强思想保证和强大精神力量。

【意识形态工作】 严格落实意识形态责任制。将意识形态工作纳入经济社会发展和党的建设总体布局，列入区委和各级领导干部目标管理，全年召开5次区委常委会专题研究意识形态领域工作，做实意识形态联席会、巡察、风险防范化

8月21日，区委宣传部开展金水区2020年意识形态责任制工作培训

（区委宣传部/供图）

解等工作，意识形态工作责任不断夯实扛稳、落细落小。稳步推进“扫黄打非”各项工作。以“正道”“新风”行动为主线，深入推进“扫黄打非”进基层。全区各社区（村）建立基层站点168个，覆盖率达100%。维护网络意识形态安全。建立突发事件预警和热点敏感问题引导机制。

【舆论引导】 旗帜鲜明地做好正面宣传。牢固树立宣传舆论先行的工作理念，协调中央主要媒体及省、市级媒体加大对金水正面宣传报道力度，打好新闻宣传主动仗。全区在传统媒体发稿7446篇，网络发稿15081篇，中央级网络媒体报道转发1065篇；《金水发布》全年编发1102篇，《金水时讯》全年刊发39期，156个版面，形成积极的舆论环境。深化媒体融合。打通微信、“学习强国”APP、头条号、人民号、抖音等九大平台，形成分众传播、分类覆盖的全媒体矩阵，实现宣传效果“最大化”。弘扬网络正能量。充分发挥网评队伍正面舆论引导作用，借助网络媒体平台开展正面主题宣传，组织开展“国安同担、网安共享”国家安全和网络安全知识竞赛，传播健康网络文化，营造风清气正的网络空间。

【文化发展】 一方面，加大对辖区文化企业的服务力度，帮助12家企业申请拨付市级扶持资金752万元；抓好国家知识产权创意产业试点园区、中原大舞台、郑州大观音寺中原文化聚集区、郑州海洋生物博物馆等重点文化企业和项目建设，打造亮点文化品牌。另一方面，广泛开展“出彩金水”“快乐星期天”等系列文化惠民活动，成功举办第八届中国（郑州）国际街舞大赛和第六届中国（郑州）国际标准舞全国公开赛，不断满足人民

4月28日，河南省国标舞艺术联盟成立盛典在金水区举行 （区委宣传部/供图）

群众日益增长的精神文化需求。开展“金水区街头艺术表演”，全年共演出146场，表演时长达300多小时，让群众在家门口就能享受到丰盛的“文化大餐”。

【精神文明建设】 深入开展全国文明城市创建活动。组织召开工作推进会，出台实施方案，圆满完成郑州创建全国文明城市的测评任务。持续开展公民道德和精神文明宣传教育。着力发挥新时代文明实践所的作用，深入开展进社区进楼院宣传，制作“番茄的一生”等7期微视频，引领全社会树立鲜明正确的价值导向。深入推进志愿服务制度化。累计招募40015名志愿者参与到环境卫生整治、文明交通等志愿服务活动中，助力国家卫生城市复审和文明城市创建工作，营造良好的社会氛围和社会风尚。

（撰稿：王　阳　审阅：赵伟峰）

统战工作

【概况】 中共金水区委统战部是区委主管统一战线工作的职能部门，挂金水区宗教事务局、金水区政府侨务办公室、中共金水区委台湾工作办公室（金水区政府台湾事务办公室）牌子。2020年获得全市宗教事务管理工作成绩突出单位、全市新的社会阶层人士统战工作成绩突出单位、全市统战信息工作成绩突出单位、全市统战宣传工作成绩突出单位等称号。

【基层民主协商】 2020年，围绕习近平总书记提出的推动黄河流域生态保护和高质量发展战略，引导各民主党派、工商联代表人士就该课题开展考察调研，组织开展党外代表人士参观大河村遗址、黄河博物馆等主题学习活动；召开2020年党外代表人士座谈会，通报全国两会主要精神及金水区两会情况，传达市委统战部转发省委统战部《关于支持全省党外人士开展“战疫给我们的启示”学习讨论活动实施方案》文件精神，并就2020年将要组织开展的主要工作与与会代表互动交流；协商确定《2020年区民主协商计划》以及2020年度理论调研课题；协助做好全国政协副主席、民进中央常务副主席刘新成率民进中央调研组一行到郑州调研的工作。

【非公经济领域人士统战工作】 结合疫情影响，组织开展民营企业走访调研和非公有制经济代表人士谈心谈话活动，加强思想政治引领；建立金水区民营经济工作联席会议制度，区委常委、统战部部长、副区长担任召集人，全区34个部门为成员单位，定期召开推进会解决问题，出台《金水区民营经济工作联席会议工作规则和四个专班工作方案》等5个文件分解目标任务；因企制宜建好帮扶名录，建立16位区委和区政府、法检两院领导帮扶民营企业名录，做到应帮尽帮、该帮必帮；以“领导干部领衔+工作专班支撑+精准服务企业+问题收集台账”为主要形式，落实领导干部分包企业制度，当好企业宣传员、服务员、指导员。2020年，依托河南省鑫山实业有限公司建立金水区企业家学院，开展“线下+线上”培训8场，共计培训328人次，并建立民营企业诉求响应平台，帮助企业解答经营难点，全年共入驻注册企业420家、涉企部门34家。

【新的社会阶层人士统战工作】 出台《金水区新的社会阶层人士统战工作三年（2020—2022年）行动计划（试行）》，认真谋划新发展，成立新联会党支部，加强思想政治引领，全年组织各类主题学习4次；全区新的社会阶层人士联谊会建设更加完善，2020年金水区新联会完成登记注册，建立监事会、财务主管等各项工作机制且运行顺畅，并高标准成立全区首家街道新联会——经八路街道新联会；开发“金水新声”微信服务平台，新阶层人士可以通过“二维码扫一扫”，随时随地找到组织，自运行以来，累计新增入库人员3528名；创新活动形式落实“创品牌”，利用钉钉群开展金水新阶层线上讲堂，全年累计举办直播35场，吸引5000余人次观看；在新联会建立政策帮扶、法律服务等4个服务小组，依靠集体力量，帮助会员单位谋发展、找思路、解难题，全年累计帮助会员协调解决各类问题22件；推出“新阶层·先锋说”主题沙龙品牌活动，召开红色思想学习、爱“新”相联、新阶层里的半边天主题沙龙活动3场，促进了行业交流，加强了思想引领，传递了社会正能量。

【民族宗教事务】 建立非法宗教活动举报和月报制度，及时妥善处理问题；按照省市要求做好宗教场所疫情防控工作，及时更新宣传内容；配置书柜和2000余册图书，开展“五个一批”活动，全面落实宗教活动场所12项规章制度，规范教职人员认定备案和场所年度审计制度，规范讲经讲道内容；服务信教群众和宗教界代表人士，实施宗教界人士培优计划，落实消防安全管理和卫生防疫制度；拓展“快乐星期天”等活动载体，用核心价值观、中华优秀传统文化把广大信教群众团结在党和政府周围；对清真食品开展专项督查，查处无清真食品牌证生产经营（含假冒清真、非法经营）和不规范经营行为。

【港澳台事务】 走访辖区台资企业，做好涉台知识“四进”工作；召开2020年金水区台胞台属座谈会，举办“涉台知识进机关”系列讲座，加强联谊与涉台知识宣传引领；完成河南省台湾同胞第七次代表大会换届人选遴选工作。

【海外事务】 开展《中华人民共和国归侨侨眷权益保护法》颁布30周年宣传活动，配合市侨联完成“中国侨界贡献奖”推荐评选及省级“侨胞之家”申报工作；疫情防控期间，通过微信小程序等形式共发放涉侨电子调查问卷100余份，利用大数据进行统计分析，探索开展侨务工作的新举措；完成河南省海外联谊会及郑州市欧美同学会理事推荐等工作。

【新冠肺炎疫情防控】 统一战线各界成员，如辖区各民主党派、民

2月，新的社会阶层人士为抗疫一线捐赠爱心食品　（区委统战部/供图）

营企业家、新阶层人士等社会团体和组织以志愿者与捐赠等形式积极参与疫情防控工作，累计开展志愿服务活动100余次，向辖区医院、红十字会、社区等单位捐献食品500余箱，捐献口罩、酒精、消毒液等各类防疫物资价值5.2万余元。民主党派成员、党外代表人士为省委、市委建言献策20余条。为夺取疫情防控和经济发展“双胜利”贡献了统战力量。面对突如其来的新冠肺炎疫情，按照区委、区政府部署，坚持“外防输入、内防扩散”的防控原则，组织部机关开展疫情防控工作，分包人民路街道工人新村社区的东里路2个卡点，在战疫一线建立2个党员先锋岗，快速落实闭环管控工作要求，做好人员排查、信息登记、体温检测等工作，并严格落实宗教场所“双暂停”，筑起有效的疫情防线。同时，充分调动统战成员的积极性助力疫情防控。

（撰稿：朱　岩　审阅：沈建忠）

档案工作

【概况】　郑州市金水区档案馆为区委直属事业单位。截至2020年11月30日，馆藏档案共23364盒、571843卷（件）。其中，文书档案9645盒、106059卷（件），照片档案1盒，会计档案200盒、650卷，图书1066册；婚姻档案、计生档案、宅基地档案、建筑许可证档案、死亡干部档案、公证档案、医疗救助、招工表等民生档案13518盒、465134卷（件）。

【档案接收与查阅利用】　按照上级通知，协助各部门做好辖区范围内央企、国企的退休人员档案和2020年度涉及机构改革的区直部门档案的整理指导与接收工作。持续不断做好档案查阅利用工作。疫情管控期间，为方便群众对档案的查询利用，开通疫情防控期间网上申请办理查阅。网上申请查阅利用档案共477人次，利用档案8556卷次。后期及时做好消杀工作以保障档案利用工作的顺利开展。全年接待查档到访群众约6800人次，其中以查阅各类民生档案解决子女上学、户口申报、房屋买卖、银行贷款、诉讼、公证、析产等问题的居多。

【档案宣传】　2020年6月9日是国际档案理事会确定的第13个国际档案日，为进一步宣传档案价值、增强档案意识，金水区档案馆开展了以“档案见证小康路、聚焦扶贫决胜期”为主题的宣传活动。活动使社会公众进一步关注档案、走近档案、认识档案、了解档案，提高了全民档案法治意识，使档案的法律法规更加深入人心，积极助推全区档案事业发展。

【新冠肺炎疫情防控】　2020年2月，抽调2名工作人员到金水区疫情防控领导小组办公室，协助做好疫情档案的收集、整理、装订、数字化。全年共收集整理出疫情相关纸质档案473盒、16454件（卷），照片档案34盒，图片153幅，视频档案3盒，音频档案2盒，实物档案10件。同时积极向全社会征集新冠肺炎疫情档案，接待相关工作咨询600多人次，为留下珍贵的档案资料做好准备。发挥党支部战斗堡垒作用，做好疫情防控工作。第一时间组织全体人员下沉未来路街道办事处名门世家、金林、金色港湾等社区值守，服从社区党组织的指挥和安排，与社区工作人员紧密配合，全力做好疫情防控工作，同时及时总结发现问题，提出注意事项和完善工作要求。共检查车辆5000余辆次，人员10000余人次。

（撰稿：王智慧　审阅：孙俊美）

老干部工作

【概况】　中共金水区委老干部局是区委主管全区老干部工作的工作机关，归口区委组织部管理。

2020年，区委老干部局深入开展学习省委常委、市委书记徐立毅调研金水区讲话精神，围绕讲话精神展开讨论，凝聚共识，并发挥老同志政治优势、经验优势、威望优势，为金水区“两率先、一争当”建言献策。大力开展“牢记初

6月19日，金水区委老干部局组织全体党员干部参观郑州圆方集团

（区委老干部局/供图）

心使命、争当出彩先锋”主题党日等系列活动。组织全体党员干部开展“文明城市创建工作”，走上街头、深入老旧小区开展志愿服务20余次。组织开展“我为河山赋能助力”活动，全面落实“六保”任务，充分发挥广大离退休干部优势作用，健全“两展示两争当”长效机制，打造郑州市离退休干部发挥作用品牌。深入开展党风廉政建设和意识形态工作。通过多种形式组织全局党员干部职工学习《中国共产党问责条例》等16次；在重要时期做好离退休干部涉访问题处理工作，建立重大问题风险评估机制，及时搜集、研判。

新冠肺炎疫情发生以来，区委老干部局严格落实区委部署，根据统一安排，于1月26日起局机关全体工作人员下沉到经八路街道办事处商务社区黄河路93号院、任寨北街3号院参加防疫工作，后因工作需要统一调配至教育社区，负责黄河路20、21号院，纬五路17号院的防疫工作。全体人员24小时值守。负责测量体温、扫码、办理出入证、出入登记、楼院消毒，对是否有重点地区返回郑州人员进行重点核实、逐一排查，负责隔离人员的日常生活保障、巡查、解封及档案资料的整理。

【老干部政治待遇】 组织全区离退休干部及老干部工作者学习中共十九大精神和习近平总书记系列讲话精神，邀请省委党校教授围绕习近平新时代中国特色社会主义思想，实践基础、理论渊源、科学内涵等做了深入浅出的讲解。组织召开通报工作会议，向老干部通报了全区经济社会发展情况，征求老干部意见和建议。组织离退休干部参观金水区聂庄党群服务中心和“三项工程一项管理”工作，参观后老干部对该项工作给予了高度赞扬和充分肯定。为老干部征订报纸杂志2000余份，定期组织老干部阅读上三级文件，使老干部进一步了解党和国家的相关政策和精神。

【老干部生活待遇】 着力推动离休干部“三个机制”建设；保障“两费”、护理费和生活补贴的按时发放；组织离退休干部定期体检；建立走访慰问和在职干部联系老干部制度，做到节日必访、生病必访、大事必访。利用春节等重大节日逐家逐户上门走访慰问老干部150余人次，及时到医院探视住院老干部50人次，协助有关单位妥善处理老干部逝世善后事宜。努力做好老干部信访接待工作。根据政策，做到了件件有回音，事事有落实，稳定了全区老干部队伍。

建立单位尽责、家庭尽孝、社区尽力、老干部工作部门尽职的“四方联动”精准服务机制。做好特困离退休干部精准帮扶工作。建立离退休干部困难帮扶专项资金，精准帮扶生活困难老干部26人，帮扶资金达10余万元。

深化老干部“四就近”服务，使老干部就近享受学习、就近参加活动、就近得到关心照顾、就近发挥作用等，让老干部切身体验幸福感和获得感。

【老干部活动中心】 在年初制定了2020年活动中心全年活动计

划，因疫情影响，取消计划中多次活动，组织参观圆方集团，开展重阳节活动，组织老干部召开庆“八一”老军人座谈会，开展并参加重温入党誓词、书画展、诗词创作、文艺会演等活动，通过开展丰富多彩的活动，使老干部进一步忆党史，话党情，颂党恩，唱响中国共产党好、社会主义好、改革开放好、伟大祖国好的主旋律。为保证活动的顺利开展，事先做好周密组织，同时保证老干部活动中心闭馆期间，老干部们对疫情防控知识的更新，丰富老同志的闲暇生活。

9月1日，全区四大班子副处级以上离退休老干部参观老旧小区改造示范点

（区委老干部局/供图）

【老干部作用发挥】 坚持党建带关建，推动关工委纳入党建工作总体部署，把具有相同爱好和专业特色的“五老”人员组成工作团队，发挥广大“五老”人员的优势作用，有针对性地对青少年进行思想道德教育、法治宣传教育、传统文化教育、青少年关爱帮教等。

发挥老党员、老战士、老教师等离退休老同志的模范作用，以“七一”、“八一”、国庆节等重要时间节点为契机，广泛开展青少年党史国史教育、爱国主义主题教育，举办“传承红色基因，争做时代新人”“纪念抗美援朝胜利70周年”“老少同乐庆重阳”等形式多样的青少年教育活动70多次，组织“五老”宣讲团、文艺团、报告团现身说法，讲好中国故事和金水故事。2020年，“五老”宣讲团在辖区作报告30多场次，受教育青少年4万余人次。金水区10多名“五老”人员分别被评为全国和省、市关心下一代工作先进个人。

先后组织老干部参观黄河博物馆、黄河沿岸生态保护，参观了黄河路、经一路街区改造提升和工人新村老旧小区改造，引导老干部为金水高质量发展贡献智慧力量。

（撰稿：王亚楠　审阅：郑福海）

机构编制

【概况】 中共金水区委机构编制委员会办公室是中共金水区委机构编制委员会的办事机构，为区委工作机关，归口区委组织部管理，挂金水区事业单位登记管理局牌子。2020年4月，区委编办被上级部门评为“机构编制工作先进集体”“机构编制系统信息宣传工作先进单位”，并作为唯一区级编办代表在全市机构编制工作会议上发言。

扎实开展党建规范提升工作。持续深化“党建+”品牌，建设“阳光编办”。全年开展中心组集中学习9次，开展党员干部主题实践活动12次，举办庆祝中国共产党成立99周年暨“迎七一”系列主题活动6次。深入推进“大学习大讨论大提升”工作。切实做好班子成员党支部联系点工作、文明创建志愿服务活动。先后3次深入经八路街道文联社区4个党支部。9月文明创建期间，到东风路街道开展文明创建志愿服务活动累计120人次。

新冠肺炎疫情发生以来，区委编办按照全区疫情防控工作部署要求，全力投入抗击疫情防控一线。周密部署，强化保障，严守防控。第一时间组织全体干部职工分成2组下沉经八路街道办事处文联社区，负责分包3个无主管楼院共

6月30日，区委编办赴经八路街道省委社区参观学习党建工作（区委编办/供图）

400多户居民的疫情防控工作，实行24小时不间断值守，确保疫情防控期间无突发事故发生。

【机构编制管理】 优化调整部分党政机构职能配置。进一步理顺职责，在区自然资源局的基础上，设立市自然资源和规划局金水分局，作为市自然资源和规划局的派出机构，列政府工作部门；在区商务局加挂投资促进局牌子；剥离原区发展改革和统计局的统计职能，将原区发展改革和统计局分设为区发展和改革委员会、区统计局；将原区教育体育局的体育管理职责划转至区文化旅游局，并将区教育体育局更名为区教育局，区文化旅游局更名为区文化旅游体育局。完成市直11所下放初级中学接收工作。理顺医保社保经办机构管理体制。根据上级要求，市级将市社保中心下设的金水分中心下放移交至金水实行属地管理，并分设为金水区医疗保障中心、金水区社会保险中心，主要承担医保、社保具体业务。扎实做好综合执法领域改革工作。按照上级有关要求，将涉及金水的生态环境、农业、文化市场领域的执法人员及编制上划市里，并按时完成区市场监管领域综合执法队伍、基层市场监管所的组建。扎实做好民生领域机构编制保障。深入区卫健委开展疾控队伍建设专题调研，通过内部挖潜的方式，为区疾控中心调剂增加部分事业编制。9月为辖区内12家社区卫生服务中心核定专业技术人员岗位及管理人员岗位。通过整合现有机构编制资源，为区教育局新成立中小学5家、重新组建中学1家。

【事业单位改革】 按照上级关于生产经营类事业单位改革有关要求，结合金水区实际，撤销郑州市金水建设综合开发总公司、郑州市鸿宝园林植物研究所、郑州市金水区黄河渔场3家生产经营类事业单位，按时完成改革任务。

【机构编制监督检查】 持续开展机构编制责任审计工作。全年开展离任、任中审计11人次，机关事业单位24家，涉及行政人员54人，事业人员686人，出具机构编制审计报告10份。深入开展占用中小学教职工编制和抽调借用中小学教师专项治理工作。分批分阶段有序推进抽调借用教师逐步返岗，并持续加强和规范中小学教职工编制管理。扎实开展“三集中三到位”执行情况专项督导。2020年7月，对18家职能部门就行政审批职能是否向一个科室集中、事项是否进驻大厅等进行全面督导，并对督导中存在的问题限期整改。

【事业单位登记管理】 圆满完成事业单位法人年度报告年检及公示工作。在年初疫情严峻的形势下，通过开通咨询通道、网上办理、邮寄材料等各种有效措施，及时完成296家事业单位法人年度报告工作，并将各单位年检报告在“事业单位在线”网站进行一键公示。及时完成机关、群团统一社会信用代码赋码变更工作。结合机构改革、机构职责理顺调整、机构变动、法人证书到期等情况，对14家机关、群团单位完成统一社会信用代码赋码变更换证工作，受理完成事业单位法人设立登记13家、变更登记141家。

（撰稿：郭奕慧　审阅：贾海波）

党校工作

【概况】 中共金水区委党校是在区委直接领导下培养党员干部的学校，是党委的一个重要部门，是培训轮训党员干部的主渠道。2020年，区委党校深入学习贯彻落实中共十九届五中全会精神和习近平总书记重要讲话精神以及省、市、区党代会精神，创新培训方法，提高培训质量，扎实推进干部教育培训工作，充分发挥党校“阵地”与“熔炉”作用，教学、科研等工作取得新的成果。

新冠肺炎疫情发生以来，党校第一时间通过视频会议形式召开班子会议，学习传达上级关于疫情防控的各项部署要求，明确责任分工，制定疫情防控处置预案，建立疫情应急值班制度，设立校区疫情防控岗，配合街道、社区联动，全面落实各项疫情防控责任和措施。积极与国基路街道办事处对接、配合，派出6名党员干部分别前往杓袁村、宏康社区、康苑居社区、荣盛花园社区疫情防控执勤点，坚持24小时值班值守，在疫情防控一线彰显党校人的使命担当，为坚决打赢疫情防控阻击战贡献党校力量。

【干部教育】 2020年，区委党校充分发挥干部培训主阵地作用，共完成6大类12期主体班次，累计培训人员1575人次，包括：一期秋季科级干部主体班，56人；一期中青年干部培训班，48人；三期社区“两委”干部培训班，321人；一期农村“两委”干部培训班，119人；两期党员发展对象培训班，423人；一期入党积极分子培训班，140人；两期区直党支部书记培训班，143人；一期基层党员培训班，325人。

班次设置。围绕全区中心工作，充分发挥干部培训主阵地作用，依据培训对象和培训内容，科学设置不同类别的培训班次。培训班的举办，极大地提高了金水区党员干部的理论水平、党性修养、宗旨意识、工作能力，为落实五大发展理念，实现“两个率先”目标，领跑中部城区发展提供人才支撑。

课程设置。紧密结合全区中心工作，坚持“干什么学什么、缺什么补什么”的原则，贴近干部工作实际设置学习专题，围绕社区干部如何履行岗位职责进行分组讨论，邀请党校校长参加座谈，提升培训效果；增加党性锻炼专题，将党章及准则、条例列为必学篇目，同时围绕理想信念、公仆意识、革命传统等主题，组织学员到红旗渠干部学院、新乡先进群体教育基地进行现场教学，通过讲授、情景模拟、现场体验等方式引导学员把党性教育这门共产党人的“心学”修好。

培训方式。科级干部主体班采取了现场教学、互动教学与理论教学相结合，课堂讨论与班级研讨相结合的培训形式，通过现场教学、体验式教学、专题教学等方式接受革命传统教育和党性教育，强化党性锻炼。

教学管理。培训期间实行统一管理，分组考勤学员。配备专职班主任规范管理，对所有参训人员统

11月24日，金水区2020年基层党员培训班开班典礼举行　（区委党校/供图）

一编号，设置座签，严格考勤，确保到课率。编印《学员手册》，明确培训纪律和各项管理制度。每期培训班安排一名专职班主任，跟班听课，严格管理、随时抽查考勤，并于课后对无故缺勤的学员进行通报，确保出勤率。培训结束后进行结业考试，并将出勤情况和考试成绩报组织部备案。

【科研工作】 2020年共申报调研课题13项，其中，省社科联4项，市社科联4项，市委党校4项，市委党校市情社情调研课题1项；截至年底，已立项10项，较2019年增加了6项。各课题组正在加紧进行调研，努力形成一批有深度、有分量的科研成果。积极参加郑州市委党校系统“六统筹”教学专项课题备课会，中级讲师朱龙培的专题“党建引领城市社区治理创新”通过试讲并纳入郑州市委党校统筹县级党校党员培训教材。积极参加郑州市委党校征文比赛，专职教师马萌的文章《黄河潮起再出发　以民为本永传承》获三等奖。

校季刊《区情研究》紧密结合区委中心工作，以“金水区老旧小区改造问题”“金水区党建引领社区治理工作”和“奋力谱写金水‘两率先一争当’打造高品质现代化城区新篇章”为主题，经过精心选点、组织调研、收集资料、约稿、撰写调研报告、审核编写等工作，已出刊3期。第一期主题为“金水区老旧小区改造工作”，深入工人新村片区、郑纺机2号院、园田路3号院和通信花园开展实地调研共8次，撰写改造工作纪实4篇；党校教师围绕“金水区老旧小区改造中居民自治机制的培育”“改造后续治理问题”深入基层调研，撰写调研报告2篇。第二期主题“金水区党建引领社区治理工作”，向全区各街道办事处约稿17篇，采纳4篇，党校教师以“党建引领城市社区治理创新的探索”为主题深入花园路街道办事处开展调研，撰写调研报告1篇。第三期主题“金水区如何谱写‘两率先一争当’打造高品质现代化城区”，邀请河南省委党校经济管理部副主任宋伟教授以调研、座谈、审稿的方式进行指导3次，宋伟教授供稿1篇；党校教师围绕“优化金水区营商环境”“金水区基层干部队伍建设”主题深入基层调研，撰写调研报告2篇。

【教师队伍建设】 加强外派学习。11月，派3名教师参加市委党校在河南大学举办的中共十九届五中全会师资培训班。开展“岗位练兵”“精品课试讲”活动。利用疫情防控期间，围绕教学布局，对照精品课标准，每位教师选出1~2个教学专题撰写讲稿和制作课件，根据时间要求专题试讲，其他教师对其主体内容、框架结构、例子选取等方面进行现场评讲。对授课内容进行政治把关，杜绝一切错误思想及言论进课堂。录制微党课。深入宣传十九届四中全会精神，组织教师录制2节精品“微党课”“人民至上的宣誓　矢志不渝的奋斗”和“青春因磨砺而出彩人生因奋斗升华”，打造指尖上的教学课堂。

（撰稿：李翎滋　审阅：秦历源）

社区发展治理

【概况】 中共金水区委城乡社区发展治理委员会（以下简称区委社治委）成立于2019年1月，是区委主管城乡社区发展治理工作的职能部门。下设金水区社区公共服务中心1个二级机构。2020年，区委社治委围绕区委打造高品质现代化城区工作目标和实现“两率先一争当”根本要求，提高站位，深刻把握社区发展治理工作面临的战略机遇、现实基础和责任担当，聚焦城乡社区治理改革，促进金水区城乡社区治理从传统管理向现代治理转变，努力构筑共建、共治、共享治理格局。

疫情发生以来，区委社治委全体党员干部职工积极投身抗疫斗争，圆满完成各项任务。疫情防控期间，抽调人员到区疫情防控部综合组、文字材料组、数据组、督导组，常务副主任袁小培获得“郑州市优秀共产党员”和“郑州市抗疫先进个人”称号。下沉一线，筑牢社区楼院防控安全线。组织全体党员干部职工下沉经八路街道省建社区开展疫情防控工作，在分包楼院进行24小时值守。

【社区治理政策体系建设】 针对社区层面微观规划缺失、政策供给不成体系等短板，加强规划引导和政策设计，营造社区发展治理制度生态。起草《金水区深化党建引领深入推进城乡社区发展治理的实施意见》，研究制定加强和完善金水区城乡社区发展治理的具体措施，统筹推进城乡社区发展治理体制机制改革。通过制定完善《街道级党群服务中心建设及运营管理办法》《社区级党群服务中心建设运营及管理办法》《关于培育发展社区社会组织的实施意见》《社区工作人员管理办法》等文件，加快形成目标合理、重点明确、相互支撑的政策支持体系，为社区发展治理指明方向。

【社区资源保障】 加强社区工作者管理，制定《社区居委会成员管理办法》，进一步明确工作职责、考核评议办法和日常管理要求；同时积极探索通过畅通来源渠道、拓展发展空间等措施，建立机制合理、来源广泛、素质优良的专业化、职业化社区人才队伍。做好社区经费保障，提升拨付额度，按照每个社区每年30万元标准设立社区服务群众专项经费，根据分级统筹原则，实施基础保障资金直接拨付、区级统筹资金奖励拨付的双轨并行机制，提升经费使用效能。

【无主管楼院整治提升】 根据市级工作部署，深化“一核多元、融合共治”的工作机制，落实区委“四个三”工作要求，结合全区老旧小区改造工作，对全区682个无主管楼院进行全面摸排，厘清工作底册，针对纳入整治提升的647个无主管楼院，分类分步开展整治提升。通过支部联建、干部分包，完成无主管楼院和55个机关党支部常态化结对联建，选派409名党员科级干部或优秀年轻干部全覆盖分包楼院，统筹协调楼院治理。紧盯“三类组织”的组建，实现无主管楼院的楼院党组织、居民自治组织、志愿服务队和群众性组织全覆盖，累计开展居民活动1316次。采取试点先行，每个街道从纳入老旧小区改造和居民自管临时保障的无主管楼院中选取2个示范点，以点带面，示范引领，全面促进无主管楼院整治提升。以全国文明城市创建和国家卫生城市创建为契机，在辖区无主管楼院（小区）组织开展以“清垃圾、清杂物、清违建、清小广告，打造净美楼院、洁美家庭”为主要内容的“四清两美”环境大整治活动，集中整治解决了涉及15个街道的932项环境卫生问题，提升了楼院环境，得到了居民认可。联合区司法局开展16场专题法律法规培训会，实现全区无主管楼院自治组织成员、社区工作人员、分包干部2000余人全覆盖培训，全面提升无主管楼院自治组织成员的法治意识及依法依规组织楼院居民自我管理事务的能力。

【街道党群服务中心】 按照区委“五个一”工作部署中每个街道至少建成1个高标准党群服务中心的目标要求，区委社治委通过制定完善《街道级党群服务中心建设运营管理办法（试行）》加强政策指导；利用社区治理（慈善）基金、引入第三方运营公司等方式探索创新可持续性运营管理机制；对接科技公司，推进便民服务智能化等措施，加快推进建设进展和运营提升。截至年底，17个街道级党群服务中心中9个已建成投用。

【社区阵地建设】 对金水区面积小于500平方米的社区党群服务中心进行全面摸排，积极鼓励街道社区通过依托新建小区由开发单位按规划配建社区综合用房、老旧社区由街道自建社区综合用房、“三供一业”楼院按要求标准移交办公用房以及街道与辖区单位联建共建服务用房4种途径，高质量推进社区党群服务中心建设提质扩容。2020年，完成63个社区党群服务中心达标升级；15个社区通过省级规范化社区验收；5个新建改扩建社区按照“亲民化、规范化、美学设计”理念，实现亲民化改造。

【城乡接合部社区环境综合整治】 全面落实市、区两级党委政府“三项工程、一项管理”工作的安排部署，紧紧围绕“组织建设、人居环境、社区综合服务设施、服务体系、物业服务”五大方面内容，充分发挥好牵头协调作用，对涉及的兴达路街道智汇谷、鸿苑2个点位社区进行了专项整治提升，整治提升工作已取得阶段性成效。

【社区社会组织培育】 研究制定《金水区培育发展社区社会组织实施意见》，加大社区服务群众专项经费对社区社会组织培育的倾斜力度，构建“1+17+N”社区社会组织培育体系，通过建立1个区级孵化基地、17个街道孵化平台，推动完成每个城市社区不少于10个社区社会组织，每个涉农社区不少于3个社区社会组织的目标。截至年底，全区社区社会组织已达1718个。依托社区文化服务提升行动，为社区社会组织活动开展提供平台，丰富群众生活，增进群众相互了解，促进干群关系融合，为楼院业委会的成立、居民公约制定奠定基础。

【智慧社区建设】 在学习借鉴北京、上海、杭州等先进经验做法的基础上，通过对辖区社区治理相关工作的大量走访、调研、座谈，深挖社区治理堵点、难点、痛点问题，探索构建数字化、智慧化社会治理体系平台，形成智慧社区建设发展治理思路，即搭建“一中心两平台”（社区基础数据信息中心，社区服务应用平台、社区治理应用平台），构建“三级平台+APP终端”四级服务体系。已草拟《金水区社会治理暨智慧社区创建工作方案》。

【社区文化服务提升】 为庆祝中国共产党成立99周年，全面激发基层党组织和党员干部活力，进一步丰富辖区居民群众文化生活，组织全区社区开展“社区文化节、党群才艺秀”活动，依托党群服务中心，组织辖区党员群众开展内容丰富、形式多样、广泛参与的系列文体娱乐、才艺展示活动，进一步提升城乡社区文化服务水平，进一步密切党群关系。各街道社区开展文艺展演、举办知识讲座、观看红色电影、才艺展示、才艺比拼等活动共计200多场次，进一步引导群众更加团结坚定地凝聚在党组织周围。

【涉农社区治理提升】 按照涉农社区设立标准，选取西史赵、琉璃寺2个已完成回迁安置、有群众工作基础的村作为涉农社区治理提升试点，通过加强调研，精准研判，因地制宜，探索创新涉农社区治理的有效举措，稳步推进试点治理工作。

【“社区发展治理（慈善）基金”设立】 积极探索创新社会资源参与社区治理的工作机制，引导街道设立“社区发展治理（慈善）基金”，主要用于关爱救助弱势群体、为老敬老、楼院治理等民生实事，为实现可持续性发展提供平台。已有凤凰台、杜岭、花园路、经八路、人民路、大石桥6个街道成立“社区发展治理（慈善）基金”。

（撰稿：敖　娜　审阅：袁小培）

12月5日，郑州市金水区社区社会组织孵化基地揭牌仪式举行

（区委社治委/供图）

金水区人民代表大会

综 述

【概况】 2020年，在中共金水区委的坚强领导下，区人大常委会高举习近平新时代中国特色社会主义思想伟大旗帜，深入学习贯彻习近平总书记关于河南、郑州的重要讲话指示精神，坚持党的领导、人民当家作主、依法治国有机统一，紧紧围绕全区发展大局，忠实履行宪法法律赋予的职责，积极推动疫情防控和经济社会高质量发展，各项工作取得了新进展、新成效，全年召开常委会会议7次，开展视察、执法检查103次，听取审议“一府两院”专项工作报告24个，开展各类主题活动68项，作出决议决定6项，任免地方国家机关工作人员16人次，在打造高品质现代化城区的生动实践中发挥了人大作用、贡献了人大力量。

严格执行重大事项请示报告制度，就人大工作中的重大事项、重要问题，及时向区委请示报告。区委高度重视人大工作，区委书记张红伟37次作出指示批示、22次参加人大专题活动，对高标准做好新时代基层人大工作提出明确要求。常委会全面落实区委人大工作会议精神，研究提出57项具体举措。组织驻区四级人大代表开展“我为‘十四五’规划献良策、做贡献”主题实践活动，从构建双循环发展新格局、塑造高品质现代化城区新名片等方面，开展调查研究，形成109篇专题调研报告，为区委科学决策和区政府编制规划提供了有益参考。推行街道居民议事会议制度，全区17个街道共推选1180名议事代表，不断提升基层治理体系和治理能力现代化水平，开启了人民群众共建、共治、共享，共同参与管理社会事务的新局面。通过领办、督办的形式，提高议案建议办理质量和实效。区十三届人大五次会议以来，代表提出的2件议案、170件建议已全部办理完毕，并答复代表。

面对突如其来的新冠肺炎疫情，区人大常委会闻令而动、全员参与，班子成员率先垂范、深入社区、实地督导；机关工作人员不惧风险、团结奋战、日夜值守；驻区四级人大代表积极响应，医疗卫生战线人大代表肩负使命、豪迈出征，奋不顾身战斗在疫情防控最前线；基层一线人大代表不畏艰险、深入楼院，夜以继日参与联防联控；其他行业人大代表情牵群众、无私奉献，踊跃捐款捐物，在疫情“大考”中诠释了义无反顾、心手相连的责任担当，践行了“人民选我当代表、我当代表为人民”的庄严承诺。

【代表议案及建议办理情况】 在区十三届人大五次会议上，大会主席团共收到区十三届人大代表提出的议案3件，经大会主席团审议通过，其中1件议案转作建议办理。会议期间，区十三届人大代表还提出建议164件。根据议案、建议内容，2件议案分别由区人大常委会有关工作机构办理，165件建议分别转交区人民政府办理157件，转交其他有关机关、组织办理8件。闭会期间，收到代表建议5份，均移交区人民政府办理。截至12月底，2件议案和170件代表建议已经办理完毕。为进一步了解代表对建议办理的落实情况，自8月初起，区人大常委会代表联络工委分别向提出议案、建议的代表发出“金水区人大代表议案建议办理情况反馈意见表”170份，收回代表反馈意见表170份，对于承办单位的办理态度、办理结果，代表表示满意的170件，满意率达到100%。

【人大代表视察活动】 6月5日，区人大常委会组织驻区四级人大代表开展国家卫生城市创建工作专题视察。区人大常委会党组书记、主任薛燕，副主任许贵舟参加视察。

6月11日，区人大常委会组织驻区四级人大代表视察金水区2020年黄河内河、城市防汛工作开展情况。区人大常委会领导许贵舟、杜艳洁、杨旗参加视察。

7月15日，区人大常委会组织部分常委会组成人员和市、区两级人大代表视察金水区2019年政府投资项目年度计划执行情况和2020年政府投资项目年度计划（草案）。区人大常委会常务副主任李贻忠参加视察。

7月15日，区人大常委会组织部分常委会组成人员和部分市、区两级人大代表视察金水区2020年上半年国民经济和社会发展计划执行情况。区人大常委会常务副主任李贻忠、党组成员杨旗参加视察。

8月13日，区人大常委会组织区人大代表视察金水区人民检察院刑事执行检察工作。区人大常委会党组成员杨旗参加视察。

8月14日，区人大常委会组织驻区市、区两级人大代表视察金水区市政设施建设与管理工作情况。区人大常委会副主任许贵舟参加视察。

8月25日，区人大常委会组织驻区市、区两级人大代表视察金水区全国文明城市创建工作。区人大常委会党组成员冯景义参加视察。

8月25日，区人大常委会组织驻区市、区两级人大代表视察金水区学前教育规范发展工作情况。区人大常委会副主任燕建华参加视察。

9月9日，区人大常委会组织驻区市、区两级人大代表视察金水区大气污染防治工作。区人大常委会副主任许贵舟参加视察。

9月11日，区人大常委会组织驻区市、区两级人大代表视察区十三届人大五次会议建议办理情况。区人大常委会党组成员冯景义参加视察。

9月15日，区人大常委会组织区人大代表视察金水区社区矫正工作情况。区人大常委会党组成员杨旗参加视察。

9月16日，区人大常委会组织驻区市、区两级人大代表视察金水区对外开放工作情况。区人大常委会党组成员冯景义参加视察。

9月23日，区人大常委会组织驻区市、区两级人大代表视察金水区垃圾分类工作情况。区人大常委会副主任许贵舟参加视察。

10月21日，区人大常委会组织区人大代表视察区人民法院行政审判工作情况。区人大常委会党组成员杨旗参加视察。

10月22日，区人大常委会组织驻区市、区两级人大代表视察金水区国家知识产权创意产业试点园区工作情况。区人大常委会副主任燕建华、杜艳洁参加视察。

10月27日，区人大常委会党组书记、主任薛燕参加“增加社区养老服务设施”民生实事项目季评估（视察）活动。

11月4日，区人大常委会副主任燕建华带领驻区市、区两级人大代表视察《关于加大公共卫生服务投入，加快构建与高品质现代化城区相适应的卫生健康体系的议案》办理情况。

11月11日，区人大常委会党

组成员冯景义带领驻区市、区两级人大代表视察金水区楼宇经济发展情况。

11月12日，区人大常委会常务副主任李贻忠带领驻区市、区两级人大代表视察2019年度区本级预算执行和其他财政收支审计查出问题整改情况，以及2020年度财政收支预算调整情况。

11月19日，区人大常委会党组书记、主任薛燕带领驻区全国、省、市、区四级人大代表和区人大常委会组成人员开展金水区老旧小区改造工作专题视察。区人大常委会领导李贻忠、许贵舟、燕建华、杜艳洁、冯景义、张涛、杨旗参加视察。

12月17日，区人大常委会常务副主任李贻忠带领驻区市、区两级人大代表视察金水区税务局减税降费工作落实情况。

12月25日，区人大常委会党组书记、主任薛燕带领驻区市人大代表开展集中视察活动。

重要会议

【人大全体会议】 郑州市金水区第十三届人民代表大会第五次会议举行 5月24日上午，郑州市金水区第十三届人民代表大会第五次会议在省人民会堂开幕。大会主席团常务主席张红伟、薛燕、李伟革、李贻忠、许贵舟、燕建华、杜艳洁、冯景义、张涛、杨旗在主席台前排就座。魏东、余遂盈、赵惠玲、杨林、付建峰、卢书选、王爱辉、杨洁、时博、李小虎、曹可艳、周学军、高国全、竟新宇、张川、闵武杰、王居良、王静、王浩、徐建军、蔡理亮、王青、李劲松、杨发群、梁平、常新河等在主席台就座。郑州市金水区第十三届人民代表大会第五次会议应出席代表298人，出席276人，出席人数符合法定人数。会议听取了区人民政府区长魏东所作的金水区人民政府工作报告及关于金水区人民政府2020年度民生实事候选项目情况的报告；听取了区人大常委会主任薛燕所作的区人大常委会工作报告；听取了区人民法院院长蔡理亮所作的区人民法院工作报告；听取了区人民检察院检察长王青所作的区人民检察院工作报告。大会还审查了郑州市金水区2019年国民经济和社会发展计划执行情况与2020年国民经济和社会发展计划（草案）的报告、审查了关于郑州市金水区2019年财政预算执行情况和2020年财政预算（草案）的报告。大会表决通过了2020年度民生实事项目区人大代表票决办法。

5月25日下午，郑州市金水区第十三届人民代表大会第五次会议第二次全体会议在省人民会堂举行。在圆满完成大会预定的各项议程后，区十三届人大五次会议胜利闭幕。会议应出席代表298人，出席276人，出席人数符合法定人数。会议票决出区人民政府2020年度民生实事项目：完成340个老旧小区综合改造；新建中小学2所，建成投用5所，新增公办幼儿园9所；新建公共停车泊位7000个，划定夜间限时免费停车泊位21000个；新建社区卫生服务中心3个、社区卫生服务站20个，建成社区卫生服务中心医养结合机构2个；推动全区一类公厕达到178座、二类公厕达到266座；建成公园、游园和微景观80处，新增绿地面积50万平方米；新建社区养老服务中心、社区日间照料中心、社区居家养老服务站共22个；免费为金水区户籍的适龄人群、孕妇、新生儿等进行相关健康筛查；建成安置房2650套，面积35万平方米，回迁安置群众7200人；新增城镇就业24000人，发放创业担保贷款1.3亿元。会议以举手表决的方式，依次通过了郑州市金水区人民政府工作报告的决议、郑州市金水区2019年国民经济和社会发展计划执行情况与2020年国民经济和社会发展计划的决议、郑州市金水区2019年财政预算执行情况和2020年财政预算的决议、金水区人大常委会工作报告的决议、金水区人民法院工作报告的决议、金水人民检察院工作报告的决议。区委书记张红伟，区人大常委会主任薛燕先后发表讲话。

【人大常委会会议】 区十三届人

大常委会第二十四次会议　1月15日上午，区十三届人大常委会第二十四次会议在区机关一楼西厅会议室举行。会议由区人大常委会主任薛燕主持，区人大常委会领导李贻忠、许贵舟、燕建华、杜艳洁、张华、冯景义、张涛、杨旗及其他常委会组成人员共35人出席会议。

会议依法补选延明为金水区出席郑州市第十五届人民代表大会代表。

区十三届人大常委会第二十五次会议　4月28日上午，区十三届人大常委会第二十五次会议在区机关一楼西厅会议室举行。会议由区人大常委会主任薛燕主持，区人大常委会领导李贻忠、许贵舟、燕建华、杜艳洁、冯景义、张涛、杨旗及其他常委会组成人员共35人出席会议。

会议深入学习贯彻习近平总书记系列重要讲话精神。会议要求，每位常委会组成人员、全区人大工作者要切实把思想和行动统一到习近平总书记重要讲话精神上来，在扎实做好常态化疫情防控工作的同时，围绕市委、区委重大决策部署，充分发挥人大优势，认真履行法定职权，切实激发代表活力，为金水区全面做好疫情防控和经济社会发展工作作出新的、更大的贡献。

会议审议通过了区人大常委会2020年工作要点。会议要求，常委会机关各委室和驻区各级人大代表要严格按照工作要点安排，统筹推进各项工作，确保全年目标任务顺利实现。

会议审议确定了2020年度向区人大常委会述职并接受评议的金水区选举产生的郑州市十五届人大代表。会议要求，驻区市、区两级人大代表一是要持续加强学习，增强责任意识，提升执行代表职务的能力和水平。二是要立足本职岗位，发挥行业优势，助推发展、服务群众，展现人大代表履职为民的责任担当。三是要自觉接受监督，认真做好述职准备，按时参加述职评议，进一步树立新时代人大代表的良好形象。

区人民政府常务副区长杨洁、区监察委员会副主任刘建伟、区人民法院院长蔡理亮、区人民检察院检察长王青列席会议。

区十三届人大常委会第二十六次会议　5月20日上午，区十三届人大常委会第二十六次会议在区机关一楼西厅会议室举行。会议由区人大常委会主任薛燕主持，区人大常委会领导李贻忠、许贵舟、燕建华、杜艳洁、冯景义、张涛、杨旗及其他常委会组成人员共35人出席会议。

会议传达了5月15日中共中央政治局会议精神。会议决定于2020年5月23日—25日召开区十三届人大五次会议，通过了关于金水区第十三届人民代表大会第五次会议议程、日程草案和有关建议名单、草案，研究、审议了区十三届人大五次会议的有关事项。

依次通过了关于区十三届人大五次会议召开时间的决定（草案），代表辞补事项，会议议程、日程草案和有关建议名单、草案。研究审议了区人大常委会工作报告稿，郑州市金水区2019年国民经济和社会发展计划执行情况与2020年国民经济和社会发展计划（草案）的报告，郑州市金水区2019年财政预算执行情况和2020年财政预算（草案）的报告，关于金水区人民政府2020年度民生实事候选项目情况的报告，民生实事项目区人大代表票决办法（草案）；审议了大会筹备组关于区十三届人大五次会议筹备工作情况的报告。

区人民政府副区长杨洁、区监察委员会副主任刘建伟、区人民法院院长蔡理亮、区人民检察院检察长王青列席会议。区发展改革和统计局、区财政局有关负责人列席会议。

区十三届人大常委会第二十七次会议　7月29日上午，区十三届人大常委会第二十七次会议在区机关一楼西厅会议室举行。会议由区人大常委会主任薛燕主持，区人大常委会领导李贻忠、许贵舟、燕建华、杜艳洁、冯景义、张涛、杨旗及其他常委会组成人员共33人出席会议。

会议传达学习习近平总书记近期重要讲话精神和中央政治局常委会会议精神。会议审议批准了金水区人民政府2020年政府投资项目年度计划。会议要求，区政府要紧紧围绕项目建设目标，落实责任主体，完善监管体系，认真组织实施，确保政府投资项目按要求、按计划顺利推进。

会议听取和审议区政府关于2020年上半年国民经济和社会发展计划执行情况的报告。会议要求，区政府要围绕全区发展大局，科学研判经济走势，推动产业结构升级，加大项目建设力度，完善动态监测体系，确保全年各项目标任务按时完成。

会议听取和审议区政府关于2019年财政决算和2020年上半年财政收支预算执行情况的报告，批准了金水区2019年度财政决算。会议要求，区政府要围绕“六稳”“六保”目标，进一步加强预算管理，规范预算执行，加大统筹力度，优化支出结构，为金水区夺取疫情防控和经济社会高质量发展“双胜利”提供有力的资金保障。

会议听取和审议区政府关于2019年度本级预算执行和其他财政收支的审计工作报告。会议要求，区政府要进一步强化监督意识，突出审计重点，提高审计质量，对审计发现的问题，加强跟踪督查，实行台账管理，确保整改实效。

会议依法通过区人民法院提请的任命，进一步充实了金水区审判工作力量。会议要求，新任命人员要牢固树立“司法为民”理念，依法履行职责，扎实开展工作，为金水打造高品质现代化城区作出新的更大的贡献。

区人民政府副区长赵高翔、区监察委员会副主任刘建伟、区人民法院院长蔡理亮、区人民检察院副检察长梁运芳列席会议。区发展改革和统计局、区财政局、区审计局有关负责人列席会议。

区十三届人大常委会第二十八次会议 9月25日上午，区十三届人大常委会第二十八次会议在区机关一楼西厅会议室举行。会议由区人大常委会主任薛燕主持，区人大常委会领导李贻忠、许贵舟、燕建华、杜艳洁、冯景义、张涛、杨旗及其他常委会组成人员共34人出席会议。

会议深入学习贯彻习近平总书记近期重要讲话精神。会议要求，全区人大工作者要以习近平总书记重要讲话为根本遵循，深入思考依法履职的方式方法，不断提升助推发展、服务为民的工作实效。

会议传达学习市委人大工作会议精神。会议要求，各位常委会组成人员、全区人大工作者要认真学习、深刻领会徐立毅书记的讲话精神，坚持围绕中心、服务大局，开拓创新、履职尽责，推动全区人大工作再上新台阶。人大各街道工委要以市委人大工作会议为契机，严格落实市委书记徐立毅、市人大常委会主任胡荃和区委书记张红伟关于基层人大工作、星级代表联络站创建的具体要求，提高认识，增强责任，明确目标，争创一流，扎实推动星级代表联络站创建工作取得新成效，力争在星级数量、建设质量、活动效果上走在全省前列。

会议听取和审议区政府关于城市管理工作情况的报告。会议要求，区政府及其有关部门要围绕“中优”城市定位，坚持人民至上工作理念，围绕城市管理难点、群众反映热点，健全工作机制，完善推进措施，构建各部门齐抓共管、社会各方共同参与的工作格局，推动金水区城市形象不断提升。

会议听取和审议区政府关于社区矫正工作开展情况的报告。会议要求，区政府及其有关部门要严格贯彻落实《中华人民共和国社区矫正法》等法律法规要求，加强组织领导，创新监管机制，注重宣传教育，强化队伍建设，不断提高社区矫正工作规范化、专业化水平。

会议听取和审议区十三届人大五次会议代表建议办理情况的报告。会议要求，区政府及其有关部门要健全领办制度，明确责任主体，规范办理程序，将建议办理情况纳入目标考核体系，增强承办单位的责任感和使命感，进一步提高办理工作实效。

会议听取和审议区政府关于对外开放招商引资工作情况的报告。会议要求，区政府及其有关部门要深入贯彻落实市委、区委关于高水平对外开放的决策部署，坚持统筹谋划，加强顶层设计，优化营商环境，提升服务水平，吸引更多领军人才、优质企业到金水投资兴业，为金水区经济高质量发展提供有力支撑。

会议听取和审议区政府关于学前教育规范发展工作情况的报告。会议要求，区政府及其有关部门要完善规划，创新理念，强化制度保障，扩大办园规模，加强师资队伍建设，全面提高金水区学前教育质量。

区人民政府常务副区长杨洁、区人民政府副区长赵高翔，区人民政府副区长赵德武、区人民政府副区长闵武杰、区人民政府副县级干部王珂，区监察委员会副主任刘建伟，区人民法院院长蔡理亮，区人民检察院副检察长王水，人大各街道工委主任，区人大常委会各委室副主任，区纪委监察委驻人大常委会机关纪检监察组组长刘丽辉，区政府办、区司法局、区爱卫办、区城管局、区执法大队、区商务局、区教育局有关负责人，以及1名市人大代表，2名区人大代表列席，3名旁听公民列席。

区十三届人大常委会第二十九次会议　11月27日，区十三届人大常委会第二十九次会议在区机关一楼西厅会议室举行。会议由区人大常委会主任薛燕主持，区人大常委会领导李贻忠、许贵舟、燕建华、杜艳洁、冯景义、张涛、杨旗及其他常委会组成人员共36人出席会议。

会议深入学习贯彻传达习近平总书记近期重要讲话精神。会议要求，全区人大工作者要以习近平总书记重要讲话为根本遵循，深入思考依法履职的方式方法，不断提升助推发展、服务为民的工作实效。

会议听取了金水区选举产生的部分市十五届人大代表述职报告并进行了评议。听取和审议区政府关于2019年度本级预算执行和其他财政收支审计查出问题整改情况的报告，区政府关于提请批准调整2020年度财政收支预算的议案，区人民法院行政审判工作情况的报告，区人民检察院刑事执行检察工作情况的报告，区政府关于“关于加强老旧小区改造，提升群众生活品质”的议案办理情况的报告，区政府关于楼宇经济工作情况的报告，区政府关于国家知识产权创意产业试点园区工作情况的报告，区政府关于“关于加大公共卫生服务投入，加快构建与高品质现代化城区相适应的卫生健康体系”的议案办理情况的报告。

会议审议通过关于对2020年度人大代表优秀建议批评和意见进行表扬的通报，关于对2020年度办理代表建议批评和意见先进单位进行表扬的通报，关于对2019—2020年度优秀人大代表进行表扬的通报。会议还研究了人事任免事项。

区人民政府有关领导，区监察委员会1名副主任，区人民法院院长，区人民检察院检察长，区人大常委会各委室副主任，区纪委监察委驻人大常委会机关纪检监察组组长，市人大代表活动小组组长，区创意产业园区、区政府办、区审计局、区财政局、区保障办、区楼宇办、区卫健委3名负责人，区人民法院、区人民检察院2名负责人，以及1名市人大代表，2名区人大代表，3名旁听公民列席会议。

区十三届人大常委会第三十次会议　12月23日上午，区十三届人大常委会第三十次会议在区机关一楼西厅会议室举行。会议由区人大常委会主任薛燕主持，区人大常委会领导李贻忠、许贵舟、燕建华、杜艳洁、冯景义、张涛、杨旗及其他常委会组成人员共32人出席会议。

会议传达学习习近平总书记在中共中央政治局会议和中央经济工作会议上的重要讲话精神。会议要求，各位常委会组成人员、全区人大工作者要切实把思想和行动统一到习近平总书记重要讲话精神上来，深入贯彻落实中央和省、市、区委重大决策部署，充分发挥人大作用，认真履行法定职权，为全区经济社会高质量发展作出新的更大的贡献。

会议依法补选张涛为金水区出席郑州市第十五届人民代表大会代表。

【人大常委会主任会议】　区十三届人大常委会第三十六次主任会议　4月22日上午，区人大常委会主任薛燕在区机关1320会议室主持召开区十三届人大常委会第三十六次主任会议。区人大常委会领导李贻忠、许贵舟、燕建华、杜艳洁、冯景义、张涛、杨旗出席会议。机关各委、室负责人列席会议。会议决定于2020年4月28日召开区十三届人大常委会第二十五次会议，建议议题共三项：一是传达学习习近平总书记在二十国集团领导人特别峰会上的重要讲话、在《求是》杂志发表的有关文章精神、4月8日中共中央政治局常务委员会议、4月17日中共中央政治局会议精神；二是审议通过区人大常委会2020年重点工作（草案）；三是听取和审议金水区人大常委会主任会议关于确定2020年度向区人大常委会述职并接受评议的金水区选举产生的郑州市十五届人大代表的议案。会议同时听取了以上建议议题的筹备情况汇报。

区十三届人大常委会第三十九次主任会议　7月22日，区人大常委会主任薛燕主持召开区十三届人大常委会第三十九次主任会议。区人大常委会领导李贻忠、许贵舟、燕建华、杜艳洁、冯景义、张涛、杨旗出席会议。机关各委、室负责人列席会议。会议深入学习了习近平总书记近期重要讲话精神和中央政治局常委会会议精神。会议要求，机关全体要进一步认真学习、深刻领会，坚持统筹兼顾、学用结合、务求实效，推动全区人大工作不断取得新进展。会议听取和审议了区政府关于黄河、内河、城市防汛工作情况的报告。会议要求，区政府要认真贯彻落实习近平总书记关于防汛救灾的重要指示批示精神，全力以赴抓好防汛工作。会议决定于7月29日上午8:40召开区十三届人大常委会第二十七次会议，建议议题共六项：一是传达学习习近平总书记近期重要讲话精神和中央政治局常委会会议精神；二是听取和审议区政府关于提请批准2020年政府投资项目年度计划的议案；三是听取和审议区政府关于2020年上半年国民经济和社会发展计划执行情况的报告；四是听取和审议区政府关于2019年度财政决算和2020年上半年财政收支预算执行情况的报告；五是听取和审议区政府关于2019年度本级预算执行和其他财政收支的审计工作报告；六是人事任免事项。会议同时听取了以上建议议题的筹备情况汇报。会议听取了2020年度民生实事项目人大代表各专项监督小组监督工作进展情况的汇报。会议最后，对近期人大工作和党风廉政建设进行了安排部署。

（撰稿：韩　聪　审阅：臧跃鹏）

综　述

【概况】　2020年地区生产总值突破1800亿元，实现地方一般公共预算收入122亿元，完成社会消费品零售总额979.4亿元，城镇居民人均可支配收入突破5万元，被评为全国营商环境百强区第15位、全国高质量发展百强区第26位、全国竞争力指数百强区第46位，并入选中国最具投资价值区域百强榜。

自新型冠状病毒疫情发生以来，区政务服务办公室党组以最大限度凝聚防控合力，切实为打赢疫情防控阻击战提供有力保障。始终把群众的安全放在首位，走进群众最需要的地方去，对5个楼院进行了严格疫情防控卡点工作，发挥着党员干部战斗堡垒和先锋模范作用，争分夺秒做好疫情监测、排查、防控等工作，严格落实逢进必查，严格登记、核实信息、测量体温，重要区域实施闭环管理，对聚集性扩散的严防死守，对从重点地区返回郑州的人员采取必要措施，对居民身体健康予以密切关注，对居家的生活情况予以关心帮助。

【新冠肺炎疫情防控】　坚决以最快速度全面遏制疫情蔓延。坚决贯彻习近平总书记重要讲话指示精神和中央、省市决策部署，腊月二十七成立疫情防控指挥部，大年初一全面执行Ⅰ级响应，火速集结4.8万余名群防群控力量，一线组建2115个防控专班，迅速形成了“以楼院保社区、以社区保城区、以城区保城市”链条防控体系，坚决以最硬举措守护群众生命安康。始终突出人民至上、生命至上，率先设置7个集中隔离点，规范提升34家发热门诊（诊室），建成12个PCR实验室，高效排查328.4万人次，真正做到排查零遗漏、管控无死角。始终突出“大数据+网格化”方式，优化进口冷链食品监管、机场健康关爱等专班，抓牢“点到点”“门到门”闭环管控，44万名返校师生零感染、境外输入病例零扩散，筑牢了“外防输入、内防反弹”的钢铁长城。

坚决以最强担当融入服务抗疫大局。辖区5.34万名医务工作者争当急先锋，156名医疗队员勇做逆行人，7300余名党员干部和3000余名公安民警、辅警甘当“守门人”，3.8万名社区工作者和志愿者擦亮“志愿红”，快递小哥、环卫工人和物业管理人员倾情奉献，各行各业劳动者服从大局、守望相助、共克时艰，150余万名金水人民共同奏响了铿锵有力的“抗疫英雄曲”，更涌现出了一大批以樊树锋、牛书庚为代表的先进典型，用生命和汗水诠释了新时代金水人的无畏担当和家国情怀！

面对严峻的防控形势，区政府办公室第一时间按照区委、区政府统一安排，抽调22名精干力量参与区指挥部工作，选派30名党员干部下沉街道开展社区防控，推动区疫情防控指挥部迅速建立“联动指挥、专责防控、推进落实、链条处置、联防联控、协调保障”六个工作体系。进入常态化防控后，督促市场监管、教育等部门落实“外防输入、内防反弹”防控策略，服务支持进口冷链食品监管、机场健康关爱等专班工作，确保境外输入病例零扩散。牵头制定“金水十条”和为民造福若干措施，督促指导区金融办等职能委局常态化开展“三送一强”“一联三帮”，在全市率先开展线上银企对接会，为企业协调提供资金支持509.3亿元，推动企业商户有序复工、逐步达产，成功稳住经济社会发展基本盘。

【高质量发展】 经济运行展现强劲韧性。扎实开展“四比四看”活动，实施新基建项目19个，新开工重大项目41个，214个省、市、区重大项目完成投资738.7亿元，创历年新高。深入开展“炫彩金水”等促消费活动，发放消费券2000万元，启动河南直播经济总部基地，网络消费、夜经济成为新的增长点。新增市场主体4.2万户，同比增长18.6%，市场主体总量达到26万户，占全省的1/30，成为金水经济行稳致远的最强信心。

产业发展实现量质齐升。软件信息、互联网服务营业收入分别增长11.3%、60%，带动数字经济相关产业营业收入增长11%、现代服务业增加值达到1230亿元。引进“数说安全”等信息安全企业74家，信息安全产业纳入全省十大千亿级新兴产业集群，3家企业代表河南亮相第三届数字中国建设峰会，信大捷安推出全球首款符合5G-V2X要求的智能交通安全芯片。以“四个三”工作为抓手，推动农科路酒吧街、正弘城等街区商圈成为全市时尚消费地，培育未来大厦“现代金融”等特色楼宇5幢，税收超亿元楼宇达到13幢，获评中国楼宇经济领军发展城区。

【改革创新】 市场活力全面激发。万余平方米的政务服务新大厅全面投用，1263项政务服务事项集中入驻，1067个事项实现“最多只跑一次”，工程建设项目区级审批时限压缩50%以上，率先在市内六区实现企业开办“一次办成”。全力推动“小转规、企升高、股上市”，新增“四上”企业226家、科技型企业419家、高新技术企业229家；大山教育在港交所挂牌上市，中原股权交易中心挂牌企业达到819家，位居全省第一，中国创客领袖大会暨“双12”创客节等重大活动成功举办，获评国家双创示范基地。

创新高地加速崛起。金水科教园区入选国家网络安全“高精尖”技术创新平台，3家企业入选国家网络安全技术应用试点示范项目，推动全区研发机构、双创载体分别达到358家、62家，占全市的18.2%和20%，带动全社会研发投入增长61.6%。河南科技园区迈出由“电子卖场”向“创新创业街区”转型的关键一步。国家知识产权创意产业试点园区成功发行全国首支知识产权信托产品“创意1号”和全省首笔“知识产权创新券”，建成运营全省第一家知识产权运营中心，有效助力“金水智造”加速产业化。

开放通道持续拓展。并联运行海外仓突破30万平方米，28个境外办事处覆盖五大洲、18个主要贸易国家地区，外贸物流仓储成本最高可降40%，包裹最快1天送达海外买家。自贸区新落户跨境电商企业25家，新增外贸实绩企业60家，跨境电商交易额和外贸进出口分别达到91.6亿元、109亿元。新签约科大讯飞等产业项目69个、总签约金额301亿元，其中亿元以上项目24个，实现数量、质量双提升。

【城区品质】 城区功能更趋完善。围绕“三项工程、一项管理”，入地改造高压和强弱电92.4

公里，优化公交港湾37个，未来路等4条主干道和经七路等43条支路背街实现“点、线、面”系统升级。轨道交通6、7、8号线征迁任务大头落地，新建成通车道路17条，尤其是成功打通红专路（经五路—经七路段）断头路，顺利拓展农业路高架经三路下口地面道路，拖延多年的历史遗留难题成功解决。

城区风貌更有魅力。实施改造老旧小区277个，安装充电桩2.14万个，增加公共服务用房106处，83个无主管楼院纳入专业物业管理服务，工人新村、园田路3号院改造成效被新华社、《人民日报》、中央电视台接连报道。抓好城乡接合部常态化整治，完成工程类项目46个，黑臭水体、垃圾乱堆等乱象基本消除。创建优秀以上路段395条，整治窨井1022座，规范施工围挡53.6万平方米，圆满完成金鸡百花电影节和国家网络安全宣传周服务保障任务。

城区生态更加优质。21家涉气企业完成绿色原料源头替代，133台燃气锅炉实现低氮改造，280家大型餐饮服务场所被纳入智慧化监管，1746辆国三及以下排放标准营运柴油货车顺利淘汰，$PM_{2.5}$浓度连续5个月达到国家空气质量二级标准，优良天数达到227天、增加57天。石沟完成河道和沿岸绿化综合治理，高速及铁路沿线绿化提升全面完工，建成公园游园微景观107处，新增绿地133万平方米，“金水蓝”与“生态绿”成为城区亮丽底色。

【社会事业】 民生实事扎实推进。坚持将保障和改善民生作为财政支出的优先方向，民生支出在收支压力极大的形势下达到60.8亿元、同比增长16%。发放创业担保贷款2.16亿元，新增城镇就业3.46万人，“零就业家庭”动态为零。建成安置房88.2万平方米，网签安置房1.17万套，杓袁等5个项目顺利回迁。新增公共停车泊位8260个，444座公厕达到二类以上标准。发放救助资金6255万元，“慈善日”募集善款9160万元，积极助力脱贫攻坚，对口帮扶的卢氏县官道口镇、杜关镇顺利脱贫摘帽。

社会事业蓬勃发展。以“五个一”工程为统揽，新投用中小学5所、公办幼儿园9所，区属中小学全部实现午餐供餐和课后延时服务；7所学校获评全省首批人工智能教育实验校，成功入选国家级信息化教学实验区。新增养老服务设施22个，获评全国智慧健康养老示范基地。新建社区卫生服务中心（站）23个，金水区总医院创成全市首家区级二级甲等医院。新建博物馆3家、社会足球场地28个，建成城市书房7个，举办文化活动372场，群众生活更丰富、更多彩。

社会治理不断深化。扎实开展安全生产专项整治三年行动，交通运输等行业203家规模以上重点企业完成安全生产双重预防体系建设，“三分钟应急救援圈”做法得到应急管理部的充分认可。加强食品安全全过程监管，新建、提升改造高标准农贸市场8家，常态化抽检食品68.9万批次，成功创建省级食品安全示范区。深化矛盾纠纷多元化解机制，纵深推进扫黑除恶专项斗争，群众安全感更有保障。

【信息调研工作】 深化信息服务，紧紧围绕市委、市政府和区委、区政府工作重点，编写《政府工作》《专报信息》29期，编发区级政务信息1707篇，上报省市政务信息914篇。突出高质量发展主题，指导编制《金水区国民经济和社会发展第十四个五年规划和二〇三五年远景目标纲要》，形成《金水区高质量发展三年行动计划研究》等一系列调研成果。

【督查工作】 围绕重点工作抓落实。认真梳理分解省市区政府工作报告重点任务，对群众关心的热点、难点问题进行专项督查18次，精准推动246项政府工作报告分解任务全部完成，助力金水在2020年国务院督查激励中成功入选“大力培育发展战略性新兴产业、产业特色优势明显、技术创新能力较强、产业基础雄厚的地方”，成为全市唯一一个受到国家督查激励的县（区），也是全省唯一一个战略性新兴产业受到国家督查激励的县（区）。围绕重大事项抓落实。抓好全区重要会议及文件精神的贯彻落实和领导批示的跟踪督查，及时掌握落实情况，开展各项综合类督查20余次，对上级转办的14个问题线索、17次督查通知全部回复落实。围绕民生实事抓落实。主动担负起在全市率先探索“民生实事项目人大代表票决制”的政治责任，以清单化方式将民生实事项目进行细化定责，实行牵头领导、实施主体、协办单位、承办人员、工作标准、时间节点“六清六定”清单管理，有效推动省区市37项民生实事全部保质保量按期办结。

【电子政务】 政务公开取得新成效。深化“互联网+政务服务”，全面推进基层政务公开标准化规范化建设，发布政务信息12151条，依申请公开165条、办理答复165条，切实做到“掌握群众之需，回应群众所急”。

【议案提案办理】 突出提高建议提案落实率、满意率，组织代表委员面商面签活动4次，召开疑难问题协调会6次，推动309件建议提案全部办理完毕。

【法治政府建设】 依法行政开创新局面。树牢法治思维，不断健全完善法律顾问制度，办理行政复议案件69件、行政诉讼案件421起和行政复议应诉案件14起，全力实现案结事了、矛盾化解。

（撰稿：杨鑫磊　审阅：宋振永）

区政府重要会议

【根治欠薪冬季攻坚行动工作推进会】 1月4日下午，区长魏东在区政府712会议室主持召开根治欠薪冬季攻坚行动工作推进会。区领导卢书选、杨洁、赵德武、竟新宇出席会议。区政府办、人社局、住建局、教体局、发改统计局、各街道办事处、辖区各公安分局主要负责人参加会议。会上，区人社局、住建局主要负责人分别就清欠工作进行表态发言；区委常委、区政府常委副区长杨洁传达了全市根治欠薪推进工作会议精神，通报了金水区欠薪工作进度情况，并就打赢“根治欠薪冬季攻坚行动”，确保“两个清零”工作进行安排部署；区长魏东讲话。

【高品质推进城区建设工作电视电话会议】 3月28日下午，区长魏东在区机关一楼东厅主持召开高品质推进城区建设工作电视电话会议。区领导李伟革、杨洁、时博、李小虎、赵高翔、竟新宇、张川、闵武杰、何守华、许忠出席会议。区直各相关部门主要负责人在主会场参加会议，各街道党政正职及分管副职在分会场参加会议。会上，区住建局、保障办、人民路、未来路街道办事处分别作表态发言；区委副书记李伟革就全区高品质推进城区建设工作进行安排部署；区长魏东讲话。

【全区初中三年级复学工作会议】 4月8日上午，全区在区机关一楼东厅会议室召开全区初中三年级复学工作会议。区长魏东，区委常委、宣传部部长杨林，区政府领导王珂出席会议。区教育防控部成员、各街道办事处主要负责人和辖区各初中校长参加会议。会上，区委常委、宣传部部长杨林对初中三年级复学工作进行了安排部署；区长魏东讲话；区政府领导王珂对贯彻落实会议精神提出了具体要求。

【轨道交通征收工作推进会】 4月8日下午，区长魏东在区政府712会议室主持召开轨道交通6、7、8号线（金水区）征收工作推进会。区政府领导许忠出席会议。区政府办、征收办、自然资源局、市轨道公司和东风路、文化路、丰产路、丰庆路、凤凰台、大石桥街道办事处主要负责人参加会议。会上，区征收办、自然资源局、各相关街道办事处依次汇报了工作推进中出现的问题；市轨道公司深入分析并现场协调了当前存在的问题；区政府领导许忠对下步工作进行了安排部署；区长魏东讲话。

【全区城市管理工作会议】 4月

13日上午，区长魏东在区政府301会议室主持召开全区城市管理工作会议。区委副书记李伟革、区政府副区长闵武杰出席会议。区政府办、城管局、执法局、住建局、爱卫办、保障办、交警一大队、交警四大队、交警五大队和各街道办事处主要负责人参加会议。会上，李伟革传达了省委常委、市委书记徐立毅调研城市管理工作的指示精神；闵武杰通报了2019年“全城清洁”行动开展情况，安排部署了下一步工作；区长魏东讲话。

【全区安全生产和消防工作会议暨2020年全区安委会第一次全体（扩大）会议】 4月13日下午，全区在区机关一楼东厅组织收听收看2020年市安委会第一次全体（扩大）电视电话会议。会议结束后，全区立即召开全区安全生产和消防工作会议暨2020年全区安委会第一次全体（扩大）会议，总结了2019年全区安全生产和消防工作情况，安排部署了2020年工作。区政府副县级以上领导出席会议。各街道办事处，区安委会、防火委员会成员单位主要负责人参加会议。

【2020年重大项目储备和专项债券申报工作会议】 4月20日上午，区长魏东在区机关一楼东厅主持召开2020年重大项目储备和专项债券申报工作会议。区委常委、区政府常务副区长杨洁，区政府副区长竟新宇出席会议。区直各相关部门、各街道办事处主要负责人参加会议。会上，区发改统计局通报了2020年重大项目储备和专项债券申报工作要求；区委常委、区政府常务副区长杨洁对下步工作进行了安排部署；区长魏东讲话。

【2020年环境污染防治攻坚战动员视频会】 4月21日下午，全区在区机关一楼东厅召开2020年环境污染防治攻坚战动员视频会。区领导魏东、李伟革、杨洁、许贵舟、杨旗、赵高翔、赵德武、竟新宇、张川、闵武杰、徐建军、潘杰昌、何守华、王珂、许忠、江涛、毛国安出席会议。区直各相关部门、各街道办事处主要负责人分别在主会场和分会场参加会议。会上，区政府副区长闵武杰全面总结了2019年环境污染防治工作，安排部署了2020年环境污染防治工作；区委副书记李伟革就如何做好下一步工作提出具体要求；区长魏东讲话。

【城乡规划土地委员会会议】 4月22日上午，区长魏东在区政府712会议室主持召开城乡规划土地委员会会议。区领导魏东、周学军、竟新宇、张川、张双喜、何守华出席会议。区政府办、自然资源局、城改办、开发公司、相关街道办事处主要负责人参加会议。在分别听取了各部门关于大孟砦、姜砦、大铺城中村改造项目进展情况及存在问题汇报后，与会人员针对项目存在问题进行分析研究，并提出解决方案。

【“三项工程　一项管理”专项工作推进会】 4月28日下午，区长魏东在区机关301会议室主持召开“三项工程　一项管理”专项工作推进会。区领导李伟革、竟新宇、闵武杰、何守华出席会议。区直各相关部门、各街道办事处主要负责人参加会议。在深入传达了市级相关会议精神，安排部署了近期全区“三项工程　一项管理”专项工作后，魏东强调：各级各部门要严格按照中央省市“六稳”“六保”工作部署，把项目建设作为稳定经济运行、提高城市综合承载力的主抓手，支撑带动高品质城市建设提速增效，为打造高品质现代化城区提供坚实支撑。

【全区经济运行分析会】 6月22日下午，区长魏东在区政府712会议室召开全区经济运行分析会。区委常委、区政府常务副区长杨洁，区政协副主席王浩，创意园区管委会副主任刘运泽、崔文修出席会议。区发改统计局、财政局、工信局、商务局、住建局、自然资源和规划分局、农委、城改办、保障办、税务局和各街道办事处主要负责人参加会议。会上，区发改统计局、财政局、工信局、商务局、住建局、自然资源和规划分局、农委、城改办、保障办、税务局依次汇报了1—5月工作开展情况、上半年转正目标分析存在问题和下步工作安排；科教园区、创意园区、科技园区分别汇报了重点项目进展情况、推进措施和预期完成量；部分街道办事处汇报了辖区主要经济指标完成情况、上半年转正目标分析存在问题和下一步工作安排；区委常委、区政府常务副区长杨洁对全区经济工作提出了具体要求；区长魏东讲话。

【金水区9月份经济运行工作会】 10月9日下午，区长魏东召开金水区9月份经济运行工作会。区领导杨洁、王浩、刘运泽、崔文修出席会议。区直相关部门、各街道办事处主要负责人参加会议。会议听取区直相关部门关于金水区2020年三季度经济运行工作汇报，分析研判当前经济形势；区委常委、区政府常务副区长杨洁安排部署了下一阶段经济工作重点任务；区长魏东讲话。

【10月份经济运行分析会】 10月30日下午，区长魏东主持召开10月份经济运行分析会。区领导杨洁、王浩、刘运泽、崔文修出席会议。区直相关部门、各街道办事处主要负责人参加会议。会议传达了全市经济运行分析会议精神和相关工作要求，通报金水区前三季度经济运行情况，分析了存在的问题，明确了下步工作重点。魏东讲话。

【区政府党组（扩大）会议】 11月4日下午，区政府召开党组（扩大）会议，传达学习贯彻党的十九届五中全会精神，安排部署全区政府系统学习贯彻落实工作。区政府党组书记、区长魏东主持会议并讲话。区政府领导杨洁、高国全、赵高翔、赵德武、张川、闵武杰、吴怀广、何守华、王珂、许忠、毛国安、杨宇峰出席或列席会议。会议指出，全区政府系统要从全面建设中国特色社会主义现代化国家和实现中华民族伟大复兴的战略高度，深刻认识五中全会的重大现实意义和深远历史意义，深入学习宣传贯彻五中全会精神，切实增强思想自觉、政治自觉和行动自觉。

【2020年环境污染防治攻坚战第12次调度会】 12月7日下午，金水区召开2020年环境污染防治攻坚战第12次调度会。区政府领导魏东、杨洁、闵武杰、潘杰昌出席会议。区直相关部门、金水公安分局主要负责人，各街道办事处主要负责人、分管副职参加会议。会上，$PM_{2.5}$专家组分析汇报了全区空气质量和排名情况；区政府副区长闵武杰传达12月4日省委常委、市委书记徐立毅调研全市大气污染防治工作时的重要讲话精神和12月6日全市环境污染攻坚战第17次调度会精神，通报近期督查问题情况；区委常委、区政府常务副区长杨洁就做好金水区大气污染防治工作提出具体要求；区长魏东讲话。

政务服务

【概况】 区政务服务办公室是区人民政府工作部门，所属事业单位为金水区政务服务中心，位于郑州市金水区市民中心便民服务中心A座，办公面积约1万平方米。

【“一网通办，一次办成”改革】 2020年出台《金水区进一步推进“一网通办，一次办成”政务服务改革工作实施方案》，成立一件事工作专班，完成商事登记、教育民生、工程建设领域主题“一件事”服务事项35项的“一张联办申请表、一张事项要素表、一个并联审批流程图”的标准化制定，设立主题“一件事”线下服务专区；梳理了个人办事、企业办事高频事项311项，全部实现“网上办”。

【“金小二”服务品牌】 2020年4月组建金水区“金小二”帮办代办队伍，制定《金水区“金小二”政务服务帮办代办制度》《金水区“金小二”帮办代办服务文明用语规范》等系列制度，无偿为企业群众提供专业业务咨询、操作指导、流程指引、资料填写等“一对一保姆式”服务，正式推出主题“一件事”并联审批套餐式服务，尤其是在“企业（个体）开办”中

金水区政务服务办事大厅“肩并肩”辅导专区　（区政务服务办公室/供图）

实现了营业执照申请领取、刻制公章、银行开户、社保登记、税务登记全流程办理，由原来的跑多个部门，2个工作日压缩至进一扇门、0.5个工作日办结，在市内五区率先实现企业（个体）营业执照现场“一次办成”，同时推出通过“政银”合作形式，由银行对刻章服务进行免单，累计为近1300家企业（个体）服务。

【多样化便利服务】　2020年，政务服务大厅共受理各类审批服务事项78000件，按时办结率100%。积极开展证明事项清理。进一步解决企业群众办证多、办事繁、办事难等问题，组织有关区直部门，对照部门“四级四同”事项目录，逐项梳理，初步保留证明事项34项，取消繁文缛节和不必要证明事项86项。

持续开展“周末不打烊”行动。在常态化疫情防控下持续开展“周末不打烊”延时服务，持续实现区综合政务服务大厅、社保大厅、不动产大厅、出入境接待大厅、交警一大队、交警五大队服务大厅涉及五大类民生事项在双休日可办理，共办理事项33400件。持续推进更多民生事项“就近办”。

2020年，梳理第一批60项基层政务服务事项，在17个街道、162个社区进行办理，并牵头推进社保业务下沉街道便民服务中心，30天内就实现37项社保业务在全区所有街道的“就近办”，累计受理办结各类社保业务近2万件。

（撰稿：许云飞　审阅：李书乐）

机关事务管理

【概况】　郑州市金水区直属机关事务管理局（以下简称区事管局）是区级机关后勤事务管理职能部门。2020年，区事管局先后被郑州市文明委评为“重大活动先进志愿服务组织”；被中央文明委复查确认继续保留“全国文明单位”荣誉称号；被国家机关事务管理局、国家发展改革委、财政部评为“全国2019—2020年节约型公共机构示范单位”。

2020年，区事管局始终坚持以习近平新时代中国特色社会主义思想武装头脑、指导实践、推动工作；同时借助“学习强国”APP媒体平台，全面深入开展意识形态教育。以高度的政治责任感助力脱贫攻坚决战决胜。按照区委区政府的任务分解要求，对接登封市大冶镇松华村、大石桥街道办事处市政社区和兴达路街道办事处马渡村开展困难党员、群众帮扶活动，推动精准扶贫、精准脱贫，确保见到扶贫实效。落实“三会一课”制度，加强党员教育管理。截至年底，区事管局组织集中学习57次，开展主题党课2次，观看《国家监察》《人民的宪法》等警示教育片和《时代楷模和平方舟号》《心律》等爱国主义教育影片20余次，组织局全体党员干部职工参加志愿献血、慈善日捐款、文明志愿服务和结对帮扶等活动6次，到豫西抗日英雄纪念馆接受实地红色主题教育1次。

做好区直机关办公区域疫情防控保障工作。迅速成立疫情防控工作领导小组，并研究制定了《金水区机关“新型冠状病毒”防控工作应急预案》。通过工作预案对区直机关办公区域5个大项、20个小项防控工作进行具体分解量化，采取目标化管理、项目化推进、台账化执行疫情防控工作。做好区直机关干部职工下沉社区工作。全局干部职工积极响应区委、区政府号召，先后组织20余名志愿者下沉未来路街道办事处名门世家、金色港湾、民航路等社区。疫情防控期间，区事管局先后被下沉楼院群众授予锦旗1面，被“学习强国”APP平台和《中国机关后勤》杂志置顶表彰1次，被《郑州日报》专题报道1次。落实机关常态化疫情防控主体责任。严格落实出入机关人员管理制度和电梯间、门把手、开水间等公共区域每2小时一次消杀制度，持续投放疫情防控公益广告。

【精神文明建设】 2020年是区事管局创建全国文明单位复检之年。自2020年6月中旬接到测评标准后，区事管局立足新起点，把握新要求，调整完善全国文明单位创建工作实施方案和工作要点，扎实推进精神文明建设各项工作，成立机关精神文明宣传组、机关卫生检查评比组、文字材料档案组、网络文明宣传组等多个专项工作组，形成分工明确、各司其职、组织有序、上下联动的精神文明工作网络，为全国文明单位创建工作提供了坚强的组织保障。2020年11月20日，区事管局顺利通过全国文明单位考核组检查验收，为区委、区政府保持了国家荣誉。

【办公用房、公务用车管理】 公务用房方面，按照国家机关事务管理局要求对全区所有办公区域进行统计测量，通过1个月的时间摸清了金水区现有办公用房真实现状，全部纳入办公用房信息化管理系统，实现动态化管理。同时以防范腐败风险、整治违法行为为目的对金水区房产出租、租赁等行为开展清理整治，排查出全区17家单位租赁酒店、宾馆作为办公地点。之后对在外租赁办公用房单位进行整合，每年为财政节约资金2600余万元。公务用车方面，研究起草《金水区党政机关公务用车管理暂行办法》《金水区公务出行租赁社会车辆暂行管理办法》《金水区公务用车问题车辆专项治理方案》，做到超编冻结、缺编严审、标准严控。截至年底，金水区无超编超标配备公务用车情况。2020年加大对公务用车的管理力度，重新对全区公务用车进行摸底清查，按照国家政策要求，录入公务用车管理系统进行统一管控，在节假日前夕，对全区公务用车标识及定位系统开展集中检查，确保公务用车的违规违纪问题得到有效遏制。

【公共机构节能建设】 2020年6月，区事管局利用公共机构节能宣传周，开展了以“绿水青山、节能增效”为主题的宣传活动，通过签名响应、参观展板、专家宣讲、发放宣传单、赠送环保垃圾袋的形式，提升全区职工气候变化意识，强化低碳行动力度，积极推进全区公共机构节能工作的进一步落实。同时大力响应郑州市节能办号召，加紧推进“节约型公共机构示范单位”创建工作。截至年底，区事管局已通过国家节能示范单位三审检查验收，同时组织23家公共机构申报创建“节约型公共机构示范单位”，最终全部审验通过。

【机关后勤保障建设】 坚持物业公司定时巡查、责任科室定期检查、领导班子随机督查工作机制，

12月23日，郑州市党政机关公务用车管理实施办法征求意见座谈会在金水区举行
（区事管局/供图）

组织专人每季度向区直各单位征求服务意见，推进服务满意率提升；坚持“安全第一、预防为主”安全生产理念，邀请消防大队对区机关开展消防隐患排查，定期开展消防演练，推进安全生产措施提升。依托全国第32个“爱卫月”，结合2020年新冠肺炎疫情防控实际情况，开展“防疫有我，爱卫同行”专项行动。充分利用微信、横幅标语、LED屏、公示栏、文化长廊对爱卫月活动进行宣传发动。实施“拒绝烟草危害，共建无烟金水”控烟行动，深入推进实施控烟行动。加强宣传倡导，通过媒体宣传、专家宣讲、公益广告等途径，广泛宣传烟草危害。加强无烟环境建设，全区无烟覆盖率达到100%。坚持绿、亮、净、美、畅环境工作目标，对破损的人行步道、绿化侧石进行修复，适时补种枯萎绿植，持续更新机关文化长廊宣传版面，推进机关环境整治提升。

（撰稿：李一曼　审阅：张　旗）

政府采购

【概况】　2020年，金水区政府采购中心共接到采购项目54项，政府投资预算总金额为9803.02万元，已完成45项，实际采购金额为7525.56万元，节约政府资金349.5万元，资金节约率为4.4%。共向各大相关媒体网站发布采购信息500余条。采购范围涉及办公设备、办公家具、政务网升级、规划编制、汽车租赁、档案数字化、智慧党建、印刷服务、物业服务等各类货物和服务。

新冠肺炎疫情发生以来，金水区政府采购中心领导班子充分认识疫情防控的严峻形势和艰巨任务，部署安排全员提前结束春节假期，迅速返岗。区采购中心包含7名党员在内的10名工作人员，分组每天下沉南阳路街道办事处晖达社区、郑纺机社区协助开展疫情防控，历时50余天。面对当前疫情防控形势的复杂性和严峻性，区采购中心始终牢记做好疫情防控这个大前提，持续抓好疫情常态化防控工作，扎实落实各项防控举措。

6月24日，区事管局开展公共机构节能宣传周活动　（区事管局/供图）

【“互联网+政府采购”】　2020年，按照上级要求，金水区政府采购项目全部进入郑州市公共资源交易中心交易。区采购中心多方协调、克服困难，积极与郑州市公共资源交易中心沟通对接，深入推进采购项目全过程电子化，建立标准化交易规则和交易业务操作流程，实行统一规范的交易业务受理制度，加快实现“互联网+政府采购”。保证采购项目在落实采购政策、优化采购程序、信息透明等方面的规范实施，大幅度降低供应商参与政府采购活动的交易成本，保护中小企业等市场主体。

【政采营商环境优化】　按照中央、省、市、区政策要求，继续深化“放管服”改革，强化政府采购政策功能落实，规范政府采购行为，以信息化手段为支撑，进一步优化流程、完善功能，推进政府采购规范高效运作，采购中心作为区营商环境评价工作责任分工配合单位，力争政府采购单项指标评价结果进入全省前列，助力金水区打造市场化、国际化、法治化、便利化营商环境。

【政策落实】 面对疫情形势，采购中心将送政策送服务送要素强信心“三送一强”政策，贯穿政府采购工作当中。积极落实各项惠企政策发挥政采职能，通过各项惠企政策落实落地，扎实做好“六稳”工作，落实“六保”任务。加强政府采购活动中信用建设，贯彻落实财政部政府采购活动中查询及使用信用记录政策要求，积极推进政府采购领域联合惩戒工作。加大信息公开力度，严格执行财政部研究制定的《政府采购公告和公示信息格式规范（2020年版）》规范政府采购公告和公示信息发布行为，提高政府采购活动透明度。

【内部监督管理】 金水区是全省甚至全国落实政府采购“管采分离”制度改革先行区域，政府采购工作一直走在省、市前沿，区政府采购中心作为金水区政府采购项目集中采购机构，一直以来高标定位，积极主动探索政府采购领域制度改革方向，通过不断积累采购经验加强自身建设，在“管采分离”“公共资源交易平台整合”等政府采购制度改革中，最大体现了集采机构的职能优势，推动金水区政府采购工作持续领跑领先。加强采购队伍业务能力建设，不仅聘用专业技术人员，与原有采购人员融合交流提升，还通过开展定期培训、系统内不同区域业务交流等方式，取长补短，不断提升政府采购队伍业务水平。严格政府采购流程规范，不断完善采购文件范本，严格执行项目双人负责制，采购文件制定和信息发布实行三级审核制，重大项目必须经专家论证，从各个环节保障所有项目廉洁高效。加强监督管理，项目实施前采购人、采购中心、评审专家、供应商均需签订廉洁自律承诺书，项目实施期间实行双人负责制，提升项目运作规范化、精准化水平，全力维护公平公正公开的政府采购市场秩序。

（撰稿：董小霞　审阅：岳　娜）

接待工作

【概况】 金水区接待办公室为区政府直属事业单位。2020年，先后接待郑州市综合考评领导小组、郑州市委考核组、郑州市委组织部干部考察组、国家农民工工作督察第三督察组、科大讯飞股份有限公司、“十四五”规划编制上海专家团队、四川省自贡市人大、广东省清远市人大等各类政务、商务考察团。

【会务保障】 2020年，圆满完成区两会及8、9月重点工作现场观摩会的服务保障工作，保障了“网安周”“第35届金鸡百花奖”“500强企业高峰论坛”“美丽郑州　炫舞世界WDG第八届中国（郑州）街舞大赛总决赛”的嘉宾接待工作，全面展示了金水区“在中原更加出彩中率先全面出彩、在中部崛起中率先全面崛起，在全市全省发展中争当排头兵”的城区新形象，为金水区进一步扩大对外开放和招商引资作出了应有的贡献。

【新冠肺炎疫情防控】 新冠肺炎疫情发生以来，全体人员在岗在位，并抽调单位三分之二人员下沉到社区参加疫情防控工作。入户排查走访，对所有从湖北地区及外地市返回郑州人员以及与武汉返回郑州人员有接触史的进行细致的摸底排查，对排查出的重点人群及其亲密接触者进行登记备案。建立专班，做好卡点值守工作。接待办值守卡点海燕花苑小区，在卡点值守期间，下沉人员坚持早8晚7工作制度，对进出小区人员进行信息登记、扫码、测温，宣传疫情防控政策、知识等，严把小区“大门关”。对高风险地区外地市返回郑州人员进行隔离监控，与某签订隔离承诺书，张贴封条，分送生活物资、快递外卖等。值守期间，共隔离高风险地区返回郑州人员46名。

（撰稿：杨　翠　审阅：赵灵妮）

2月，区接待办工作人员对进出小区人员测量体温　　（区接待办/供图）

金融服务

【概况】　金水区人民政府金融服务办公室加挂地方金融监督管理局牌子，隶属区人民政府办公室，具体承担辖区金融方面职责。2020年，全区上市公司5家，其中，境内上市企业3家，境外上市企业2家，境内上市在审企业1家，境外上市在审企业1家。“新三板”挂牌企业25家，中原股权交易中心挂牌企业893家，位居全省第一。

【服务实体经济】　2020年，受新冠疫情影响，辖区诸多企业现金流出现问题，为帮助企业抗击疫情、复工复产，从四个方面入手，缓解企业资金难题，降低企业融资成本，保障企业稳定运营。强化政策落实。出台了《金水区关于统筹推进疫情防控和经济社会发展工作的若干措施》，对符合《郑州市关于应对新型冠状病毒肺炎疫情促进经济平稳健康发展的若干举措》文件规定享受市级财政贴息的辖区企业，在享受市级财政贴息基础上，区财政再给予市级财政贴息总额50%的补助。协同推进资金供需双方复工复产。一方面根据金融机构与民生经济的关联程度，按照银行、保险、证券、期货的顺序，有序推进各类金融机构复工，为企业复工复产提供金融服务保障。另一方面，联合区科技局、区自贸办等多家单位梳理企业资金需求，通过线上、线下两种模式，加速银企对接。2020年全年为4181家企业帮助贷款453.93亿元。督促银行加大信贷扶持力度。鼓励倡导各银行通过贷款展期、无还本续贷、延迟还款期限等方式帮助确有困难的企业渡过难关，对因疫情原因导致贷款逾期或欠息的中小企业的逾欠情况不计入征信，同时，梳理银行纾困产品，并通过“金水发布”公众号进行宣传，有效解决银企之间信息不对称问题。四是督促银行降低信贷融资成本。2020年，辖区各银行平均贷款利率下调40BP，惠及企业4181家，为企业让利1.82亿元。

【多层次资本市场】　全面落实省、市、区三级上市挂牌奖补资金，全年为辖区企业申请省级奖补600万元，市级奖补100万元，发放区级奖补资金2130万元。建立企业上市服务机制，定期对拟上市企业进行走访，实地解决企业上市进程中遇到的困难，2020年，全区新增香港交易所上市公司1家，省定重点上市后备企业11家，中原股权交易中心挂牌企业244家。

【防范金融风险】　强化落实金水区防控金融风险三年行动计划（2019—2021年），紧紧围绕纳入金水区地方金融监管职责范围内的小额贷款、融资担保、典当、融资租赁、商业保理、地方资产管理公司、互联网借贷信息中介、地方各类交易场所等金融机构，进行重点管理。全年共清退P2P网络借贷机构3家，督促转型退出2家，立案1家；现存小额贷款公司10家、融资性投资担保公司7家、典当行13家、商业保理1家、互联网借贷信息中介2家。

（撰稿：王　鹏　审阅：杨涵媛）

信访工作

【概况】　金水区信访局为区政府工作部门。2020年，在三级两会、中共十九届五中全会等重大期间，金水区坚持重在基层、力在化解，不断畅通信访渠道，着力化解突出矛盾问题，做到警地互动、信息共享、协力处理，实现来自金水区的“零干扰”目标。

2020年，全区问题楼盘类信访突出问题化解任务繁重，区委、区政府紧紧围绕省市确定的化解目标，充分利用政策机遇，不断克难攻坚，有效化解一批问题楼盘，取得良好的社会效果。国家信访局政研室主任马永辉带队到金水区实地察看问题楼盘的化解情况，金水区在全市问题楼盘推进会上作典型发言，问题楼盘调研报告获省调研报告评比二等奖。

8月17日，河南省信访局督导调研信访工作座谈会在金水区召开（区信访局/供图）

【案件化解工作】　2020年3月，全区问题楼盘化解攻坚工作启动，金水区进一步充实力量，完善方案，清华紫光园等一批问题楼盘得到有效化解，实现了群众的基本稳定。自10月全面开展集中治理重复信访化解信访积案专项工作以来，通过细化工作措施，建立专项工作台账，逐案明确责任单位和责任人，全区一大批信访积案得到有效化解。

【新冠肺炎疫情防控】　2020年，区信访局积极参与全区疫情防控工作。局全体干部职工深入杜岭街道西里路社区的居民楼院，与街道共同做好居民楼院的疫情防控，筑牢疫情防控最后一道防线。在常态化疫情防控工作中，先后抽调多人参与区疫情防控指挥部的工作，认真执行相关政策，构建全区疫情防控网络，同时提升全员疫情防范意识，建立疫情防控期间信访接待制度，配备消杀器具、测温机器人等设施，限定进厅人数，防止人员聚集，有效防范信访接访场疫情的传播。

（撰稿：张　雷　审阅：李洪星）

综　述

【概况】　政协郑州市金水区委员会是金水区的政治协商、民主监督、参政议政机关，办公地点位于东风路16号。2020年，在中共金水区委的坚强领导下，区政协及其常委会以习近平新时代中国特色社会主义思想为指导，坚持团结和民主两大主题，深入贯彻落实中央和省委、市委、区委政协工作会议精神，强化政治引领，广泛凝聚共识，主动担当作为，创新履职尽责，着力发挥专门协商机构作用，在助力疫情防控和经济社会发展“双胜利”中书写了合格的“政协答卷”，为金水区实现“两率先一争当”、成功跻身全国“四个百强”城区作出了应有贡献。区政协九届四次会议以来，共收到委员提案216件，立案148件，截至年底，已全部办理完毕，政协委员智囊团的作用日益增强。

【政治建设】　以思想政治建设为统领，夯实共同思想政治基础。2020年，常委会始终坚持党的全面领导，持续强化思想政治引领，坚定维护核心，不断筑牢思想基础，确保政协各项工作方向正确、行稳致远。

着力强化党的创新理论武装。把学习习近平新时代中国特色社会主义思想作为必修课，完善以党组理论学习为引领的学习制度体系，深入学习贯彻习近平总书记关于加强和改进人民政协工作的重要思想、习近平总书记的重要讲话和指示批示、《习近平谈治国理政（第三卷）》、中共十九届四中五中全会、中央经济工作会议精神等，组织政协党组理论学习、主席会议集体学习、常委会会议专题学习21次，组织政协委员和机关、街道政协工作人员开展集中学习34次，进一步增强了“四个意识”、坚定了“四个自信”、做到了“两个维护”，夯实了共同团结奋进的思想政治基础。全年累计培训委员和政协工作人员280人次，提高了政治把握能力、调查研究能力、联系群众能力、合作共事能力。

全面落实党对政协工作的部署和要求。牢固树立在区委领导下开展工作的理念，坚持重大事项请示汇报和定期报告制度，全年主动向区委汇报政协重点工作18次。在区委领导下，顺利召开政协九届四次会议，顺利实现九届区政协领导集体的有序更替；出台了《关于新时代加强和改进人民政协工作的实施意见》，解决了政协机关机构编制问题，批准设立政协信息服务中心。区委书记张红伟先后在政协全会、政协工作会议上发表讲话，为做好政协工作指明了方向、提供了遵循。区委对政协工作的高度重视和大力支持，得到了省委督导组的充分肯定，相关工作被写入省委督导报告，是全省唯一被点名表扬的城区。

【建言资政】 以抗疫情、“双助力”活动为载体，彰显政协新作为。2020年，常委会在抗击疫情、助力经济社会发展的“双线大考”中，始终做到“区委有号召政协有响应，区委有部署政协有行动”，积极动员政协机关人员和政协委员，投身抗疫一线，精准建言资政；组织辖区四级政协委员开展助力“六稳”“六保”，助力“两率先一争当”系列活动，开展视察调研32次，组织协商议政27次，协助党委政府守住“保”的底线、夯实“稳”的基础，为全区经济社会发展注入了强大的政协能量，《人民政协报》《河南日报》《郑州日报》等新闻媒体专题报道10余次，被郑州市政协评为助推“六稳”“六保”工作先进集体。

围绕抗击疫情献计出力。区政协迅速响应区委部署，建立以中共党员为核心的防控班组协调机制，班子成员率先垂范，靠前指挥，坚持每天深入社区、楼院卡点督查指导。机关干部全员下沉文化路街道3个社区、15个楼院，牢牢守住疫情防控的第一线。广大政协委员立足本职，宣讲防控知识，提供法律援助，投身一线救治患者，为复工复产建言献策，提交的18件相关提案得到全面采纳和逐步落实。同时，累计捐款捐物价值200多万元，充分彰显了“为国履职、为民尽责”的委员情怀，凝聚起了共抗疫情的强大合力。

围绕“十四五”规划献计出力。先后组织33名有学术水平、议政水平和协商水平的政协委员，参加区政协全会联组讨论会、区重点提案协商座谈会、区委“十四五”规划编制工作座谈会，与区委、区政府领导面对面协商，就黄河流域生态保护、落地招商引税、高质量招商引资、大健康产业发展、产业投资基金和园区建设等方面，提出合理化建议50余条。区政协党组召开专题会议，集中学习讨论区委关于“十四五”规划和二〇三五年远景目标的建议（征求意见稿），就指导思想、整体内容和具体细节提出许多有价值、建设性的建议，部分意见建议被区委采纳。

围绕经济发展献计出力。聚焦文旅产业发展专题议政，召开专题议政性常委会，协商形成《金水区文旅产业发展调研报告》建议案。围绕加快推进金水区电子信息产业高质量发展开展重点课题调研，形成了高质量的调研成果，提出“着力强龙头、聚集群、补链条，加快培育电子信息产业集群，推进电子信息产业规模化、特色化、融合化发展”等建议，为打造郑州数字经济引领区出谋划策。

围绕复工复产献计出力。区政协班子成员带队深入科教园区、创意园区、科技园区、自贸区金水区块实地调研企业复工复产情况，现场了解UU跑腿、金惠科技等22家企业生产经营中的困难和问题，提出了增进技术改革、加强创新引领等建议。广大政协委员主动服务企业、贴心服务群众，委员陈新有带领周边农民种花致富，为下岗人员、农村富余劳动力开展就业培训，提供近1200个就业岗位；委员刘强所在中原银行曼哈顿支行累计为中小企业发放贷款1亿多元；李军、杨子龙、孟勐、马长春等委员为企业或个人减免租金3380万元，在全区复工复产工作中画出了一道亮丽的“政协风景线”。

围绕城市建设献计出力。民法委、城建委和港澳委组织委员，分别对经八路、未来路、东风路等街道“三项工程、一项管理”工作进行监督视察，针对拆迁中涉及的法律问题，提出了提前协议约定、程序依法合规等建议，并与街道及时沟通解决了经五路38号院老旧小区改造进度慢、院内违章拆除问题，受到街道和小区居民的好评。花园路街道动员政协委员组成“绿城啄木鸟”服务队，对工作中出现的问题把脉问诊。在卫生城市复审中，广大委员纷纷发挥自身影响力，带头宣传文明行为，带动辖区居民加入志愿者队伍，为复审工作助力添彩。

【协商平台建设】 以搭建协商平台为突破，打造履职新阵地。2020年，常委会坚持“专门协商机构”的性质定位，把委员履职平台建设作为突破口，持续打响“有事好商量”协商议事品牌，让委员履职有机会、更便捷，建言有渠道、多平台。

打造面向全体委员的大协商平台。在党政“点题”、政协“选题”、委员“答题”的基础上，打破以往委员在所属专委会、界别和街道参与活动的“惯例”，每次活动由一个专委会牵头组织，活动方案和相关资料提前发给全体委员，委员可根据自身专长，跨专委会、跨界别报名参与。如，城建委牵头组织多界别委员43名，对工人新村老旧小区改造工程、“一环十横十纵”未来路实验段进行监督视察，界别委员分别从不同角度提出了落实规划先行理念、重视对老旧小区改造后衍生问题的思考等意见建议。大协商形式更加方便了不同界别委员思想观点上的碰撞、咨政建言上的联动，进一步激发了委员的参与热情，协商质量显著提高。

拓展街道“委员之家”协商平台。坚持“不建机构建机制”的原则，每个专委会联合3~4个街道组织委员“下沉”，依托17个街道“委员之家”，从社区居民关心的小事小情入手，开展“面对面”协商活动22次。该种协商形式既弥补了街道政协工作机制上的不足，又拓展了“委员之家”协商平台功能；既理顺了情绪、解决了问题，又打通了政协履职的“最后一公里”，成为联系群众的“连心桥”、反映社情民意的“直通车”，得到郑州市政协充分肯定，在全市基层政协工作经验交流会上作了典型发言，经验做法被《人民政协报》原文刊发。

搭建重点政协提案协商平台。首次实行党政领导牵头领办重点提案制度，制定《重点提案领办督办工作意见》，在全市各县（区）中率先召开重点提案协商座谈会。区委书记张红伟亲自领办《关于发展高端产业，引领金水“十四五”时期经济高质量发展的提案》，听取办理情况汇报，现场解决难点问题，形成了示范效应，有力推动了提案办理和成果转化，全年立案的148件提案已全部按时办复，15件提案被评为年度优秀提案。

【凝聚共识】 2020年，常委会充分发挥政协“重要阵地、重要平台、重要渠道”作用，把凝聚共识、传播共识融入各项履职工作，求同聚智、体谅包容，广泛凝聚人心，汇聚奋进力量。

在为民履职中凝聚共识。文教委组织委员调研中小学午间配餐问题，提出加强规范操作、加工监督等用餐安全管理的意见。民法委组织委员深入辖区食品生产企业调研生产、流通情况，提出加强溯源工作、提升监管智慧化水平等建议。丰庆路街道组织委员视察村级卫生服务中心项目建设，提出强化“哨点”功能、与养老服务融合发展等意见。北林路街道组织委员开展公益“1+1”帮扶活动，定期为辖区20余名困境儿童开展专业、有效的心理服务。2020年，各专委会、街道共开展民生类视察调研25次，通过访民情、解民忧、纾民困，“商”出了共识、“议”出了合力，让群众切实感受到了政协协商为民的责任与情怀。

在践行公益中凝聚共识。广大委员充分利用自身资源和优势，积极开展扶贫帮困、法律援助等公益活动，涌现出了一批先进典型。如陆咏歌、梁显东、孙慧明等委员，经常深入机关、社区楼院，义务开展法律宣传和咨询服务。委员王旭牵头举办公益文化演出20余场，受惠群众达数万人。委员李红岩组织开展文化志愿服务进军营、文化扶贫进乡村活动，赠送图书1万余册。委员吴振民组织省实验中学30余名志愿者，助力高考、创文创卫等大型活动。政协机关党支部开展“捐好书、献爱心”书籍捐赠活动，向新乡市封丘县陈桥镇新村小学捐赠图书280余册。在2020年郑州市“慈善日”活动中，全区政协委员共捐赠善款35万元，为社会献出爱心。

在联系联谊中凝聚共识。落实党组成员联系党员委员、党员委员联系党外委员、班子成员走访看望委员等制度，听取意见、回应关切、交换看法、沟通思想。强化界别与专委会的协同配合，城建委、港澳委分别组织文化艺术、科学技术、工商联等界别委员，参观宋砦法治展览馆，开展“坚定文化自信、传承文化精髓”“节能减排生态文明建设”等主题活动，界别工作更加富有成效。积极配合省、市政协开展老旧小区综合改造和文化服务设施运营情况、自贸区建设、文化文史等重点工作专题调研12次；接待山东、山西和焦作等6批次的省内外政协考察团，深入交流探讨新时代政协工作的经验做法，扩大了联谊交往，增进了合作交流。

【自身建设】 以加强自身建设为抓手，提升服务保障水平。2020年，常委会主动适应新时代、新形势、新要求，进一步完善并严格执行常委会工作规则，强化管理运行，充分发挥引领示范作用，推动自身建设提质增效。

加强政协系统党的建设。制定党组履行全面从严治党主体责任清单、党风廉政建设主体责任清单，进一步压实“一岗双责”。严肃党内政治生活，坚持党组成员过双重组织生活、讲党课，细化落实“三会一课”、民主生活会、谈心谈话、评议党员等制度。政协全会、外出调研或培训期间均设立临时党组织。落实党管意识形态工作各项要求，加强对机关党建的督导，支持派驻机关纪检监察组工作。创新开展主题党日活动，组织机关职工、党员委员观摩学习郑州圆方集团、中原教育科技集团党建经验，形成了上下联动、系统发力的政协党建工作格局。

加强委员履职管理。全面落实习近平总书记“懂政协、会协商、善议政、守纪律、讲规矩、重品行”的十八字重要指示，以更高的标准、更严的要求，推进委员履职规范化建设。制定《委员履职工作规则》《委员履职综合评价办法》等制度，完善委员履职档案，量化委员履职考核标准，运用政协委员履职管理平台和提案管理平台，对委员年度履职情况进行量化评分、评估分析，25名委员被评为“双助力”活动优秀委员。加强委员动态管理，按照区委意见和《政协章程》规定程序，增补委员13名、辞免委员5名，对违法违纪的1名委员予以撤销委员资格。

加强机关建设管理。对照省政协“三个一流”“四个之家”机关建设要求，树立“对标一流、干在实处、走在前列”的导向，顺利完成市级文明单位考察验收；修订政协机关绩效考核、会务、公文处理、财务内部控制等11项内部管理制度，不断提升政协工作制度化、规范化、程序化水平。落实中央、省委文件精神和区委意见，进一步完善政协机关机构设置，将政协文教卫生委员会、学习文史提案委员会、老干部管理办公室，分别更名为教科卫体委员会、文化和文史委员会、老干部服务中心，设立提案委员会。

加强纪律作风建设。强化对机关党员干部的日常管理和监督，落实谈心谈话制度，及时传导压力，对苗头性、倾向性问题及时提醒，督促纠正。运用典型案例开展警示教育9次，强化以案促改，教育引导机关干部知敬畏、存戒惧、守底线。全面配合区委巡察工作，政协机关认真自查自纠，主动认领问题，把控时间节点，从严从实整改，确保巡察工作见实效。严格落实中央八项规定及其实施细则和省、市、区实施办法精神，营造风清气正、干事创业的良好政治生态。

重要会议

【政协全体会议】 政协郑州市金水区第九届委员会第四次会议 5月23日—25日，中国人民政治协商会议郑州市金水区第九届委员会第四次会议在省人民会堂举行。23日上午，大会开幕，应出席委员249人，实到231人，符合规定人数。区政协领导武建民、余遂盈、张华、王居良、宋红霞、王静、刘凌云、王浩、徐建军、李劲松，秘书长张书林在主席台就座。区政协副主席王居良主持开幕大会。张红伟、魏东、李伟革、薛燕、赵惠玲、杨林、付建峰、王爱辉、杨洁、时博、李小虎、曹可艳、周学军、高国全、许贵舟、燕建华、杜艳洁、冯景义、张涛、杨旗、竟新宇、张川、闵武杰、蔡理亮、王青、丁配杰到会祝贺并在主席台就座。会议首先通过了区政协九届四次会议议程。区政协主席武建民代表政协郑州市金水区委员会常务委员会作工作报告。宋红霞作区政协常委会关于区政协九届三次会议以来提案工作情况的报告（书面）。大会还听取了区政协常务委员贾浩宇、张玉林所作的述职，表彰了区政协2019年度优秀政协委员、优秀政协提案。

5月25日上午，圆满完成各项议程后，中国人民政治协商会议郑州市金水区第九届委员会第四次会议在省人民会堂闭幕。会议应出席委员249人，实到225人，符合规定人数。会议表决通过了政协郑州市金水区第九届委员会第四次会议关于常务委员会工作报告的决议、政协郑州市金水区第九届委员会第四次会议提案委员会关于政协九届四次会议提案审查情况的报告、政协郑州市金水区第九届委员会第四次会议政治决议。

【政协常委会议】　区政协九届十四次常委会会议　5月20日上午，区政协召开九届十四次常委会会议。区政协领导武建民、余遂盈、张华、王居良、王静、王浩、徐建军、李劲松，秘书长张书林以及区政协常务委员出席会议，区政协各专门委员会、各街道政协工作召集人以及部分区政协委员列席会议。

会议审议通过关于辞免政协委员、撤销政协委员资格、增补政协委员的名单，《关于召开政协郑州市金水区第九届委员会第四次会议的决定》，常委会工作报告报告人和提案工作报告报告人，区政协九届四次会议有关文件；听取了区政府关于区政协九届三次会议以来政协提案办理情况的通报，王东霞、赵菁、徐红梅3位政协委员的述职，2019年度区政协经济科技委员会等6个专门委员会工作情况和各街道政协工作情况的报告，区政协九届四次会议筹备情况的报告。

区政协九届十七次常委会会议　6月23日，区政协召开九届十七次常委会会议。区政协主席余遂盈主持会议并讲话。区政协领导张华、王居良、王静、王浩、徐建军、李劲松，秘书长张书林出席会议。区委副书记李伟革应邀参加会议。区政协各专门委员会副主任、街道政协工作召集人以及部分区政协委员列席会议。

会议传达学习习近平总书记在全国两会期间重要讲话精神、十三届全国人大三次会议和全国政协十三届三次会议精神，区委副书记李伟革对省委常委、市委书记徐立毅调研金水讲话精神及金水区贯彻落实安排情况进行了解读。会议审议通过了《政协郑州市金水区委员会委员履职工作规则（试行）》《政协郑州市金水区委员会委员履职综合评价办法（试行）》。与会人员围绕会议主题进行分组讨论，深入交流。

区政协九届十八次常委会会议　9月28日上午，区政协召开九届十八次常委会会议，围绕文化旅游产业发展进行专题协商议政。

区政协主席余遂盈主持会议并讲话。区政协领导付建峰、王居良、李劲松，秘书长张书林出席会议。区政府副县级干部王珂，市政协委员、市旅游协会会长王晓东，区政协文化旅游产业发展课题组成员应邀参加会议。部分区政协委员、街道政协工作召集人以及区政府有关部门负责人列席会议。

会议传达学习市委政协工作会议精神；通报了区政协助力“六稳”“六保”，助力“两率先一争当”系列活动进展情况（书面）；协商通过了向区政协九届十九次常委会会议述职的委员名单；通报了全区文化旅游产业发展现状，专题汇报了课题调研报告起草情况，并围绕文化旅游产业发展专题协商议政。与会委员围绕议题进行充分讨论，深入交流。

（撰稿：高超新　审阅：张学亮）

纪检监察

综 述

【概况】 中共金水区纪委和金水区监察委员会合署办公，履行纪检、监察两项职责，实行一套工作机构，两个机关名称，设置领导班子成员9名，下设信息技术保障中心、电化教育中心、综合事务服务中心3家事业单位，向区级党和国家机关派出纪检监察组18个，向街道派出监察办公室17个。

【队伍建设】 落实“队伍建强、干部过硬”要求，夯实高质量发展组织基础。适应新时代新任务新要求，着力加强专业化建设，以高素质队伍推动和保障高质量发展。全面加强机关党建。以政治建设为引领，在疫情防控、审查调查等急难险重工作中，注重发挥党支部的战斗堡垒作用。落实机关党建工作责任制，丰富主题党日活动，开展庆“七一”表彰大会暨建党九十九周年纪念活动，以朗诵、舞蹈、讲述红色故事等形式回顾党的奋斗历史、讴歌党的光辉历程、诠释新时代纪检监察人的使命担当。成立区纪委监委工会组织，开展一系列丰富多彩的教育实践和关心关爱干部活动。认真落实赵乐际考察河南讲话精神，统筹安排新招录人员轮岗轮训，选配5名中层副职干部，优化干部队伍梯队结构。坚持疫情防控期间学习不松、测试不断，大力开展纪法培训、技能培训、安全培训、信息化培训，举办4期“机关大讲堂”人人讲活动，发放学习资料2700余本，组织全员应知应会知识测试36次，全员以优异成绩通过中纪委在线培训年中测试，推动教育培训向履职效能转化。积极开展文明单位创建活动，文明机关、模范机关建设工作扎实推进。深化弱项短板问题整改。以强化督导检查、选树标杆典型、创新制度机制等方式，推进落实“6-45”问题整改措施165项，建立健全自我监督制度17项，区纪委监委机关、杨金路街道纪工委整改台账被评为全市年度样板。开展提升监督水平、提升案件质量、提升安全管控能力3个专项行动，从已审结案件中抽选45件、273卷进行案件质量和处分决定执行情况评查，对个性问题督促立行立改，对共性问题统一规范要求。严格谈话场所常态化疫情防控，高频次开展安全责任和管控措施落实情况检查，抓实“事前预判+谈前减压+适时疏导+总结反馈”4个关键环节，做好郑州市审查调查场所信息管理系统试点工作，严守审查调查安全底线。强化自我监督管理。持续深化“三

4月10日，金水区纪检监察统计分析指标体系数据报送暨审查调查安全工作会议召开

（区纪委监委办公室/供图）

转”，清理和纠正街道纪工委书记分工及兼职问题，撤销区纪委监委牵头议事协调机构3个。自觉接受外部监督，制定特约监察员工作办法实施细则，建立特约监察员日常联络工作制度，开展班子成员走访特约监察员活动，邀请特约监察员参与“体验式”监督，收集特约监察员意见建议20余条，积极为特约监察员履职创造有利条件。深化做实内部监督，常态化开展系统内以案促改，建立系统内科级干部廉政档案，对照省市纪委监委内部监督巡察通报要求开展自查自纠，及时核实办理纪检监察干部违纪违法问题，在自我监督中实现自我净化。

【区纪委十一届五次全会】 4月1日下午，中国共产党郑州市金水区第十一届纪律检查委员会第五次全体会议召开。副市长、区委书记陈宏伟出席会议并作讲话。

区委常委、区纪委书记、区监委主任赵惠玲主持会议，并代表区纪委常委会作题为《坚守初心使命 忠诚履职尽责 为决胜全面领跑中部城区发展提供坚强保障》的工作报告，系统总结了2019年全区纪检监察工作，从8个方面对2020年党风廉政建设和反腐败工作进行了安排部署。区委常委，区纪委委员、区监委委员出席会议。

监督工作

【政治监督】 加强政治监督，坚决践行“两个维护”。坚守政治机关定位，以政治监督的实际行动推动重大决策部署落地见效。修好永恒课题、终身课题。持续巩固“不忘初心、牢记使命”主题教育成果，把学懂、弄通、做实习近平新时代中国特色社会主义思想作为首要政治任务，认真执行纪委常委会第一重要议题和中心组学习制度，组织全区纪检监察干部学习《习近平谈治国理政（第三卷）》，持续用党的创新理论武装头脑、指导实践、推动工作。落实管党治党政治责任。制定并严格执行重大事项请示报告条例具体落实措施，全年向区委提交党风廉政建设议题14个，为区委主体责任发挥提供有效载体、当好参谋助手。制定自身监督责任清单，将全面从严治党主体责任规定中的新要求融入党风廉政建设目标责任，融入各级领导班子及其成员主体责任清单，经常性调阅党风廉政建设“一岗双责”工作记录本，用好约谈提醒、述责述廉、问责追责等方式，推动“两个责任”贯通协同、落实到位。加强疫情防控监督。第一时间组建工作专班和18个疫情防控督查组，全区纪检监察干部闻令而动、积极作为，深入抗疫一线靠前监督，紧盯疫情防控责任、措施落实和重点环节强化监督，督促各管控服务点、各责任单位压紧压实外防输入、内防扩散反弹的政治责任，督促整改问题3675个，通报批评单位36家、283人，约谈提醒70人，责令检查135人，组织处理51人。根据疫情发展形势，因时因势调整督查重点力度和频次，确保疫情防控科学精准、有力有序。主动承担起南阳路街道11个无主管楼院疫情防控任务，探索推行了“党建引领+志愿服务+居民自治”的疫情防控新模式。全力护航经济社会发展。认真落实市纪委监委优化营商环境“1+3”配套文件要求，强化对优化营商环境政策落实情况的监督检查，跟踪监督“一网通办、一次办成”等政务服务改革落实情况，针对企业反映的监管不公、履职不力问题，及时对相关单位负责人进行谈话提醒，推动各相关单位压实服务责任、改进服务方式，确保各项惠企便民政策措施精准落地。认真开展防汛、创文、创卫工作监督。聚焦“六稳”“六保”，开展“体验式监督”和专项检查，跟进监督企业纾困政策落实情况，打通政策落实“中梗阻”，督促职能部门及时解决企业资金、用工等实际问题。

【体制改革】　坚持党的领导，深化纪检监察体制改革。坚守改革初心初衷，坚持稳中求进工作总基调，以高质量发展为目标，以增强监督效能为抓手，统筹协同推进体制机制改革。完善派驻、派出机构工作机制。落实派驻机构“三为主一报告”工作机制，组织派驻组组长述职述廉，修订完善派驻机构问题线索处置、审查调查工作文书和流程。牵头制定深化派驻机构改革的实施意见和实施方案，进一步健全完善派驻机构领导机制、职责权限、机构设置、工作机制等事项。联合区委组织部、区编办、区人社局、区财政局等部门制定关于规范街道监察工作的实施方案，进一步明确街道监察机构设置、人员配置、监察范围、职责权限和管理要求等，统一考察、任命各街道监察办公室人员，各纪检监察室常态化开展对街道纪检监察工作的联系指导，推动了监察职能向基层延伸。着力规范纪检监察权。强化问题线索集中受理、分类处置、督促办理，不断提升线索办理质量。严格审查调查措施审批，严守权力边界，全年使用审查调查措施159次，其中搜查、查封（扣押）、冻结、留置、限制出境等重要措施50次。规范信息查询、汇总研判、报请审签等党风廉政意见回复工作程序，出具党风廉政意见回复3601人次。完成协作区审查调查工作办法、涉案财物管理、纪检监察建议书使用等一批制度规定的修订完善，从严扎紧织密纪检监察权力运行的制度“笼子”。贯通协同各类监督。统筹安排纪律监督、监察监督、派驻监督、巡察监督力量，加强信息互通、监督互动，理顺“室”与“室”、“室”与“组”、“室”与“巡”的关系，定期研判、动态调整监督重点，同频共振、同向发力。综合运用审计监督、财会监督、统计监督、群众监督结果，增强党内监督成效。充分发挥区委反腐败协调小组职能作用，强化会商研判、线索移交和协作配合。开展“以党内监督为主导，推动各类监督有机贯通、相互协调”专题调研，查找贯通堵点、协调难点，为上级研究解决监督贯通协同问题提供了可靠参考。

【日常监督】　做实日常监督，切实提升监督质量。聚焦落实省纪委监委关于进一步加强和规范监督工作的意见，增强监督的严肃性、有效性。坚持务实长效，做实常态监督。各派驻派出机构围绕驻在单位行业特点，把监督融入日常、做在经常，采取体验式监督、跟进式监督、暗访式监督、座谈式监督等形式，摸清找准廉政风险点和苗头性、倾向性问题，督促各级党组织落实全面从严治党主体责任，综合运用批评教育、谈话提醒、专项整治等措施，防微杜渐、抓早抓小。对日常监督中发现的违纪违法问题线索，敢于发声、亮剑，维护纪法权威。各派驻纪检监察组、街道纪工委（监察办公室）全年累计处置问题线索33件，谈话函询22人次，初步核实21人次，立案审查调查8件8人，给予党纪处分12人，挽回经济损失16.44万元。坚持问题导向，开展突出问题专项治理。开展各类存量资金专项清理整治，严肃财经纪律，全区178家预算单位应缴尽缴存量资金6.6亿余元。开展党政机关和国有企事业单位房产出租租赁清理整治，发现、整改审批程序不规范、违规签订长期出租合同等一批突出问题。按照省市纪委统一部署，审慎、稳妥处置“冒名顶替”上大学问题。立足“监督的再监督”，开展违建别墅和农村乱占耕地建房问题整治工作专项监督，开展防汛、创文、创卫监督，压实职能部门主体责任。立足教育帮助，激励担当作为。坚持严管和厚爱结合、激励和约束并重，把思想政治工作贯穿监督全过程，运用“四种形态”处理207人次，其中第一、第二种形态占比81%，实现教育挽救“大多数”与严厉惩治“极少数”的有机统一。根据案发特点，找准问题根源，制发纪检监察建议书26份，推动问题整改到位、修复净化政治生态。认真落实“三个区分开来”，推进纪法情理融会贯通，既用监督加压又用信任加力，对受处理处分人员开展回访教育，做好失实检举控告澄清工作，为敢于担当的党员干部撑腰鼓劲。

【作风建设】　坚持不懈纠治“四风”，巩固深化作风建设成果。始终把加强作风建设作为严肃的政治任务抓紧抓好。带头整治形式主义、官僚主义。聚焦解决困扰基层的形式主义问题和为基层减负的措施要求，区纪委监委机关持续从精简会议文件、规范督查考核、改进调查研究等方面发挥表率作用，抓本级带下级，切实为基层减负。充分运用纪检监察内网、OA办公系统，加快应用检举举报平台基层版，让“数据多跑腿，基层少跑路”，统筹安排文件资料发放、领取，让基层干部把更多时间用在抓工作落实上。把整治形式主义、官僚主义问题作为巡察监督、派驻监督、纪检监察监督重点，及时查纠行政审批、行政执法、民生保障工作中行动少、落实差、慢作为、不作为等形式主义、官僚主义问题。持续治理享乐主义、奢靡之风。紧盯节假日等重要时间节点，围绕中央八项规定及其实施细则精神落实情况，开展5轮集中检查，督促相关单位及时整改公车管理不规范问题，严防公务接待违规，查处违反中央八项规定精神问题6起6人。向全区各单位通报赵某某、鲁某某等人严重违反中央八项规定精神典型案例，抓好对财务、公务接待、公车管理等关键岗位人员的教育提醒，强化正面引导、反面震慑，增强党员干部树高线、守底线的政治自觉。对市、区两会会议纪律、代表驻地附近公款吃喝、公款消费、公车私用等会风会纪问题开展监督检查，把好会议“风纪关”。加强对各单位值班纪律执行情况的监督。制定《关于倡导文明新风规范党员干部和公职人员操办婚丧喜庆事宜的暂行办法》，推动“婚事新办、丧事简办、陋习禁办”落到实处。开展街道作风纪律大整顿。对违反考勤制度、违规吃喝、违反办公用房管理规定、漠视群众利益、聘用人员管理混乱、形式主义及官僚主义等6个方面的22类突出问题进行集中整顿。各街道组织党员干部深入开展“三学三思三悟”，刀刃向内自查自纠；区纪委监委组成8个督查组开展推磨式互查，检验、巩固各街道自查自纠成效。整顿期间累计整改问题362个，约谈提醒17人、批评教育3人、责令检查7人、通报批评23人、诫勉谈话3人并扣发当月文明奖和绩效奖、解聘1人，完善管理制度21项。严肃村（社区）“两委”换届纪律。开展换届纪律警示教育村村行活动，编发典型案例汇编，抽调45名纪检监察干部组成9个专项督查组，深入村（社区）开展“拉网式”监督检查，为基层组织换届保驾护航。

【维护群众利益】　坚守人民立场，大力整治群众身边腐败和不正之风。始终围绕群众关心关注的焦点、难点、痛点问题，强化监督监察、执纪执法，推动群众反映问题及时解决，让群众有更直接、更具体的获得感与幸福感。集中力量“惩腐打伞”、攻坚克难。把扫黑除恶“惩腐打伞”作为审查调查的主攻方向，深入开展“百日冲刺”行动，全面梳理专项斗争开展以来受理的涉黑涉恶问题线索，逐一复查复核重点案件，挂牌督办未结线索，着力破解定性不准、降格处理等问题，切实做到按期办结、除恶务尽。其中，区纪委监委赴洛阳、周口专案组克服异地办案困难和新冠肺炎疫情影响，高质量完成惩腐打伞任务，受到省市纪委通报表扬。扎实开展信访举报突出问题集中整治。把检举举报平台处置子平台和基层版全省试点工作作为“一把手”工程，应试尽试、能试全试，为平台全面推广积累了经验、作出了贡献，受到省纪委通报表扬。聚焦落实检举控告工作规则，推动重复信访举报按时办结，全面整治纪检监察信访举报处理工作中的形式主义、官僚主义问题，认真处理、及时反馈群众反映的每一个问题。开展纪检监察干部“千人进千村”走访活动，主动帮助群众解决信访问题175个，受到市纪委监委通报表扬。全年共接收信访举报598件，同比下降50.9%；受理检举控告199件，同比下降25.1%。强化基层“小微权力”监督。严肃查处教育医疗、生态环保、食品药品安全、社会保障等民生领域漠视侵害群众利益问题，问责6件、9人。制定《金水区健全完善村务监督委员会实施办法（试行）》，督促全区40个行政村完善“四议两公开一监督”制度机制，规范村务公开和监督程序。印发《金水区农村产改暨“三资”工作文件汇编》，完善基层监督治理长效机制。收集基层干部违纪违法典型案例，编印《以案说纪》小册子，开展“廉洁教育村村行”，举办村“三委”成员专题廉政教育讲座，强化对村组干部用权律己的教育引导。

中共金水区纪委制作的微动漫《解字话廉》在中央纪委国家监委网站刊播
（区纪委监委办公室/供图）

【一体推进“三不”】 坚持严的主基调，一体推进“三不”。坚持无禁区、全覆盖、零容忍，坚持重遏制、强高压、长震慑，贯通“惩、治、防”，持续提高治理腐败效能。强化惩治震慑。统筹全区执纪执法办案资源，制定协作区审查调查工作办法，强化内部协作配合，突出减存量、遏增量，持续巩固高压态势。全年共处置问题线索166件，立案审查调查63件、79人，同比增长14.6%，党纪政务处分64人，其中重处分37人，彰显了严惩腐败的鲜明态度和坚定决心。发挥反腐败协调小组牵头抓总作用，规范与组织人事、司法机关、公安机关之间的协作协查，有效凝聚反腐合力，依法留置涉嫌严重职务违法、职务犯罪人员8人，依法移送检察机关审查起诉6人，向公安机关等部门移送问题线索5件，协助上级纪委和兄弟单位到金水区调查取证34批次、70余人。组织开展全区监察对象“一人多证”全覆盖排查，11718人开展自查，督促11人注销违规持有证照，切实扎牢“防逃篱笆”。强化以案促改。用好典型案例“活教材”，深化疫情防控以案促改工作，先后2次召开全区以案促改暨领导干部廉政谈话会。运用身边典型案例116个，印发《典型案例通报》8期，下达《以案促改通知书》8份。督促指导司法行政、检察、扶贫、社保等部门扎实开展以案促改。全区各单位累计开展以案促改专题活动90余场，警示教育8.5万余人次，排查风险点120个，查纠问题82个，充分发挥查处一案、警示一片、规范一方的治本作用。强化教育引导。广泛运用各种形式，强化党风廉政建设教育宣传，创作的6集廉政微动漫《解字话廉》，撰写的警示文章《工资表里的“百万蛀虫”》《留置期间从沉默抗拒到幡然醒悟，什么改变了他?》等在中央纪委国家监委网站头条刊播，引起强烈反响。大力加强信息编报、调查研究、舆论引导和对外宣传工作，在人民网、新华网等主流论坛发表评论文章119篇，上三级纪委监委刊登金水区反腐倡廉工作信息178篇，名列16县（市）区第一，展示了金水党风廉政建设工作的良好形象。全年，共有1人主动投案、7人主动向组织交代问题，“581”账户收到主动上交资金20余万元。

巡察工作

【概况】 坚决贯彻落实党章要求，高质量推进巡察全覆盖。深入学习贯彻习近平总书记关于巡视工作重要论述，深化对新时代巡视巡察工作内涵要求的理解把握，坚定不移深化政治巡察。

【巡察监督全覆盖】 实现有形覆盖和有效覆盖。聚焦巡察监督全覆盖目标任务，压茬启动第十二、十三、十四轮巡察工作，巡察街道党工委4个、行政村和社区党组织71个、区直单位党组织24个，受理来信、来电、来访239件次，个别谈话1838人次，反馈问题1048个，整改1023个，整改率达98%。向区纪委、区委组织部移交问题线索30个。

【巡察监督相融合】 推动巡察监督与其他监督融会贯通。充分发挥巡察监督基础作用，加强与其他监督主体的沟通协调。巡前突出监督信息互通，用好已有监督成果，巡中突出监督手段支持，加强对问题的深入了解，巡后突出整改日常监督，综合用好巡察成果。

【巡察整改和成果运用】 采取集体谈话、个别约谈等方式，督促被巡察党组织不折不扣担负起巡察整改主体责任。完善巡察整改监督机制，压实区纪委监委机关、区委组织部巡察整改日常监督责任，推动职能部门根据巡察发现的普遍性、倾向性问题，开展专项整治，先后启动“四议两公开一监督”、行政村“三资”管理专项整治“回头看”、最低生活保障审核、公务用车使用管理等共性问题专项整治，有效解决了一批群众反映强烈的突出问题。

（撰稿：李安明　审阅：赵建英）

工　会

【概况】　2020年，金水区总工会加强基层工会组织建设、保障和改善职工群众生活、维护职工合法权益、提高工会组织凝聚力，认真做好工会经费收缴使用和对下补助机制，加强基层工会经费监督和管理，对17个基层工会进行工会经费使用与计拨审计。在工会财务和资产管理工作中，认真管好、用好工会经费，搞好工会资产清查工作。2020年，区总工会先后获得全国基层职工互助保障考核优秀单位、郑州市职工志愿服务工作优秀组织单位等荣誉称号。

【组织建设】　扩大基层工会组织覆盖面，开展辖区25人以上企业大排查工作，建立工作台账。以非公有制经济组织、社会组织为重点，完成新建会110家，发展会员1万余人（包括农民工会员）。不断加强基层工会组织规范化建设，指导基层工会组织完成换届、届中增替补等工作。完成3个省总新建会入会项目、2个省级示范基层工会和“八大群体”先进个人的选树、培养、申报工作。

【职工精神文化生活】　把学习宣传贯彻习近平新时代中国特色社会主义思想作为首要政治任务。开展“学习习近平新时代中国特色社会主义思想”经典诵读、“中国梦、劳动美”五送宣传教育、“书香三八——阅读强素质·奋斗建新功”主题读书征文等活动。组织一线职工代表，开展专场观影活动。落实区委“弘扬劳动精神、争当出彩先锋”工作部署，大力弘扬劳模精神、劳动精神、工匠精神。举办第五届“金水区最美劳动者”评选；向全区各级劳动模范发出“亮身份、亮承诺、亮作为，争当出彩先锋”的倡议，为6个市级以上劳动模范店挂牌；积极推荐6名信息技术及城市建设等方面的候选人参加第三届郑州大工匠评选；与区委宣传部联合举办“出彩新人说”演讲比赛、“金水好故事”微视频评选活动。

【帮扶工作】　在“五一”国际劳动节、“六一”关爱、夏送清凉、金秋助学活动中共慰问一线职工、劳动模范、困难职工、单亲困难女职工、抗疫一线发热门诊医务人员子女8600余人次。为14788名在职职工、4690名女职工办理了职工大病互助保障，为4074名职工办理了普惠重疾保障，并向13名大病职工发放了救助金。继续依托

1月，金水区总工会开展“双节送温暖”活动　　（区总工会/供图）

“一网一卡”职工服务平台，加强网上工会和职工服务体系建设。开展“绿色出行”会员普惠活动，惠及职工2.4万余名。加强打造线下实体服务平台，不断提升“民生温度”，区总工会在全区建立了“爱心驿站”服务点、职工维权站和职工之家。充分发挥枢纽型社会组织作用，通过社会化工会工作者为辖区职工提供更加专业化的服务和帮助。

【职工维权机制建设】　依法科学维权。依靠法律顾问专业团队，开展劳动领域职工咨询、宣传服务。开展“坚定信心、共渡难关，打赢疫情防控阻击战”共同约定行动，共签订集体合同、工资专项集体合同458份，涵盖各类非公经济组织和社会组织5342家，覆盖职工4.8万人，保障了职工的劳动权益和经济权益。开展“安全生产月”、“安康杯”竞赛、《中华人民共和国民法典》、《保障农民工工资支付条例》、防电信诈骗宣传、“4·15”国家安全教育日、“2020年国家网络安全宣传周暨个人信息保护主题日”金水分会场等宣传教育活动，提高职工依法维权和自我保护能力。金水区总工会制作的国家网络周主题宣传微视频被市总工会、市妇联评为一等奖。

【新冠肺炎疫情防控】　做好疫情防控期间职工宣传，通过各级工会组织网络和宣传阵地，及时向职工发布权威信息、普及科学防疫知识、复工复产防护知识、“郑州三十条”、“金水十条”等各级扶持政策，动员企业职工参与防疫知识竞赛，助力企业复工复产。做好职工心理疏导，联合相关部门和机构，共同组建了一支心理调节志愿服务队，开展疫情防控心理咨询疏导志愿服务。协助做好疫情防控常态下的稳就业、送岗位工作，为助力金水区企业复工复产，区总工会积极组织、引导辖区企业登录河南职工服务平台开展招聘信息发布和信息更新工作，共发布57家企业的招聘信息，提供岗位765个，浏览量达2150人次。开展3期“超级带货官”电商新媒体免费培训，200余名职工群众参加。设立疫情防控专项资金，在疫情防控关键时期，下拨307万元用于对抗疫一线职工以及因疫情致困职工的帮扶慰问。开展疫情防控常态下对劳动关系领域的影响情况调研、女职工心理健康状况和干预对策专题调研、常态化疫情防控形势下企业生产经营情况和职工队伍状况大调研，建立职工队伍稳定风险排查化解工作台账，为工会工作决策提供参考。区总工会参与社区防控，第一时间下沉到凤凰台街道凤凰城社区参与一线防控工作。

（撰稿：王卓然　审阅：原晓青）

共青团

【概况】　金水区团委是主管全区共青团工作的区委组成部门。2020年，金水区深化团员先进性建设，科学调控团员发展，新发展团员1050人。金水区团委先后被评为“2019—2020年度新闻宣传报道工作先进单位”“郑州市大中学生暑期社会实践活动先进集体”称号。

【主题教育】 召开“不忘初心、牢记使命”主题教育总结会，确保整改落实旧账清零，实行常态化管理。认真抓好意识形态工作落实，带领团员干部听党话、跟党走，正确把握政治方向。11月19日，团省委副书记李丽到金水区参加河南新兴领域青年学习中共十九届五中全会精神分享交流会，与新兴青年一起悟要义、谈体会、话发展，学通悟透十九届五中全会精神。团区委组织共青团系统深入学习十九届五中全会精神和“十四五”规划，带领团员青年“更新新思想、掌握新内涵”。以“我的节日”为主题，围绕传统佳节开展丰富活动，引领青少年树立“四个自信”。持续开展青年大学习行动，以小切口承载大内涵，用小故事讲述大道理，让青年听得进、记得住、用得好。利用微信平台聚焦国家发展成就和青年成长实际，实现党的理论与青年的“无缝对接”。2020年，开展线上线下青年大学习行动36次，组织团员青年约10.2万人次参与学习，微信平台推送消息500余条。开展“弘扬五四精神·绽放青春之歌”系列活动，引导广大团员青年唱响新时代的活力、奋斗、奉献之歌。联合区人社局开展“五四”优秀青年表彰活动，选树优秀青年榜样30人，先进集体10个，号召全区广大团员青年学习先进、立足本职、奋勇拼搏。此外，樊树锋被追授“中国青年五四奖章”，汪守景被授予“河南青年五四奖章”，吴昊被授予“新时代河南向上向善好青年”荣誉称号，李泽兵被授予“2019年度河南省优秀共青团员”荣誉称号。北林路街道团工委、金水区人民检察院团支部、金水区政务服务中心团支部3家单位被授予2019年度“河南省五四红旗团委（团支部）”荣誉称号。开展“迎接少代会·争做好队员”系列活动，举办“示范性”校级少代会观摩暨少先队工作推进会，安排部署少先队工作，引导全区少年儿童传承红色基因。开展庆祝少先队成立71周年活动。其中，省会少先队庆“六一”主题队日活动荣登新闻联播和省、市媒体。组织机关党员认真学习习近平总书记给郑州圆方集团全体职工的回信，走进圆方集团非公党建学院参观学习，重走五云山红色小道，并利用党员活动日开展教育活动12次。开展纪念“九一八”红色观影活动，教育辖区青年铭记历史、珍惜和平。

【特色活动】 组织干部职工到社区楼院开展志愿服务20余次，依托“青柠计划”组织青年志愿者开展服务240余次。组织全区青少年、公益社团开展“‘河’我一起，守护母亲河”活动，共有志愿者230余人积极参与。开展温暖冬天活动，到新密、登封为困难儿童捐赠学习生活物资。成立金水区首个团代表联络站，持续推进青年之家工作，打通服务联系青年“最后一公里”。2020年，团代表联络站共接待来访青年62人，收集各类意见建议70余条，青年之家开展各类活动共350余场。探索建立创业青年资源共享平台，积极组织双创青年参加创新创业大赛、青年创新训练营和青年技能大赛。2020年，共开展服务双创青年活动53场，服务约2100人次。联合区检察院探索建立青少年权益侵害预警响应机制，推进“六员进校园”。为疫情防控一线抗疫医务人员、因公殉职人员子女以及因疫致困青少年提供全方位关爱服务。12月14日，金水区青年工作联席会议第一次全体会议召开，为金水青年工作提供有力支持。

【团组织建设】 持续扩大组织覆盖面。在河南省嘎嘎鸭食品有限公司等86家非公企业建立团组织。10月27日，团中央社会联络部联络培训处处长甘一辰到金水区调研新兴青年群体团建工作。加强基层组织规范化建设，强调教育团工委建设和少先队工作，推进党、团、队一体化建设。围绕“目标要有进取性、工作要有突破性、干部要有引领性”的干事创业要求，带领广大团干部从严从实树立形象，团结带领团员青年干在实处、走在前列。

【新冠肺炎疫情防控】 正面宣传加引导。发布致全区团员青年的一封信，动员团员青年参与疫情防控，鼓励发掘先进青年树立典型。先后在省市区共青团官方微信平台和多家媒体累计发布抗疫文章60余篇，组织拍摄的《2020我的青春坚守》宣传片荣登“学习强国”APP平台。组织青年志愿者300余人在一线卡点协助街道、社区开展疫情防控工作，服务居民4050人次，累计服务时长21000个小时。联合非公团组织为一线防控人员筹备口罩300余个、护目镜100余个和医用手套1000余只，向国基路街道捐赠价值1万余元的帐篷、棉服等7类防疫物资；对接蓝天救援队青年工作者为辖区249个楼院的公共区域进行消杀作业，巩固延伸战疫防线；组织卡卡时尚团委开展义务剪发服务；联合建设银行金水支行开设“深夜食堂”，将200余份爱心水饺送至160个一线卡点。线上组织少先队员绘漫画、编童谣，制作疫情防控手抄报300余幅、宣传小视频50余条，号召青少年不造谣、不信谣、不传谣，向“最美逆行者”学习。疫情防控期间在职工作人员全部下沉社区，24小时值守，全力打好疫情阻击战。

（撰稿：张文婕　审阅：王　倩）

8月，团区委举办党的创新理论万场宣讲进基层活动　（团区委/供图）

妇女联合会

【概况】　金水区妇女联合会成立于1960年，是区委领导下的全区各族、各界、各行、各业、各阶层妇女的社会群众团体。全区共有街道妇联17个，村（社区）妇联214个，三级妇联组织共有专职妇联干部257人。

2020年，区妇联坚持“党建带妇建”，不断增强政治性、先进性、群众性，凝聚巾帼之力，引领新时代新风尚，先后获得郑州市少年儿童“心中有中国　心中有他人”主题教育活动优秀组织、金水区先进基层党组织、金水区未成年人思想道德建设工作先进集体、金水区未成年人思想道德建设工作先进集体荣誉称号及第二届“血脉传承——我的家风家教故事”征文活动优秀组织奖等奖项。

2020年年初，新冠肺炎疫情突袭，区妇联全体党员干部不忘初心、牢记使命，冲锋在前、勇挑重担，同时发动基层妇联干部、“四组一队”成员、巾帼志愿者共同投身一线防疫工作。

【组织建设】　加强对基层妇联执委和街道妇联干部的基层组织建设的学习与培训工作，依照程序完成村（社区）“会改联”，实现“妇女之家”和妇联组织村（社区）全覆盖，配齐配强“专兼挂”妇联干部队伍；积极推行村级妇联“四组一队”工作模式，推荐评选市级、区级示范“四组一队”67个，成立“三新”领域妇联组织34个，将妇联组织臂膀延伸至社会各阶层、各领域；通过第三方引入“家和幸福”反家暴服务、“儿童之家”、“绿城妈妈”等项目，广泛招募公共单位、社会组织、企业及个人组成“爱家”（I+）公益联盟，搭建品牌优、公益强、普惠广的公益服务平台，广泛聚合社会优势资源，不断激发各级、各界妇联组织服务社会的工作活力。

贯彻实施妇女儿童“两规划”，凝心聚力，推动金水区妇儿工委成员单位不断提高妇女儿童发展工作的法治化和科学化水平，妇女的生存状况和发展环境取得了实质性改善，妇女的合法权益得到了切实保护，完成了对2011—2020

年全区妇女发展情况的终期监测评估，推动妇女儿童共享发展成果。

【“巾帼建新功”行动】 推荐评选河南省巾帼文明岗1个，郑州市“三八红旗手”4人、“三八红旗集体”1个，“巾帼建功”标兵1人，“巾帼建功”先进集体1个，郑州市妇女儿童工作先进个人1人，推出“金水区巾帼劳动者风采展”18期，用榜样力量激励妇女，带动妇女在社会建设中唱主角、当先锋；线上、线下相结合，妇联自行举办全民技能振兴工程妇女培训班，培训人数804人，争取小额担保贷款，宣传解读惠民政策，加强创业就业培训指导，帮助更多的妇女实现人生价值。

开展“法进万家”普法宣传教育活动，开展“国际禁毒日”活动、“网络信息人人共享，网络安全人人有责”网络安全宣传等活动50余场，制作金水区妇联网络安全宣传片，发放宣传品1万余份。坚持“八位一体”维权服务模式，建立婚姻家庭纠纷台账，全面做好法律援助、调解咨询、心理疏导等各项工作。2020年度共接待群众70余次，其中包括“12338”热线接听、解答咨询电话60余次，接待妇女群众来访6起，省市妇联转介3起。共开展法律宣传、政策咨询、群众活动等32场，累计服务2206人次，为354人提供婚姻家庭纠纷的调解与财产房产纠纷、社会权益及福利等问题的法律咨询，为159人提供电话及入户访问，为16个家庭提供了个案服务。

走访慰问一线医护人员、基层防疫妇女干部、卡点巾帼志愿者、困境妇女儿童。争取市、区两级支持，救助罹患“两癌”女性202人，共计发展救助资金近50万元；开展“两癌”“两筛”政策宣传宣传371场，发放宣传资料14600余份。

【“三金三全一引领”品牌服务】 金水区妇联坚持把党的领导与基层治理统筹谋划，发挥“联”字优势，协调各职能部门，撬动社会资源，构建“党建引领、妇联搭台、社会参与、全面覆盖”的“三金三全一引领”品牌服务模式。即以党建为引领，开展守护儿童“金苹果”行动、亲密关系“金百合”行动、敬老孝亲“金拐杖”行动。

“金苹果”行动从少年儿童自身发展、实践活动、家庭教育、关爱助困、安全保护、阵地建设等方面入手，大力评选“优秀儿童”90人、“十佳儿童”10人，开展“讲英雄故事　做祖国栋梁”演讲比赛、“童心向党　追寻红色记忆”爱国教育活动、主题观影活动、红色绘本阅读、“弘扬劳动精神　争当出彩少年”主题手绘活动等，培养儿童的社会责任感和良好的道德行为习惯；通过线上网络推广，线下依托家长学校，以家庭教育知识讲座、家庭教育咨询、播放家庭教育专题片、经验交流会等形式，弘扬优良家风教训，传递正确教子观念和科学家庭教育方式；“六一”走访慰问疫情防控殉职人员家属、困境儿童，开展“守护天使”慈善救助活动，全力做好儿童

8月6日，金水区巾帼志愿者服务队开展以“助力护童行动　为爱保驾护航”为主题的关爱儿童志愿活动　（区妇联/供图）

安全守护工作。在疫情防控期间，开通儿童心理健康、安全教育免费咨询热线，对儿童、家长共同关注的问题进行分类整理，在妇联公众号上集中解答，开展“汇聚我力量，守护你成长”头脑风暴主题活动，向社会广泛征求守护儿童安全意见，举办“安全相伴，守护童年”儿童安全教育系列活动、“阳光宝贝　与爱同行”关爱儿童心理健康成长活动等，开展未成年人防溺亡宣传、安全教育宣讲48场，发放宣传页1000余份、张贴宣传海报300余份、印发致家长的一封信850份，不断增强青少年儿童安全防范意识和能力，为儿童安全保驾护航。

“金百合”行动帮助女性在就业发展、家庭和谐、生儿育女等重要人生节点完成安全过渡及华丽转身。建立高素质人才公益联谊群，定期开展公益服务活动；联合社会公益教育机构开办婚恋情感指导、仪态礼仪学习等讲座，提升女性情商、美商素养；邀请专业心理咨询讲师举办亲密关系指导讲座，解决家庭婚姻中阻滞难题；暑期开展“小家传大爱，快乐同相伴”亲子教育体验、“共创绿色家庭　同享美好生活”垃圾分类主题活动等，丰富群众生活、拉近家庭成员关系；联合市妇幼保健院、金水总医院等职能部门及社会机构，设置孕期产期心理疏导课程、实际操作演练等课程，联合区事管局建立健康小屋，保障女职工身心健康。

“金拐杖”行动注重倡导子女敬老孝亲、展示老年人风采、对高龄老人关爱陪伴等服务。开展老照片、“我最想对你说的一句话”、美好瞬间视频征集展示等活动，回忆温情，感恩亲情，大力倡导敬老孝亲传统文化；联合民政局、司法局、健促办、社会文艺团体等机构、单位开展健康知识讲座、普法维权咨询、文化艺术学习等活动，组织老红军、老党员、老教师发挥所长，弘扬传统文化，使老有所为、老有所乐，文化生活更加丰富多彩；开展“爱在重阳节　情暖巾帼心”重阳节慰问活动，为金水区钰苑手工艺术团的老年志愿者们送去党的关怀和温暖，并送达敬老孝亲巾帼服务队聘书；纪念抗美援朝战争70周年，联合区退役军人事务局对曾经参加过抗美援朝的20名女性退役老战士进行走访慰问，聆听老战士讲述参加抗美援朝战争的故事，并向老战士颁发“家风家教”宣传员聘书。

【民生实事】　2020年，金水区“儿童之家”项目新建1个，提升2个，区妇联对已建的“儿童之家”进行走访调研，实地指导工作和活动开展。“绿城妈妈”项目新建1个，提升3个，主要开展清洁家园、垃圾分类、环保酵素制等五大环保行动，以便民服务的方式将绿色理念融入社区、根植于群众日常生活。

（撰稿：窦　娟　审阅：王　晓）

科　协

【概况】　金水区科协成立于1978年，是中共金水区委领导下的全区科技工作者的群众团体。2020年，区科协荣获“2020年科普日活动全国优秀组织单位”“河南省第十四届青少年科学素质大赛优秀组织奖”“第二十届河南省青少年机器人竞赛郑州分赛区活动优秀组织单位”“第27届郑州市青少年科技创新大赛优秀组织单位”等荣誉。制作的“让科普照进云课程，用科技打开智慧门”项目在2020年“i科普”科技志愿服务先进典型征集活动中，被评为“十佳科技志愿服务项目”。制作的“冬至春未远　岁末庆元旦”金水区科普大学各分校新年祝福视频和赵成志：“讲好中国故事，弘扬奉献精神”金水区社区科普大学荣获“郑州市2020年度争做郑州好市民‘网聚正能量　奋进新时代’网络正能量精品”称号。

【全民科学素质】　召开金水区2020年全民科学素质工作推进会。圆满完成“十三五”全民科学素质纲要收官之年的科学素养调查工作。在2020年度河南省全民科学素质提升项目中，大石桥街道中亨社区被评为河南省科普示范社区，区艺术小学被评为河南省科技活动特色学校。同时联合区人社局对近两年来为金水区全民科学素质工作作出突出贡献的先进集体、先进个人予以表彰。

【社区科普大学】 金水区共有社区科普大学21所，受疫情影响，2020年开课6所。为保证课堂安全，区科协为科普学校配备了额温枪、口罩、消毒液等防疫物资。开展秋冬季防疫防控知识讲座6次。为实现停课不停学，11月开展“云科普”之线上健康科普讲座、“讲好中国故事，弘扬科学精神”老照片征集等活动。截至年底，科普大学总受众学员5600余人次。

【青少年科普】 组织开展青少年科技创新大赛活动。在金水区开展第23届青少年科技创新大赛活动，在活动中征集各类科技作品322件，评出125项优秀作品参加省级和国家级创新大赛，并取得优异的成绩。其中，获得国家级奖项1个，省级奖项43个，市级奖项140个。为加强优秀作品的辐射和带领作用，收集50幅优秀科幻画作品编辑成册，共计1768本，发放到全区25所小学。整合资源，开展“青少年科普游”活动，组织20余名中小学生参观市科技馆、消防大队等科普教育基地。依托科普大学平台开展“丝竹笛韵”科普音乐课和亲子手工剪纸活动。三是组织开展科普专家进校园、“大手牵小手”科普进校园等活动，以科技研学、科普大篷车、科普剧进校园等方式，吸引3000余名学生踊跃参与。四是组织区中小学校参加河南省青少年科学调查体验活动，共15所学校参加，其中，小学12所、中学3所。五是组织辖区中小学参加2020年郑州市青少年机器人竞赛暨第二十届河南省青少年机器人竞赛郑州分赛区活动，并获得一等奖40个、二等奖51个、三等奖56个、优秀奖24个。

【科普益民工程】 开展暑期青少年科普游系列活动，参观市科技馆、消防大队等科普教育基地；深入开展科技、文化、安全、健康、环保进社区活动；举办“致敬抗疫英雄践行科技为民”第七届金水区科协书画展；邀请市科普讲师团专家到凤凰台街道开展健康知识讲座；联合区科技局开展“科普电影进社区”活动，共播放电影20场；发挥科技人才力量，举办农村电商培训，受益群众达到600余人。

【主题科普活动】 承办2020年河南省、郑州市全国科普日主场活动，设置科学战疫、人工智能、智慧生活、青少年科技教育、现代科技馆体验、科技助力脱贫攻坚6个主题展览。围绕“决胜全面小康，践行科技为民”主题，举办金水区科普宣传月活动。联合机关、社区、农村、学校、企业及各团体开展各类线上线下科普宣传活动60余场，免费提供科普童话有声书、科普电影、优秀科幻画展等资源100余种，展出科普展板200余块，发放印有“科普中国”二维码和科普宣传标语的环保袋、宣传彩页、口罩、酒精等1万余份，受益群众3万余人次。全国科普日期间，金水区开展活动总数居郑州市首位。金水区科协被推荐为河南省全国科普日优秀特色活动单位，同时也作为郑州市唯一一家县市区单位被河南省科协推荐为科普日活动全国优秀组织单位。

【基层组织建设】 集中对社区科普基地的建设情况进行调研，对辖区“中国科普e站”进行汇总统计并完成整改报告。对省级示范社区经八路的科技社区进行实地考核，对存在问题提出整改意见，并对下一步如何更好发挥科普阵地作用提出指导性意见。加强基层科协组织建设，2020年，重新调整17个街道科协分管领导群和科普经办人工作群，基层科协组织战斗力得到有效提升。

【学会工作】 2020年第四个“全国科技工作者日”期间，先后开展了走访慰问抗疫期间作出突出贡献的科技工作者、“让法律融入生活”科普宣传活动、“致敬英雄”援鄂抗疫先进事迹报告会、“诵读科学经典，弘扬科学精神”等一系列活动。为科技工作者提供平台，2020年河南省肿瘤医院陈小兵成为河南省首席科普专家团成员。在

9月，金水区科协举办金水区少年儿童优秀科幻画作品展　（区科协/供图）

郑州市“讲科学、讲创新、讲道德、比贡献”活动评选工作中，金水区科协经过筛选，申报郑州市金水区同济不孕不育医学研究院为先进集体，申报中科九洲科技股份有限公司张友阳为科技标兵。

【反邪教宣传】　在全区开展反邪教警示教育。承办郑州市“思政课上反邪教”参赛教师培训班暨反邪教知识讲座。并组织辖区大中专院校集中开展“崇尚科学、反对邪教”主题宣传教育周活动，在全区高校营造了浓厚的法治和反邪教氛围，进一步推进平安校园、文明校园、无邪校园、美丽校园建设。新增户外科普宣传电子屏1个、宣传栏17处。

【新冠肺炎疫情防控】　及时关注群众心理健康，做好心理辅导。随着新冠肺炎疫情防控工作的深入开展，居民群众在面对疫情时有可能患上情绪病，因此心理疏导和情绪放松就显得尤为重要。区科协下沉党员坚持主动靠前，分类指导，帮助群众消除在疫情防控期间出现的焦虑、压抑等情绪。积极动员和组织广大科技工作者、科普工作者，迎难而上，做好疫情防控应急科普工作，坚决做到“疫情不解除，科普不掉线”。疫情防控期间，根据区委工作要求，全员下沉经八路街道科技社区，在2个值守卡点，24小时不间断值守，并联系省科协为科技社区捐赠科普宣传挂图、防疫物资及价值10万元的疫情心理健康服务卡，为打赢疫情防控阻击战贡献力量。

（撰稿：杜　焕　审阅：左献伟）

工商业联合会

【概况】　金水区工商业联合会是中国共产党金水区委领导的金水区工商界组成的群众团体和民间商会，是党和政府联系非公有制经济人士的桥梁与纽带，是政府管理非公有制的有力助手。

2020年，区工商联紧紧围绕全区中心工作，充分发挥工商联统战性、经济性、民间性优势，优化营商环境，助力非公经济健康发展。

【会员企业理论学习】　2020年年初，区工商联将深入学习习近平新时代中国特色社会主义思想作为理论学习的重中之重，把相关书籍列入中心组学习计划，并扩展到党组会议学习。同时在街道商会、直属商会开展深入学习习近平新时代中国特色社会主义思想活动。11月下旬，开展“展望十四五”主题教育非公党建学习月活动，面向企业会员发放《中共中央关于制定国民经济和社会发展第十四个五年规划和二〇三五年远景目标的建议》《中国共产党第十九届中央委员会第五次全体会议文件汇编》等93套书籍。

【会员企业现状调研】　组织辖区民营企业参与全国工商联上规模民营企业调研，经评选金水区有4家入围河南省民营企业综合百强和服务百强；在“《优化营商环境条例》的发布与统筹推进疫情防控和经济社会发展”调研课题中，58家会员企业参与线上调研并提交意

9月，金水区工商业联合会举办副会长企业培训　（区工商联/供图）

见；组织企业参与“全国工商联2020年第三次民营企业运行状况调查”，调研会员企业102家；面向全体会员开展“万家民营企业评营商环境”活动，收回高质量调研问卷79份。区委常委、统战部部长付建峰深入辖区民营企业，听取企业疫情下运行情况、遇到的困难，为企业解疑释惑，坚定企业发展信心。截至年底共开展9次线上线下调研，为新的惠企政策更加精准提供理论依据和现实参考。

【“两个行动”工作】　积极开展民营经济“两个健康”百县提升行动和“一联三帮”保企稳业专项行动。建立诉求响应智慧平台。集成政策咨询、意见建议、法律维权、困难求助、举报投诉等功能模块，组建民营企业诉求响应专班，实现民营企业有诉必接、有求必应、有问必答、有难必帮。截至年底，共入驻注册企业422家、涉企部门34家。实施金水区民营企业家培训计划。组建培训专班，制定《新时代金水区民营企业家培训计划工作方案》，成立金水区企业家学院，以专题培训、普惠培训、线上线下相结合等方式进行培训。截至年底，已组织线下专题培训1场，培训66人次；普惠培训6场，培训242人次，组织线上“汇贤学堂”网课25次，培训200余人次。

【精准扶贫工作】　区工商联联合区农委开展卢氏县贫困大学生“金秋助学”捐赠活动，共捐助18名贫困学子，捐款5.4万元。副主席企业郑州杰人置业集团有限公司以扶贫采购方式购买卢氏县扶贫产品120份，合计1.14万元。引导会员企业参与“上善若水，汇爱成金”慈善日捐款活动，其中，副主席企业郑州市金水碧海房地产开发有限公司捐赠1100万元，副会长企业河南鑫山实业发展有限公司捐赠20万元，副会长企业索克物业发展股份有限公司捐赠3万元。组织企业参与街道商会开展的“春风行动”“春暖行动”“非公企业人才交流会”等活动，共提供就业岗位4675个，实际安排就业人数4500个，帮扶5000余人次。

【新冠肺炎疫情防控】　2月，工商联及时和各街道商会、直属商会沟通联络，将近期出台的一系列支持企业复工复产的政策措施传达于企业。上半年，各街道商会向辖区内非公企业发放调查问卷100余份。利用郑州市有关政策及《金水十条》《金水区疫情防控期间支持企业复工复产优惠政策》等扶持政策，助推企业复工复产加速。

截至年底，区工商联商会企业通过各种形式，累计捐赠防护口罩1万个、乳胶手套1万双、红外线耳温枪320余把、KF94医护人员专用口罩500个、医用口罩26700个、抗菌抑菌棉被1000余条，捐款合计达212.93万元。6月初，按照《郑州市社会信用体系建设工作领导小组关于新冠肺炎疫情期间社会信用相关政策的通知》，区工商联向市工商联推荐参与红名单评选的企业，经郑州市相关部门评选入选26家，入选率为93%。

区工商联全体人员严格按照要求在人民路街道工人新村社区24小时值守卡点，为辖区居民测量体温、出入登记、为来往车辆消杀等。

（撰稿：王　悦　审阅：李江波）

残疾人联合会

【概况】 2020年，金水区残疾人联合会（以下简称残联）共办证、换证1922件，其中：视力残疾127件，听力残疾163件，言语残疾14件，肢体残疾1126件，智力残疾206件，精神残疾201件，多重残疾85件。

新冠肺炎疫情发生以来，区残联组织党员干部迅速下沉到凤凰台街道开展疫情防控工作，积极开展入户走访、卡点值守、对重点人员进行隔离等工作，为守护人民身体健康和生命安全做出积极努力。

【中央专项彩票公益金】 6月11日，中残联督导组一行到金水区就残疾人事业发展补助资金（中央专项彩票公益金）项目开展调研，了解该项目在金水区的组织实施、实施成效及存在问题。经过调研，督导组对金水区的残疾儿童康复、“五个一”等工作给予了高度评价。

【基层组织建设】 深入贯彻落实上级要求，推进金水区残联改革，经多次修改、征求意见，改革方案已于10月份出台。加强17个街道的残联建设，所有社区（村）残疾人协会完善了相关工作制度和职责，221名残疾人专职委员配备到位并切实发挥作用，为推动基层残疾人事业发展提供了组织保障。2020年，发放残疾人专职委员专项补贴26.52万元。

【残疾人辅助器具发放】 根据辖区残疾人动态更新辅助器具需求数据，为有需求的428名残疾人发放轮椅、拐杖、坐便椅等545件辅助器具，为6个街道级党群服务中心配备120件辅助器具用于免费租赁，有效满足视力、听力、肢体等各类残疾人的辅具需求，方便辖区残疾人和居民，提升辖区残疾人的满足感与获得感。

【残疾人补贴】 区残联把各级、各类救助的发放作为工作的重中之重，加大宣传、及时审核、应补尽补，将各级、各类救助发放到符合条件的残疾人手中。残疾人“两补”工作常态化推进，每个月及时审核。截至年底，为2768名重度残疾人和1217名困难残疾人发放“两项补贴”484.66万元（残联审核、民政局发放）。做好重度残疾人特殊生活补贴发放工作。全年共发放重度残疾人特殊生活补贴1020人、854.27万元。落实其他救助政策及区级临时性救助：惠及一户多残、多重一级、临时救助等残疾人家庭104户、319人，发放救助资金44.98万元。为96名贫困重度精神残疾人发放服药补贴4.792万元；为25名“三无”残疾人发放救助补贴14.65万元；发放低保家庭精神病患者医疗救助237人、27.57万元；发放残疾人机动轮椅车燃油补贴86人、2.223万元；发放重度精神残疾人监护人“以奖代补”212人、63.6万元（残联审核，政法委发放）；发放残疾人“通讯补贴”1450人、52.2万元。做好“绿城通关爱IC卡”年审及新办卡工作，共年审关爱卡2990

2月，区残联党员干部下沉凤凰台街道开展疫情防控工作　（区残联/供图）

8月，区残联组织开展2020年残疾人烘焙技能培训　（区残联/供图）

张、新办关爱卡377张。

【残疾人证办理】　根据“放管服”改革工作“最多跑一次”的要求，简化程序，尽最大努力方便群众。因2019年第二代残疾人证陆续到期，大量的残疾人证需要及时换发，为了避免残疾人因为证件过期影响享受相应的待遇，区残联、办事处残联及社区残协三级联动换证，以达到快速、便民、高效的效果。2020年，新办残疾人证507人次，到期换证1116人次，其他856人次。对于确因身体原因无法去医院进行鉴定的残疾人，协调评残机构上门鉴定59人。

【康复工作】　残疾儿童康复救助工作。2020年，0~6岁残疾儿童康复工作是省民生实事之一，金水区完成该项工作任务数为160人，已审核通过244人的救助申请，全年发放康复救助资金156.98万元。做好残疾人健身示范点建设工作。在残疾人居住较为集中的丰庆路办事处九锦台社区、四月天社区建设残疾人健身示范点3个，安装残疾人健身锻炼器械31件，方便残疾人就近体育锻炼。积极开展“康复体育进家庭”工作，为辖区14户重度残疾人家庭配备康复体育器材50件。

【教育就业工作】　做好教育救助工作。按照“全覆盖、零拒绝”的要求，配合区教育局，安排轻度残疾儿童在普通学校随班就读，安排不能适应普通教育的残疾儿童到特殊教育学校就读。对在校残疾学生和接收残疾学生的学校给予救助和补贴，全年共救助在校残疾学生255人，共发放救助补贴17.7万元。对金水区利智学校按在校残疾学生拨付特教和康复经费5.9万元。为辖区融合教育幼儿园（蔚蓝幼儿园）拨付彩票公益金助学项目资金14.5万元。开展残疾人就业培训，促进残疾人就业创业。开设盲人保健按摩、淘宝云客服、插花、茶艺、烘焙等多种培训课程，惠及辖区210多名残疾人，满足了残疾人个性化和多样化的培训需求。

【服务残疾人群众】　开展各种慰问，关心关爱残疾人。在传统节日和新冠疫情期间，开展各项慰问活动：春节慰问贫困残疾人201户；疫情防控期间慰问“三无”残疾人及贫困残疾人91户；端午节慰问“三无”残疾人25名；“全国助残日”活动期间，慰问2家残疾人就业、托养机构（梦航残疾人就业服务中心、金水区心达托养中心）；中秋节慰问114户“三无”“低保多重一级”残疾人家庭。开展多项宣传、文体活动，营造良好社会氛围，丰富残疾人文化生活。开展残疾人文化进家庭“五个一”及“文化周”系列活动10场，帮助重度残疾人走出家门，参加“读一本书、看一次电影、游一次园、参观一次展览”及趣味运动会、看皮影戏等活动。做好调查，有的放矢开展工作。做好残疾人基本服务状况和需求信息数据动态更新工作，并注重调查结果在日常工作中的运用。10月开展了动态信息更新工作，对全区9000多名持证残疾人进行入户调查，手机APP录入率达到100%，广泛征求到辖区残疾人群众的康复、就业等需求，经汇总分类，下步将在康复、就业培训、配发辅具、组织活动等方面更加有针对性地为残疾人开展服务。

（撰稿：杜　立　审阅：青小丽）

红十字会

【概况】　2020年，区红十字会牢固树立“小单位、大作为”的理念，以自身党建为基础，志愿团队党建为抓手，深化党建引领，从政治站位、责任定位、有为、有位四方面发力，将党建工作和红十字基层组织建设、人道文化传播、三救三献核心业务、志愿服务发展等工作有机融合，充分发挥红十字会在党和政府人道救助领域的桥梁和纽带作用，创造性地开展各项工作，实现了党建工作和业务工作双促进。

2020年，先后荣获“郑州市脱贫攻坚嘉奖”“郑州市2020年度人体器官捐献工作先进集体”“中国红十字总会抗击新冠肺炎疫情暨红十字应急救护知识竞赛活动单位组织奖一等奖”等荣誉和称号。推选的优秀作品《张菊：暖心“菊妈”二十二年公益路》荣获“河南省2019年度‘五个一百’网络正能量精品推选活动‘百名网络正能量榜样’”称号。

【志愿者队伍建设】　做好志愿者资料库的管理工作，完善志愿者管理办法，成立志愿者之家，对新招募志愿者及时登记造册，新招募志愿者580多人，新成立志愿服务队16支（其中社区红十字志愿服务队6支）。2020年，金水区共有红十字志愿者服务队30支，注册志愿者1800多人。

【红十字宣传】　2020年，区红十字会在各级各类新闻媒体刊发新闻稿件339篇，其中，《中国红十字报》4篇、《河南日报》7篇，《郑州日报》39篇，《郑州晚报》25篇，郑州电台15篇，郑州电视台35篇、人民网6篇，“学习强国”APP平台5篇，金水发布8篇，其他新闻媒体195篇。联合爱心团队及18家高校社团招募1659名大学生志愿者开展“5·25”国际儿童失踪日及“5·29”预防儿童走失日宣传活动，举办第六届寻亲大会，启动“万千百圆梦计划”线上线下寻亲联合行动，开展“预防儿童走失公益宣传周”活动。开展应急救护知识宣传，组织参加中国红十字总会举办的《中华人民共和国红十字会法》暨全国红十字应急救护知识竞赛，荣获最佳组织奖一等奖。

【“三救三献”工作】　应急救护培训能力不断提升。区红十字会有序开展救护员培训和群众性应急救护知识普及培训工作，2020年，共开展救护员培训67场，培训急救员3012个；群众性培训132场，受益群众达10万多人。开展“博爱家园”救护员培训，组织对辖区红十字志愿者、“五进社区”试点社区志愿者和群众开展培训，培训111人，受益400多人。组织12名志愿者参加中国红十字总会应急救护师资培训，组织11名志愿者参加郑州市养老照护护理员培训，全部通过考试，获得证书。为助力金水区生命安全教育，河南迈瑞德医疗服务供应链有限公司捐赠AED训练机3台，总价值1.8万元，定向用于风马旗应急救援队应急救护培训工作。

为助力灾区防汛救灾工作，金水区红十字风马旗应急救援队于7月21日晚抽调10名党员骨干组成救灾分队，携带4艘冲锋舟、各类救灾装备连夜赶赴安徽阜阳王家坝蓄洪区部台乡，协助当地政府抢险救灾、为受困村庄运送物资，转移群众。金水区红十字神鹰救援队在汛期也奔赴河南信阳固始等地开展救援行动，转移受灾群众。期间累计动员救援队员172人次，输送救援物资43艘次，保障转运人员258人，为安徽灾区群众贡献了河南力量。救援行动得到了当地党委政府和群众的高度评价。为助力神鹰救援队开展抗洪抢险等救援工作，北京兆纳科技有限公司捐赠橡皮艇和救生衣，价值13700元。金水区志愿者服务队参与应急救援的事迹被《中国红十字报》《河南日报》《郑州日报》等多家媒体进行了报道。开展“99公益日”募捐筹资工作。依托河南省红十字基金会，在腾讯公益平台发起了“君鹏爱心转运计划”“2020金水益路有爱”等公益众筹项目，筹募资金27664.36元。

人道救助志愿服务不断深入。利用各种节假日，组织开展丰富多彩的人道救助活动，为最易受损害群体送去关怀和温暖。春节前后开展“博爱送万家活动”，对金水辖区28户低保家庭、贫困志愿者和造血干细胞捐献者家庭，登封市唐庄镇塔水磨村20户贫困家庭进行走访慰问。“六一”儿童节前，动员社会爱心力量，筹募价值1600多元物资到郑州康达能力训练中心，看望自闭症患儿，传递了社会关爱。6月，联合爱心企业发起“盛夏送清凉”关爱环卫工人活动，为环卫工人送去价值7120元的西瓜和矿泉水等。“七一”建党节、“八一”建军节和中秋节前，先后发起关爱老党员和抗战老兵等活动，动员爱心企业捐赠价值近20万元的物资，“五进社区”试点社区的老党员、老军人和对口帮扶村的老党员、老革命以及军烈属200多户，传递社会爱心。为人民路街道办事处顺一社区大病患者刘军发起人道救助活动，通过公益义演义卖，线上线下共筹款2.4万余元。2020年，共组织开展志愿服务活动100多次。

“三献”工作开展稳中求进。利用“3·5”学雷锋日、“5·8”世界红十字日、“5·12”防灾减灾日、“6·14”世界献血者日等纪念日，联合区直机关工委、区文明办、共青团金水区委、区机关事务管理局、区人民检察院等相关单位举行无偿献血暨造血干细胞志愿者招募、应急救护知识和技能普及培训、遗体器官捐献宣传等活动。2020年，共有222人参加了无偿献血，献血216900毫升，有77人加入了中国造血干细胞资料库。联合发起“金水区公职人员无偿献血月”活动，倡导机关公职人员支持和参与无偿献血，以实际行动支持和参与区委、区政府创建全国文明城市、国家卫生城市和争当出彩先锋的号召，引领、带动广大市民参与到无偿献血队伍中来。编印遗体器官捐献宣传资料，以各种活动为载体，宣传遗体器官捐献相关知识，开通咨询电话，受理群众咨询。组织遗体器官捐献协调员上门为有遗体器官捐献意愿的孤寡老人孟文建等签订遗体器官捐献协议书，并通过郑州电视台、《郑州日报》、《郑州晚报》等多家新闻媒体宣传遗体器官捐献的相关知识，引导更多的市民申请加入遗体器官捐献志愿者队伍。媒体报道后，陆续有30多个志愿者相继申请了网上登记并在朋友圈晒出了自己的登记卡，有5名热心市民申请了线下遗体器官捐献志愿登记。

【“结伴同行脱贫路”工作】 联合爱心企业和爱心人士，筹备物资，在春节、“七一”、“八一”、中秋等节日走访慰问抗战老兵、伤残军人老兵以及困难群众，为他们带去社会各界的关怀和温暖。为对口帮扶的登封市唐庄镇塔水磨村举办跨年春晚，为贫困户筹募米面油和棉衣、棉被、棉鞋等生活物资，价值5万余元。组织专家和志愿者为塔水磨村3万多棵石榴树进行嫁接；邀请中医药专家到塔水磨村实地踏勘，制定中药材种植制方案，动员爱心企业为中药材基地筹募中药材种子及6吨、8吨爱心水罐2个，并邀请电商专家开展电商培训；为贫困家庭的11个孩子找到了结对帮扶人，实施一对一地结对帮扶。联合爱心单位共同发起“2579个孩子的校服梦”公益项目，为卢氏县官道口和杜关两镇的中小学生筹募校服，线上线下共筹款54万元，全部转交2家镇政府，定向用于校服购置；联合爱心企业为2所镇中小学校孩子进行视力检测和医学验配，为536名贫困家庭捐赠价值259960元近视眼镜；联合爱心企业为2个镇筹募棉被200条；发起“君鹏佑爱助转运，红心汇聚为脱贫”爱心转运项目，为官道口和杜关2个镇建档立卡贫困户、五保户及伤残军烈属等群体到

3月，风马旗志愿者服务队为抗击疫情献血　　（区红十字会/供图）

郑州就诊就医或转院、到郑州就医康复出院、体检回卢氏的患者提供免费的非急救医疗转运，缓解群众看病难、看病贵问题。帮助对口帮扶的贫困村村民发起消费扶贫，通过微信朋友圈及新闻媒体发布销售信息，销售收入13万多元。联系爱心企业帮助困难农民销售滞销红薯3500余公斤，捐赠给金水辖区低保困难家庭和志愿者服务队。

【红十字“五进社区”】　在郑州市推广金水区花园路街道办事处农业院社区开展红十字“五进社区”试点经验的基础上，又选取了经八路省委社区、经八路教育社区、北林路金基社区等5个社区，作为金水区首批试点推广社区。在试点推广过程中，以社区需求为红十字进社区活动服务导向，依托社区居民服务场所，集中开展应急救护、防灾避险知识培训，养老照护知识普及、慢性病防控干预、社会救助和红十字精神进社区，吸引招募了社区红十字志愿者广泛参与，动员社区红十字志愿者，针对困难家庭开展人道救助，为顺一社区贫困残疾人李铁东捐款2万元，为大病患者刘军筹募善款2.4万余元。通过对辖区居民提供社会救助和帮扶，将“红十字精神”扎根于基层，服务于群众，提升居民幸福感，满意度。

【新冠肺炎疫情防控】　区红十字会开设募捐专用账户，通过新闻媒体发布筹资募捐公告，广泛向社会募集疫情防控款物。2020年，累计共接收捐赠款物630多万元，所有捐赠款物利用率均达到100%。疫情防控期间，组织风马旗志愿团队组成疫情消杀分队，共对任务区域各机关单位、街道办事处、居民楼院、学校等320多家单位进行了防疫消杀，消杀面积累计达3360万平方米，出动车辆980台次，人员3920人次，受益群众100余万人。区红十字会君鹏爱心医疗服务队成立以党员为主的爱心医疗转运服务队，调集30余台车辆，期间共转运普通患者2135人次，转运里程达30余万公里；转运确诊、疑似病例、归国人员1535人次，涉及63个国家，转运里程7万公里，转运密切接触者和确诊病例105例。疫情防控期间，先后有265名志愿者获得郑州市文明办、郑州市志愿服务联合会共同颁发的郑州市疫情防控志愿者证书。

（撰稿：黄一洁　审阅：王　炜）

法 治

政法委及综治

【概况】 中共金水区委政法委员会是党领导和管理政法工作的职能部门和重要组织形式，金水区委政法委下设办公室、政治处、维稳处突科、维稳风险评估科、综治指导科、基层社会治理科、平安创建科、政治安全科、法治信访科等，负责管理金水区社区巡防工作中心、金水区综治中心。2020年，全区政法系统扎实履行主体责任，健全完善“一把手负总责，分管领导各负其责，班子成员齐抓共管”的领导体制和“一岗双责”工作机制，坚决贯彻落实“三重一大”决策制度。深入开展政法委机关以案促改工作，对照近年来全省政法委机关干部违纪违法典型案例以案促改，进一步加强政法委干部队伍建设。

【安全稳定】 全力维护政治安全，深入贯彻落实总体国家安全观，密切关注重点人员动态动向，妥善处置各类串联聚集活动，严防敌对势力插手事件和特殊利益群体。全力维护社会稳定。扎实做好重大时期安全稳定，各级两会、五中全会期间实现“金水零干扰”的目标。深入开展“两案”、问题楼盘、涉法涉诉等特定利益群体问题化解。妥善处置疫情防控期间因商铺租户要求减免房租发生的群体性事件。依法打击寻衅滋事、干扰党政机关办公秩序等违法行为63人次。同时，加强应急处置队伍建设，进一步提高应急处置能力。共处置省直机关周边等重点区域群体性事件52起，打击处置违法行为12次。

【扫黑除恶专项斗争】 截至年底，查扣在案财产总价值218.45万元，生效判决认定财产总价值3748.90万元，处置清理财产价值401.1万元。全区纪检监察系统共查办涉黑涉恶问题线索127件，共深挖“保护伞”5人，给予党纪政务处分5人。因群众身边涉黑涉恶严重腐败给予党纪政务处分3人，因工作推进不力给予党纪政务处分2人，因失职失责给予党纪政务处分2人。全区各行业主管部门开展扫黑除恶专项整治活动40次，印发工作方案50个，建立长效机制20个。纪委监委和政法机关对涉案单位、行业主管部门等相关单位发出“三书一函”18份。以扫黑除恶专项斗争为抓手，推动国基路街道路砦村、丰庆路街道陈砦村等4个软弱涣散村党组织升级上档；维护换届选举期间的正常秩序，配合组织部完善和落实“两委”成员资格联审机制，取消资格13人。

【治安防控体系】 持续完善“雪亮工程”。开展视频监控补盲建设，新建人像卡口110个，为120个无主管楼院安装人脸识别门禁系统。在全区试点推行健康码与小区人脸识别通行码二合一。创新治安巡防工作机制。推进警巡一体化、巡消一体化，完善专群结合机制。探索社区警务综治一体化新模式。积极培育人民路街道办事处顺一社区警务综治一体化试点，将警务资源与社区资源融合，实现“1+1＞2”的效果。积极推进“智慧政法”“政法跨部门大数据办案平台”建设。配合阿里团队在经八路街道搭建“智慧政法”平台试点，联合科大讯飞团队搭建“政法跨部门大数据办案平台”，已受理流转案件300余起。深化三级综治中心（站）规范化建设，充分发挥基层社会治安综合治理桥头堡作用。基层平安创建、平安宣传、“六员”进校园、未成年人防溺亡、严重精神障碍患者管控、铁路护路、禁毒、防范电信诈骗等一系列平安建设专项工作成果突出。为辖区居民购买治安综治财产保险、精神病人肇事肇祸责任险。

【新冠肺炎疫情防控】 妥善处置疫情防控中出现的违法犯罪和不稳定问题，打击处置涉疫违法犯罪人员41人。组建社会防控部24小时信息数据处置专班，建立重点人员信息处置、隔离管控全链条处置机制，实现境外和中高风险地区返回郑州人员信息全掌握、管控无遗漏。

（撰稿：邢旭东　审阅：潘夕全）

公　安

【概况】 10月16日以来，按照全市城区公安分局改革要求，金水原有7个公安分局有序完成机构整合并成立新的金水分局，新一届局党委班子迅速理顺工作思路，统一队伍思想，激发队伍干劲，使新的警务工作有序有效运转并步入正轨，坚决完成上级下达的各项工作任务、坚决守护辖区安全稳定。

【严打违法犯罪】 2020年，全年刑事拘留3033人，提请逮捕1084人，移送起诉1824人，公诉1396人，行政拘留1591人，强制隔离戒毒102人。10月16日城区分局机构改革后，金水分局共刑事拘留1320人，提请逮捕229人，移送起诉441人，公诉404人，行政拘留651人，强制隔离戒毒71人。全年公诉涉黑犯罪嫌疑人14人，涉恶犯罪嫌疑人4人。深入推进“净网2020”“雷霆十号”专项行动，抓获网络信息犯罪、侵犯公民个人信息等嫌疑人41人，刑事拘留38人，提请逮捕36人。全年抓获“网上逃犯”388人。整治涉黄涉赌违法犯罪。10月16日以后，共行政拘留207人，刑事拘留50人，提请逮捕30人，起诉7人。对11家涉黄娱乐场所、1家涉黄洗浴业进行依法处理和取缔。整治跨境网络赌博累计刑事拘留78人、提请逮捕45人、移送人民法院审判52人。累计查询、冻结涉案银行账户及微信、支付宝账户3000余个，冻结涉案银行资金80万元，冻结涉案嫌疑人及其近亲属不动产29处。

【基层基础】 以有效举措服务实战，提升群众安全感。重点开展八项工作：扎实开展“一标三实”基础信息采集工作，社区警力下沉社区。切实做好治安重点人员管控。辖区治安重点人员目前已全部逐人登记造册建立台账，分类定级归档。严格规范五类重点人员档案，尤其是加强“七嫌一释”重点人员管控。强化内部单位管理，消除治安隐患。10月16日后，开展内部单位安全检查3200余次，发现治安隐患127处。深入推进“百万警进千万家”活动。坚持排查矛盾纠纷“五必访”工作方法，将防范电信网络诈骗宣传与警民恳谈会有机结合。加强社区巡逻防范。根据辖区特点，划定治安巡逻区域180个，组建专兼职社区巡逻队180支，参加巡逻的治安积极分子、社区综治力量达到9000余人，持续对辖区警情高发部位、治安复杂区域、内保重点单位等区域开展治安巡逻防范工作。加强重点场所管理。统一对辖区娱乐场所进行备案,对存在问题的46家旅馆业予以处罚。强化危爆物品防护。共行政拘留非法携带管制器具1人，行政拘留非法买卖危险化学品1人，大额处罚易致爆化学品从业单位2家、罚款2万元，收缴管制器具11把，收缴各类子弹568发。全区未发生涉枪涉爆案件。严格消防管理。开展消防专项行动5次，下发《责令改正通知书》1997份，立案处罚1107起，下发行政处罚决定书998份，罚款172130元，消防拘留45人。

【公共服务】 警务机制改革以来，重点做好六项工作：优化窗口服务，全面提高户籍民警的服务意识和服务能力。按照市局要求，对分局17个户籍窗口建设标准进行规范，确保每个户籍室配置全城通办制证机、电子签字屏、智能双目活体检测仪等办公设备及便民利民设施。做好重复户口清理工作。对部级库人口信息比对系统下发的5批、375名疑似重户人员逐一核查。结合金水区纪委、监委开展“一人多证”专项清理工作，运用“人像比对系统”对移交的11614人逐一核查，从中梳理出的户口登记存疑线索已逐批向区纪委、监委反馈。持续深化“放、管、服”工作。积极落实加快推进户籍业务就近办理规定，实现户口19项业务、居民身份证11项业务全区范围通受通办。12月26日，结合金水区实际和群众需求，在花园路户籍室、丰产路户籍室实行“周末无休”工作模式，最大化满足群众休息时间办理业务的需求，打通为民服务“最后一公里”。临时身份证办理业务由规定的3日缩短到1日，市外迁入审批时间由规定的10个工作日缩短为5个工作日。

【新冠肺炎疫情防控】 面对突如其来的新冠疫情，金水分局首先重点做好辖区疫情相关人员的摸排管控工作。疫情防控工作期间共下发指令核查153人，排查居民楼院1912个，无主楼院689个，宾馆874家，洗浴中心48家，饭店1308家，娱乐场所119家，网吧151家，张贴封条10472户。做好辖区重要路段卡口的车辆人员盘查工作。1月24日金水区原7个分局开始在连霍高速文化路站、花园路站、东三环站、鸿宝路东三环站4个卡口24小时执勤。1月24日—3月19日，4个卡口共计核查车辆473066辆，人员610869人。做好基础信息核查登记工作。按照市局“四对照、两推送”工作方法，认真开展信息核查登记工作，进一步夯实“一标三实”各项工作，确保实现流动人口采集率达90%以上的工作目标。金水分局有1名民警荣立个人二等功，8名民警荣立个人三等功。

（撰稿：王　丁　审阅：何汝伟）

社区民警辖区巡逻　（郑州市公安局金水分局/供图）

检　察

【概况】 2020年，金水区检察院紧紧围绕“规范提升当标兵，创新驱动作引领，努力建设全国一流基层检察院”的工作目标，积极服务经济社会发展大局，忠实履行法律监督职责，各项检察工作稳步开展，再次荣获全市绩效考评第一名，第六次荣获“全国文明单位”称号，第四次荣获“全国先进基层检察院”称号。受理提请逮捕犯罪嫌疑人1489人，受理移送审查起诉1825人；经审查，依法批准逮捕937人，提起公诉1601人。

【刑事检察】 依法惩治各类刑事犯罪。牢固树立总体国家安全观，受理提请逮捕犯罪嫌疑人1489人，受理移送审查起诉1825人；经审查，依法批准逮捕937人，提起公诉1601人。突出打击严重影响人民群众安全感的犯罪，起诉故意杀人、抢劫、强奸、绑架等严重暴力犯罪59人；起诉盗窃、诈骗等多发性侵财犯罪641人；起诉“黄赌毒”等损害社会道德风尚犯罪134人。充分发挥检察机关在反腐败斗争中的重要作用，起诉监察委移送职务犯罪6人；立案查办损害司法公正职务犯罪1人。

始终保持扫黑除恶高压态势。扎实开展“六清”和深挖攻坚“百日冲刺”行动，充分运用重大案件请示汇报、公检法常态化沟通等机制，坚决打赢打好扫黑除恶收官战，批捕涉黑恶案件6件、24人，起诉7件、42人，实现检察环节案件“清零”目标。坚决“打伞破网”“打财断血”，移交保护伞线索10件，办理财产执行监督179万元，发送检察建议2件，实现“打治建一体发展”，取得良好社会效果。

深入推进社会综合治理。对轻微刑事案件重在化解矛盾、减少对抗，依法决定不批捕547人、不起诉121人，逮捕后依职权审查建议变更强制措施44人。积极推动解决社会治理中的重点、难点问题，制发各类检察建议147件，有效实现“办理一案、影响一片、治理一方”。

用心织密未成年人检察“保护网”。坚决惩治侵害未成年人权益犯罪，依法批捕49人、起诉58人；深化教育、感化、挽救工作，不批捕涉罪未成年人19人、不起诉6人；深化最高检“一号检察建议”落实，办理性侵未成年人犯罪案件37件、58人；联合区教体局建立从教人员准入制度，推动预防校园性侵、加强校园管理。坚持“法治教育从娃娃抓起”，向22所学校派出法治副校长，开展普法“云课堂”8期，其中1期被全国青少年普法网收录，切实为孩子们扣好人生第一粒“法治扣子”，1名干警被评为“法治进校园”全国巡讲表现突出个人。建设未成年人帮教基地，引入司法社工参与帮教，工作经验写入全国《未成年人检察工作白皮书》。

【民行检察】 加强民事行政检察监督。受理一审民事生效裁判监督案件72件，提请抗诉4件，提出再审检察建议11件；对依法不支持监督申请的案件，主动向当事人耐心细致释法说理，引导服判息诉、维护法院裁判权威。聚焦民间借贷纠纷等虚假诉讼高发领域，审查线索7件；与区法院、区公安分局、区司法局会签《关于防范和查处虚假诉讼的若干意见》，着力维护当事人合法权益。办理行政非诉执行监督案件10件，发送检察建议10件，全部被采纳，有效督促法院进一步规范执行活动。

【公益诉讼检察】 加强检察公益诉讼。切实肩负公益“看护人”职责，持续深化公益诉讼工作，紧紧围绕生态环境和资源保护、食品药品安全、国有财产保护等重点领域精准发力，摸排线索109件，立案23件，发送诉前检察建议14件，着力维护国家利益和社会公共利益。持续完善“河长+检察长”依法治河新模式，联合区攻坚办等6个部门，深入开展黄河“清四乱”、整治“城市黑臭水体”专项行动，全面助力美丽金水建设。落实最高检“四号检察建议”，开展“城市窨井设施公益诉讼专项监督行动”，针对调查发现的窨井盖安全隐患问题，向相关单位发出诉前检察建议，督促整改治理，切实守护人民群众“脚底下的安全”。

依法维护食品药品安全。与区公安分局、区市场监督管理局会签《金水区食品药品行政执法与刑事司法衔接工作实施细则》，打造全区食品药品安全责任共同体。严格落实食品药品安全“四个最严”要求，部署开展“保障千家万户舌尖上的安全”“肉类及其制品安全”

专项整治活动，综合运用刑事打击和公益诉讼“组合拳”，批捕制售假药劣药、有毒有害食品等犯罪11人，办理食药领域刑事附带民事公益诉讼案件5件，努力让人民群众吃药放心、用药安心。

【刑事执行检察】 加强刑事执行检察监督。严格落实《中华人民共和国社区矫正法》，探索监督新机制，针对矫正对象脱管、漏管等问题，发出纠正违法通知书16件，纠正漏管4人，促进社区矫正工作综合治理。加强监管活动和刑罚执行监督，共向监管场所发送检察建议14件，全部被采纳。审查郑州未成年犯管教所减刑、假释、暂予监外执行案件96人，纠正提请减刑、假释不当29人；办理的康某假释监督案，在全省首次将“监护人到庭制度”引入未成年罪犯减刑假释庭审中，成为全省首例最高检指导性案例。

【控申检察】 践行新时代“枫桥经验”，邀请金牌调解员参与重大信访案件化解，妥善处置群众来访300余人次；扎实开展“群众信访件件有回复”工作，收到群众来信562件，其中辖内70件，全部由院领导直接办理，用“小信件”凝聚检察“大情怀”，努力实现“事心双解”、案结事了。落实“谁执法谁普法”责任制，开展防范“套路贷”、电信诈骗等宣传活动6次，促进全社会形成遵法、守法、用法良好氛围。

【队伍建设】 不断推动检察改革落地见效。注重发挥领导干部带头办案作用，示范引导检察官秉持客观公正立场。组建交通肇事、金融等犯罪的专业化办案团队，实现专案专办、以精攻专。发挥检察官业绩考评“指挥棒”作用，不断提高办案质量和监督能力。全面落实认罪认罚从宽制度，适用率85.76%，量刑建议采纳率94.95%。

出台《“标准化带动五化建设年”实施方案》，着力加强履职能力建设。开展实训小课堂，推动“检察官教检察官”制度常态化。以“诉辩大赛”为龙头，广泛开展大学习大练兵，1名干警被评为全国优秀公诉人，2名干警被评为全省十佳公诉人；因成绩突出，金水区检察院在全省基层院建设会议上作典型发言。

建立廉政风险“月控季评”机制，切实推动全面从严治党、全面从严治检各项要求落到实处。扎实做好省检察院党组巡视整改工作，常态化开展以案促改，持续警钟长鸣。坚决支持派驻纪检监察组工作，坚持抓早抓小，做到防微杜渐。

自觉接受人民监督。坚持重大事项、重大案件及时向区委、区人大常委会请示报告，认真落实区十三届人大历次会议精神。加强与代表、委员的联系，走访、邀请各级人大代表112人次，认真办理代表建议、委员提案及区人大常委会转交案事件。公开法律文书1119份、案件程序性信息2362条、重大案件信息201条，邀请人民监督员参加公开听证会11次。研发应用“检律智联自助平台”，依法保障律师执业权利，相关经验被最高检转发，被《检察日报》头版报

6月9日，金水区人民检察院参加郑州市第六届全市十佳公诉人暨第十一届全市优秀公诉人业务竞赛　（区人民检察院/供图）

道。认真做好检察新闻宣传，连续16年被评为全国检察宣传先进单位。

【新冠肺炎疫情防控】 新冠肺炎疫情发生后，区检察院认真落实省、市、区委安排部署，严格按照“外防输入、内防扩散”要求，积极投身到疫情防控一线工作中，组织全院干警参与南阳新村街道4个社区、73个楼院的联防联控。突出打击涉疫情防控犯罪，依法快速办理诈骗犯罪7件、9人，妨害公务犯罪2件、2人。

（撰稿：赵 晗 审阅：刘和勇）

法 院

【概况】 2020年，郑州市金水区人民法院共受理各类案件74767件，审执结69713件，结案率93.24%，同比提升3.08%。信息化成果获得最高法院“智慧法院优秀成果”二等奖，1名干警荣立一等功，7名干警荣立三等功，共获得区级以上个人和集体荣誉称号67个。

【刑事审判】 金水区人民法院依法惩治各类刑事犯罪，维护社会稳定，全年共受理各类刑事案件1347件，审结1252件。坚定不移惩治贪腐，审结贪污、贿赂等职务犯罪案件8件、13人，其中县处级1人。严厉打击危害市场经济秩序、破坏金融管理秩序犯罪，审结非法吸收公众存款、集资诈骗、电信诈骗等案件57件、96人，其中涉及参与集资2.8万人，涉案金额533亿元。依法惩处危害公共安全、扰乱公共秩序犯罪，审结危险驾驶、交通肇事等案件286件、286人。加大对妇女儿童权益保障，审结性侵、猥亵妇女儿童、校园欺凌、校园暴力案件21件、32人。坚持宽严相济、罪刑法定、疑罪从无，对227名严重刑事犯罪分子依法判处5年以上有期徒刑，对419名轻微刑事犯罪分子依法判处非监禁刑或免予刑事处罚，依法宣告1名被告人无罪。

【民商事审判】 金水区人民法院共受理各类民商事案件34897件，审结32975件，标的总金额167亿元，有力地保障了经济社会发展和人民安居乐业。倡导优良家风，维护家庭和谐，化解婚姻家庭纠纷案件1734件。依法保障民生权益，审结涉教育、就业、交通事故、房屋买卖等民生案件5863件。切实保护劳动者合法权益，审结涉农民工工资案件524件，为农民工讨回工资600余万元。依法规范民间融资行为，维护金融市场安全稳定，审结民间借贷、金融借款、信用卡纠纷等案件10102件。

【行政审判】 金水区人民法院推进依法行政，保持司法与行政良性互动，建立行政审判与行政执法联席会议制度，共同促进法治政府建设。全年共受理行政案件544件，审结526件，以法治方式支持、监督依法行政。坚持司法为民，维护行政相对人合法权益，依法审结工伤保险、食品药品安全、劳动和社会保障等案件185件。推动行政机关负责人出庭应诉制度，20余家单位负责人出庭参加庭审。促进行政争议实质化解，引导行政机关和相对人达成和解，以和解、撤诉方式化解行政纠纷14件。为行政机关依法行政提供有力支持，督促行政相对人主动履行义务，裁定准予执行案件165件。

【执行工作】 金水区人民法院共受理执行案件32623件，结案29625件，执行到位金额共计39亿元。在执行攻坚取得阶段性成果之后不松劲不懈怠，继续加强执行震慑力，杜绝“执行难”反弹。开展“涉民生专项执行”“腾房大会战”等专项活动10余次，拘留被执行人294人，限制高消费26626人次，将1109人纳入失信被执行人。依法惩戒拒执犯罪行为，审结拒不执行判决、裁定罪案件19件19人。建立信用修复机制，对履行义务的1万余人次解除限制措施。在全市率先联合郑州市公安局车辆管理所建立“涉法车辆查控联动办公室”，通过网络对涉案车辆采取保全措施。强化善意文明执行理念，在保障申请人合法权益前提下，最大限度降低对被执行人生产生活的不利影响，创新推出“预处罚”措施，向491名当事人发出《预处罚通知书》，执行完毕263件，执行到位金额4618万元。

【扫黑除恶专项工作】 2020年，是扫黑除恶的收官之年，金水区人民法院贯彻落实扫黑除恶专项斗争工作，从严从快审理涉黑恶案件。3年共审结涉黑恶案件21件、124人，其中，黑社会性质案件8件、71人，恶势力集团案件4件、22人，恶势力团伙案件9件、31人。对犯组织、领导、参加黑社会性质组织、诈骗、敲诈勒索、寻衅滋事等多个罪名的李某斌判处有期徒刑25年，并没收个人全部财产，分别判处25名同案犯有期徒刑三年六个月至二十三年不等刑期。因成绩突出，金水区人民法院被评为扫黑除恶先进集体并荣立集体三等功。

【司法改革与机制创新】 金水区人民法院不断加大审判方式改革力度，力求审判工作新突破。深化繁简分流试点改革。制定《简化速裁快审诉讼程序规范》《诉前委托鉴定办理流程管理规定》等，建立前后贯通、有序衔接的诉讼程序分流体系。推行普通程序独任审判和小额速裁程序改革，普通程序独任审判案件724件，小额速裁程序适用率达到46%。建立诉前鉴定机制，缩短案件审理时间，受理诉前鉴定案件159件。统一类案审理裁判尺度。建立类案审理研讨规范机制，出台《关于医疗损害责任纠纷案件操作规范的通知》《类案系列案管理规范》等规定。深入开展“四评查”工作，评查案件732件。组织召开专家论证会5次，统一疑难案件裁判标准。健全审判监督管理体制。健全有序放权、科学配权、规范用权、严格限权的审判权力运行体系，制定审判权力和责任清单，明确院长、庭长、法官的权限与责任，压实院庭长审判监督管理职责。强化审判监督管理措施，出台《关于提升民事案件速裁程序适用率的办法》《关于进一步加强审限管理的通知》等规定26个。

【便民措施】 金水区人民法院坚持司法为民，力求推动更加便民利民的诉讼服务改革。深入推进智能化诉讼服务体系建设，为群众提供便利诉讼服务。全年共网上立案32978件，网上开庭6278件，网上缴费12501笔，电子送达127024次，网上查控20428次，推送涉企失信被执行人信息128条。畅通群众联系渠道，区法院“12368”平台接听群众来电40623人次。推动矛盾纠纷多元化解，坚持和发展新时代“枫桥经验”。构建诉前委派调解及诉调对接机制，与河南省银行保险业协会、河南省工商联等签订委派调解协议，建立专业调解组织11个，方便群众解决纠纷，成功化解了南阳新村街道一小区数百名业主与开发商的纠纷，取得了良

智慧法院建设　　（区人民法院/供图）

6月，郑州市金水区人民法院开展“法治进校园”活动　（区人民法院/供图）

好的法律效果和社会效果。推进“一站式”多元化纠纷解决机制建设，通过人民法院调解平台受理纠纷4097件，调解成功1789件；通过机动车交通事故纠纷道交一体化平台快速调解交通事故纠纷280件。开展“法治进校园”系列活动，进一步提高在校学生的守法意识和自我保护意识。

【队伍建设】　金水区人民法院大力加强队伍建设，不断提高司法水平。强化思想政治建设，把学习贯彻习近平新时代中国特色社会主义思想作为首要政治任务。班子成员带头上党课，高质量开好民主生活会，突出问题检视，抓好整改落实。组织支部书记实地学习红旗渠精神，组织党员干警参加“万名党员进党校充电计划”示范班。开发微信学习平台，在线学习政治理论。提升司法能力建设，围绕新法律法规、新知识领域和审判实务疑难问题，注重提升法官业务理论水平和司法审判能力。全年共组织民间借贷、房地产纠纷等专题讲座8期，组织《中华人民共和国民法典》系列讲座12期，有3名干警的论文在省级学术研讨会中获奖。全面加强纪律建设，坚持全面从严治党治院。扎实开展“三个以案”警示教育、“三个规定”情况专项整治、“以案促改”等6项活动，对违反“三个规定”、违规经商办企业等进行专项整治。开展审务督察，强化日常管理，严抓着装考勤、会风会纪、庭审规范等问题，全年发布通报6期。对违法违纪零容忍，发现一起查处一起，共警告5人次，诫勉谈话44人次。

【新冠肺炎疫情防控】　在疫情防控中，金水区人民法院迅速动员部署，组织全体干警积极参与疫情防控，具体负责俭学街、经五路、文丰、博物院、郑花社区5个社区72个卡点的24小时疫情防控相关工作。同时切实抓好内部防控，建立完善疫情防控风险排查和应急处置措施。严格落实领导在岗带班、干警24小时值班和“日报告”“零报告”等制度，抓实抓细内部消杀、就餐管理、卫生防疫、个人防护、安全保卫等各项防控工作，确保全院疫情防控零事故。

（撰稿：李锦锦　审阅：丁　华）

司法行政

【概况】　金水区司法局，局属二级机构为法律援助中心，派出机构为17个司法所（金水辖区17个街道办事处各1个），常设机构为中共郑州市金水区委全面依法治区委员会办公室。

2020年年初，金水区司法局召开司法行政暨党风廉政工作会议，签订2020年度目标责任书及党风廉政承诺书，夯实“一岗双责”。重大节日前进行廉政谈话。组织党员干部前往省纪检教育基地参观学习。5月起开展以案促改专项活动，按照省区市纪检监察机关要求，严格落实社区矫正责任，每月对社区矫正中心和司法所进行检查督导。

【法治政府建设】　积极推进法治政府建设，把党委部门纳入法治政府建设领导小组成员中，加强党对法治政府建设的领导。审核权责清单动态调整事项287项，开展5次立法意见征集工作。全区1375人通过了2020年度行政执法人员培训考试及执法资格审核。审查政府文件395件，确认规范性文件4件，审核政府合同18件，作出依法行政申请答复14起，国家赔偿决定21起。审核重大行政处罚案件29起，收到行政执法行为备案26万余件。全面推行“三项制度”，制定“五个清单”，落实“七个规范”，印制发放“三项制度”知识手册1500份。牵头做好“双随机、一公开”监管工作，调整责任单位为20家，共备案抽查事项167项。

【公共法律服务平台建设】 依托司法所建立的17个公共法律服务工作站，紧密联系基层群众，充分发挥职能作用，形成工作合力，为辖区居民提供优质高效便捷的公共法律服务。金水区司法局扎实推进村（居）法律顾问工作，全区204个社区（村）全部建立公共法律服务工作室，共有村（居）法律顾问100名，覆盖率达100%。建立区司法局与司法所“局所对接”机制，司法所与律师事务所、法律服务所“所所对接”机制，推进法律服务工作不断向基层村（社区）、企业实体、百姓家庭延伸拓展。2月至3月，开展线上法律服务工作，202个村居法律顾问微信服务群，为辖区群众提供了全天候不间断的法律服务。全区共为群众提供法律意见646条，调处矛盾纠纷437件，开展法治讲座101场。

【普法依法治理】 大力加强民法典的学习宣传，筹措资金为县处级和科级领导干部购买民法典书籍，组织全区领导干部和机关工作人员共计5000余人进行民法典网上考试。开展政府常务会议会前学法4次。组织召开委员会第二次会议和委员会办公室扩大会议，审议通过了《中共金水区委全面依法治区委员会办公室督察工作实施办法》《金水区法治工作重要决定和方案备案办法》《金水区2020年营造法治化营商环境工作要点》《金水区关于加强综合治理从源头切实解决执行难问题任务分解方案》。加大促进法治文化阵地建设。民法典出台后，积极更新原有法治公园及34个“普法文化长廊”中涉及的相关法律内容。6月初，建成金水区第三座法治公园。积极争创“河南省法治县市区”，积极迎接省市督察调研及“七五”普法验收工作，协调各单位配合提供材料档案，为迎接上级督查及“七五”普法验收工作做好各项准备工作。积极组织开展“12·4”宪法宣传活动，宣传习近平法治思想，大力弘扬宪法精神。

【人民调解工作】 持续推进司法所规范化建设，改善工作环境，充实工作力量，按照规范化建设的标准，加强司法所软硬件建设、纪律作风建设、队伍建设，强化业务技能，确保司法所职能作用有效发挥。截至年底，区司法局17个司法所均已达到三星以上标准，其中5个司法所被省厅命名为五星规范化司法所，9个所被市局命名为四星规范化司法所。4月下旬，金水区司法局通过政府购买服务形式招聘24名合同制专职调解员充实到各司法所工作，进一步配齐、配强了金水区司法所工作力量。6月份，对各司法所工作人员进行了全面系统的业务培训，着重加强对新到岗合同制专职调解员的岗前培训。8月，组织召开司法所建设工作推进会暨五星级司法所观摩学习活动，要求对照星级所建设标准查漏补缺，找准薄弱环节，积极改进，通过创建使司法所建设水平提档升级。建立健全人民调解组织机构，推进调委会规范化建设，积极拓展人民调解领域。进一步严格专职调解员队伍管理。印发《专职调解员管理细则》《政府购买服务劳务派遣人员管理规定》，对联调专职调解员、社区专职调解员、合同制专职调解员在人员进出、业务培训、分类管理、考勤纪律等方面做出详尽规定。学习推广“枫桥经验”，深入整合资源，健全工作机制，积极化解各类民间纠纷，切实做到矛盾纠纷应调尽调。疫情防控期间，组织辖区各调委会、广大人民调解员广泛参与疫情防控工作，

7月28—29日，区司法局举办金水区2020年度行政执法人员培训班第一期

（区司法局/供图）

集中力量开展疫情防控后期和疫情后矛盾纠纷大排查、大化解，切实消除化解各类矛盾和纠纷隐患。现有各级人民调解组织226个，专职调解员540人。充分运用“枫桥经验”，组织开展各类大排查大调解活动，全力筑牢矛盾纠纷第一道防线，2020年全区共调解矛盾纠纷4890起，调成4825起，调成率为98.7%。

【社区矫正及安置帮教】 在春节前夕，联合郑州市社区矫正执法大队干警，对全区各司法所进行社区矫正对象集中点验活动，实现了敏感时期社区矫正人员“零发案”的工作目标。组织各司法所认真学习省司法厅社区矫正管理局下发的《关于推进社区矫正以案促改工作的提示函》，从中吸取教训。9月15日，金水区人大对金水区2017年以来社区矫正工作开展情况进行视察，对区司法局社区矫正工作开启情况予以肯定。9月25日，区十三届人大常委会第二十八次会议审议了《金水区社区矫正工作开展情况的报告》，并全票通过。组织全区在矫暂予监外执行人员前往医院进行身体情况鉴别，未发现丧失暂予监外执行条件的情况。2020年，全区开展社区矫正调查评估287次，接收社区矫正对象249人，解除矫正258人，出具警告48人次。截至年底，全区共有在矫人员527人，其中缓刑486人、管制2人、假释12人、暂予监外执行27人。社区矫正人员未发生脱（漏）管理现象、未发生有影响的事件。全区共衔接回归刑释解教人员326人，已衔接的回归刑释解教人员建档率达100%，帮教率100%，人员重新犯罪率控制在3%以内。

【法律服务】 高度重视律师基层党组织建设工作。截至年底，郑州律协金水区党总支共辖党支部80个，党员644人。截至年底，确定积极分子52名，发展对象8名，金水区律师队伍已达到党建工作全覆盖。开展《河南省社会信用条例》宣传“进律所”活动，完善律师诚信信息公示，将153个律师事务所诚信承诺全部上传至信用郑州网站。开展律师队伍违规兼职等行为专项清理活动，已按要求完成153个律师事务所2243名律师自查自纠和调查核实阶段工作，对发现问题未整改或未整改到位的律所、律师一律在年检注册初审中予以暂缓。服务“六稳”“六保”，成立金水区“抗疫情、助民企”法律服务团，在防疫期间为金水区民营企业提供包括贸易纠纷、存量订单面临的违约纠纷等情况提供政策和法律咨询。充分发挥职能特长，选取5名优秀律师进入金水区无主管楼院法律专家团，选派198名律师参与金水区普法讲师团巡回讲法活动。

【法律援助】 2020年，共办理涉及农民工讨薪维权法律援助案件278件，办结372件，为农民工挽回劳动报酬739万元。开展刑事案件律师辩护全覆盖试点工作，保障司法人权；春节前组织开展“法援惠民生·助力农民工”专项活动，维护农民工合法权益；开展法律援助志愿服务活动13次，无偿为居民提供法律援助服务；积极参加郑州市“法律援助精品案件评选”，其中3件被评为“郑州市法律援助精品案件”。因疫情原因，2020年共接待群众来访、来电1800余人次，共办理法律援助（帮助）案件共计1422件，收回法律援助案件卷宗件1843件，为困难群众挽回经济损失约984万元。

【新闻宣传】 制作《儿童防拐骗》动画短片2部、《防溺水》动画短片1部，面向金水区180余家公办、民办幼儿园、小学以及中学义务投放，《法制日报》于5月17日刊登了该新闻。2020年，金水区司法局主流媒体宣传报道数量共计210余篇。

【扫黑除恶专项斗争】 区司法局充分发挥自身职能优势，发动强大宣传攻势，营造浓厚法治氛围。围绕“七五普法”规划，深入开展“法律六进”活动，扎实开展扫黑除恶宣传，各司法所与所在辖区街道办事处联合，共悬挂横幅500余幅，发放宣传单1.5万多页，使用广播、电子屏幕若干，大力宣传中央关于扫黑除恶专项斗争的重大决策和相关法律法规，营造扫黑除恶良好法治环境。引导律师参与辩护，依法提供法律帮助。加强对律师代理重大、群体、涉黑恶势力犯罪案件，特别是涉黑恶案件、涉疫案件的监督指导，完成143起涉黑涉恶案件，1起涉疫案件的初审报备工作。利用多种监管手段，加强对重点人员的管控。各司法所坚持每月对在册社区矫正对象进行集中梳理，重点关注。要求各司法所每月不定期对各所在矫社区矫正对象进行集中点验，切实确保所有在矫社区矫正对象监管到位不脱管。截至2020年11月底，区司法局监管的在矫社区矫正对象共计527人，未发生人员脱（漏）管理的情况。截至年底，未发现在矫社区矫正对象重新涉及黑恶犯罪的情况。

【新冠肺炎疫情防控】 通过多种宣传活动让广大群众正确认识新型冠状病毒，知道如何正确防范新型冠状病毒。印制60幅疫情防控宣传条幅、印制“防控疫情 法治同行”宣传挂图，在村、社区防控卡点、商户门店、高速公路各收费站出入口等地悬挂，发放疫情防范相关知识宣传单页。因疫情防控需要，暂停组织社区服刑人员集中学习、集中开展社区服务等活动。组织司法所对全区在矫社区服刑人员健康情况进行排查。严格落实司法部要求，对新衔接的刑满释放人员先确定其在释放前进行过单独隔离14天，释放当天体检为健康后，再进行衔接。积极响应区委区政府号召，区司法局全体人员到岗到位，局机关每日派出超过50%的人员到杜岭街道下沉协助中医院社区在杜岭中街115号院等5个小区门口设立疫情防控服务站。全区17个司法所由所长带领，全员参与各所在街道的疫情防控工作。加强后勤保障，采购电子体温计、84消毒液、口罩、手套等应急防控物品分发给机关及下沉社区人员。

（撰稿：朱琳娜　审阅：翟　培）

武装工作

【概况】　金水区人民武装部，设军事科、政治工作科、保障科，代管金水区国防教育办公室。

根据省军区系统力量编成和规模结构调整改革方案，区人武部编有现役干部、文职人员和职工等3类人员，设军事科、政治工作科、保障科。主要担负国防动员、兵役征集、国防教育、国防设施保护、双拥工作等职能任务。区人武部为正团级单位，接受郑州警备区和金水区委、区政府的双重领导，是区委的军事部门、区政府的兵役机关。

【政治工作】　人武部建立学教机制，党委带机关、党员带群众一起学，融入省军区和警备区教育计划、融入区委高端讲堂借力学。定实落实学习计划，党委中心组每季度落实3天时间进行集中学习教育，每月组织2次专题党日活动，每周结合交班组织1次上级文件精神集中传达，每天落实1小时“学习强国”APP。用好教育契机，结合总结抗疫成效、“七一”、“八一”、国防教育日、纪念抗美援朝出国作战70周年等时机，开展系列党日活动，组织辖区内业余文化团体进社区、进学校、进企业、进广场开展红色歌舞义务演出。在人武部机关、专武干部和民兵中广泛开展读好推荐书目、唱响强军中原、深学省军区历史、传承忠诚和奉献精神活动。2020年轮训备勤中，人武部组织全体民兵开展“学党代会精神、唱响强军中原、守初心担使命”活动。人武部定期组织单位职工到帮扶的荥阳市白赵村慰问困难群众，为白赵村投入100多万元援建文化广场、照明路灯、饮水设施等，组织开展为期1周的“党委帮带支部、党建引领致富”活动。

【练兵备战】　人武部着眼应对多种安全威胁、完成多样化任务需要，结合使命任务，狠抓各项战备工作落实。坚持在节假日和政治敏感期，组织开展形势战备教育。着眼形势发展变化，适时修订完善突发事件处置预案，尤其是针对辖区可能发生洪涝灾害的实际，有针对性地编写《防汛抢险预案》。坚持把军事训练作为提高核心能力的关键环节，坚持依法治训、按纲施训。依据训练与考核大纲，结合区域特点和任务，对民兵训练内容进行合理区分，增强训练的针对性、适用性。按照真打实备的要求，组织民兵进行为期12天的轮训备勤，11月组织对口保障分队进行为期18天的对口保障训练，组织工程抢修分队参加遭袭设施快速恢复演练，组织医疗救护分队批量参加伤员救治演练。

【民兵建设】 对标一流省军区建设“三年规定”，紧盯区委“两率先一争当”总体要求。民兵正规化建设走在全省前列。按照警备区党委赋予的试点任务，人武部机关规范“四个秩序”建设和基层武装部正规化建设，为各类应急队伍配备装备器材120余套，改建作战值班室、党委会议室，健全相关制度机制；基层武装工作体系率先建成。认真贯彻落实省军区关于基层武装部预建党支部、武装委员（组员）、民兵网评员、“五兵”编外指导员队伍建设要求，区委常委会进行专题研究部署，区财政每年发放履职补贴，郑州警备区在金水区组织“四员”任职试点工作，组织12个县（市、区）观摩学习。

【兵员征集】 2020年，金水区征兵工作在大学生比例、征集人数上一直处于全省第一位置。金水区还利用大数据系统精准组织征兵工作。27所高校通过在线视频做到“四个一”：上一次国防教育课、组织一次参军入伍主题团日、开展一次一对一思想发动、组织一次问卷调查；17个街道办事处进社区、进商场、进家庭开展宣传活动。抓服务改革，简化征兵工作办理流程。借鉴地方“一网通办、一网通管”做法，运用大数据征兵系统，结合体检一并办理政治考核、服装量体、心理测试等工作。

【国防教育】 开展“英模挂像进校园”活动。根据军委政治工作部通知要求，定制200余套“十大英模挂像”，悬挂到全区75所中小学校校园，各学校通过举行悬挂仪式、讲述英模故事、召开主题班会、组织征文演讲等形式，营造崇拜英雄、捍卫英雄、学习英雄的浓厚氛围。开展“国防教育进社区”活动。结合“七一”“八一”“十一”等节日，人武部会同区委宣传部一起，在社区级党群活动中心等公共场所，举办讲好“强军故事会”、唱响“红色经典歌”等活动26场。开展“国防教育模范高校创建”活动。按照河南省国防教育模范高校创建活动实施方案，分2次深入金水区、郑东新区27所高校进行检查督导，推动高校国防教育教学开展，抓好学生军训工作落实，做好高校征兵宣传发动。

【新冠肺炎疫情防控】 新冠肺炎疫情发生以来，人武部先后6次召开会议传达上级指示精神。人武部迅速组织专武干部和广大民兵全力投入疫情防控工作，建立人武部、基层武装部疫情防控专项值班和民兵分队专项备勤。1月28日，人武部接到区政府调运帐篷在无主管小区、楼院设置卡点通知后，当晚即组织6个办事处紧急调运，连夜完成任务。随后，各基层武装部组织民兵纷纷参战，先后组织民兵参与设置卡点113个，检查车辆4800余辆，体温检测、登记筛查12000余人次，搭设帐篷139顶。成建制出动民兵综合救援排30人参加疫情防控工作，累计出动车辆136台次，为180余家企事业单位和楼院环境消杀200多万平方米。

（撰稿：仝翰林　审阅：付欣文）

人民防空

【概况】 2020年，区人防办深化军事斗争准备，贯彻融合发展理念，人防全面工作发展势头良好。金水区人防办被河南省人防办评为先进集体，被郑州市人防办评为全市人民防空工作优秀单位。

区人防办共组织中心组集中学习48次、党员干部集中学习46次、视频学习20次、党风廉政建设专题学习4次、意识形态专题学习2次。

新冠肺炎疫情发生以来，区人防办下沉到南阳新村办事处防控工作监督检查站点值守。在岗期间，对出入小区的车辆和行人进行登记、扫码、测量体温、健康状况询问等工作。

【人防队伍建设】 为了进一步强化军事斗争准备，健全应急资源体系整合与建设，5月，郑州市人民防空办公室对全市民兵队伍、人防专业队进行拉动点验。区人防办积极与区武装部对接，组建了50人的人防专业队伍。

按照名录相符、统一规范、装备齐全、训练有素的要求，金水区人防办在郑州市民兵训练基地参加2020年全市国防后备力量整组拉动检验考核活动。训练检验紧贴实战，有针对性地安排了抢险抢修、医疗救护、应急救援等相关课程，内容贴近现实需求，有效地提升了参训队员的业务能力。

3月，区人防办圆满完成社区疫情防控卡点值守工作　（区人防办/供图）

【人防工程维护与防汛】 金水区位于郑州市中心区域，早期人防工程年代久、数量多、分布散。根据区委、区政府关于做好年度早期人防工程防汛、安全、维护管理方面工作指示精神，切实做好全区早期人防工程维护与防汛工作。

区人防办高度重视辖区内早期人防工程维护治理和防汛工作，按照“统一指挥、分级负责、属地管理”的工作模式，立足防大汛、抢大险，密切关注气象灾害预警信息，科学谋划防汛工作。雨季到来之前，区人防办对辖区内早期人防工程进行拉网式排查，对存在有安全隐患的单位工程要求其限期整改。同时，为了对辖区早期人防工实行有效管理，区人防办委托专业公司制作了早期人防工程信息管理系统，成为全市首家运用高科技技术管理早期人防工程的示范单位。

成立了以“一把手”为组长的早期人防工程防汛工作领导小组，邀请市人防办专家委员会成员，成立金水区人防工程防汛抢险技术专家组。同时，制定了切实可行的年度防汛工作方案，进一步完善了早期人防工程防汛应急处置预案，时刻保持防汛警戒状态。5月27日，组织开展了2020年度人防防汛抢险演练。

【为民服务】 开展“5·12”防灾减灾周活动和“9·18”警报试鸣宣传活动。向辖区学校、企业、社区免费发放宣传品、宣传册。在金水区人防办科普体验馆门前开展人防知识宣传活动和全国科普活动日宣传活动，共发放人防宣传册600余份，宣传彩页1000多张。9月18日，按照市人防办统一部署，区人防办进行了防空警报试鸣，鸣响率、统控率均达到100%。

开展人防普法教育工作。每周集中开展法律知识培训。在凤凰城社区开展了“12·4”宪法宣传周宣传活动。活动通过现场咨询、设立LED展示屏、发放宣传单及人防宣传品等形式向群众宣传宪法、人防法等相关知识。

（撰稿：陈　晨　审阅：许春颖）

农　业

【概况】　区农业农村工作委员会是区人民政府主管全区农业和农村经济、水利、畜牧、渔业及农业机械化等的工作部门。2020年，农村居民人均可支配收入达29720元，同比增长5.7%。

【农业生产工作】　扛稳压实农业生产责任，聚焦生产任务提升农业发展质量，指导做好疫情期生产、极端天气防范，落实防灾减灾技术措施。2020年，累计发放690.48亩共计10.22万元的耕地地力保护补贴，蔬菜播种面积60.45亩、总产量133.8吨，粮食作物播种面积4018亩、总产量1521.7吨，全部完成市级生产任务，有效实现粮食稳生产、保安全。

【“大棚房”专项整治行动】　制定《黄河金水区段“大棚房”问题专项清理整治“回头看”行动方案》，明确总体要求、整治范围、工作任务、时间节点，组织精干人员和力量，多次进行全面排查清理，绝不允许出现盲点、空白、死角，确保专项行动扎实有效。经核查，未发现“大棚房”突出问题，农地姓“农”底线得到有效坚守。

【水产养殖】　以《金水区养殖水域滩涂规划（2018—2030年）》为依据，科学划定渔业养殖功能区，合理布局水产养殖生产，持续强化管理、检测、服务水平，不断推动渔业健康养殖工作。2020年，全区渔业养殖面积101公顷，总产量为2850吨，休闲渔业总产值4822.75万元。

【农业龙头企业培育】　全区共有市级以上农业产业化龙头企业26家，其中，国家级2家，省级2家，市级22家，涵盖苗木种植、水产养殖、饲料、种业等产业。2020年，全区农业产业化龙头企业营业收入达到60.3亿元，实现净利润8522万元，解决就业人数4000余人，带动农户数10万余户，为全区农业经济发展发挥带头作用。

畜　牧

【重大动物疫病防控】　制定科学有效的动物疫病防控措施，监督指导动物经营场所依法依规开展消毒、动物防疫及无害化处理等工作，对全区内的动物诊疗机构开展动物流行病学调查，了解疫病情况并及时处置，做好动物检疫合格证明电子出证工作，完善重大动物疫情应急反应机制，防止流通环节出现家禽H7N9流感传播风险，落实各项非洲猪瘟防控措施，提高科学决策、快速反应、应急处置能力，筑牢疫情防控防线。2020年，全区无动物疫情发生。

【禁养区排查整治工作】 结合黄河流域生态保护和沿黄区域环境污染排查整治工作内容，持续完善队伍建设，健全信息报送机制，不间断排查临时存在的小散畜禽养殖点，加大畜禽养殖禁养政策宣传，持续巩固禁养成效。

水　利

【河长制工作】 做好河湖管理与保护工作，严格落实河长制工作机制，深入开展河流清洁行动，强化河道管控能力，逐步实现河道“三清一净”。2020年，区级河长巡河151人次，街道河长巡河3284人次，开展“清四乱”、“三污一净”、打击河道非法采砂等专项行动10余次，已整改并回复上级督办河道问题9处。同时，完成水利部信息系统一河一档、一河一策信息录入，全线河道可视化监控系统项目基础建设基本完成。

【水生态建设项目】 践行“四水同治”理念，统筹推进河道综合治理，6月底完成石沟综合治理工程；7月底开工建设索须河故道综合治理工程，计划2021年6月底全面完成其河道治理工程；计划投资约1亿元提升东风渠（三全路—贾鲁河段）水环境，统筹考虑“贾鲁河—东风渠—魏河”河渠联动，项目于12月底完成项目设计招投标等前期工作，由金达公司负责施工招标及建设工作，预计于2021年5月底前完成工程建设任务。

【水旱灾害防御工作】 按照省市要求，区农委于4月15日完成了与区防汛抗旱指挥部的各项职能交接，按照新的任务划分，区农委重新理清各项工作，针对石沟、索须河故道特殊情况制定应急处置方案，持续强化水利工程运行调度，重点加强隐患排查上报，严格落实24小时值班制度等。

生态建设

【农田生态建设】 贯彻绿色发展理念，加大农业面源污染治理力度，推进节肥节药行动，推广测土配方施肥、高效低毒农药，开展秸秆禁烧和综合利用工作。2020年，科学防治农作物病虫害面积1600余亩次，拨付办事处中央财政和市级配套小麦病虫防治专项资金2万元，“三夏”“三秋”期间出动督查人员900余人次，发放各类宣传物料2000余份。

【国土绿化建设】 落实生态发展目标，全面贯彻落实省市国土绿化提速行动，明确时间节点，强化责任落实。全年，完成京港澳高速绿

8月，金水区农业农村工作委员会开展小麦病虫害调查（区农业农村工作委员会/供图）

化提升续建工程29万余平方米，完成连霍高速周边绿化工程6万余平方米，完成石沟河绿化工程4万余平方米。

【农村人居环境改善】 推进马渡、黄岗庙、来童寨3个规划保留村美丽乡村建设，健全生活垃圾卫生保洁机制，清理村内堆积杂物，扎实开展农村房屋建筑、店面门面、游园广场、交通干道、老式公厕高标准建设改造提升，建设并投入使用马渡污水处理厂和南来童寨污水处理站，金水区农村人居环境得到极大改善。

审批监管

【涉农行政审批工作】 通过职能转变、改变工作作风等方式，不断优化审批流程，提升金水区营商环境，落实职能归并机制，全委78项行政许可全部集中至行政审批服务大厅办理，完善“一口受理”“一网通办”机制，全年涉农企业申请、注销等事项350余项100%办结，打造“一站式”审批。

【农资行业监管】 持续进行打击假冒伪劣产品质量安全等专项行动，切实增强金水区涉农企业（个体）质量管控主体责任意识，开展“双随机、一公开”监管，结合群众举报反映问题线索，持续强化农业投入品监督管理，累计检查农药、肥料、兽药、饲料、种子等生产经营单位700余家次，捣毁农药非法生产黑窝点7处，销毁假劣农资等有毒有害物品46.075吨，有效净化了农业投入品市场，确保农作物生产“放心投入，优质产出”。

【农产品质量安全监管】 持续巩固国家和省级农产品质量安全县创建成果，筑牢筑强金水区“两级四层”农产品质量安全监管体系，做好重点时段、重要节日期间农产品质量安全工作，进一步加强属地责任和市场主体责任监管力度，不断加大宣传、培训力度，积极推行农产品合格证制度，认真开展“三品一标”认证服务，不断提升农产品质量安全监管水平。2020年，共抽检蔬菜、水果、水产品等农产品样品80余万批次，销毁不合格农产品784.6公斤，总体合格率99.98%，巩固了金水区国家和省级农产品质量安全县创建成果。

【水政水资源监管】 持续加强水政监察执法队伍建设，结合“世界水日”“中国水周”开展节水宣传，营造出节水、爱水、护水的思想共识，同时扎实做好节水新技术、新设备、新工艺推广，推进农业、工业、生活节水技术改造，积极开展雨水、再生水等非传统水源利用。2020年，金水区被水利部授予节水型社会建设达标区称号。

农村集体经济

【农村集体产权制度改革】 围绕“产权明晰、分配合理、管理规

金水区农业农村工作委员会派驻农贸市场检测员开展农药残留检测工作

（区农业农村工作委员会/供图）

范”改革目标，多次召开推进、座谈会议，适时开展专题培训，实地进行督导调研，健全通报约谈机制。辖区40个行政村、164个独立核算的村民组全部完成农村集体产权制度改革，公示核实各类资产111.54亿元，其中经营性资产72.51亿元，界定各类股东12.04万人，成立村级股份经济合作社40个，均已在农业部门进行登记赋码。

【农村“三资”专项整治】 开展全区农村“三资”管理专项整治工作，确保农村财务管理工作规范运行。成立由农业、审计、财政、民政部门共同组成的联合检查组，聘请专业机构对14个办事处所辖16个村70个组共86家单位进行了抽查，抽查比例占全区总村组数的42.16%。专项整治期间共发现合同管理不规范、大额使用现金、科目运用不恰当、原始单据不规范等9大类、34项问题，已要求各街道针对问题进行整改，确保专项整治成果落到实处，问题不出现反弹。

结对帮扶

【概况】 2020年，严格落实“摘帽不摘责任、摘帽不摘政策、摘帽不摘帮扶、摘帽不摘监管”的要求，全年累计捐赠173.2万元，互访交流5次，持续倾心助力官道口镇、杜关镇巩固脱贫攻坚成果。

【产业帮扶】 以持续稳定和群众受益为出发点，多次组织专门人员深入两镇，携手做优做强金水区援建的香菇基地，赴官道口镇实地考察，积极同当地对接，因地制宜谋划发展五味子产业。

【教育帮扶】 组织开展“奉献一份爱心，帮孩子们圆校服梦”活动，筹措54万元为2个镇的2634名中小学生每人提供一套校服；开展2020“金秋助学”，为两镇2020年考上大专院校的18位贫困学生，每人提供3000元的资金助学；开展送教25人次，上观摩课44节，培训卢氏县教师55人次，卢氏县教师到郑州跟岗学习3批、107人次。

【就业帮扶】 组织招聘会2场，提供就业岗位9000个，达成就业协议1800人，其中建档立卡贫困户就业29人，组织使用人才和能力提升等培训2期、100人次。

【消费帮扶】 积极开展旅游消费活动，推出精品旅游路线，鼓励辖区群众走进卢氏县、亲近卢氏县；广泛动员社会力量参与消费扶贫，帮助拓宽特色农产品销售渠道，助销特色农产品近40万元。

【医疗帮扶】 为两镇建档立卡贫困户、五保户及伤残军烈属等群体到郑州就医提供免费转运服务，以“精准医疗保障”落实“精准帮扶”目标。

（撰稿：谢　炜、杨英甲　审阅：张福敏）

工业和信息化

综　述

【概况】　2020年，区工信局始终将学习贯彻习近平新时代中国特色社会主义思想放在首要位置，系统学习中共十九大，十九届四中、五中全会精神，进一步增强了“四个意识”，坚定了“四个自信”，坚决做到了“两个维护”。不断提升服务效能，做到同心同向同行。始终将区委、区政府决策部署落实到工作的各个方面。在确保工业经济平稳运行、信息安全、人工智能、大数据产业等等方面作出了突出贡献。

在产业发展方面，坚持目标导向，培育产业生态，抢占信息安全、人工智能、虚拟现实、5G等现代产业发展制高点，出台《金水区鼓励信息安全特色产业发展专项扶持办法》，组织金水科教园区成功申报工信部网络安全技术应用试点示范“网络安全高精尖平台”，2020年全区规上软件和信息技术服务业累计完成营业收入72.9亿元，同比增长19.44%，成功申报国家智慧健康养老示范基地及省、市信息安全产业示范基地称号。

在疫情防控方面，严格落实区委、区政府关于疫情防控工作的部署要求，把人民群众生命安全和身体健康放在第一位，把疫情防控工作作为最重要的工作和重大政治任务来抓。以领导靠前指挥、发挥工作优势、统筹协调联动为工作导向，以主动配合街道办做好无主管楼院疫情防控、充分运用大数据及信息化手段助力全区疫情防控、企业复工复产为工作抓手，如率先在区政府712会议室建设了全区第一套视频会议系统，实现了全区疫情防控工作远程部署、远程汇报；强化疫情防控物资生产服务保障，满足复工企业日常防护物资需求；常态化推进全区“一联三帮”和“三送一强”工作；一手抓好疫情防控，一手抓好复工复产，较好地实现了疫情防控与经济发展两手抓、两不误，在疫情防控一线彰显时代使命和担当。

【中小企业服务】　全区共有“专精特新”企业41家，其中，国家级“专精特新”小巨人企业3家，省级“专精特新”企业4家。2020年，金水区有40家企业被郑州市推荐上报省级“专精特新”企业，推荐数居全市前列。入评郑州市高成长企业11家（全市66家），信大捷安、众诚科技、时空隧道被评为全市领军企业。在中小企业服务平台建设方面，金水区中小企业公共服务体系建设在全省居于首位，全

1月8日，河南省信息技术应用创新联盟成立大会在金水区召开（区工信局/供图）

区共有32家中小企业服务示范平台，其中国家级中小企业服务示范平台4家，占全市4/5。

【安全生产和信访工作】 按“管行业必须管安全”的要求，区工信局承担工业企业安全生产监督管理职责，按区安委会要求，成立工业生产安全专门委员会，对全区工业企业安全生产工作统一安排部署。同时，由于原体制遗留问题，现有区属企业16家，涉及职工近2000人，多次因职工基本保障问题及相关待遇问题上访上诉，2020年以来处理诉讼2起，解决职工上访问题6起。

制造业

【概况】 区工信局采用多种形式，加强各项惠企政策宣传及申请指导，确保企业应享尽享，共为企业申请各项奖补资金2000余万元。加强走访调研，多方搭建产销对接，产融对接平台，先后组织产销对接会5次，产融对接3次，达成合同额1000余万元。

【制造业融合发展】 发挥辖区产业优势，促进数字经济同制造业深度融合，引导企业采用数字化手段，开通直播间，推进工业互联网建设，成功申报金惠、移动2个工业互联网平台，为传统制造业转型升级提供数字保障。

【产能优化】 对全区16家规模以上工业、95家规模以下工业，按照“亩均效益”进行分类评级，评出A类9家，C类7家，通过亩产效益和差异政策执行，淘汰落后产能，发展先进制造。在“亩均”评价中，金水区规模以上工业的亩均税收、亩均利润、研发投入强度等多项指标均位居全市前列。

现代产业

【概况】 信息安全、人工智能等新兴产业集聚效应凸显。辖区软件和信息服务业全区登记总数为14740家，规模以上企业数98家，入规企业年增长率为11%，占全市规模以上软件和信息服务企业总数近1/3。年营收5000万元以上企业近20家，其中上亿元企业9家。成功推荐花园路街道、丰产路街道为第四批国家智慧健康养老示范街道；以区政府名义成功获批第四批国家智慧健康养老示范基地；组织金水科教园区成功申报工信部网络安全技术应用试点示范“网络安全高精尖平台”。

【信息安全产业】 省、市信息安全产业基地建设取得迅猛进展，出台《金水区鼓励信息安全特色产业发展专项扶持办法》，集聚国内、省内信大捷安、山谷网安、安天等信息安全知名企业30余家，打出信息安全产业“金”名片。在人工智能领域，2020年成功引进人工智能500强企业科大讯飞入驻，进行人工智能产业园区建设，形成产业研发、产业孵化、产业加速的完整体系，赋能、赋强人工智能产业发展，为现代产业发展注入新动力。

【新型产业生态模式】 全省5G产业联盟、人工智能产业、信息技术应用创新产业联盟先后落户金水区，紧密对接高层次发展战略，在全省产业发展和布局中抢占先机。成功承办2020年国家网络安全宣传周信息安全产业创新发展论坛活动，组织2020AI人工智能产业发展创新大会，提升金水区产业发展的知名度及影响力。

【5G基础设施建设及产业应用】 加快5G基站建设的同时，深入推进5G应用，促进5G与大数据、物联网、人工智能、区块链等技术的融合，打造生动应用场景。8月15日，河南省省长尹弘带领省工信厅对金水区信大捷安的安全芯片应用场景和金惠科技的工业检测应用场景进行了实地调研。10月15日，工信部科技司对这2处应用场景进行了实地走访，对人工智能技术及5G的应用给予了高度肯定。截至年底，已征集5G应用场景7处，分布在工业、交通、教育、农业各个领域。

大数据产业

【概况】 区工信局贯彻落实国家、省、市大数据产业发展的规划和政策；统筹推进数字经济、构建数字经济产业生态体系；负责全区大数据产业发展和行业管理。

【产业发展】 全力做好大数据疫情防控工作，抽调精干人员组成专班，负责疫情防控相关数据信息处理及数据系统维护，确保数据信息畅通、安全；提升全区政务数字化水平，实施区移动政务项目，项目于2019年1月实施，周期2年，截至年底，项目已接近尾声，正在进行使用绩效评价；按照郑州市“城市大脑”工作推进安排，协调推进区直相关部门智慧城市建设工作，结合金水区智慧建设要求，加强与上级部门对接，协同相关部门，对金水区数字化指挥调度平台、领导驾驶舱建设提出初步方案。

（撰稿：刘 博 审阅：罗春阳）

商贸服务

【概况】 金水区商务局成立于2005年8月。

2020年，社会消费品零售总额完成979.4亿元。受疫情影响，全区1—2月社会消费品零售总额降幅高达31.2%，自3月开始，通过科学研究部署、加强企业服务、加大促消费力度、强化部门沟通等多种方式，全面推进全区消费市场复苏，截至12月底，全区社消零降幅稳步收窄21.5个百分点。外贸进出口全年完成109亿元人民币，同比增长3%。全年完成实际吸收外资34053万美元，同比增长3%。全年引进域外境内资金159亿元，完成目标的101.6%，同比增长4.6%。重点项目全年累计上报入库：人工智能生态产业园、上海复旦科技园（河南）发展研究院等12个新签约项目，签约总金额约301亿元；郑州国际金贸港、碧奥清洁能源河南总部等5个项目实现开工，总投资额176.7亿元。

【招商引资】 围绕高技术服务业、金融业、现代商贸业，以新一代信息技术产业为核心，创新招商方式，推动招商引资工作取得新进展。节会招商。区委书记张红伟带队赴上海参加2020郑州市“长三角区域合作”市情推介会，并在会上签约上海复旦科技园（河南）发展研究院项目，计划打造区域产业发展研究院，重点推进“产学研”成果导入及先进产业生态转移。以

9月，金水区人民政府与科大讯飞股份有限公司战略合作协议签约仪式

（区商务局/供图）

商招商。依托中以科技城股份有限公司、中原豫资投资控股集团有限公司等辖区龙头企业，与科大讯飞股份有限公司、碧奥能源（上海）有限公司等相关产业链条重点企业对接，建立沟通渠道，引进人工智能生态示范区、碧奥清洁能源河南总部等重点产业项目，推动辖区企业数字化转型及产业生态化升级。人才招商。围绕“项目跟着人才走”的招商趋势，依托国内网络安全行业权威企业“数说安全”创始人谭晓生（前360技术总裁、首席安全官），与深信服科技有限公司、绿盟科技、上海格尔安全科技有限公司等30多个国内顶尖专家团队达成初步意向。四是靶向招商。结合金水区产业定位和产业发展规律，与国内相关权威产业咨询机构合作，编制《金水区数字经济产业招商图谱》，明确产业创新发展的层级、方向、重点、产业链、创新链构成等，为实现精准招商、有效招商提供科学依据。

【促进消费】 2020年，商务局在疫情防控常态化下把牢“控保稳进抬扛”六字要求，坚持把扩大消费作为化危为机、破局生局的关键之举，积极谋划，引导辖区商贸企业，充分利用重点节假日，发展“假日经济”“夜间经济”等各类消费促进活动，在全区范围内组织开展以“炫彩金水、‘惠’享金秋”为主题的“十一黄金周”系列促消费活动，活动期间全区共举办各类活动53场，占全年举办总场次的26%。鼓励企业延长活动时限，持续开展百企万店促消费活动，不断放大活动成效和影响，形成贯通全年的促消费活动热潮。成功承办了郑州市“十一黄金周”系列促消费活动启动仪式。区政府投入1000万元专项资金，对积极参加消费促进活动并取得成效的商贸流通、汽车销售、住宿餐饮企业进行奖励共计740万元。组织联合区民政局、区退役军人事务局发放红利型消费券126975张，共计260万元，拉动消费370.96万元。

【夜间经济】 为进一步丰富辖区内居民的夜间生活，全面推动夜间经济飞速发展，金水区商务局从6月18日开始，以打造特色商业街区为切入点，开展“醉美·夜郑州”消费季系列活动，深入挖掘夜间消费新动能，科学构建夜游经济新特色，打造金水区经济发展的新亮点。金水区以“炫彩金水”为主题的夜间经济活动，在花园路商圈、北二七商圈和升龙商圈布局了3个“夜品、夜购、夜赏、夜游、夜健”夜间经济集聚示范区，先后举办了11场夜间经济主题活动。通过活动的开展，丰富辖区居民的夜间生活，激发消费潜力，拉动经济增长。

【“十一黄金周”系列促消费活动】 9月28日，由郑州市人民政府主办，金水区人民政府承办的郑州市“十一黄金周”系列促消费活动启动仪式在金水区正弘城门前广场举行。

金水区组织开展以“炫彩金水、‘惠’享金秋”为主题，形式多样的系列促消费活动。活动涵盖零售、餐饮、家居、家电、服装、汽车、旅游等多个领域。辖区大型商超、商业综合体、家电、汽车销售等各类企业参与活动，重点活动包括正弘城的第三届“红人节”活动、丹尼斯的“十一黄金周”系列活动、国贸360广场的“极光音乐节”活动等。9月28日到10月31日，有超过50余场丰富多彩的促进消费活动在全区进行。

【特色街、商圈建设】 金水区共有6条市级特色街区，其中，农科路酒吧休闲一条街相继荣获“河南省级示范特色商业街区”和“中国特色商业街”称号，万达金水金街、健康路体育用品一条街等5条特色街区获评“市级特色商业街区”。根据办事处实际情况和全区的规划发展，制定下发《金水区特色商业街区及商圈建设工作实施方案》。总体目标是2022年年底，在全区打造25个特色商业街区，依托各街道办事处的24个商圈片区，逐步辐射形成“金水八大商圈”（花园路商圈、北二七商圈、南阳路商圈、北环商圈、黄河路商圈、紫荆山商圈、东风路商圈、经八路便民商圈）。截至年底，已完成10条特色商业街区和9个商圈片区的建设。

【市场外迁】 围绕郑州国家中心城市建设和“实现两个率先、领跑中部城区发展”奋斗目标，按照市委、市政府商贸市场提质发展工作部署，金水区持续采取有效措施开展市场外迁工作，制定《2020年市场外迁工作实施方案》。2020年，市政府下达金水区2家市场外迁任务，截至年底，辖区科技市场老市场、科技市场展厅、凤凰五金标准件市场、农业西路建材市场4家市场完成外迁工作，超额完成年度任务。

【新冠肺炎疫情防控】 新冠肺炎疫情以来，商务局承担全区商贸流通、仓储物流等领域的疫情防控工作，共有规模以上商贸企业798家，大型商超54家，星级以下酒店（宾馆）529家，商务楼宇262座、覆盖企业1.9万余家。第一时间成立疫情防控工作领导小组，起草并印发《进一步加强大型商超新型冠状病毒感染肺炎疫情防控工作的通知》等文件，实行疫情防控期间“零报告”“日报告”制度。

截至年底，商务局共走访商贸流通等企业800余家，协调解决问题718个，为企业协调口罩26200个、消毒液8吨，协调企业对商户减免租金3201万元，对企业发放各类奖补资金共计7821万元。“消费促进月”活动期间，辖区商贸零售企业共开展促销活动80场，销售总额达到13.7亿元。同期，区政府投入1000万元专项资金，用于向困难救助群体发放红利性消费券260万元，对积极参加消费促进活动并取得成效的企业进行奖励，金额共计740万元。

（撰稿：王伯虎 审阅：赵 蔚）

粮食流通

【概况】 金水区粮食流通中心（以下简称中心）由区发改委管理。2020年，区粮食流通中心认真做好储粮安全管理、地方储备粮轮换、粮食行业管理、粮食市场监督检查、安全生产等工作。

2020年，先后被市粮食和物资储备局评为“郑州市2020年度粮食流通统计先进单位”“2020年度全市粮食和物资储备工作责任目标完成先进单位”。

【地方粮食储备轮换】 为保证储备粮储存安全，实现储备粮管理的良性循环，按照区政府、区发改委、区财政、郊区农发行年初下达的轮换计划，2020年，中心共轮换储备粮7885吨。及时对轮出粮食进行品质检测，严防不合格粮食流入口粮市场。强化粮食出库管理，严格手续制度，严格资金管理，加强出库监管，实现了资金安全、粮食安全、生产安全。对入库粮食开展全程监管。中心组织班子成员和部门分包人员第一时间下沉到企业，对小麦入库过程进行全方位监管。轮换工作严格质量标准，特别是在小麦水分、不完善粒等主要指标方面严格把关，对不合格粮食坚决退回，保证了储备粮数量真实、质量良好。

【安全生产】 全面落实行业监管责任，将安全生产“党政同责、一岗双责”落到实处，坚持“管行业必须管安全、管业务必须管安全、管生产必须管安全”的原则，层层签订安全生产责任书；督促各企业深入开展屋面防漏、地面防潮、墙面防渗、门窗防雨，以及防汛设备情况等关键环节的安全隐患排查治理，确保库存粮食安全。落实防汛工作责任制，严格实行夜间值班巡查制度；做好安全生产集中整治推进、两会期间火灾安全防控、汛期防汛专项监督检查、安全生产专项整治三年行动等工作，参与金水区“5·12”全国防灾减灾日宣传活动；开展消防知识讲座及消防演练，11月26日邀请省消协宣讲员开展消防知识讲座，讲解消防知识和消防器材的使用方法，通过现场演练处置能力，提高职工的消防意识以及在紧急情况下的自我防护能力；规范粮食熏蒸作业行为，切实保护熏蒸作业人员身体健康，中心年初购买正压式空气呼吸器免费提供给企业使用，使熏蒸作业工作更加规范化、科学化。

【粮食应急供应网点建设】 加强组织领导。成立金水区粮食管理中心粮食应急供应网点建设领导小组，出台《金水区粮食应急供应网点实施方案》；明确建设目标，按照“合理布点、全面覆盖，平时自营、急时应急”的原则，中心依托市场、大型商超等资源建设粮食应急供应网点43个，并签订《粮食应急供应网点协议》，授发“郑州市粮食安全应急网点”牌匾。截至年底，全区实现粮食应急供应网点全覆盖。

【理论知识学习】 强化政治建设。全体党员认真执行上级党委决策部署，严格尊崇党章，严格执行新形势下党内政治生活若干准则，认真落实“三会一课”制度，开展理论知识学习。中心以支部为单位，采取集中学习与自学相结合的方式，坚持每周二下午集中学习，每月一篇心得体会，利用宣传栏、手机微信群和区粮食管理中心党建群等平台，强化党员干部对习近平新时代中国特色社会主义的认识理解和领悟。2020年，组织全体干部职工观看了《雄关》《薛荣》等纪录片；开展“牢记初心使命、争当出彩先锋”庆祝建党99周年主题党员活动日，全体党员重温入党誓词，重走五云山红色小道，牢记身份，加强党性修养。

【新冠肺炎疫情防控】 区粮食管理中心抽调21名工作人员于1月27日到东三环高速下站口对下站人员、车辆开展体温检测、车辆登记等统计工作，并对非郑州籍车辆进行劝返；黄庄社区、北苑社区疫情防控工作。中心成立疫情防控专班，每个专班由1名班子成员带队，到分包和负责的9个家属院开展值守，并购买消毒液、酒精、口罩等物品分发给一线工作人员，对重点区域进行消毒。对分包和负责的家属院群众进行防疫知识与个人防护宣传，严格车辆出入管理制度，对未戴口罩人员、聊天聚集人员进行劝离；开展入境人员隔离工作。中心抽调1名正科级干部及2名工作人员参与境外归国人员隔离工作。工作人员在严防严控的同时，为入境人员提供必要的生活保障和协助，帮助其解决生活方面的实际困难。与公安人员共同担负起隔离点的安保小组任务，保障隔离点的警戒和人员秩序安全。配合医护人员做好隔离人员的体温监测、隔离检测、医疗救助等工作。

（撰稿：李峰山　审阅：陈　丽）

楼宇经济

【概况】 2020年，金水区有建成商务楼宇260幢，建筑面积639.8万平方米，闲置面积46.3万平方米，楼宇入驻率为92.7%；全区楼宇企业属地纳税率为91.5%；完成缴纳区级税收百万元以上楼宇143幢、千万元以上楼宇51幢、全口径超亿元楼宇13幢。

【特色培育及产业集聚】 按照楼宇经济发展的总体规划和产业布局，围绕全区“南、北、东”三大区域板块划分，以“产业、规模、产出”为导向，打造楼宇经济生态

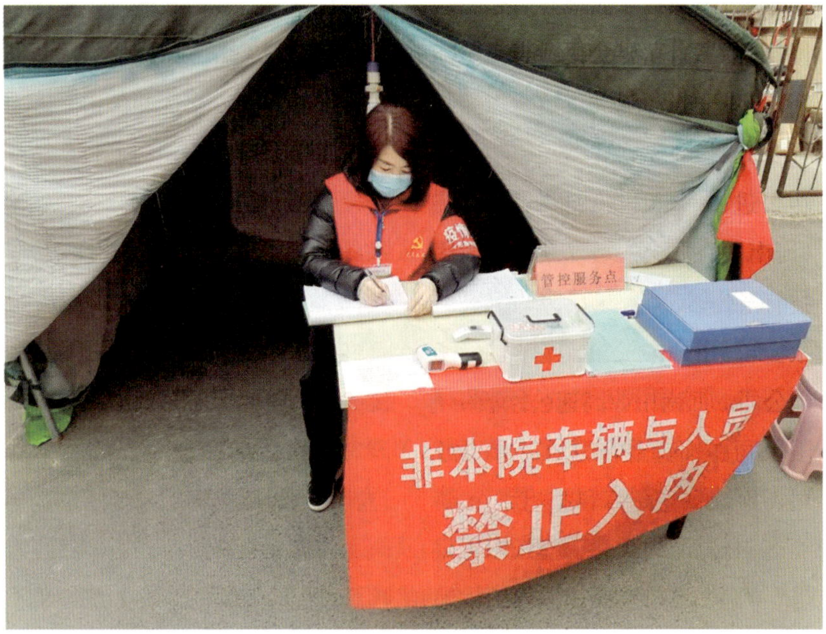

2月18日，区粮食流通中心工作人员执守东三街10号院卡点

（区粮食流通中心/供图）

圈。进一步加强特色楼宇培育工作的组织领导，整合区政府、街道办事处及相关职能部门资源，按照“一楼一特色、一楼一协议”原则，研究制定特色楼宇培育的个性化培育方案和工作计划。

【政策落实】 2020年年初，组织集中申报奖补，依据扶持办法实施细则中的申报指南，按照全区金典六策补助申报流程安排，指导各街道引导符合条件的对象积极申报，发放楼宇联络员补助49.3万元。

3月6日，区楼宇办深入楼宇督查复工复产工作 （区楼宇办/供图）

【楼宇招商】 坚持传统招商与现代招商并举，推介活动与街道参与并进，拓宽推介渠道，进一步整合资源。一方面继续沿用传统“以商招商”的方式，加大对落地企业的服务，及时了解企业的投资需求，另一方面充分利用电话、互联网等现代载体进行招商推介，优化升级楼宇经济网和可视化楼宇管理系统，按时发布金水区商务楼宇闲置资源资讯，宣传推介楼宇资源。成功引进中科量子智能复合新材料（河南）有限公司、中春堂生物科技有限公司、河南明东杰星实业有限公司、郑州时空隧道信息技术有限公司、河南中原高速公路股份有限公司、河南省东股实业有限公司、河南铖艺教育科技有限公司、河南明东鑫联实业有限公司、江苏乐凡保险公估有限公司河南分公司等20家知名企业。

【交流与经验】 11月，在2020中国楼宇经济全球合作大会上，金水区获得“中国楼宇经济领军发展城区奖”；做好对外宣传，人大代表、政协委员视察以及安阳市商务局、洛阳市洛龙区等城区考察金水区楼宇经济观摩交流工作，总结楼宇经济建设的工作经验与存在问题。

【新冠肺炎疫情防控】 全力做好商务楼宇复工复产工作。开发可实时监测商务楼宇复工企业和复工员工实际到岗情况的楼宇经济防疫平台。强化推进“三送一强”活动，及时增设系统政策发布推送和问题反馈模块，增加宣传力度。为企业排忧解难共克时艰。为因为疫情无法使用集中供暖的楼宇向相关部门反映协调，间接为企业减免供暖费用67万元。集中组织申报“金水十条”减免租金补贴，共受理电话咨询800余件，最终公示兑付共计34家，总金额超64万元。1月26日，区楼宇办组成一支社区志愿者队伍，全面下沉至南阳新村街道办事处南丰社区参加疫情防控工作，24小时轮值在岗。

（撰稿：程 琳 审阅：于若雨）

财　政

【概况】　金水区财政局所属事业单位分别是：区国库集中支付中心、区税源办公室、区收费服务中心、区会计管理局、区财政监督检查办公室、区政府采购管理办公室、区国有资产监督管理办公室、区投融资管理办公室、区非税收入征收管理局、区农业开发管理办公室。局辖基层财政所17个。

【财政管理改革】　坚持政府过紧日子。牢固树立“政府过紧日子、群众过好日子”的理念，在年初一般性支出压减15%的基础上，按照上级“对非急需非刚性支出压减50%以上”的要求，对金水区非急需非刚性支出进行压减。持续盘活财政存量资金。进一步加大全区各预算单位结转结余资金清理力度，开展各类存量资金专项清理整治工作，实现盘活存量资金常态化。调整优化区与街道办事处的财政体制。结合市与区财政体制调整，制定出台新的区与街道财政体制，在保障街道有效运转和刚性支出的同时，充分发挥街道发展经济和科学理财的积极性。全面推进预算绩效管理。研究出台金水区《关于全面推进预算绩效管理的实施意见》，以及《金水区预算项目政策事前绩效评估管理办法》等5个管理办法，开展重点项目绩效评价，初步建立预算绩效管理机制。深化政府采购改革。深化政府采购改革，提高采购限额。全年共审核备案政府采购项目313个，采购预算103663万元，实际采购规模99346万元，节约率4.16%。

【财政收支预算执行情况】　面对疫情和复杂严峻的经济形势，财政部门树牢新发展理念和以人民为中心的发展思想，统筹推进稳增长、促改革、调结构、惠民生、防风险、保稳定各项工作，有力推动全区经济运行平稳发展、社会民生事业稳步向前。2020年，全区一般公共预算收入完成122.1亿元，同比下降6.3%；2020年，全区一般公共预算支出完成81.5亿元，较上年增长15.9%。

【税源管理】　加强线上引导，办税便民不停歇。联合税务部门第一时间出方案、出措施、优流程，通过“线上+线下”为纳税人、缴费人提供办税缴费便利，全面落实结构性减税和普惠性优惠政策，有效提升纳税人“获得感”，助力区域经济稳定有序复工复产。线下走访问需求，纾困解难增信心。以“三送一强”活动为契机，做到精准施策、精准帮扶，提取“干货”服务企业，上门送政策。实地了解企业发展和项目建设发展中遇到的痛点、难点，帮助企业纾困解难，建立联系走访常态化、解决问题程序化、问题办理反馈规范化的工作机制，切实解决政策落实“最后一公里”问题。继续巩固拓展减税降费成效。强化政治大局意识，坚决落实、落细相关政策措施，把该减的税减到位、把该降的费降到位，让企业轻装上阵，激发活力。依法依规组织收入、筹措财力。加强重点税源监控与分析，细化和规范工作程序，堵塞组织收入漏洞，做到依法征管、应收尽收。召开税源建设新格局经济分析座谈会、建筑行业分析核查工作会议，围绕重点行业的税源排查、税款征收进行了深入交流，对接，为下一步建筑行业信息摸排、分析核查工作奠定良好基础。

【保障和改善民生】 始终坚持以人民为中心，在收支压力极大的形势下，把财力最大限度向民生领域倾斜，积极落实惠民政策，大力实施民生工程，全年民生支出60.8亿元，增长16%，人民群众的获得感、幸福感、安全感不断增强。教育发展均衡增效。拨付教育资金20.3亿元，积极促进义务教育均衡发展，全面推进中小学午餐供餐及课后延时服务，大力支持中小学及幼儿园新建扩建，切实改善办学条件。医疗卫生全面推进。持续完善基本公共卫生服务经费保障机制，拨付资金8561万元，支持基层医疗卫生机构开展基本公共卫生服务；拨付“两癌”“两筛”筛查资金1980万元，切实提高妇女儿童健康保障水平。社会保障更加完善。拨付再就业补贴1800万元，认真落实再就业补贴政策；拨付退役安置和抚恤资金2.3亿元，全面落实退役军人双拥优抚安置政策；拨付80岁以上老人高龄津贴3005万元、低保资金1527万元，有效维护困难群众切身利益。生态环境有效改善。坚持绿色发展理念，加大财政保障力度，支持打好大气、水、土壤污染防治攻坚战。拨付资金4861万元，支持居民冬季清洁取暖；投入资金5696万元，支持贾鲁河、石沟河、索须河等河道综合治理，推进沿黄区域生态建设，促进生态环境不断优化。

【重点项目保障】 2020年合理安排建设资金，确保全区重点项目建设，全年共投入建设资金近28亿元，其中，老旧小区综合提升整治资金58434万元，市政建设投入资金49715万元，城市道路（主干道）综合整治资金39574万元，学校建设资金41152万元，道路拆迁建设资金10795万元，市民公共文化服务活动中心建设11850万元，棚户区改造资金35915万元，中心敬老院项目资金14518万元，有力地保障了区政府重点项目的顺利推进，为全区经济社会发展提供了坚实的财力保障。

【土地出让金管理】 2020年，金水区涉及棚户改造的项目主要有张家村、姚店堤等多个项目，共收到市局拨入土地出让金728782万元，实际支出632410万元，分别用于张家村、杓袁、庙李的拆迁安置补偿，确保城中村改造项目的开展实施。

【投融资工作】 深化投融资平台改革。引进专业机构优化国有资产整合，明确功能定位，完善体制机制，分类推进平台公司转型升级，逐步建立市场化运营模式，提升综合竞争力。积极争取债券资金。充分利用债券政策，加强项目谋划储备，积极推进债券发行，争取债券资金9.1亿元，有效缓解重点项目建设资金压力。

【会计业务管理】 认真贯彻落实《中华人民共和国会计法》《中华人民共和国行政许可法》《代理记账管理办法》，按要求办理各项相关业务，做好会计业务管理服务。2020年，共审核中级会计职称报名工作9697人、会计初级职称报名工作22099人，群众满意率100%；认真做好会计职称初、中级证书发放工作，2020年共发放4395件；认真做好会计人员信息采集审核工作，2020年审核通过10733人；严格按照“放管服”文件精神，优化中介机构从事代理记账业务审批工作办理流程，压缩办理时限，加强代理记账许可证的办理及年审，2020年共审批代理记账机构80家，年审通过160家；按照有关规定，对金水辖区内代理记账机构开展了“双随机、一公开”执法检查。

【国有资产管理】 结合金水区实际，出台《金水区行政事业单位国有资产管理办法（试行）》《金水区行政事业单位固定资产报废处置操作规程》等文件，加快推进金水区国有资产监管制度化、规范化；加强国有企业管理，构建以管资本为主、分级监管的国有资产监管体制，拟定国资监管权力清单和责任清单。

【财政监督检查】 在2019年全区财经纪律专项整治工作的基础上，2020年对农委、评审中心等10家预算单位开展了财经纪律专项检查。为切实履行财政部门会计监督职责，进一步提高会计信息质量，组织对党校、采购中心、残联3家预算单位开展2020年会计信息质量监督检查。

【干部教育培训】 通过“三会一课”、党员活动日、“学习强国”APP平台、微信群推送等形式抓好党员干部学习教育，深入学习贯彻习近平新时代中国特色社会主义思想、习近平总书记视察河南和郑州重要讲话和指示批示精神、习近平总书记给郑州圆方集团全体职工的回信以及省市区委全会精神。组织16名在职党员参加“万名党员进党校充电计划”培训班、77名在职党员参加党员专题培训班、80余人参加学习贯彻中共十九届四中全会精神集中培训班、1名党支部书记参加党支部书记轮训班。局领导班子成员和各支部书记带头讲授党课，不断巩固深化“不忘初心、牢记使命”主题教育成果。每月21日认真开展“党员活动日”，严格落实“三会一课”制度，通过“集体过政治生日”、交纳党费、党性知识测试、党员志愿服务、疫情防控期间组织69名党员下沉到东风路办事处卡点值守，8名党员到集中隔离点值守等形式，进一步提升财政队伍干部整体素质，以实际行动践行初心使命。

推进党风廉政建设主体责任落实到位。结合财政工作实际，研究制定反腐倡廉建设目标和工作重点，安排部署2020年重点工作；局党组书记认真履行第一责任人的职责，做到对重要任务亲自部署、重大问题亲自过问、重点环节亲自协调，同班子成员及党支部书记开展谈心谈话，并大力支持纪检监察机关各项工作的开展和落实，全年开展专项以案促改活动2次。抓好党风廉政“一岗双责”工作落实。结合财政工作实际，组织中层以上领导干部逐级签订《2020年度党风廉政建设“一岗双责”目标责任书》，严格按照“一手抓业务一手抓廉政建设”的要求，明晰责任，统筹安排，做到谁主管、谁负责、严格监督，坚持把党风廉政建设和反腐败工作和财政业务工作相结合，同部署、同督办、同考核。加强作风建设推动党风廉政建设和反腐败工作向纵深发展。分别以“聚焦廉政风险、规范权力运行”“规范工作流程、强化内部监督”“聚焦主责主业、强化担当作为”为主题开展党风廉政建设专项活动3次，始终坚持问题导向，做好风险防控，做好节前廉政谈话和提醒。抓好党员干部教育，通过学习相关法律条规，组织观看《工资表里的秘密》《国家监察——擘画蓝图》等廉政警示教育片，及时通报违反中央八项规定精神的典型案例等形式，筑牢思想道德防线，提高党员干部学纪明纪，勇于担责的意识。

【人大和社会监督】 认真贯彻《中华人民共和国预算法》《河南省预算监督条例》等法律法规。年初向区人代会报告上年度财政预算执行情况和2020年度财政预算（草案），年中向区人大常委会汇报上年度财政决算和2020年度上半年财政预算（草案），年底向区人大常委会报告金水区 2020年度财政收支预算调整情况，自觉接受人大及常委会的审议和监督，认真听取人大常委会委员与代表的建议，预算报告一经审议通过，严格按照预算执行；按要求公开预算，接受社会和人民群众监督。

【新冠肺炎疫情防控】 做好资金物资保障，共拨付疫情防控资金1.7亿元，优先保障防控工作资金需求；用好政府采购、资金拨付绿色通道，多方协调开拓防疫物资采购渠道，保障充足的防疫物资储备供应。出台《关于全区财政部门应对新冠肺炎疫情促进经济平稳健康发展有关工作的通知》，加快恢复经济运行秩序；贯彻落实各项扶企惠企政策，减免中小微企业房租518万元，设立应急转贷周转资金3000万元；积极搭建政银企服务平台，牵头召开政银企对接会促进银企合作，已为多家企业授信近5000万元。积极参与疫情防控工作。组织党员下沉26个卡点坚守防疫一线；面对国外疫情蔓延风险，积极参与集中隔离点防疫防护工作，选派优秀财政干部前往港区参与全市防疫工作。

（撰稿：王晶晶、李家伟 审阅：袁志刚）

税 务

【概况】 2020年，金水税务坚持统筹推进疫情防控和复工复产工作，持续优化纳税服务工作，聚力提升队伍建设水平，全局工作呈现稳中有进、持续向好的发展态势。

面对突如其来的新冠疫情，区局机关党委成立“金水区税务局抗击疫情党员先锋岗”，组织全体党员第一时间下沉社区一线。通过组织捐款，为抗击疫情工作奉献爱心；在抗击疫情工作中共涌现出市级优秀党务工作者3名、优秀共产党员35名、先进党组织2个。区税务局为抗击疫情一线捐款3万余元。以“三会一课”为抓手，在全体党员中开展各类专题活动。举办“迎七一、践初心”主题活动，通过组织各支部开展表彰先进、演讲比赛、征文、慰问老党员等活动。开展巡察整改“回头看”工作。成立巡察整改工作领导小组和办公室，通过设立周例会制度，充分做到整改问题每周有跟进、每周有督导。截至年底，各项整改工作已全部整改到位。

财政局党员干部在疫情防控期间值守卡点 （区财政局/供图）

【组织收入】 召开全局组织收入工作动员会，分配2020上半年正增长6月区级税收目标。加强收入通报。例征期内坚持每日通报收入进度，找准差距，明确努力方向。与区政府税源部门进行深度税源对接。对大型批发市场、楼宇经济、未达起征点户税收、租赁行业等薄弱环节和项目开展有重点税收风险分析，彻底摸清税源底数。做好增值税防虚打虚、固定资产进项抵扣核查、增值税链条式管理核查等专项工作。通过大数据集中优势，深化增值税信息应用，实施打击发票偷骗税行为，提升组织收入质效。五是抓所得税后续管理，结合区局下发汇算申报数据，认真核实疑点数据，查找收入增长点。

2020年，金水区税务局累计完成各项税费收入207.46亿元。其中，完成税收收入148.81亿元，完成社会保险基金54.54亿元，完成非税收入4.11亿元；完成地方级收入78.09亿元，完成区级收入（含非税区级3.32亿）80.53亿元。

【减税降费】 持续开展线上、线下宣传，采取电话、短信、微信、QQ、钉钉等“非接触式”方式即时推送政策，在线上精准辅导，帮助企业应享尽享税收优惠政策。积极开展走访辅导，为企业纾困解难。向企业宣讲国家出台的各项税收优惠政策，发放《减税降费宣传册》及网上涉税办理宣传单，对相关申报操作流程进行辅导，现场解答获惠减免操作问题。稳步推进阶段性减免社保费等非税收入的各项减免工作。对受疫情影响较大、资金周转困难的企业，依法办理延期申报、延期缴纳税款，持续推进减税降费，激发市场主体活力。

【纳税服务】 持续开展“非接触式办税”。以建设无人办税厅为契机，利用微信、钉钉、张贴宣传单、电子屏滚动播放、制作小视频等多种形式宣传“非接触式”办税，引导纳税人、缴费人通过电子税务局、手机APP、自助办税终端等渠道办理税费业务。完成2019年度纳税信用等级评定工作。2020年，信用评价系统信息纳入信用管理户数161620户，在信用评价工作中，坚持把握重点，坚持依规评价、依法评价，严格控制评价工作质量。开展“便民办税春风行动”。出台24项具体便民服务举措，推行涉税（费）业务“网上办、错峰办、自助办、邮递办、延期办、容缺办”。通过加大对依法延长纳税期限、延缓缴纳税款宣传、加快出口退税进度等举措，有效缓解企业资金紧张状况，快速高效地落实各项税收优惠政策。

【征收管理】 加强新增税源管理。了解新增企业生产经营开展情况，在风险防范的基础上按需供应发票。提升大型批发市场税源管理质效。组织税务分局完成辖区市场税源税收调查，摸清市场税源情况。加强个体双定户后续管理。继续加大个体工商户使用增值税发票的范围，特别是加大推进电子发票的力度，逐步取消定额发票的使用，并扎实推进“以票控税”措施；同时认真做好年度实际销售额超过起征点20%调整率和销售额超过起征点20%补税率基础指标的日常监控，对超过起征点20%的，补税到位，调整定额到位。稳步开展税邮双代业务。5月11日税邮双代业务正工启动，按照工作进度，金水局与市邮政局签订委托代征协议，与金水区邮政局共同确定代开试点营业厅。

【新冠肺炎疫情防控】 疫情发生以后，金水区局认真贯彻党中央关于做好疫情防控的重大部署要求，第一时间成立疫情防控工作领导小组，针对区局干部人数多、管理服务纳税人数量大的情况，金水区局加强排查，对进出人员进行红外线测量体温并实名登记筛查；对局机关和办税厅定期开展消毒。选派11名党员干部，深入发生疫情的社区，参与人员排查统计、物资分发、体温测量等疫情防控工作。

金水区局以“互联网+”税务模式为纳税人纾难解困，积极助力企业复工复产。通过网上直播平台开展疫情防控税收优惠政策辅导，在线观看直播达到数万人次。大力推广电子发票，为生活超市、医药企业、物业公司等行业的1928家企业开具69849份电子发票。

（撰稿：康家宝　审阅：薛新辉）

投融资政策研究

【概况】 郑州市金水区投融资政策研究中心（原称金水投资公司，以下简称中心）成立于2009年，中心的成立是区委、区政府大力推进投融资体制改革、增强政府经济调控能力、加快金水跨越式发展的重大举措。中心隶属于金水区人民政府，为财政全供事业单位。

【投融资体制改革】 为认真贯彻落实中共十九大和十九届四中全会及2020年全国两会精神，打好防范化解重大风险攻坚战，根据财政部及河南省、郑州市相关政策文件精神，以及区委、区政府的会议精神，为切实厘清政企权责边界，加快推动平台公司转型发展，积极推动进一步深化投融资体制改革工作。根据企业情况一企一策，分步整合资产，明确各公司的战略定位，集中优势力量，整合优势资源，发展突出主业，依纪依法开展投融资工作。该次改革按照分类推进、先试先行的原则，第一阶段选取金水建设综合开发公司为试点企业，将其提至金水投资公司的二级公司，归并整合全区优质的经营性资产，逐步提升金水建设综合开发公司的建设资质和建设能力，提高公司的经营水平、盈利能力，实现建设优势与融资优势深度融合。随着金水建设综合开发公司市场化改革的推进，以点带面、分类施策、逐步推进全区各投融资公司的改革。

【提升运营能力】 持续提升平台公司融资能力。2020年，加快推进各平台公司优质资源和经营性资产的整合，提升运营能力，实现业务盈利，通过平台公司自身良好的业务盈利及偿还能力，实现自身融资的可持续性。与国开行河南省分行积极对接项目，约定建立业务定期沟通的机制，每周召开联席会议解决疑难问题。通过实地调研、资料查阅、数据分析等方式对重点项目逐一梳理，聘请第三方机构对平台公司的经营状况深入分析，探讨融资模式，寻求合作方式。通过区政府相关职能部门的相互协调，包装金达公司市民文化中心场馆建设项目、金水区公租房运营管理有限公司人才公寓项目、金水综合开发公司棚改房项目。金达公司市民文化中心场馆建设项目已通过国开行的初步准入，正在抓紧完善国开行评审材料，其他项目的初步方案也已完成，经第三方机构完善材料后，尽快上交国开行评审。

【棚改基金】 重点抓好棚改基金的风险预警工作。在基金的申请、使用方面认真测算企业前期实际投入，确保数据真实可靠，深入了解、严把关口，确保棚改基金安全、合规使用；确保基金按期收回本金及收益，同时做好平台公司向金融机构的还本付息工作，对于在棚改基金使用过程中存在不按时还款、付息的项目单位，列出负面清单，今后严禁准入；积极探索，稳步推进，继续努力提高棚改基金使用效率。

【业务指导】 进一步做好投融资体制框架内平台公司业务协调和政策指导。根据国开行融资要求修改项目可研初稿、平台公司增资及资产划转请示方案，积极推进与国开行的合作。同时立足自身职能，全力搞好支持配合，及时完成各平台公司资产划拨、移交等工作；协助各平台公司按照相关规定办理企业备案登记手续，完善法人治理结构，规范公司财务管理。

（撰稿：马腾飞　审阅：余志钦）

发展改革

【概况】 金水区发展改革和统计局于2020年更名为金水区发展和改革委员会（以下简称区发展改革委），是区政府工作部门，挂郑州市金水区粮食和物资储备局牌子。2020年4月，根据上级要求对原发展改革和统计局的相关职责和人员进行拆分，区粮食流通中心承担的行政职能，区卫健委、区应急管理局等部门的人口长期均衡发展和应急储备物资收储、轮换和日常管理职责划入区发展改革委。下辖二级机构4个，即金水区重点项目服务中心、金水区价格认定服务中心、金水区价格成本监测所、金水区粮食流通中心。

（撰稿：陈　凯　审阅：张　喆）

【产业发展情况】 聚焦产业结构调整，综合实力显著增强，产业结构更趋优化。紧扣主导产业，实施“能级提升、龙头引领、链式集聚、品牌塑造”四大战略，以现代金融、高端商贸、信息服务等为主导的现代服务业增加值达到1230亿元，占地区生产总值比重近70%。紧盯数字经济，加快科大讯飞“一中心四基地”建设，签约落地中原动力智能制造项目，成功引进数说安全等信息安全企业74家，信大捷安正式推出全球首款符合5G-V2X标准智能交通安全芯片，金水科教园区获批国家网络安全“高精尖”技术创新平台。紧抓特色载体，以“四个三”工作为抓手，实施农科路酒吧街、健康路体育用品一条街升级改造，推进大卫城、正弘城、国贸360商圈靓化提升，举办“炫彩金水”夜经济系列活动，打造“夜·金水”品牌。以楼宇改造升级为抓手，推动楼宇经济能级提升，全区全口径税收超亿元楼宇达到13幢，获得中国楼宇经济领军发展城区奖。双自联动优势凸显，突出自贸区开放带动，深化“集群注册全程电子化+企业服务一体化”模式，累计注册企业突破918家，注册资金超163亿元。整合28个境外办事处，并联运行30万平方米海外仓，带动全区外贸进出口实现109亿元，超过市内其他五区总和，成功获批省级跨境电商示范区，积极推进制度创新，“企业集群注册新模式”成功入选“河南自贸试验区2020年最佳实践案例”。突出自创区科技引领，以获批国家网络安全创新应用先进示范区和第三批国家级大众创业万众创新示范基地为引领，全区新增科技型企业419家，新建国家级孵化载体4家、省级新型研发机构2家，市级以上工程技术中心（重点实验室）41家，全社会研发投入同比增长61.6%，成功举办中国创客领袖大会暨“双12”创客节，各级各界向科技发力、资源要素向科技倾斜、支持科技创新的氛围越来越浓。

（撰稿：李　灿　审阅：马映军）

【“十四五”规划编制】　全区“十四五”规划编制工作大头落地。经过全区各级各部门近半年来的共同努力，金水区“十四五”规划纲要编制工作接近尾声。《金水区国民经济和社会发展第十四个五年规划和二〇三五年远景目标纲要（草案）》经区政府常务会议、区委常委会研究讨论，经区两会审议通过，按照国家、省、市的统一部署，印发全区遵照执行。围绕“十四五”的战略重点和发展目标，有针对性地在先进制造业、新基建、创新能力提升、产业结构升级、开放创新、生态环保、城区名片塑造、民生保障等领域，谋划“十四五”重大项目373个，总投资5681.6亿元，“十四五”期间计划投资3012.8亿元；其中亿元以上项目244个。重大研究课题及专项规划编制情况。截至年底，10个重大研究课题和21个专项规划编制工作接近尾声，将随《金水区国民经济和社会发展第十四个五年规划和二〇三五年远景目标纲要》及“十四五”重大项目表一同汇编成册，形成全区“十四五”规划编制工作最终成果。

（撰稿：李　灿　审阅：马映军）

【重点项目建设】　2020年，金水区省、市、区重点项目共214个，年度计划投资722.8亿元，全年完成投资738.7亿元，占年度目标的102.2%，圆满完成年度目标计划。其中，省重点项目18个，总投资562.4亿元，年度计划投资165.8亿元，全年完成投资175.9亿元，占年度目标任务的106.1%；市重点项目19个，总投资855.6亿元，年度计划投资280.1亿元，全年完成投资295.5亿元，占年度目标任务的105.5%；5个省市重点计划新开工项目全部开工，开工率100%；18项联审联批事项提前于4月底前全部完成，完成率100%。银基风尚大厦、“一环十纵十横”城市主干道综合改造等44个项目开工建设，河南外包产业园、河南信息安全示范基地等116个续建项目进展顺利，河南省高级人民法院办公用房改造和审判法庭建设项目、金水区市民公共文化服务活动中心建设项目等10个项目竣工投产。

（撰稿：戴　超　审阅：范新芳）

【优化营商环境】　2020年，围绕加快建设高品质现代化城区，实现“两率先一争当”这一目标，认真领会上级会议精神及工作要求，聚焦营商环境评价指标，加大改革支持力度、激发市场主体活力、全面提振企业信心，通过对重点领域和关键环节的不断优化，构建亲清政商关系，助力企业健康发展，为全区经济社会发展积蓄力量。金水区的营商环境工作成绩斐然，在赛迪顾问城市经济研究中心发布的赛迪营商环境百强区（2020）名单中，金水区位居第15位，领跑中部省会城区。同时，金水区还获评郑州市2020年度营商环境工作先进集体、郑州市2019年度营商环境嘉奖单位称号，金水区党政主要负责人获嘉奖，并获一次性奖励1000万元。

（撰稿：李　峰　审阅：常胜男）

【黄河流域生态保护和高质量发展核心示范区建设】　以科学规划为引领，找准坐标，精准定位，积极与相关局委做好共谋，共同打造集生态绿色、文化旅游、产业集聚于一体的精品示范区。塑造“美丽乡村”，主动对标高品质现代化城区建设标准和城乡融合发展需求，坚持党建引领、示范带动、全面推进的思路，选定毗邻黄河、历史悠久、底蕴深厚的马渡村作为金水美丽乡村示范村，以高起点规划、高标准设计、高质量发展，全力助推拆违治乱、环境整治、基础配套等各项工程。聚焦“长期治标”，督促相关单位开展垃圾集中清理整治、违建拆除行动，以主干道和产业园区、学校、居民区周边为重点，常态化开展街面环境秩序整治，营造安全文明交通出行环境。突出“功能完善”，按照“两区两环三横七纵”建设思路，加快市政道路和公配设施建设投用，完成马渡污水处理厂、南来童寨污水处理站建设，完成鸿苑路、防汛路、来黄线等主干道大修；截至年底北来童寨污水处理站、黄岗庙污水处理站已开工建设。致力“生态提升”，以绿色廊道、公园游园、河道整治为抓手，着力打造“河水互动、城景合一”的生态城区，着力推动京港澳高速绿化提升工程、石沟河与索须河故道综合治理工程、郊野公园建设等项目。贯彻“四水同治”，配合开展以“坚持节水优先，建设幸福河湖”为主题的“中国水周”宣传活动；协助开展区级河长巡河140人次，乡级河长巡河2780人次。紧抓“产业发展”，以“沿黄科创带”建设为契机，聚焦发展信息安全、人工智能、共享生态科技等新兴产业，年内实现西亚斯亚美迪国际软件园等2个项目投产运营，中科新兴产业技术研究院等6个项目部分主体封顶，推进金科智汇城等8个项目手续办理。

（撰稿：张晨萧　审阅：张　娜）

【新冠肺炎疫情防控】　区发展改革委领导班子始终坚持把疫情防控作为首要的政治任务抓紧抓实，第一时间召开班子会，及时成立由主要领导任组长的防控工作领导小组，统筹调度、协同推进疫情防控工作。健全完善联防联控工作机制，动员广大党员干部积极主动参与打赢疫情防控阻击战；党员干部带头坚守岗位，60名党员示范带领全委81人下沉社区防疫一线，认真做好值守任务，切实做到守土有责、守土担责、守土尽责。其中，女性占61.7%。通过把委党支部旗帜、宣传条幅等在卡点及单位显著位置悬挂的形式，向卡点过往群众发放防疫宣传手册、宣传彩页等，为小区群众普及科学防控知识，坚定群众对新型病毒肺炎可控、可防、可治的信心。区粮食流通中心作为委二级机构，全力守护好“责任田”，抽调21名工作人员于元月27日到东三环高速下站口对下站人员、车辆开展体温检测、车辆登记等统计工作，并对非郑州籍车辆进行劝返，加强人文关怀，采取人性化措施，为入郑州人员提供必要的生活保障和协助，帮助他们解决好生活方面的实际困难。在复工复产，开展“三送一强”工作中，坚持“双统筹、两不误”，认真做好复工复产领导小组相关工作，抓实“三个三”助企举措，统筹抓好疫情防控与经济社会发展。制定《金水区复工复产领导小组关于企业疫情应急处置预案》，确保一旦复工企业发生疫情，能够及时反映、妥善处置。3月2日，全区规模以上工业企业实现全部复工，252个建设工程全部复工；3月8日，实现除负面清单外规模以上服务业企业全面复工，全区顺利实现全部四上单位复工、复产、达产、用工四到位。起草《金水区在疫情防控期间开展为企业“送政策送服务送要素强信心”活动月实施方案》，制定“三送一强”活动走访企业登记表、问题处置交办流程，安排企业走访问题收集专班，为“三送一强”活动开展打下扎实基础。

（撰稿：吴晓军　审阅：张　喆）

统计工作

【概况】　金水区统计局（以下简称区统计局），是区政府工作部门，根据《中共郑州市金水区委机构编制委员会关于调整部分党政机构的通知》《中共金水区委办公室　金水区人民政府办公室关于印发〈郑州市金水区统计局职能设置、内设机构和人员编制规定〉的通知》《中共郑州市金水区委机构编制委员会关于拆分原郑州市金水区发展改革和统计局所属事业单位机构编制的通知》文件相关规定，2020年4月，拆分金水区发展改革和统计局，设置金水区统计局。辖二级机构2个，即金水区普查调查中心、金水区统计信息中心。内设办公室、综合核算评估科、统计执法监督科、业务一科、业务二科5个职能科室。

（撰稿：李　渊　审阅：李遂山）

【主要指标情况】　全区上下围绕高品质现代化城区建设和实现“两率先一争当”总体目标，聚焦“六稳”“六保”工作任务，认真落实“控、保、稳、进、抬、扛”六字要求，成功夺取疫情防控和经济社会发展“双胜利”，全区经济社会发展秩序快速恢复，总体呈现稳中向好的良好态势。全年地区生产总值完成1807.1亿元，同比增长1.0%；第三产业增加值完成1552.9亿元，同比增长1.9%；社会消费品零售总额完成979.4亿元，同比下降9.7%；规模以上工业增加值同比下降13.8%；城镇居民人均可支配收入50444元，同比增长1.7%；农村居民人均可支配收入29720元，同比增长5.3%。

（撰稿：张　鑫　审阅：丛东雷）

【统计法治建设】 2020年，金水区统计局制定《金水区统计局2020年法治宣传教育和依法治区工作方案》，完善《规范性文件审核制度》等文件，为依法行政奠定了基础。组织企业培训，充分利用年报和定报业务培训的有利时机，通过讲解统计法律法规知识和统计执法案例，提高统计调查对象对统计法律法规的认知度，培训人员2000余人次，发放《中华人民共和国统计法》摘录、《中华人民共和国统计法实施条例》、《河南省统计管理条例》和案件通报宣传彩页8000余份，收到了良好的效果。开展法制培训，2020年4名执法人员参加了全区组织的法律知识培训并全部通过考试，为统计执法工作打下了坚实基础。开展统计法律进党校活动，聘请市局专家授课，对全区60名科级及中层干部进行了统计法律法规知识培训，效果显著。金水区统计局开展法律法规宣传活动，集中组织统计法律法规培训2次，参与第七次人口普查大型宣传活动。金水区统计局认真组织防范和惩治统计造假、弄虚作假自查整改工作。认真组织完成每季度“领导干部违规干预统计工作台账”上报。开展统计执法工作，本着“用数据说话，为决策服务”的原则，组织“双随机、一公开”统计执法检查工作，共抽取22家“四上”企业进行检查，下发责令改正通知书6份，对3家企业进行了行政处罚。同时认真做好规范性文件、合同合法性审核等工作。

（撰稿：宋周艳　审阅：李遂山）

【统计调查工作】 2020年，金水区统计局认真开展各项专项统计调查，严格按照规定程序，抓源头数据质量，保证统计资料准确，圆满完成全年制度内外的各项统计调查任务、国家制度内规定的2019年年报和2020年定期报表任务及“四上”单位上报审批管理任务，高质量完成了名录库更新维护工作，建立健全基本单位名录库及数据库系统，为研究制定发展规划，提高决策和管理水平奠定基础。2020年，金水区新增、变更、注销法人和产业活动单位19490条，全年新增入库“四上”单位219家。作为四大工程之首，基本单位名录库工程建设的承担者，区统计局精心组织、攻坚克难，全面完善覆盖金水区国民经济各行业的基本单位名录库、基础信息数据库和统计电子地理信息系统，建立健全特色商业区基本单位名录库。进一步夯实统计基础，健全统计工作的部门协调机制和信息共享机制，推动加快构建现代化统计调查体系，为

9月30日，金水区在文博广场举行第七次全国人口普查宣传月暨第十一届“中国统计开放日”活动启动仪式　（区统计局/供图）

加强和改善宏观调控，加快经济结构战略性调整、科学制定中长期发展规划提供科学准确的统计信息支持。2020年是全国人口普查年，十年一次的全国人口普查是关系国计民生和中华民族永续发展的一件大事，区统计局高度重视，积极筹划，按照普查方案，扎实推进第七次全国人口普查工作有序开展。通过普查，全面查清金水区人口数量、结构、分布、城乡住房等方面情况，普查结果将为完善人口发展战略和政策体系，促进人口长期均衡发展，科学制定国民经济和社会发展规划，推动经济高质量发展，提供科学、准确的统计信息支持。

（撰稿：左　欣　审阅：贾　佳）

【新冠肺炎疫情防控】　2020年，金水区统计局全员下沉一线进行防疫卡点值守，为辖区居民做好出入登记、测量体温、办理出入卡、劝阻外来人员等。科级领导干部充分发挥示范表率和统筹协调作用，凝聚各方力量，提升党建引领下的疫情联防联控工作能力，全体党员用自己的党性守护人民群众的健康，筑牢疫情防控第一道防线。悬挂条幅，发放防疫宣传手册等为群众普及科学防控知识，消除恐慌。严格执行干部外出离郑报告制度，狠抓干部外出离郑管理，全面加强办公区域卫生消毒，做好自我防范，加强会议、宣传等大型活动疫情防控，做好疫情常态化防控工作，保障工作正常运行。

（撰稿：李　渊　审阅：李遂山）

市场监督管理

【概况】　按照中央和省委、市委关于党政机构改革的统一部署，将原区工商质监局和原区食品药品监督管理局合并，并整合区物价局的价格和监督检查职责，区科学技术局的知识产权相关职责，组建区市场监督管理局，为区政府工作部门。

截至11月底，全区市场主体总量达到25.8万家，占全市近1/5；在全省10万家以上企业的地市排名（除郑州市）中，金水区以16.4万家的数量排名第一。办理各类案件663起，罚款391.8万元。

【优化营商环境】　推进企业开办“一件事”集成服务事项，积极执行注册登记“三十五证合一、一证一码”登记制度；推动“证照分离”改革，优化许可流程、精简提交材料、压缩审批时限；加强“互联网+政务服务”，推进“企业注册登记全程电子化”，引导群众开展“网上办”。2020年，金水区实有市场主体258671家，共办理各类市场主体设立、变更、注销登记101367家，其中全程电子化办理占比分别为98.12%、90.51%、21.05%，共发放、注销食品、药品、医疗器械类许可5334件。

【省级食品安全示范区创建】　组织召开专题会议，研究解决食品安全问题，制定《金水区落实食品安全党政同责的实施意见》《关于金水区健全食品安全责任制加强食品安全的若干措施》；加强食品安全

12月17日，区市场监管局检查辖区冷链食品　（区市场监管局/供图）

6月19日，区市场监管局举办“社区电梯应急演练　安全知识宣传活动”
（区市场监管局/供图）

监管，坚持日常监管与专项整治相结合，坚突出校园食品安全、“三小”监督、网络订餐等重点领域，不断扩大食品抽检监测力度和覆盖面，大力开展食品安全智慧监管，重拳整顿和规范食品市场秩序。2020年，共办理食品违法案件308件，罚没款207万余元，移送司法机关10件。打造社会共治格局，广泛开展宣传教育，鼓励群众参与监督，畅通投诉举报渠道，邀请各界代表视察食品市场，参与食品安全管理。8月19日，金水区获得省政府食安办第三批河南省食品安全示范区命名，成为郑州市六个区中唯一获得“省级农产品质量安全区”“国家农产品质量安全区”“省级食品安全示范区”三项荣誉称号的辖区。

【市场安全监管】　以创建省级食品安全示范区为契机，借用“互联网+”创新监管方式，加强食品安全信息化建设工作，持续推进“互联网+明厨亮灶”建设工作。2020年，辖区4个市场共75户商户完成溯本通建设工作；190个幼儿园食堂和77个中小学食堂完成中小学、幼儿园食堂“互联网+明厨亮灶”工作，完成率为100%；完成食品监督检测9502批次，其中，合格样品9213批次，不合格食品289批次，不合格率为3.04%。2020年度共检查药品经营企业3041家次，责令改正62家次；医疗器械企业2460家次，责令整改2家，立案11家，罚没金额28万元；上报药品不良反应2163份、医疗器械不良事件监测工作643例；抽检药品32批次、化妆品30批次。全年查处特种设备生产、经营使用、单位430余家次，检查特种设备3600余台件下达《特种设备监察指令书》42份，处置电梯困人故障1367人次。

【市场监管执法】　全年共查处不正当竞争案件3起，罚没金额8.12万元。查处商标案件41件，罚没金额50.42万余元；组织开展清理整治含有“软色情”、广播电视播出机构发布虚假违法保健食品等广告专项整治活动，共查处广告违法案件89起，罚没金额53.34万余元；严厉打击假防疫用品、假药品、假食品、假名牌等重点项目，共查处制售假冒伪劣商品案件162起，罚没金额69.278万元；开展扫黑除恶工作，共排查集市贸易、农副产品批发、商品零售、建筑材料类市场3485个次，摸排涉黑涉恶线索26条；查处食品药品领域违法行为，健全行政执法与刑事司法衔接工作机制，加大联合惩戒力度。共立案501起，结案420起，罚没款共计287.96万元，移交公安机关13起，公安机关立案9起；开展烟草市场综合治理，共查处无证经营案件57起，罚没金额18.09万余元。

【企业信用信息公示】　全区121216家企业、个体和“新农合”按时完成年报，年报率达90%以上。

【消费维权】　12315消费者申诉举报中心共接转投诉20840件、举报14445件，合计35285件，处理率达到100%；组织、部署315国际消费者权益日活动；发布消费警示7篇；采集新闻报道6篇；上报典型案例6个，撰写热难点理论研讨文章6篇。

【知识产权】 截至年底，金水区有效注册商标达137398件，占全市31.19%，居全市第一，拥有驰名商标总数5件。2020年，申请专利授权项目1559项，金额128.7万元。其中黄河勘测规划设计研究院有限公司、郑州信大捷安信息技术股份有限公司获评2020年度河南省知识产权优势企业。

【大气污染防治】 发挥散煤治理牵头单位的职责，综合运用"督导、暗访、曝光、问责"等方式，督促推进散煤治理各项工作。共检查居民户214325户、商户32451户，未发现有使用散煤的现象。

【政府信息公开】 按照"依法公开、真实公正、突出重点、注重实效、有利监督"的原则，严格执行政府信息公开条例。认真做好依申请公开工作，建立健全政府信息公开申请接收、登记、办理、审核、答复、归档等各个环节的制度规范，依法妥善做好相关工作，共处理依申请公开21件。

【党风廉政建设】 制定《2019年党风廉政建设和反腐败工作要点》等方案。组织观看警示教育片《迟到的忏悔》《伞戒》《一清二白》，集中学习6期"典型案例通报"。结合典型案例，对在职在编的327名公务人员违规经商办企业情况进行全面排查，同时在3个机关大厅和30个基层所等醒目位置张贴《开展违规经商办企业专项治理承诺书》，设置举报箱，公开举报电话，接受社会监督。把握"不忘初心、牢记使命"主题教育总要求，制定《专项整治漠视侵害群众利益问题专项整治实施方案》，成立专项整治工作领导小组，集中力量开展13项专项整治。开展利用名贵特产特殊资源谋取私利问题专项整治活动。

【新冠肺炎疫情防控】 疫情防控初期，围绕商超、药店、农贸市场等重点监管领域，严抓活禽和野生动物销售交易行为，加强生鲜、冷冻肉、水产品及其制品监管与检测，重点排查制售假冒伪劣医用口罩违法行为，持续做好购买感冒类、退热类药品实名登记工作，严厉打击借疫情哄抬物价、价格欺诈和不按规定明码标价等价格违法行为。复工复产期间，实施"一企一策"跟踪服务，开通绿色通道，有序推进辖区餐饮服务单位、商贸流通企业、工业企业、科技服务业等各类企业复工达产。常态化防控期间，按照"外防输入、内防反弹"疫情防控工作要求，突出冷链食品监管和冬春季疫情防控工作。2020年，共组织出动执法人员2万余人次，巡查检查食品经营单位、药品器械经营单位万余家次，印制发放《承诺书》《价格温馨告诫书》等万余份；累计登记购药实名信息42万余条；监督市场、商户立即停售、封存、下架冷链食品1200余公斤；办理物价投诉举报1700件；组织开展进口冷链食品核酸检测2848批次；共收到各地区涉疫信息排查9起，核酸检测采样1345份。金水区市场监督管理局下沉南阳路街道办事处开展防疫工作任务。卡口值守期间先后组织局机关干部80余人次下沉社区值守，先后下沉5个社区、16个值守卡点楼院。2020年，在新闻媒体上刊发稿件200余篇。收集、汇总、上报和处置各类舆情20余件。

（撰稿：鹿　璐、毋秀秀　审阅：王　伟）

应急管理

【概况】 金水区应急管理局为金水区政府组成部门，设有3家下属事业单位，分别为：郑州市金水区安全生产监察大队、郑州市金水区应急救援保障中心、郑州市金水区应急信息中心。

2020年，金水区应急管理局认真落实管党治党主体责任，严格落实"一岗双责"要求；1月，金水区应急管理局在完成内设机构调整的基础上，通过中层竞争上岗、双向选择的方式，进一步激发干部队伍活力；切实加强支部建设，进一步理顺内部管理机制；加强应急机关文化建设。努力倡树培育“把艰险扛在肩上、把平安留给百姓”的应急管理理念。

【责任落实】 按照“三管三必须”和“属地管理”原则，逐级逐层签订目标责任书。每季度组织对街道、部门进行考评、排名，健全完善考核机制。坚持区委常委会、区政府常务会议季度研究、安委会月总结、联席单位周例会等推进机制，进一步强化安全生产责任体系。及时分析形势、制定措施，形成重大情况定期会商、重大问题挂牌处置、一般隐患现场治理的局面。

【专项整治】 认真贯彻落实《地方党政领导干部安全生产责任制规定》和《河南省安全生产条例》，细化任务分工，严格落实党政同责、一岗双责、“三管三必须”要求。安全生产三年行动专项整治。全区确定2个专题和危险化学品、消防安全、交通运输、城乡建设、危险废弃物、文化旅游和特种设备9个专项，建立“一图、一表、两清单”，开展安全生产专项整治三年行动。截至年底，全区各单位检查生产经营单位13255家次，打击违法违规行为240起，排查一般隐患10858处，已全部整改。围绕重点领域严管严治，开展隐患排查“专家会诊”行动。截至年底，专家指导服务团共会诊194家企业，排查一般隐患751项，已全部整改到位。围绕优化营商环境，深入开展“三送一强”活动，累计帮扶企业3.5万家，协调解决事项3.9万条。深入推进安全生产“以案促改”活动，开展事故警示教育412场，接受事故警示教育3.4万人。采用专家指导、示范引路、现场观摩、分级验收的方式，切实抓好重点领域提质扩面，危化行业、工贸规模以上企业已实现全面覆盖。截至年底，全区建立行业标杆企业13家，在交通运输、建筑施工、文化旅游、教育、商贸、危化、工贸等行业完成双重预防体系建设203家。综合运用“双随机、一公开”、联合执法、分级分类监管等手段，进一步加大监管执法力度。截至年底，检查执法生产经营单位614家（次），下发各类执法文书1797份，行政处罚96起，罚款金额31.5万元。

【自然灾害应急处置】 以“5·12”防灾减灾宣传周和“安全生产月”等宣传活动为契机，广泛开展防灾减灾宣传，普及防灾减灾知识，提升全民防灾减灾意识和安全避险能力。复工复产期间运用钉钉群、“空中课堂”，加强对企业安全管理人员和从业人员的培训。举办贯彻习近平总书记关于安全生产重要论述主题宣讲会暨落实企业安全生产主体责任专题大讲堂。积极组织开展综合减灾示范社区和防震减灾示范学校创建工作。积极做好自然灾害防治工作。主动协同相关部门做好地震、森林防火、地质灾害等自然灾害防治工作。建立基层办事处灾害信息员队伍，加强人员培训，加强灾害综合风险会商研判和监测预报。全力做好防汛抗旱工作。紧盯“一个确保、三个不发生”的总体目标，立足“防大汛、抗大旱、抢大险、救大灾”和“五个不”要求，以“查、转、改”工作为抓手，全面履行防汛各项措施，确保金水区安全度汛。汛前，研究制定防汛抗旱工作方案和总体应急预案，修订完善黄河防汛、内河防汛和城市防汛预案，召开防汛抗旱工作会议，对防汛抗旱工作进行全面部署。汛期，严格落实值班制度和领导带班制度，加强会商研判，及时掌握通报汛情讯息，加强防汛队伍建设和实战演练。

【应急管理体系】 认真贯彻落实区政府《关于改革完善应急管理体系的通知》要求，建立和完善“1+12”应急救援指挥体系。着眼“大应急”格局构建，积极探索应急救援阵地建设新模式，在全区17个办事处精准布局50个应急救援站，着力打造覆盖全区、功能完备的“3分钟应急救援圈”。加强应急制度建设。制定出台事故灾难和自然灾害分级响应标准，修订完善应急救援预案，建立健全应急管理制度规范。加强应急能力建设。组织开展应急资源普查等基础性工作，组织开展各类实战演练297场次。

购置应急指挥车，联通应急指挥通信网络，建立三级应急值班制度，认真做好24小时应急值班值守。

【新冠肺炎疫情防控】　新冠疫情发生后，区应急管理局成立由党组书记任组长、班子成员任副组长的领导小组，制定《金水区应急管理局关于新型冠状病毒感染的肺炎疫情防控工作方案》。全局执行每天1/2以上人员下沉社区的要求，对分包的北林办事处4个社区14个楼院8000余户进行防疫管控，每个楼院成立专班，明确责任人，24小时值班值守，严把楼院卡点。泉州隔离酒店坍塌事故发生后，金水区成立了由应急管理牵头的安全防范专班，对辖区5个集中医学隔离观察点和3个境外返回郑州隔离观察酒店进行安全指导，对酒店安全管理人员进行应急处置培训。疫情防控期间共编辑信息简报72余篇。金水区应急管理局向全区各单位发放防灾帐篷247顶，及时发放到各个卡点和社区。

（撰稿：张　婷　审阅：崔红宾）

消防工作

【概况】　2020年，全区消防队伍共接出警1449起，其中，火灾扑救952起，抢险救援497起，出动车辆4745辆，出动人员23258人，抢救被困人员53人，疏散被困人员778人，抢救财产价值约2859万元。

【消防安全责任】　突出政府主导，不断健全消防责任体系。区委、区政府将消防工作纳入政府目标管理、社会综合治理和平安建设内容，层层签订目标责任书，实行半年督导、年度考核，确保任务清晰、责任明确。区防火安全委员会召开联席会议4次，层层推动落实消防安全责任。全区17个街道办事处、29个区防火安全委员会成员单位各司其职、上下联动，解决消防工作难题，推动消防工作落实。

【排查整治】　以14类场所为重点，全面深入推进火灾防控和消防安全专项整治三年行动工作，先后联合应急管理、商务、民政、文物、教育等部门，集中时间、人员，对大型城市综合体、商场市场、社会福利机构、博物馆文物建筑、校外培训机构等重点场所，逐一进行检查，整改消除一大批火灾隐患。明确13名消防监督员、33名文员分包联系17个街道办事处和7个公安分局，开展业务指导与培训362次。2020年以来，全区共开展检查活动4852次，发现隐患9361处，督促整改9306处，行政处罚354家企业，“三停”57家企业，临时查封186家企业，拘留25人，罚款227.85万元，有力地改善了社会消防安全环境。

【宣传培训】　深化与主流媒体合作力度，与河南电视台公共频道联合开设消防专栏，每月固定播放一期消防宣传专题节目。2020年，共计在央视播发新闻6篇，应急管理报刊发稿件4篇，省市级媒体播发新闻122篇，完成“大队长上媒体讲消防”活动20次。全力推动消防宣传基础设施建设，高标准建成点点梦想城、翰林小学等多功能消防体验馆7个，成功打造未来路福元路、未来路纬二路、福元路玉凤路等消防安全示范路5条。不断强化消防宣传教育工作，全年累计共开展大型主题宣传活动50余场次，开展培训演练活动238次，发放各类宣传资料30万余份，受教育人数10万余人，社会群众抵御火灾能力全面增强。

【网格排查】　以消防网格化为平台，综治、应急管理、公安、消防等部门开展针对性的消防安全督导和检查，社区居委会每月对居住小区、辖区单位、沿街门店等单位开展一次全面排查，在火灾多发季节、重大节假日期间加强防火检查，充分发动群众自防自救力量，联合社区保安共同承担消防巡查工作。建立微型消防站，实行站与站之间区域联防，构建形成“3分钟”应急救援响应圈。各站点安排专职人员开展不间断的防火巡查，及时发现消除火灾隐患；站内均设置消防体验中心，配备各类应急救援装备。

【队伍建设】 将辖区多种形式消防力量纳入调度指挥体系，建立联勤联动、警情通告、执勤抽点等机制，实现“一键式”、精准化调度指挥。紧盯重大节日、活动，强化前置备勤、流动巡防和现场监护，快速响应、灭早打小。制定下发岗位练兵奖惩办法，建立完善执勤训练激励机制。全年共计开展区级综合应急救援演练4次，开展人员密集场所、易燃易爆危险品等实战化演练6次，制定修订灭火预案300余份。

【消防站建设】 消防队站建设实现新突破。2020年，经五路消防救援站营房主体改造工程顺利完工，唐人街微型消防站、凤凰城微型消防站和科教园区消防站建成投勤，金基消防站建设任务全部完成，将闲置多年的北环文化路移动消防站顺利搬迁至丰庆国基路优悠购物公园附近，预计2021年投入使用。

【新冠肺炎疫情防控】 深入研判全区疫情形势，积极协调区相关部门做好信息共享工作，制作疫情分布图充分利用远程监控手段开展社会面消防检查，结合“打开生命通道”专项行动，视频抽查辖区消防安全重点单位、小区物业的消防安全。通过微信群集中提醒、电话跟踪提示等形式认真组织开展消防宣传提示活动，对社会单位和社区物业共计开展电话提示1157次、微信提醒3725次、发送防火信息2418条，采用微信视频方式抽查单位236家，发现隐患68个，当场整改66个，有效稳控疫情防控期间社会面火灾形势。

（撰稿：李　冬　审阅：李伟峰）

市场发展管理

【概况】 郑州市市场发展中心金水市场分中心（以下简称金水市场发展中心），是郑州市市场发展中心管理区域市场的派出机构。

按照2020年市商贸市场提质发展工作要求，与区商务局密切配合推进工作落实，完成市场外迁4家，超额完成市定的2家目标任务。认真组织开展市场大气污染防治和“白色污染”治理工作，加强市场重型货车、农用车和非道路移动机械管控，有序推进不可降解塑料购物袋退出使用。

【“三送一强”活动】 规范指导辖区专业市场复工复产。制定《金水区商贸市场复工复产实施方案》，指导规范辖区44家市场。接听回复市场有关复工复产电话咨询357件次。认真开展“三送一强”活动。成立4个工作专班，明确任务到人，建立“三送一强”工作台账。组织人员逐个市场上门解读《金水区疫情防控期间支持企业复工复产优惠政策汇编》，在全区市场张贴优惠政策二维码850张，发放《金水区疫情防控期间支持企业复工复产优惠政策汇编》300余册，选摘相关适用于市场的优惠政策条款印制《疫情防控期间优惠政策选编》1.2万册下发辖区市场。走访全部64个市场，收集整理市场存在问题6类，共27条。帮助协调解决防疫物资口罩33835个，红外体温仪10台，大型人体测温仪4台，组织111家商户对接银行，帮助贷款90余万元，用工4045人，协调8家市场为商户减免租金共计1660万元，帮扶商户2777家。

【市场建设和改造】 按照2020年郑州市下达金水区年度农贸市场建设和提升改造目标任务，《金水区集贸市场管理巩固提升工作方案（2018—2020年）》确定的任务，区委十一届十一次全会提出的“五个一”建设每个街道办事处至少建设1个高标准农贸市场（农产品超市）的要求，积极推进各项工作。截至年底，完成新建农贸市场1家，完成提升改造农贸市场7家，正在施工3家，提前超额完成市里下达的新建改造3家农贸市场的目标任务。7个街道办事处已完成“五个一”高标准农贸市场目标任务。

【创文创卫市场治理】 在持续推进农贸市场规范化管理常态化的基础上，统筹全国文明城市考评验收、国家卫生城市复审市场治理工作，制定工作方案，明确市场主体、部门监管、办事处属地管理三方责任；出台并落实市场治理奖惩办法。组织进行多种形式的学习培训，印发100余份标准细则下发各成员单位及辖区市场，在各市场制作摆放农贸市场治理标准图画对照治理。对市场问题对照标准细则逐项排查，分类建立问题台账，实行销号管理。集中治理过程中，共督导检查市场200余次，约谈市场7次，排查出问题439个，整改到位428个，整改率为97.4%。其中治理效果较好、达标率较高的农贸市场17家，占19家农贸市场总数的89.5%；燕庄农贸市场、红星农贸市场、纬四路农贸市场以较好的工作状态接受了国家、省考评组检查。

【市场安全生产】 推进安全生产三年行动计划和双重预防体系建设工作。加强安全生产日常检查，组织全面排查市场安全风险隐患，建立问题隐患、整改责任和制度措施“三个清单”，截至年底，共排查出隐患953处，下达《整改通知书》341份，整改隐患867处，整改率90.98%。开展“打通生命通道专项治理活动”等节日期间全市市场安全生产工作专项治理。组织全区市场负责人进行2次消防安全专题培训，组织全区市场进行86场次消防安全演习。利用中午等营业空闲时间分批次对商户进行消防安全知识及技能培训。

【新冠肺炎疫情防控】 按照全市统一部署，全区农贸市场自1月29日开门营业，市场中心及时成立疫情防控工作领导小组，制定市场行业疫情防控工作方案、应急预案，除中心机关留守少数必要的工作人员外，大部分职工全部下沉到全区农贸市场督促指导疫情防控工作。第一时间研究制定《金水区农贸市场新冠疫情防控措施》等制度措施，并与辖区市场签订疫情防控责任书，加强对农贸市场海鲜区、水产区、活禽区、冷鲜肉区等重点经营区域的监管。统一印制“温馨提示”标牌、防控知识宣传海报、疫情防控指南等3000余份在全区市场张贴，印制发放《农贸市场新冠肺炎疫情防控技术指南》4000余册分发给每一家商户，分别对市场负责人、商户逐级培训，培训营业中农贸市场及便民点31个，商户2500余户，市场从业人员4000余人。

开展市场医学检测工作。组织对辖区内21家农贸市场、23个便民点的4个品类（海鲜、水产、活禽、冷鲜肉）1207名经营从业人员集中进行核酸与血清检测（其中血清检测152名），对设有冷库的7个农贸市场、2个便民点集中进行食品及外环境检测，23家商户抽检采样101份，结果均为阴性。市场进口冷链食品监督排查和检测。排查出全区经营进口冷链食品农贸市场2个、经营者3户，经营进口冷鲜水果农贸市场4个、经营者7户；组织农贸市场参加进口冷链食品疫情防控工作培训会2次；配合迅速处置进入金水区涉及市场的一批问题南美白虾，协同区疾控部门共检测问题产品6件，从业人员2名，全部为阴性；组织市场和商户签订《进口冷链食品售卖承诺书》600余份。

（撰稿：张运领　审阅：贾大志）

审　计

【概况】 2020年，区审计局共开展审计（调查）项目55个。其中，财政审计1个，经济责任审计项目18个，政府投资审计项目33个，专项审计3个。审计期间查处违规金额6695.86万元，管理不规范金额97304.79万元，审计核减政府投资项目资金3836.32万元，平均核减率10.01%。提出审计建议118余条，均被相关单位采纳。

区审计局先后选派人员配合省审计厅参加省商务厅2019年预算执行及2020年省政府重点工作跟踪落实审计，按照市局安排，参与十届省委第九轮第六巡视组、十一届市委第十一轮第二巡察组工作，参与郑州市审计局关于2019年市本级预算执行情况和其他财政收支情况的审计，协同配合市局开展金水区区长魏东2016—2020年任职期间领导干部自然资源资产管理情

10月，区审计局党员到博爱县许湾村红色教育基地参观学习（区审计局/供图）

况审计，积极配合区委巡察组开展第十二、十三轮、十四轮巡察工作，参与开展房屋出租、租赁检查、存量资金清查、财经纪律检查等各项专项清理整治工作。

【财政审计】 为落实“审计全覆盖”工作要求，在预算执行情况审计中，审计局充分运用“大数据审计”技术优势，对金水区2019年财政一级预算单位全覆盖同步审计，实行了审计全覆盖。将财政部门预算编制、预算执行、决算草案、资金绩效、资金安全等情况均纳入审计内容之中，同时对盘活财政存量资金和闲置资产进行了专项审计。

【政府投资项目审计】 2020年，共完成道路中修工程、学校修建、改建、便民服务中心建设、老旧小区楼院改造等33个项目竣工结算审计，总完成报审结算总金额为38329.81万元，审定金额为34493.49万元，审减3836.32万元，平均核减率10.01%。同时按照审计署要求，加强对投资项目竣工结算审计的指导和监督，实行项目备案制度，共备案项目216个，复核项目86个。

【“六稳”“六保”工作】 金水区审计局紧扣“六稳”“六保”目标任务。2020年，开展新冠肺炎疫情防控资金和捐赠款物专项审计、2019年保障性安居工程资金投入和使用绩效情况、2020省政府工作报告重点工作跟踪审计、就业政策落实和就业补助资金绩效情况审计、减税降费政策落实情况审计、清理拖欠民营企业中小企业账款审计、“放管服”改革情况审计、政府隐性债务风险防范和化解等专项审计共13个专项审计。同时，按照省厅统一部署，采用异地交叉审计的方式，赴焦作修武开展县域经济运行中农业产业化和农村基础设施建设情况审计，撰写审计要情15篇，上报审计工作信息16篇。

【经济责任审计】 2020年审计局认真贯彻落实新修订的《党政主要领导干部和国有企事业单位主要领导人员经济责任审计规定》，进一步建立和完善经济责任审计联席会议等制度，更新经济责任审计数据库，直审了未来路和经八路办事处下属社区居民委员会财务收支情况，紧紧围绕区委、区政府重点工作任务，共开展领导干部经济责任审计18个。通过审计，客观评价领导干部任职期间经济责任履行情况，重点关注领导干部按照法定职责和程序行使经济决策权、经济政策执行权以及遵守廉政规定等情况。

【审计监督职责】 巩固和拓展“金审工程”一期、二期建设成果，推进“金审工程”三期建设，进一步完善审计管理系统（OA）功能，逐步完善审计信息管理系统（OA）的办文审批流程。推进联网审计分析系统应用，加强网络信息安全和数据安全工作，不断提升安全保障能力，加大安全投入，提高安全防护水平。重视计算机审计业务培训和人才培养，通过多渠道强化培训，不断提高审计人员运用计算机技术进行审计和宏观分析的能力，高效实施审计监督职责。

【审计队伍建设】 健全和完善大数据审计专门机构和专业人才引进，提高审计人员运用计算机技术进行审计和宏观分析的能力，实现所有审计数据统一归口管理和专业分析，推动大数据审计科与各业务科室优势互补；组织收看省审计厅举办的多期“审计讲坛”，积极选派人员参加上级审计机关组织的各项审计业务培训活动，使审计队伍人员综合素质不断增强；结合年度审计项目计划，以机关集中学习为载体，以全员参训的形式，由审计业务骨干轮流讲课，介绍实践经验，学习审计系统先进经验和最新成果。

【党建工作】 继续加强“不忘初心、牢记使命”主题教育。持续推进学习教育常态化制度化，组织开展“志愿者到社区服务”活动7次，“万名党员进党校”“党课开讲”2场。严格落实“三会一课”、谈心谈话等基本组织生活制度，健全完善主题党日制度，推进重温入党誓词、入党志愿书以及党员过“政治生日”等政治仪式，利用重要时间节点组织开展党员主题活动，提升组织生活质量和效果。全年召开党组会议14次，党支部委员会2次，党员大会4次。

【新冠肺炎疫情防控】 春节假期突发疫情，全体审计干部迅速返回岗位，投身疫情防控一线，向未来路街道办事处报到，与辖区内的5个社区、7个卡点干部、群众携手建立防护网络，做好疫情监测、排查、预警、防控等工作。

（撰稿：王　冰　审阅：代红梅）

投资评审

【概况】 2020年，金水区政府投资评审中心坚持“项目化推进、台账式管理”，责任到人，定期研判，科学高效推进政府投资项目评审。全年共接收评审项目819个，报审 1078746.89万元。完成评审项目757个，报审890204.56万元，审定721523.51万元，审减168681.05万元，审减率19%，为政府节约财政资金168681.05万元。

不断推动基层党组织活动载体、工作方式、运行机制创新。共组织中心组理论集中学习10次，自学21次，党员集中学习34次、自学5次。开展“牢记初心使命，争当出彩先锋”系列活动、党员过集体政治生日、开展“听党话、感恩党、跟党走”主题党课等一系列活动。组织开展以“牢牢掌握意识形态工作领导权”为主题的“党的创新理论”宣讲活。组织开展党组织联建活动，通过工作座谈会，扎实推进支部联系点工作。助力文明城市创建工作，组织党员志愿者赴南阳路办事处郑纺机社区开展志愿服务活动，助推文明城市创建工作。

【创新评审方法】 评审中心建立评审工作“三机制”，为政府投资提供更及时、更精准的评审服务。建立创新评审联动机制。根据政府投资项目计划，实行评审关口前移，对项目评审早安排、早准备、早介入，实现项目评审的科学化、精细化管理。建立专家论证和中介服务机制。对于投

11月，区评审中心勘察文雅小区老旧小区改造工程　（区评审中心/供图）

资数额大、专业性强的建设工程项目，通过邀请高水平的专家对项目进行评审提出专业合理意见，同时引进工程造价中介服务，不断提高评审的技术含量和精细化程度。实施质量保障机制。实行严格三级质量复核制度；建立评审预案制和稽核制，确保评审结论科学准确；严格执行评审岗位分工和质量责任追究制度，强化评审人员责任意识，切实提高项目评审质量。

【党建工作】 强化责任意识，扎牢制度约束，坚持预防为主，推进作风转变，不断营造风清气正的评审环境，为评审中心党的建设和评审工作提供坚实保障。严格落实“两个责任”。研究制定《评审中心落实全面从严治党主体责任工作实施方案》，梳理责任清单，推动全面从严治党责任落到实处。落实党风廉政建设责任制，签订党风廉政建设目标责任书和“一岗双责”目标责任书16份。以问题为导向，每季度组织1次党风廉政专题活动。扎实开展“以案促改”工作。共开展案例通报集中学习7次，观看政论片、教育片4次，参观教育基地1次，通过对典型案例的研讨，不断敲响警钟。严格落实廉政谈话制度。共开展党风廉政建设责任制集体谈话1次，新冠疫情防控集体谈话1次，节前集体廉政谈话5次。

【新冠肺炎疫情防控】 为确保政府投资评审工作受疫情影响降到最低，评审中心积极开展线上办公“云评审”机制，优先安排涉及民生项目评审工作，为政府推进复工复产“六稳”“六保”民生重大项目做好前期准备。

疫情初期，评审中心全体干部第一时间到南阳路街道办事处开展疫情防控工作，严守社区疫情防控关口，向群众积极宣传疫情防控知识，认真做好扫码登记、体温测量。评审中心负责的小区未出现一例确诊病例和疑似病例。

（撰稿：邓瑞娜　审阅：任宗军）

交通管理

综　述

【概况】　郑州市金水区交通运输局二级机构有金水区道路运输管理局、金水区农村公路管理所。

2020年，交通运输局共组织党员集体学习10余次，支部委员会和党小组会每月不少于1次，讲党课2次。廉政建设不断增强。全局党员领导干部全面落实党建工作责任制、党风廉政建设主体责任和“一岗双责”，加强日常和节假日期间监督检查。强化信访调查处理力度。2020年，交通运输局共收到“12328”交通热线、市长热线、网格化平台近364起投诉案件，处理解决率达到100%。

法治政府建设不断深化。推行“双随机、一公开”“互联网+”“四级十同”，全面梳理权力清单，明确执法依据、执法权限和执法责任，在网站上公布梳理结果，自觉接受群众、社会和媒体的监督。基层党组织政治功能和服务功能不断强化。

交通基础设施建设

【农村公路改建】　2020年，开展农村公路改建工程。交通运输局于2月，成立省道S312郑州境改建工程金水区兴达路段征拆工作指挥部，并协调兴达路办事处对S312道路边界进行放线，截至年底，一标、二标正常施工推进。鸿苑路大修工程，路线起点位于鸿苑路和黄河大堤交叉口，路线全长3.6公里，截至年底，该项目已全面建成通车。鸿宝路公路改建工程，路线起点位于金水区龙子湖小学西600米，终点接鸿宝路后止于鸿宝集团门前，路线全长0.795公里，截至年底，施工正常进行。

鸿苑路　　（区交通运输局/供图）

【地方公路日常养护】 加强地方公路日常养护。对辖区13.883公里县道进行了科学、全面的养护，全年共整修路肩边坡37250米，巡路保洁3021公里，量验111.064公里，洒水11155公里，用油皮垫坑槽沉陷945.1平方米，用铣刨料垫坑槽沉陷946平方米，垫水毁2处。加强桥梁排查工作，保障居民日常出行安全。贾鲁河桥两侧均设置3.2米限高杆，以保障桥梁安全，确保沿线居民安全出行，限行时间自6月1日起。在日常管理工作中严格落实一桥一卡制度和定期巡查制度。对县乡道路桥梁共计5座分别建立了安全台账，发现隐患及时督促办事处进行整治。做好汛期县道的养护工作。进一步加强汛期、节假日期间对农村公路桥梁的巡查，尤其是加大重点路段、事故多发路段的巡查力度，确保辖区农村公路畅通。建立防汛抢险应急预案，落实24小时防汛值班制度，加强汛期农村公路巡逻，发现险情及时上报，确保及时排除隐患。积极做好农村公路路政巡查和养护管理工作。

【大气污染防治】 加强道路管养和路面保洁力度，对辖区13.883公里县道每天清扫4次；同时每天开展常态化工作巡查，对查出的问题立即整改。做好道路洒水工作。坚持24小时不间断对路面进行洒水、降尘，交通运输局累计清扫路面3700余公里、洒水作业10000多公里。

【安全生产】 对辖区内运输企业进行安全生产检查、各专项检查及夜间突击检查。截至年底，共出动检查人次500余次，检查企业211家，发现安全隐患56处，责令限期整改企业56家，全部整改完毕。开展交通运输安全宣传教育。5月27日，对企业召开安全警示教育会。6月，交通运输局组织辖区内150余家运输企业进行安全生产教育培训。加大水上安全排查和安全监管力度。为杜绝节日期间水上交通安全隐患，严防“三无”船舶、渔家乐非法出航等违法运营现象发生。在辖区沿黄区域树立各类宣传、警示牌10余块，并在近黄河岸边的宣传牌悬挂救生圈、救生衣等应急设备，专门抽调车辆和人员在节假日对辖区水域实行全天候值班和不定时巡查。

【新冠肺炎疫情防控】 疫情防控期间，交通运输局运用大数据、扫码等检测方式对花园路、东三环、文化路高速服务站的进入郑州车辆及人员进行检测，并对突发情况进行应急处置。交通运输局累计投入一线干部职工4800余人次，共检查车辆397146辆，检查675951人次，帮助企业开行复工专车8班次，接回省内省外复工人员198人，为金水科教园区定制公交专班车88班次，保障金水辖区重点工程正常复产复工。

3月，区交通运输局开展“春风行动”助力员工返岗 （区交通运输局/供图）

行业服务管理

【淘汰国三及以下排放标准营运柴油货车工作】 金水区将金水区总台账2042辆车分别下发辖区17家街道办事处，由各个办事处负责对辖区内所有国三货车车主进行国三货车的淘汰政策宣传，各个办事处负责与辖区交警大队工作对接，办理台账内所有国三货车车辆轨迹查询以及行车证注销工作。截至年底，金水区排查辖区运输企业34家，排查车辆2042辆，区交通运输部门已注销道路运输证1587辆，公安交通部门车籍注销1741辆，通过报废公司已拆解车辆326辆，奖补资金累计发放35辆，共计56.05万元。

【行政审批工作】 截至年底，交通运输局货运科为辖区业户共办理道路运输经营许可证94件，办理车辆道路运输证1296件，车辆过户129件，转出105件。审验车辆道路运输证2295件，重型运输车辆新车备案1461件。对167家货运企业开展年度质量信誉考核。

【驾培市场整治】 年初，分别与辖区内机动车驾驶员培训学校签订《金水区2020年机动车驾驶员培训学校安全生产目标责任书》和《金水区机动车驾驶员培训机构承诺书》各25份。不定期对辖区各驾校进行规章制度，场地、车辆及人员的安全检查60余次。6—9月对辖区内30所驾校进行年度质量信誉考核工作，共进行场地勘察工作60余次。

【运输服务业】 1—10月共接收郑州市大客办下发需清理车辆40辆，截至年底，已转出金水14辆，报废14辆，剩余12辆待清理，车辆全部停放至正规停车场专人看护。

【扫黑除恶工作】 开展一系列扫黑除恶活动。加大扫黑除恶宣传力度。督促辖区内运输企业采用横幅、墙体广告、滚动字幕等形式在道路运输站、货运物流站等公共场所的醒目位置悬挂、张贴扫黑除恶标语，累计悬挂条幅300余幅、张贴海报400余张；加大辖区监管企业、重点行业领域的扫黑除恶打击整治及安全监管工作，共出动执法人员120余人次，车辆40辆，重点排查企业190余家。严厉打击无证非法机动车驾驶员培训经营、非法运营物流网点等违规运营现象，累计带队督导检查15次，出动人数60余人。

（撰稿：刘　畅　审阅：王　峥）

资源规划

【概况】 2020年3月，按照郑州市有关要求，在金水区自然资源局的基础上设立了郑州市自然资源和规划局金水分局（以下简称区资源规划分局），作为郑州市自然资源和规划局的派出机构，列区政府工作部门，人财物由区级管理，主要负责人实行双重管理。原郑州市城乡规划金水服务中心划转至金水区，成为区资源规划分局所属事业单位，并更名为金水区规划服务中心，机构规格为正科级。区资源规划分局主要职责是统一行使全民所有自然资源资产所有者职责、统一行使所有国土空间用途管制和生态保护修复职责，发挥国土空间规划的管控作用，为保护和合理开发利用自然资源提供科学指引。

【土地资源】 根据金水区2018年度变更调查成果，金水区现有耕地1327.29公顷，园地225.51公顷，林地409.28公顷，草地68.95公顷，城镇村及工矿用地8823.42公顷，交通运输用地998.42公顷，水域及水利设施用地1791.64公顷，其他土地20.72公顷。

【项目规划服务】 核发《规划设计条件通知书》22件，总用地面积约3354.1亩；核发“建设工程规划许可证”34个，完成建工证技术审查项目42个，其中，建筑类技术审查项目27个，总建筑面积约378万平方米，包含7个省市重点项目，总建筑面积约297.8万平方米；4个城中村安置区项目，总建筑面积约63.2万平方米；市政类技术审查项目15个；办理验线项目145项；办理规划核实项目6项，核实总建筑面积约115万平方

2020年金水区按各街道办事处权属边界调查的土地面积情况表

表1　　　　单位：公顷

名称	面积	名称	面积
经八路街道	336.95	东风路街道	617.40
花园路街道	253.26	北林路街道	579.46
人民路街道	98.59	未来路街道	466.67
杜岭街道	69.00	凤凰台街道	315.02
大石桥街道	148.77	兴达路街道	4878
南阳路街道	343.12	杨金路街道	2218.77
南阳新村街道	682.99	国基路街道	414.35
文化路街道	551.40	丰庆路街道	1245.16
丰产路街道	446.32		

5月29日，区自然资源和规划窗口审批人员依托“工程建设审批管理系统”办理辖区第一件非跨辖区的建设用地规划许可证核发业务（区资源规划分局/供稿）

米，配合房管局完成金水区安置房网签11673套。按照市政府“放管服”改革要求，建工证技术审查时限由原来20个工作日缩减为13个工作日，审批时限由7个工作日缩减为2个工作日，规划验线办理时限缩减为2个工作日，规划核实办理时限由10个工作日进压缩为6个工作日。

【耕地与基本农田保护】 从严落实耕地与基本农田保护主体责任，金水区（含郑东新区）耕地保有量3017.5公顷（45262.5亩），基本农田保护目标952公顷（14280亩）。购买一批补充耕地指标266.67亩。杓袁城中村改造项目占用耕地81.15亩，通过省厅授权购买的存量指标，实现占一补一、占优补优；贾鲁河综合治理工程建设项目占用耕地228.02亩，所用补充耕地指标由市资源规划局统一安排，补充耕地方案已报送至市资源规划局。连霍高速公路郑州市迎宾路出入口新建工程项目占用永久基本农田117.69亩，为该项目在圈内补划永久基本农田118.94亩，按时完成补划方案等工作。

【项目用地服务】 土地资源供给质量与效率持续提高，向上申报建设用地1263.91亩，其中，城中村改造和合村并城项目用地540.48亩，贾鲁河综合治理工程项目600.90亩，S312道路项目122.53亩。完成征收2691.79亩，涉及征地补偿款5.52亿元，涉及刘庄、高皇寨、琉璃寺等城中村改造项目，马林、北录庄、姚店堤等合村并城项目，以及自贸区、市民文化活动中心、中科院过程研究所、省人才公寓等项目。完成土地供应1193亩，收取土地出让金86.79亿元，涉及杓袁、庙李陈砦、张家村、西韩寨等城中村改造项目和姚店堤合村并城项目。消除疑似闲置土地21宗、1268.82亩，主要涉及河南新瀚海置业有限公司、河南美商置业有限公司、河南省天伦乐居置业有限公司、马头岗污水处理厂升级改造工程等项目。

【土地执法监察】 开展动态巡查300余次（人），共下达停建通知书94份，下达处罚决定书30份。2019年度土地卫片经省厅审核纳入整改违法占地图斑共38个，面积546.73亩（耕地194.09亩，基本农田68.62亩），截至12月底，整改销号7个，整改面积248.98亩（耕地158.83亩、基本农田68.09亩）；已立案查处违法占地图斑11个，查处面积79.57亩（耕地14.67亩）。自然资源部下发的2020年前三季度违法图斑13个，面积315.1亩，截至12月底，已对部分违法图斑立案查处。国家自然资源督察济南局下发耕地保护督察问题共15个，截至年底，已全部完成整改8个。省自然资源厅开展的“一河两路”专项行动违法用地需拆除图斑31个，面积172.02亩（农用地118.51亩，耕地2.23亩），截至年底，已拆除图斑22个，面积156.44亩（农用地116.75亩，耕地0.48亩），整改率90.94%。

【国土绿化工作】 国土绿化工作。完成县乡道路绿化任务300

亩；完成京港澳高速廊道绿化约552.5亩，超额完成面积352.5亩；完成京港澳高速两侧防护林带森林抚育任务500亩。黄河湿地生态建设。按照市委、市政府对黄河突出生态环境问题专项整治工作的安排部署，持续开展拉网式联合排查，高质量完成辖区内31个点位的排查清理工作，并顺利通过上级验收。森林病虫害防治及审批服务。草履蚧发生300亩，累计树干喷药防治900亩。累计防治美国白蛾500亩，监测覆盖率达到90%，配合市林业局进行了20架次飞防作业，面积达1万余亩。累计防治铃木方翅网蝽3000亩，防治效果达到90%以上。对连霍高速防护林提升工程枲村段补植补造，现场复检各类乔灌木5000余棵。共调查柳树、杨树样地12个，统计雌株42870棵。严把苗木检疫关，全年共签批外来苗木检疫要求书849份，确保工程造林苗木合法合格。野生动植物保护工作。巡查巡护野生动物经营场所50余次，救助保护鸟类4只，三有保护动物刺猬1只，协助森林公安查处非法饲养野生动物场所3起，查处疑似食用野生动物场所1起。加大宣传力度，开展“爱鸟周”等专题宣传活动，印发宣传资料1000余份，张贴宣传保护鸟类横幅10幅。

【不动产登记】 行政审批服务更加规范。根据政务服务改革工作要求，区资源规划分局已将涉及规划、土地、林业共47项行政审批职能进驻区行政审批大厅，一口受理、限时办结。截至年底，综合窗口受理业务182件，办结180件，办结率98.9%。不动产登记实现“当场办、当天办”，截至12月底，金水区分中心共受理各类登记业务29374件，收到群众送来的表扬信147封、锦旗6面，群众满意率明显提升。

【信访工作】 2020年，共接到上级转件21件，全部办结。积案化解2件，已完成。市平台转件回复80余件，已全部完成。2020年，共接待群众咨询问题11起，全部为现场接待并解答问题。

【新冠肺炎疫情防控】 区资源规划分局制定《金水区自然资源局新型冠状病毒感染的疫情防控工作方案》，成立领导小组。全面检查野生动物驯养及经营利用场所，加强对沿黄湿地活动区域的野外巡护和看守，与公安、市场监管、交通、农业等相关部门联防联控，形成齐抓共管的安全局面和良好氛围。区资源规划分局班子成员带领全体干部职工深入科教园区、北林路街道、丰庆路街道、国基路街道、杨金路街道、兴达路街道共10个小区、20个卡点开展疫情防控工作，100人次参加疫情防控工作。尤其是丰庆路、国基路、杨金路、兴达路4个国土所，全力配合相关办事处的部署要求。

（撰稿：王天阳　审阅：王文超）

住房和城乡建设

【概况】 金水区住房和城乡建设局下设金水区建设安全监督站、金水区工程质量监督站、金水区工程建设中心。

【城区路网工作】 全年开工支线路网建设续建道路31条，新开道路18条。杓袁东路（丽水路—杓袁南路）等11条道路建成通车，超额完成全年任务目标。

【城市提升】 城市主干道改造方面：全年顺利完成主干道一期项目未来路、经三路、黄河路、京广路4条道路改造任务，累计投资10.74亿元。停车泊位建设方面：全年辖区新增停车泊位8260个，完成率118%，超额完成停车泊位建设总体目标任务。建筑节能改造方面：完成工人新村片区改造提升示范区37栋楼、13.5万平方米的建筑立面节能改造任务和既有建筑节能改造21个楼院、130栋楼、42万平方米的总体改造工作。

【行业监管】 建筑安全监管方面：大力推进安全生产风险隐患双重预防体系建设，在市内五区中率先将区管建设项目全部纳入监管体系，全年累计开展各类专项检查8次，整改隐患600余处，有效保障辖区在建项目施工安全，全区区管建设项目未发生亡人事故。工程质量监督方面：全面推进建设工程质量标准化管理工作，对区管房屋建筑等各类工程项目开展现场质量监督抽查120余次，法律法规宣传、贯彻及业务指导100余次，下发各类整改通知200余份，保障全省建筑工程质量管理标准化推进观摩会在金水区顺利召开。工地扬尘治理方面：全年按照“6个100%”要求，对辖区347处工地共计开展专项整治16次，累计增设施工围挡及防溢座3.8公里，修补破损围挡5.5公里。

【建筑业市场管理】 全年开展“三制”落实专项检查200余次、涉及73个项目，累计完成收缴农民工工资保障金1570余万元、退还保障金35.6余万元。积极开展保函替代保障金先行先试，涉及6家企业、共计660余万元。成功入库（建筑业产值统计）企业122家，企业入库增速稳步上升。累计初审企业资料45家、98个奖项，申报金额1800余万元。办理招标文件备案项目65个，开评标现场监督65次，招投标书面情况备案项目62个。

【审批服务】 全年办理庙李、杓袁等14个建筑工程施工许可证以及陈砦城中村改造等58个消防审查设计、备案验收项目。辖区工程建设项目审批制度改革以来，工程建设项目在施工许可阶段已实现并联审批、竣工验收阶段实现联合验收，并成功完成市内五区首家安置房项目的线上联合验收，为金水区安置房网签工作提供了保障。

7月20日，安监站组织十七个办事处及辖区所有建设项目到名门悦峰苑项目现场举行卫生城市复审现场观摩会 （区住建局/供图）

【新冠肺炎疫情防控】 紧扣区委、区政府关于疫情防控和经济发展的工作部署，统筹推进疫情防控和复工复产“两手抓”“双胜利”。疫情防控期间，连霍高速文化路站卡点累计排查车辆7.9万辆次、14万人次，劝返车辆1200余辆、2500余人；惠金河务局和丰庆路小学2个无主管楼院累计排查372户、1208人，居家隔离130人。复产复工期间，认真落实“金水十条”，出台相关优惠政策，建立资金扶持标准，对工人返回郑州务工给予一次性生活补助，为43家企业、4100余人发放一次性生活补助125.2余万元。

（撰稿：蒋小龙 审阅：荆云亮）

环境保护

【概况】 2020年，根据《中共郑州市委机构编制委员会关于市生态环境机构垂直管理制度改革有关机构编制及人员划转事项的通知》（郑编〔2020〕79号），郑州市生态环境局金水分局作为郑州市生态环境局派出机构，按照市生态环境局的统一部署，负责区域内生态环境保护管理工作。内设4个职能科（室），即办公室、污染防治科、行政服务科、生态辐射科；1个二级机构，即郑州市金水区环境监察大队。

2020年，郑州市生态环境局金水分局坚持深入贯彻习近平生态文明思想，紧紧围绕黄河流域生态保护和高质量发展战略部署，严格落实市委徐立毅书记对金水“两率先一争当”的总体要求，统筹疫情防控和生态环境保护工作“双促进、两不误”，全面提升污染防治能力和环保监管水平，持续推动辖区生态环境质量持续提升。一年来，先后荣获国务院第二次全国污染源普查领导小组办公室颁发的“第二次全国污染源普查表现突出的集体”、郑州市环境保护局颁发的“生态环境保护特殊贡献奖先进集体”等荣誉称号。

【大气污染防治】　2020年，共完成燃气锅炉拆改133台，督导71家企业完成在线监控建设；调查上报736家单位的大气源清单；检测各类重型车辆5264辆次，巡查汽修、企业、非移机械、油气回收装置2543次，完成非道路移动机械编码登记1203辆，发现问题297处，均已整改完毕；安装运输管控门禁系统9家，取缔“散乱污”企业1家。

【水污染防治】　深刻践行“节水优先、空间均衡、系统治理、两手发力”治水思路，坚持明察与暗访相结合，加大“四河一渠”生态水系周边工业排污口和涉水企业监管力度，持续推进入河排污口综合整治，杜绝涉水企业和工业排污口出现排污现象。2020年，审慎登记核发企业排污许可证341张，全面排查整治辖区入河排污口160处，封堵生活污水口9处，设置雨水口标牌150个、热力尾水排口标牌4个、自来水尾水排口标牌2个。

【土壤污染防治】　强化土壤污染管控力度，严格用地准入，积极开展重点行业企业用地和疑似污染地块土壤调查、小微企业危险废物收集试点、危险废物库存动态“清零”等“六个方面”专项行动。严格落实建设项目环评制度，推进土壤污染防治与大气、水等污染防治协同联动。2020年，对13个地块的土壤状况进行现场调查，评审调查报告4个。

【严格环境准入】　共备案登记建设项目2382个，审批环评项目15家，省、市重点项目联审联批6个，核定重点污染物总量8个。

【环境执法监管】　坚决把防范环境污染风险、严厉打击环境违法问题作为首要职责，增强环境监管的责任感、使命感，以“零容忍”态度切实解决环境违法突出问题。2020年，共受理群众投诉及各级转办投诉件251件，处理移动通信基站居民投诉件43起，下达行政处罚88.75万元，始终保持了对违法企业的高压态势。

【环境保护宣传】　为纪念第49个“6·5”世界环境日，郑州市生态环境局金水分局于6月5日开展了以“美丽中国，我是行动者”为主题的宣传活动。为适应常态化疫情防控新形势，2020年世界环境日金水分局开展以线上为主的宣传活动，制作《世界环境日》《土壤污染防治》主题宣传视频，通过微信、微博等网络社交平台进行积极宣传推广，提高宣传的覆盖面和影响力。

【推进智慧环保】　强化环境监管科技支撑，着力实现环境监管从被动响应式调查处理向提前介入式督促服务转变，推动监管效能和精准执法能力不断加强。2020年，70家区级重点排污单位全部纳入“金水区涉汽工业企业管控平台”监管，运用“国家核技术利用安全管理系统”对辐射应用单位进行监督管理，运用“危险废物物联网平台”对辖区产废单位危险废物的产生、贮存、运输、处置进行全过程动态监管，倒逼企业严格落实管控措施，自觉走绿色发展之路。

【新冠肺炎疫情防控】　坚持“外防输入、内防扩散”原则，带领全局党员干部团结协作、全力以赴、守土尽责，先后出动人员1500余人次，协助19个社区卡点进行疫情防控，织密疫情防控“责任网”；同时，深入辖区18家发热门诊和7个医学隔离观察点，对医疗废水和危险废物全部实现无害化处置，期间先后涌现5名先进个人，先进事迹被“学习强国”APP、《郑州日报》等多个媒体相继转载13次，展现了金水环保工作人员的专业素质和应急处置能力。

（撰稿：周铭凯　审阅：彭金亮）

城市管理

【概况】　金水区城市管理局为金水区人民政府职能部门，其前身金水区市政管理局（成立于1996年2月）。

2020年，金水区城市管理局认真做好宣传思想文化工作，加强意识形态阵地建设，加快网络、新媒体等平台建设，不断巩固壮大主流思想舆论。全年完成各类宣传信息报道600余篇。认真落实统战、工会、妇联、综治和平安建设等其他党建工作。

对照共同目标有关要求，与上级有关部门做好对接配合工作，按照依法治区有关要求，着力培育领导干部和公职人员法治思维，定期开展领导干部职工学法用法教育；做好行政审批工作，全年郑州市四级联动系统与窗口办件量为4322件；加强干部职工科学知识普及教育；按照“三管三必须”原则，强化安全生产工作，全年开展安全隐患排查20余次。

新冠肺炎疫情发生以来，金水区城市管理局全体人员下沉到5个社区、17个楼院和花园路高速关口。全面复工复产后，紧盯省、市、区各级重点工程，倒排工期、抢抓机遇、追赶进度，高标准、高质量、高效率完成工人新村老旧小区改造、园林绿化、道路提质改造、架空线缆入地等各项业务工作。

【市政工作】　市政道路全面养护提升。保障辖区174条区管市政道路，共计536万平方米路面的日常养护工作，2020年，共受理并整改案件7002件，修复人行道6166.5平方米、车行道4669.7平方米，整治窨井1022座；完成纬三路等22条道路提升整治，改造人行道21.8万平方米、车行道2.34万平方米。

做好辖区193条区管绿化道路两侧行道树、94处公园游园花坛、铁路沿线及连霍高速出入市口绿化带等共计278万平方米绿植日常养护工作。2020年，实现新增绿地117万平方米；建成开放西干道公园1个、金沙月季园等游园30个、经纬天地等微景观76处；开展“打造月季示范道路（公园、单位）”活动，完成月季栽植14.5万株；打造凤凰台办事处祥和苑屋顶绿化建设，绿化面积3500平方米；完成京广铁路西干道绿化整治提升，绿化面积6.25万平方米；完成创建省级园林单位（小区）4个、市级园林小区4个。

打造金水工人新村老旧小区示范点。2020年，区城管局对片区6270平方米路面重新铺装，增设慢车道和2000米花树隔离，对人行道进行树穴连通景观绿化；完成1550米架空线缆入地改造；更新疏通2500米雨污水管网，升级改造隐形井盖等。

2020年，已完成农科路、工

废弃口罩专用收集车　（区城市管理局/供图）

二街、顺河路等52条道路、68.8公里（以清废净空为标准）的线缆入地改造，拆除线杆2501根，确保两年内完成所有道路架空通信线缆入地改造工作。

配合市城管局完成辖区444座开放公厕信息录入，所有公厕均已达到二类标准以上，2020年持续推进厕所提质升级，全年实现178座公厕达到一类标准。市民文化公园半地下大型生活垃圾转运站已完成土建施工，正在进行装修和设备安装。加大机械化清扫力度，助力国家卫生城市复审、全国文明城市创建、金鸡百花电影节及网安周等重大活动。

截至年底，辖区17个街道办事处、163个社区、60多万户居民参与垃圾分类，垃圾回收利用率达35%以上，无害化处理率保持100%。金水区大型生活垃圾分拣中心主体建设已完工，正在安装设备。

（撰稿：孙琳洁　审阅：马喜才）

城市综合执法

【概况】　金水区城市综合执法局（以下简称金水区执法局），下设金水区城市管理执法大队。金水区城市管理执法大队下设直属中队、夜班中队、综合执法中队。执法大队分别向17个街道派驻执法中队，主要行使住房城乡建设领域的全部行政处罚权，以及环境保护管理、工商管理、食品药品监管的部分行政处罚权。2020年，共受理行政处罚718项。

2020年，金水区执法局开展“不忘初心、牢记使命”主题教育，学习中共十九大和十九届四中、五中全会精神20余次，组织开展中心组学习12次，各党支部开展党员活动100余次。

【宣传教育】　发掘老、中、青三代一线执法人员的感人故事，制作6部宣传短视频。针对网络舆情问题分析研判10余次，召开舆情信息工作专题会议10次。将“学习强国”APP平台作为意识形态宣传的重要阵地，坚持“周评比、月考核、月总结”，党员学习参与率100%，同时学习成员对象涵盖积极分子、群众等，人均每天达38分。2020年，共发布正面新闻宣传528篇，制作《金水执法》简报14期，海报宣传15期，开展学习教育20次。在重要时间节点开展“学雷锋纪念日”“学习徐立毅讲话精神”“七一主题党课”等主题活动。

【市容环境整治】　定期开展跨区域联合执法、夏季夜市烧烤专项治理、农用车占道经营专项查处，共组织开展联合执法行动120余次，排查农用车占道经营问题168辆次，共清理占道经营13030处、突店经营10809处。重点治理施工围挡广告，利用小广告追呼系统，健全巡查上报机制，办理各类广告案件447件，罚款148640元。累计设置公益广告694处。在一环十纵十横、精品街道路整治、老旧小区综合整治等重点工作中，区执法局牵头整治各类招牌1709处17763平方米，清理小广告97673处，粉刷道路两侧建（构）筑物立面、围墙586处、79556.67平方米，清理立面乱吊乱挂和乱贴乱画5273处，整修破损墙面555处、71383平方米，提升沿街两侧的建（构）筑物阳台、室外空调机、下水管道、外部（电）梯5025处。区执法局配合街道办事处，全年共打造优秀路段193条、卓越路段21条、示范道路11条，累计整改和拆除施工围挡372处（次）、536266.8平方米。严格落实“五三二”工作要求，加强错时执法，进一步规范养犬治理，捕获、收容流浪犬230只，下达责令整改通知书669起，完成处罚案件251起，罚款50400元。

【交通秩序治理】　完成2020年施划16941个夜间限时停车泊位任务目标，备案经营性停车场283家。运用“五室一庭”司法保障机制对黑停车场、黑收费人员严厉打击，已杜绝黑停车场、乱收费等现象。完成10622个收费车位以及287家经营性停车场接入智慧停车管理平台。“以点带面”治理14个交通“乱点”，批评教育行人、非机动车交通违法6617人次，严厉查处机动车违停行为，利用“警民通随手拍”系统，辅助交警张贴违规停车提示单2.5万余张，规范摆放非机动车411343辆，联合执法强制拖离非机动车39171辆，处罚2215起。多管齐下管理共享单车，通过“禁停区”“限停区”规范单车管理，在重点部位设置禁停区18处、在乱点部位设置限停区30余处。

【大气污染整治】 提升餐饮油烟智慧化管理水平，实现293个大型餐企油烟排放点位实时监控，大力推进中小型餐企二维码智慧管理，全区5553家中小型餐企实现全覆盖。2020年，共巡查餐饮场所38861家，发现问题878处，全部已整改，进行便携式油烟抽测5211家，立案11起，处罚10.55万元。通过GPS定位、视频监控、纳入信用体系等科技手段，倒查工地，用科技手段助力渣土清运治理。对建筑工地扬尘污染案件，共立案850起，处罚2133.3万元，对建筑工地违法案件及渣土车违法案件共立案处罚511起，共处罚金额386.62万元。

【违法建设拆除】 2020年，共拆除违法建设3605处，534823.69平方米。其中，拆除市局查处的违法建设13处、1372.5平方米，拆除金水区查处的违法建设7处、6431.07平方米，拆除“一环十横十纵”违法建设37处、41618平方米，拆除老旧小区违法建设586处、63345.89平方米，拆除其他违法建设251处、82798.89平方米，拆除城乡接合部违法建设2513处、319254平方米，拆除支路背街小巷违法建设191处、19776.34平方米,拆除高架桥下违法建设7处、227平方米。

【创新发展】 建立风险防控机制，对照权责清单，梳理出行政相对人易发、高发的50个违法风险点，有针对性地制定防控措施，将违法行为化解在源头。推行“三色”执法，在执法前段设置了“绿、黄、红”三色提示单，分级对相对人进行事前提示、行政告诫、执法约谈，同步建立相对人“诚信”档案。发布免费开放辖区道路内停车泊位信息。依托各街道办事处在合适位置设置便民早市3处，举办特色集市、跳蚤市场等活动55次，合理引导“地摊经济”。已基本建成由“一中心、三系统、三平台”为主要架构的智慧城管系统，初步实现案件办理、接诉派发、回复反馈的线上流转。2020年，共立案4605起，做出处罚决定3915份，罚款金额约2691万元。全年共办理各类投诉案件70927件，日均215件。其中，受理上级信访部门交办信访案件30余件、人大提案8件、政协提案11件，配合纪检部门协调办理纪检案件10余件；指挥中心电话受理投诉6840件，办理数字化投诉9798件，办理网格化平台案件523件，接收人民网留言板、市长电话、市长信箱、区委信箱等投诉件53414件，接收区委督办件113件、市局转办件180余件，办结率均100%。

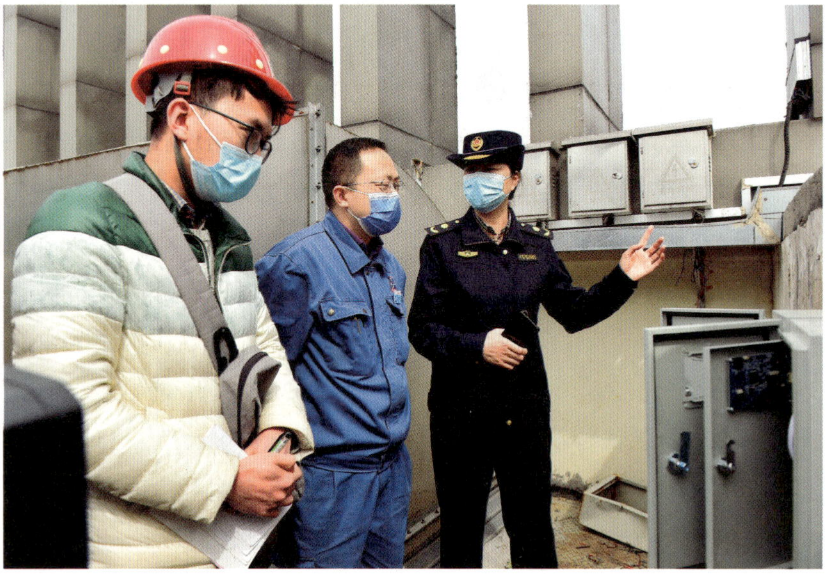
3月27日，金水区城市综合执法局到丹尼斯察看油烟净化在线监控安装情况
（区执法局/供图）

【司法保障机制】 “五室一庭”司法保障机制纵深发展，解决城管执法“最后一公里”问题。“五室一庭”司法保障机制运行以来，区

11月19日，“强基础、转作风、树形象”专项行动队列展示暨
学习贯彻中共十九届五中全会主题党日活动　（区执法局/供图）

执法局案件办理数量、办理质量、案件执行率均位于全省前列，无一起败诉案件。2020年，公安警务室共参与执法18次，治安拘留1人次，警告批评10人次，协助提取身份信息824人次、车辆信息7辆次；法律援助室共为群众提供法律援助服务220人次；行政调解室依法开展各类行政调解工作114次；检察联络室共发放检察建议书2份；城管巡回法庭已向法院移交非诉执行案件135件次，法院均予以受理，下达裁定135件，结案2件，14件在法院执行阶段。

【新冠肺炎疫情防控】　成立疫情防控工作领导小组，严格落实24小时值班值守制度，多渠道筹措防疫物资。开展饲养家禽专项整治行动，设置24小时投诉电话，加大居民楼院违规饲养家禽、家畜的排查力度，累计发现擅自饲养家禽41户，家禽154只。督促辖区经营性停车场做好消杀防控、停车登记工作，要求共享单车运营公司对辖区6万余辆次共享单车进行了全面消杀。针对疫情防控期间养犬证到期、物资堆放、道路临时搭建等行为梳理出免罚清单，在媒体公开发布。

（撰稿：张莉莉　审阅：冯江波）

城市改造

【概况】　金水区城市改造办公室隶属区政府。负责城中村改造、旧城改造、合村并城等全区城市改造工作的政策宣传、业务指导、综合协调和日常管理等。

新冠肺炎疫情发生以来，区城改办迅速成立安置房项目复工专班，指导各项目成立疫情防控工作组，对于提交承诺书并且复工的企业，第一时间组织区卫健委、项目所在街道办事处等进行联合验收，并协调相关部门审批开工。抓好复工项目日常巡查督导，建立项目复工疫情防控“零报告”制度，督促项目企业做好返岗人员的日常防护等，疫情防控期间累计检查项目问题173条，下达整改通知单46份，通过建立台账督促整改，有效防止复工人员聚集带来的风险。全力做好项目复工服务，及时走访摸排安置房项目复工存在的瓶颈问题，主动帮助项目企业联系钢筋、混凝土供应、防疫物资储备等实际问题，推动安置房项目尽早复工复产。城改办成立了疫情防控工作领导小组，组织全体人员分三组下沉至北林路街道办事处国泰社区、金基社区、亚卫社区，协助社区工作人员对分包小区实行闭环管理，24小时不间断值守，并结合郑州市建立的居民小区健康登记管理系统，在社区卡口建立“一码多彩三对照”卡口管理模式，实行逢人必问、逢车必查、逢进必登，全力做好疫情防控工作。有序推动安置房项目复工复产。

【安置房建设】　全区实施改造的81个村和4个旧城项目，共需建设安置房项目65个。截至年底，杲村、杓袁等38个项目、1269万平方米安置房已建成，桑园、张家村等16个项目、441万平方米主体已封顶，枣庄、高皇寨等8个项目、203万平方米正在进行主体工程建设，柳林等3个项目正在基础施工。2020年，区城改办努力克服新冠肺炎疫情影响，全力确保安置房项目复工，2020年新开工陈砦、西韩砦等项目8个地块的安置房建设，完成沙门等6个项目安置房封顶，实现高皇寨等6个项目安置房出正负零。2020年，共完成124户搬迁遗留户的协议签订（其中安置区4户）。

【控规及改造方案批复】 控规批复：全区大棚户区改造项目应批控规（含项目一期、二期）81个，截至年底，安置区控规已全部完成批复;2020年完成了刘庄杓袁三期控规批复，刘庄杓袁二期控规调整公示已结束，并对接杨君刘二期、高皇寨二期、张砦街片区二期3个项目，做好规划编制前期准备工作。土地出让：2020年，区城改办加大与国土部门的对接协调，累计完成土地出让1689亩。改造方案批复方面：2020年完成枣庄城中村一期等8个改造方案的批复工作。

【安置房群众回迁】 2020年，郑州市下达全区群众回迁任务7200人，全年完成杓袁、小铺等5个项目、9352人回迁。

【安置房网签】 2017年5月郑州市启动安置房网签工作以来，金水区琉璃寺项目率先在全市启动安置房网签工作，截至年底，累计完成安置房网签3.9万套，琉璃寺等14个项目第一阶段安置房网签工作基本完成。2020年，完成11673套安置房网签，超额完成市定任务。同时，2018年11月27日琉璃寺安置房开始办理不动产证，截至年底琉璃寺、白庙2个项目共办理不动产证近2000本，占全市不动产证办理总量的90%。

（撰稿：李　迪　审阅：高媛媛）

杓袁安置房回迁小区内景图　　（区城改办/供图）

房屋征收与补偿

【概况】 金水区人民政府城市建设拆迁办公室隶属于金水区人民政府。

【房屋征收工作】 郑州市轨道交通三期建设工程。在金水区共新设车站8座（暂定名为：货站街站、龙门路站、陈砦站、农业大学站、丰庆路站、白庙站、东风路站、枣庄站），分别涉及凤凰台、丰庆路、文化路、东风路、丰产路5个办事处。共需征收344户（住宅317户、非住宅27处），征收总面积约3.9万平方米（住宅3.1万平方米、非住宅0.8万平方米）。

受疫情影响，征收法定程序到3月底才启动，而全市年初确定的6月底全部线路开工的时间节点不变，征收办统筹安排、精心部署，打破以往征迁常规思路，结合相关办事处在做好前期入户摸底的同时，把征收工作做在前面，改变先下征收令而后开展征收协商的做法，把征收过程中遇到的各类问题提前协商解决，拿出问题解决预案和办法，为正式签订协议争取了时间，最终按照市委、市政府既定的时间节点完成征收工作。

【新冠肺炎疫情防控】 2020年，

新冠肺炎疫情发生以来，征收办共下沉干部职工51人（其中党员32人）分包丰庆路街道办事处3个无主管楼院，承担小区疫情防控及卡口分包工作。支部党员主动亮身份，充分发挥先锋模范作用，牢记使命，冲锋在前，在小区卡口建立党员先锋岗3个，认真协助丰庆路街道办事处履行社区疫情防控职责，所分包的卡口没有发生疑似、确诊、无症状感染等病例，并积极协助辖区地铁施工单位开展复工复产保障服务工作。

（撰稿：孙　飞　审阅：贾光辉）

智慧城市管理

【概况】　金水区智慧城市管理中心的数据采集区域覆盖市区面积70平方公里，涵盖17个街道办事处、175个责任网格。

2020年，金水区智慧城市管理中心开展一系列党建活动。先后组织全体党员干部到郑州圆方集团参观学习，并结合“学习强国”APP平台，开展“学习强国”APP知识竞赛及积分评比等活动；围绕《中共金水区委办公室关于认真组织学习贯彻徐立毅同志在金水区调研讲话精神的通知》，组织开展专题研讨会，所有党员干部结合工作实际，展开交流发言。

新冠肺炎疫情发生以来，全体干部职工提前结束假期，投入疫情防控工作，第一时间与分包大石桥街道办事处对接，形成全面联控机制，确保职责明晰、分工明确、各司其职、密切配合，实行全天候保障防控，所有人员在岗在位。单位全体干部职工积极参与疫情防控工作。其间，共下沉人员35人，其中，中共党员18人，占人员总数的51%。53个日日夜夜，24小时牢守大石桥街道市政、石桥社区16个楼院，累计扫码登记超5万人次，排查外地到郑州人员千余人。

【案件处置】　金水区智慧城市管理中心负责对城市公用设施、道路交通设施、市容环境、园林绿地、房屋土地、施工管理、突发事件、街面秩序、综合管理等城市事件进行采集、上报、复核。并按照郑州市改进城市管理与改善人居环境工作要求，定期对城市道路、老旧小区、城乡接合部综合改造以及施工围挡非机动车整治等阶段性工作进行案件采集。区级指挥中心在接到市级案件派遣后，第一时间根据案件描述内容将案件派遣至所属街道办事处或相关区直部门。同时，中心平台坚持24小时接收市、区两级数字城管服务热线反映的市民投诉热点、难点问题及社会各界对城市管理的意见建议。2020年，金水区智慧城市管理中心共接收郑州市数字化城市管理指挥中心派遣案件488239件，处置481865件，结案率达98.69%。

【城市管理】　自全区“三项工程　一项管理”改进城市管理与改善人居环境工作开展以来，金水区智慧城市管理中心作为区“双改”工作领导小组办公室的筹备部门和重要组成部门，从全区抽调20余名科级干部和工作人员，组建“双改”工作综合协调和日常督查部门。明确分工，细化职责。领导小组办公室下设综合协调、文秘信息组和督查组。综合协调组负责对接郑州市“双改”办公室综合办和督查办，对内对接区“双改”工作领导小组5个专项指挥部及17个街道办事处。部门联动，形成合力。重点围绕“三项工程　一项管理”市区两级工作台账，与各专项工作指挥部进行良性互动。通过现场观摩、简报、动态、汇报、宣传报道、督查专报等多种形式，对全区“双改”工作进行及时跟踪、上报和对外宣传。截至年底，共组织筹备各类会议20次，观摩调研活动20余次，整理编写各类文字材料230余篇，协同宣传部及各指挥部在多个媒体平台发表报道信息120余篇。提高站位，强化考核。“三项工程　一项管理”工作被列为市、区两级综合考评重点攻坚任务和区“十四五”规划重点项目。金水区智慧城市管理中心起草制定《金水区“三项工程　一项管理”工作考核评价方案》，全面科学评价全区“双改”工作成效。

【道路创建工作】　因地制宜对各

街道实施目标管理差异化考核，全面科学评价“千百十”道路创建工作成效。同时，根据全区城市环境卫生精细化管理考核方案（试行）相关要求，每月定期对全区纳入“千百十”创建的道路进行考核。美丽街区建设推进顺利。和谐花园、美丽花园、工人新村、精致杜岭皆已完成总工程量的100%；幸福定制已完成总工程量98%。示范道路创建工作已完成，总工程量完成100%。城区道路环境持续提升。每月各街道都能聚焦上报创建道路中存在的问题进行有针对性的整改，道路设施缺损得到修补、绿化缺死株得到补栽、街面秩序干净整洁。截至年底，全区“千百十”道路创建工作已完成优秀道路193条、卓越道路21条，优秀道路创建完成全年目标任务的100%，卓越道路创建任务完成全年目标任务的105%。

【督查考评】 建立日督查制度，聚焦环境卫生、街面秩序、市政设施、交通乱象等方面开展专项督查，并及时跟踪市督办案件，有效降低了事、部件问题案发率，也确保了疑难问题有效解决。同时，为提高应急案件处置规范性，为城区17个街道办事处配发了300余套应急护栏、反光锥及落叶收集袋，进一步提高了城市管理的精度和品质。精准进行案件分析。对高发类别和区域分别制定解决方案。每月定期召开处置研判分析会，对全区案件运用各种数据进行综合分析，编发《运行通报》11期，及时对街道办事处和责任部门进行业务指导。

（撰稿：郭　丹　审阅：张耀伟）

郑州金达建设发展有限公司

【概况】 郑州金达建设发展有限公司（以下简称金达公司）为国有投资的公司制法人企业。公司注册资金1亿元，具有房地产开发三级资质，主要负责承建金水区政府投资的“一环十横十纵”城市道路（主干道）综合改造工程项目、金水区市民公共文化服务活动中心、郑州国际金贸港、道路、学校、保障性住房、医院等公益性项目。

新冠肺炎疫情发生以来，金达公司严格按照金水区委、区政府决策部署，全体人员下沉分包未来路街道，积极参与入户排查、卡点执勤等工作。公司全体党员干部每天工作10~12小时，认真协助完成入户排查工作，做好重点区域消毒工作，把疫情防控当作首要政治任务和最重要的工作来落实。

【重点项目】 金水区市民公共文化服务活动中心项目。该项目由区财政投资，金达公司代建管理。作为市重点项目，是中部六省区级层面规模最大、功能最全、设施最先进的市民服务工程。截至年底，除科技馆、青少年活动中心外，其他场馆施工基本完成，政务服务中心已投入使用。该项目2020年计划投资51000万元，全年共完成约51000万元，当年完成比率100%，项目累计完成约155000万元。

郑州国际金贸港项目。规划方面，控规已批复并取得人防通知，城市设计已通过规委会审批。土地方面，已完成土地摘牌。设计方面，已取得基坑支护及降水设计图纸；正在对接修规设计方案，计划2021年5月底前完成初设。现场施工方面，土方清运所有标段已开挖到负5米的标高，累计清运土方约108万立方米；基建电已完工，形象标牌已完工。项目公司设立及整体合作进展情况，截至年底，已与豫资控股、郑发集团签订投资合作协议，已完成项目公司注册。

道路建设项目。岳砦路等6条道路已完成施工许可证办理工作，完成海滩街等5条道路进场施工工作；小铺北路等8条道路正在办理道路规划许可证。完成了浩天路等13条道路通车工作。完成燕西路道路审计工作；持续推进丽水路等18条在建道路建设工作。道路项目2020年计划完成投资2.09亿元，全年共完成投资1.90亿元，当年完成比率90.79%,道路项目累计完成投资7.87亿元。

学校建设项目。公司代建的学校项目进入建设实施的共有21个，其中，已竣工项目13个，在建项目5个，新开项目1个，缓建项目2个。2020年，学校建设项目计划完成投资35691万元，全年共完成35770万元，完成比率100.22%，学校项目累计完成132780万元。

金水区市民文化公园项目。该项目自2019年4月全面启动以来，土方清运工作已全部完成，主体结构全部完成，回填基本完成，地上绿化部分施工全面展开。该项目2020年计划投资18000万元，全年共完成约18000万元，当年完成比率100%，项目累计完成28300万元。

城市道路（主干道）综合改造工程项目。全市“一环十横十纵”主干道改造共计21条路，涉及金水区14条，全长95.61公里。一期工程全市7条，涉及金水区4条（长20.01公里），分别是未来路（中州大道—沈庄路）、黄河路（嵩山路—中州大道）、经三路（北三环—城北路）和京广路（宋砦南街—金水路南400米）。项目于3月初开工，10月底已基本完成，主要改造内容包括违建拆除、强弱电上改下、道路绿化改造、建筑立面改造等。二期工程全市7条，涉及金水区3条。分别是北三环（金杯路—中州大道）6.58公里、陇海路（未来路—中州大道）1.2公里、花园路（贾鲁河—城北路）11.2公里。北三环和陇海路项目于11月18日正式进场施工。截至年底，已完成整体进度的80%。

（撰稿：袁永香　审阅：赵志浩）

郑州市金水建设综合开发有限公司

【概况】　郑州市金水建设综合开发有限公司（以下简称开发公司）隶属金水区人民政府。2020年有职工84人。公司成立以来，先后开发了市民新村、杜岭街、西里路综合小区、区政府大楼、金紫回民安置小区、东风路科技一条街著名IT企业区、金科苑、锦华苑、东区拆迁安置工程、区信访综合楼、区教育培训中心、白庙村城中村改造安置房等工程项目，累计开发近300栋楼、260余万平方米建筑面积。

2020年，开发公司对所承建项目抢先抓早，周密安排，明确责任，稳步推进。路砦项目住宅地块14栋楼，住宅地块主楼部分已基本施工完成，截至年底，正在进行配套部分水、电、气、暖、绿化等施工；商业地块主体完成。大铺项目共2个地块、8栋，A2地块主体已全部完成封顶，二次结构基本完成；A1地块局部主体已施工至25层。姜砦项目纯安置地块共5栋，已完成主体封顶，二次结构同步施工。王府坟项目共5栋，截至年底，局部主体施工至15层。司家庄项目共2个地块8栋，2#地块超高层现施工至主体结构39层；3#地块施工至基坑支护阶段。沙口项目2个地块，共8栋楼，一期4栋已封顶，二期主体已全部封顶，二次结构砌筑同步施工。城北路项目共1栋，项目已封顶，二次结构同步安装施工。黄家庵项目安置房共2栋住宅楼、1栋商业用楼；主体现已封顶，二次结构、内外抹灰已完成。财专片区项目共5栋，1号楼主体已封顶，2号楼主体施工至12层，3号楼准备夹层浇筑。

新冠肺炎疫情发生以来，开发公司全体党员及普通员工积极响应号召，取消休假和节假日，下沉于未来路办事处卡点值守，进入24小时应急状态。

【重点工程项目】　开发公司现承担金水区政府主导的9个安置房建设项目（路砦、大铺、姜砦、王府坟、司家庄、沙口、城北路、黄家庵、财专片区）。因公司承担的安置房项目数量多、地块分散，为加快建设进度且便于管理，公司将上述安置房项目按地域分布就近组合，分为4个项目部，由公司指派4名项目经理对项目的手续办理、工程质量进度、项目协调等进行总负责。

路砦项目。项目位于东风渠以东，长安路以西，新柳路以北，连霍高速以南，涉及居民348户、1498人，占地1363.82亩，可建设用地637.82亩，总建筑面积约43.06万平方米，项目安置总面积32万平方米。预计2021年6月完成交付。

大铺项目。项目位于信息学院

路以东，文化路以西，东风路以南，农业路以北，涉及居民461户、2157人，占地214.23亩，可建设用地145.53亩，总建筑面积约27万平方米。预计竣工时间为2022年。

姜砦项目。项目位于东风路以北、信息学院路以西、文劳路以南、园田路以东，涉及居民323户、1551人，占地96.72亩，可建设用地77.98亩，总建筑面积约15.7万平方米。预计竣工时间为2022年年初。

王府坟项目。项目位于铁西路、黄河路、沙口路、王府坟南街围合区域，涉及居民263户、768人，占地92.26亩，可建设用地63.94亩，总建筑面积约15.8万平方米。预计竣工时间为2022年。

司家庄项目。项目位于凌云路与东里路交叉口东南角，涉及居民213户、1100人，占地123.68亩，可建设用地83.35亩。2#地块超高层总建筑面积约5.6万平方米，3#地块总建筑面积约19.4万平方米。预计竣工时间为2023年。

沙口项目。项目一期B-07地块位于二环支路北、京广铁路西，二期A-06地块位于金水路南、京广快速路东，涉及居民171户、653人，占地52.25亩，可建设用地52.25亩，总建筑面积约22万平方米。预计竣工时间为2021年。

城北路项目。项目位于紫荆山路与城北路交叉口西南角，涉及居民223户、636人，占地13.14亩，可建设用地6.04亩，总建筑面积约2.2万平方米。预计竣工时间为2021年。

黄家庵项目。项目位于金明街东、朝阳街南、经三路西、鑫苑路北，涉及居民156户、663人，占地141.3亩，可建设用地109.43亩，总建筑面积约9.11万平方米。预计竣工时间为2021年。

财专片区项目。项目位于信息学院路东、俭学街南、勤工路西、农业路北，涉及居民1200户、3968人，占地39.58亩，可建设用地37.43亩，总建筑面积约14.4万平方米（因该项目仍有6180平方米未拆除，交付时间无法确定）。

（撰稿：张晓晶　审阅：王　项）

科　技

【概况】　金水区科学技术局下设二级机构生产力促进中心和外国专家服务中心，共有工作人员29人。

2020年，金水区科技局坚持以自创区建设为主线，积极培育以“科技型企业—高新技术企业—创新龙头企业”为支撑的创新主体，大力搭建以“众创空间—孵化器—加速器—创新综合体”为支撑的创新平台，逐步构建了政策引导、人才引领、项目跟进、“店小二”服务的“政企产学研”融合协同服务体系。

【科技企业培育】　2020年，新增科技类企业6000家，总量达到3.8万家，同比增长16%，约占全市总量的32%；新增科技型企业419家，同比增长32%，总量达到1721家，约占全市总量的22.5%；新认定高新技术企业228家，同比增长46%，总量达到506家，约占全市总量的17.1%；在全国技术合同网登记的技术合同共计2355份，合同成交总金额达23.59亿元，同比增长121%，占全市总量的11.1%。各项创新指标无论增速还是总量均创历年新高。

【创新平台建设】　坚持以工程技术研究中心、重点实验室、新型研发机构为主体，积极构建“政企学”互动、“产学研”共同发展的平台体系。新增省级工程技术研究中心27家、市级7家，新增市级重点实验室20家，同比增长82%，各级工程技术研究中心（重点实验室）累计达到391家，占全市总量的19.8%；新增省级新型研发机构2家，占全省认定量的10%，总量达到6家；新增市级新型研发机构3家，同比增长200%，占全市认定量的30%，金水区市级新型研发机构总量达到4家。

【人才体系构建】　坚持以创客人才、专业人才、高端人才为主体，积极构建多层次创新创业人才体系。针对中小微企业创业者开展“金水创客领袖200加速营”，累计加速企业134家，帮助7个项目获得投资金额7100万元。针对企业亟须人才实施“领创新赛道”项目，重点引培“行业领军、关键性技术和企业实用”三类人才。针对高端人才推进“智汇郑州·1125聚才计划”，累计入选项目团队75个，拨付资金4530万元。

【孵化载体提升】　坚持以“众创空间—孵化器—加速器—创新综合

体”为主体，积极构建体系健全、具有特色的双创平台体系。新增市级孵化载体3家，累计达到13家，占郑州市总量的13%；新增省级4家，同比增长33%，累计达到29家，占郑州市总量的28%；新增国家级孵化载体4家，同比增长100%，累计达到18家，占郑州市总量的29%。

【研发投入强度】 坚持以企业、院校、机构为主体，积极围绕全覆盖研发投入体系。全社会研发投入总量为32.06亿元，同比增长61.6%；全社会研发投入强度达1.83%，同比提高0.59个百分点。

（撰稿：付履波　审阅：杨　琳）

教　育

【概况】 金水区教育局是郑州市金水区人民政府管理教育工作的职能部门。2020年，金水区有区属中小学、幼儿园共80所，在校生129032人，教职工8650人。

全面加强党的组织建设，调整、成立党组织119个，并将党支部、党小组建在学科组、年级组；指导125个党组织完成换届选举，推动支部重心更贴近业务核心。完成793名党员转接工作。不断加强干部队伍建设，公开选拔24名校级干部。指导全区教育系统基层党组织和广大党员积极助力基层疫情防控，选树先进典型100人，优秀基层党组织8个。

【教学质量】 坚持规范学校课程建设，指导40所学校完成课程整体规划。总结提炼金水区基础教育课程典型经验，征集区域教学成果142项，并在第七届中国教育创新年会上作经验交流，向全国展示金水区课程改革成果。创新采取线上展评的方式，组织1463名教师参加金水区第十五届教师教学基本功展评活动决赛，组织2620余名民办教师参加第一届民办教育基本功大赛，有效提升教师综合素质。深入推进“三个一”阅读工程，组织全区1.5万个家庭参加线上阅读展示活动，有效提高学生综合素质，纬五路二小荣获省级书香校园称号。纬三路小学等3所学校荣获首批义务教育标准化管理示范校称号，郑州市四十七初级中学和郑州市第二十六中学荣获首批义务教育标准化管理特色校称号。金水区包揽河南省汉字大赛郑州赛区小学组冠亚军。

【体卫艺工作】 持续抓好疫情防控期间体育常态教学，通过线上体育课、云端大课间等方式，强化学生居家锻炼指导，提高学生身心健康。推进校园足球工作，区教育局与河南建业足球俱乐部签订战略合作协议，共同探索全新的青少年足球培养模式，新增金沙小学等5所全国青少年校园足球特色学校和足球特色幼儿园。区教育局被教育部认定为全国首批青少年校园篮球“满天星”训练营，成为河南省唯一获此殊荣的单位。金水区纬五路第一小学被认定为全国青少年校园篮球特色学校，郑州冠军中学被认定为全国青少年校园排球特色学校。

【学前教育】 加快推动小区配套幼儿园专项治理，滨河幼儿园已顺

9月10日，郑州金水区2020年教师节庆祝表彰大会在金水区艺术小学举行

（区教育局/供图）

利投用，路砦幼儿园等5所幼儿园已完成装修改造，即将招生；河村幼儿园、新庄幼儿园即将进行室内外装修和场地建设招投标。新认定普惠性民办幼儿园10所；全力开展无证幼儿园治理工作，准入、整合无证园94所。全面开展幼儿园年检和学前教育宣传月活动，强化科学育儿指导。金水三幼被评为河南省“家园共育”示范幼儿园。

【民办教育】 加强民办教育规范管理，完成辖区320所民办学校年度检查。快速高效完成6所移交民办中学审批手续。积极组织28所民办中小学、2620余名教师参加第一届民办教育基本功大赛，提升民办教师业务素养。做好校外培训机构沿街门店排查和教育培训行业开复工问题答疑，累计督查校外培训机构2162家次；严格报批程序，指导319家校外培训机构及分支教学点陆续复工复学。区教育局荣获河南省民办教育先进集体称号。

【师资队伍】 加大教师招聘力度，新招聘各类教师695名。结合疫情防控形势，组织2019年入职的478名新教师开展线上培训，完成培训作业、教学反思1.6万余份；分批分类组织2020年新入职教师开展岗前培训，提升培训针对性。持续强化区、校两级培训体系建设，着力培育名优骨干教师，4名教师成功入围河南省教育厅中原名师培育对象，新增省市级各类名师188人。

【教育资源优化配置】 建成投用纬五路一小大河校区等5所学校，新增优质学位7620个。截至年底，徐寨小学、马林小学、姚店堤小学、孟砦小学、科教园区第一小学、任庄学校、周庄小学（二期）、金水一中、马李庄小学和张家村学校10所学校正在建设。新建庙李小学和庙李中学已进场施工，王庄中学、农科院小学、杓袁学校、陈寨小学和刘庄小学5所学校在办理手续。四月天小学等6所学校校园场地升级改造工程已竣工。着力消除大班额，辖区中小学超大班额、大班额占比降至9.83%。

【教育信息化】 协同科大讯飞公司通过强化整体规划、深入调查分析、专家把脉论证等方式，加快实施智慧教育项目建设。同时，成立工作专班，深入全区学校座谈，踏勘网络环境，掌握师生需求；完成3所学校智慧课堂应用、大数据精准教学等项目；发放调查问卷5000人次，精准掌握项目实施成效，着力使信息化融入教、学、研全过程，让“创新”伴随孩子们健康、快乐成长。完成丰庆路小学等9所学校智慧校园基础环境项目建设。扎实推进“增强现实与虚拟现实”AVR项目，并组织学科教研员和骨干教师开展线上、线下培训。金水区被评为国家级信息化教学实验区、首批河南省中小学人工智能教育实验区，7所学校获评首批全省人工智能教育实验校。

【供餐和课后服务】 全面实现午餐供餐和课后服务。按照以“校内供餐为主，校外配餐为辅”的工作思路，创新谋划，整体推进，加装餐梯44台，新投用校内食堂23个，累计达到48个，在校用餐学生88013人，校内食堂供餐占比和在校用餐学生占比约为2/3。12所学校采取“中央厨房+卫星厨房”的模式供餐，缩减从饭菜出锅到学生餐桌的时间，让孩子们吃上热乎、新鲜的午餐。统筹利用校内外各类教育资源，以辅导作业、诵读经典、社团活动等为主要方式，试点推进课后服务，探索形成了“1+X”“4+X”等多个经验样本。区属中小学全面开展课后服务，参与教师8246人、学生107200人，师生参与率分别为95%、85%。

【教育惠民政策】 全面落实义务教育经费保障机制，拨付学校公用经费1.5亿元，惠及学生14.47万人；向412名大学生发放生源地助学贷款321.4万元。深入开展疫情防控期间家庭经济困难学生排查救助工作，为29名困难学生发放1.45万元资助金，协调中国移动等三大运营商完成298名困难学生宽带提速和费用减免工作，确

金水区实验小学课后服务劳技社团活动展示（区教育局/供图）

保线上教学不漏一人；同时，向3532名家庭经济困难学生发放资助金131万元，着力实现应助尽助。组织专项督查组，对全区277所学校深入开展复学前后校园安全督导检查，提高学校安全防范意识和能力。

【教育督导检查】 积极开展幼儿园上等级过程性督导工作，新增市二级以上幼儿园6所。组织辖区116所中小学积极参与国家义务教育质量监测，为改进学校教育教学、完善教育决策提供依据和参考。对全区中小学、幼儿园实地开展安全督导检查，切实提高学校安全防范意识和能力。试点推进的郑州龙门实验学校等6所学校双重预防体系已建成投用，提升学校安全风险管控和隐患排查治理能力。

【宣传工作】 积极引导学校深入开展疫情防控“五个一”系列宣传教育，并积极围绕抗疫典型、平稳复学、集团化办学、校园“光盘行动”等重点工作，开展28期、共200余篇专题报道，被新华社、《人民日报》、人民网、“学习强国”APP平台、大河网等国家和省市主流媒体广泛关注与深度报道，区教育局被省教育厅评为全省教育新闻宣传工作先进集体。

【招生工作】 2020年，区属小学接收一年级学生总数为18723人，其中，进城务工人员随迁子女人数为4128人，占比22.0%；小升初分配学生总数为17428人，其中，进城务工人员随迁子女人数为5065人，占比29.1%。圆满完成普通高招报名11628人、对口报名9645人、专升本报名18162人、学业水平测试报名11128人。

【新冠肺炎疫情防控】 面对疫情，区教育局第一时间建立完善防控机制，实施领导分包、分级负责、封闭管理等措施，将辖区345所学校的43万余名师生纳入责任网络，统筹组织协调，强化联防联控，有效保障师生身体健康。科学应对，多形式开展线上教育。指导全区107所中小学、27万名家长开展在线教育，9400余名教师化身“网络主播”、健康专家、心理医生，组织网络课堂，宣传防疫知识，开展心理辅导。金水区完成400节直播课录制工作，高质量服务全省小学生线上学习。做好常态防控。指导全区各校综合运用“三个平台”，动态监控师生员工健康状况；严格返校复学督导，逐校观摩应急演练、审核预案方案，高标准落实落细防控措施，实现了春、秋季安全平稳返校复课。同时，指导各校常态实施错时上下学、就餐，坚持每周随机督导，做实各项防控要求，确保了教育系统安全。

（撰稿：殷翰墨　审阅：张登高）

文化、旅游、体育

【概况】 金水区文化旅游体育局下属4个二级机构，即：区文化馆、区图书馆、区广电中心、区公共文化中心。其中，图书馆设全国文化信息资源共享工程金水支中心，文化馆设非物质文化遗产保护中心。

新冠肺炎疫情发生以来，区文化旅游体育局取消全部群众性文化活动，第一时间关停文化馆、图书馆、娱乐场所、网吧、景区等209家公共文化服务场所，298家文旅企业暂停营业；在保证文化旅游市场稳定的前提下，组织53名工作人员到国基路办事处全力开展疫情防控工作。疫情得到控制后，扎实推进“三送一强”服务，积极助力文旅企业复工复产，为旅行社申报暂退质保金1411万元，为旅行社及星级宾馆申报保险稳岗补贴1994万元。

【特色文化活动】 2020年，区文化旅游体育局先后组织开展“春满中原 老家河南”系列活动、“非遗过大年 文化进万家”活动、河南省第七个艺术普及周展演活动；圆满完成了“舞台艺术进乡村、进社区”“送文化进基层”活动任务；成功举办“美丽郑州·炫舞世界”第八届中国（郑州）国际街舞大赛，先后在全国30多个城市开设分赛区，参赛人数达4万多人，观众达百万人次。

【公共文化服务体系建设】 稳步推进3个城市书房建设。国基路、南阳路和东风路3家城市书房已建设完成，并投入使用；继续开展“舞台艺术进乡村、进社区”演出活动。金水区48场目标任务已全部演出完毕，受惠群众达4万余人次；整合辖区优势文旅资源，建设数字公共文化服务资源库，为群众提供更加便捷、高效的服务，为展示辖区文旅行业发展提供数字化平台。

【送文化进基层】 免费开放公益课程丰富多彩。组织免费开放公益培训1760个班次，培训内容包括舞蹈、声乐、器乐、戏曲等艺术形式，为辖区群众提供了多样化的文艺学习选择，受益群众达5万余人；开展“送文化进基层”“我的中国梦——文化进万家”“非物质文化遗产进社区、进校园”等各类展演活动104场，丰富了辖区群众的精神文化生活。“非遗”项目培训。全年开设3个“非遗”专项培训，全年授课73个班次。打造文化志愿者“精品演出”。区文化旅游体育局积极承办河南省第七个艺术普及周展演等文化活动，并将精品节目送到广场、社区、留守儿童学校、敬老院和工地。

【文物及“非遗”保护】 金水区现有已定级文物保护单位6处，其中，省级文物保护单位5处，市级文物保护单位1处，被纳入第三次全国文物普查不可移动文物名录未定级有19处。做好燕庄村史馆、杲村村史馆非国有博物馆陈展提升工作；对金水区15个办事处的80处不可移动文物进行排查，上报21处未定级不可移动文物自查报告；与14个办事处签订《2020年金水区文物安全目标责任书》，纳入单位年度综合工作体系。

金水区有省级“非遗”项目6项，省级传承人6人；市级“非遗”项目14项，市级传承人12人；区级“非遗”项目22项，区级传承人4人。有省级传习所2个，市级传习所3个，非遗传承基地2个，国家级传习所1个。6月，金水区非遗保护中心组织开展2020年金水区“文化和自然遗产日”宣传展演活动。

【图书馆工作】 坚持贯彻执行国家免费开放政策，全年对外开放，每周开放60个小时，免费开放13个服务窗口，年到馆14万人次，年图书流通21.3万册次。以“世界读书日”为载体，开展“金水区全民阅读”系列活动。组织金水区“诵读中华经典 阅享金水书香”朗读大赛颁奖典礼暨2020金水书香嘉年华启动仪式，倡导广大群众诵读经典，弘扬社会正能量；先后组织“喜庆元宵猜灯谜”线上展览、“景和清明”线上展览、“以书换画——小小画笔抗疫情”儿童绘画作品展等一系列主题活动，累计参与人数万余人次；建立健全图书馆服务体系，加强总分馆制建设。金水区图书馆于1月2日在白庙强制隔离戒毒所建立分馆并正式开放，分馆收藏有500余册适合戒毒学员进行自我学习的图书及期刊。9月，金水区图书馆北林路街道党群服务中心分馆建成，已正式开馆。

7月10日，“诵读中华经典　悦享金水书香”朗读大赛颁奖典礼暨金水书香嘉年华启动仪式　（区文化旅游体育局/供图）

【旅游产业】　重点开展春节、“五一”、端午节前旅游市场综合检查，确保节假日期间旅游市场的平稳有序、和谐安全。对已复工旅行社的安全工作进行落实，要求旅行社签署安全生产目标责任书，提供合规的旅游包车合同及旅行社责任险等。先后组织开展“5·19”旅游日宣传活动、“美丽金水，文明旅游”宣传活动等，旨在进一步扩大旅游宣传范围，倡导全域旅游、文明旅游。坚持在全区旅游行业范围内推进旅游标准化工作。5月，金水区河南新景界国际旅行社和河南万里行国际旅行社2家旅行社通过验收，获得郑州市第四批旅游标准化示范单位称号。9月底，郑州海洋馆、河南南湖国际旅行社和河南万里行国际旅行社已提交资料向省文旅厅申报创建省级旅游标准化示范单位。五是全面提升金水区旅游景区的服务质量。自5月12日始，郑州海洋馆正式复工营业，区文化旅游体育局工作人员与海洋馆负责人保持密切沟通，督促指导景区积极落实汛期全市A级旅游景区地质灾害防治工作、A级景区防汛防溺水工作、A级景区爱国卫环境整治工作、“5·12”防灾减灾宣传活动等专项治理工作。

【体育事业发展】　配合省、市有关部门，做好金水区28块社会足球场地验收工作，并制定科学合理的管理办法；完成18个健身路径、2个室内活动中心、2个智能健身驿站、1个社区多功能运动场建设；组织开展金水区国家三级社会体育指导员培训，参训人员达150余人。

（撰稿：高梦露　审阅：胡长卿）

医疗卫生

【概况】　金水区卫生健康委员会（以下简称区卫健委）是负责金水区卫生健康工作的政府职能机构。有委管正科级事业单位1家：金水区健康教育中心；委属副科级事业单位9家：金水区卫生监督所、金水区疾病预防控制中心（金水区健康教育所2020年8月28日健康教育职能划转至金水区疾病预防控制中心）、金水区妇幼健康中心、金水区医疗保健委员会健康管理中心、金水区计划生育协会、金水区出生人口性别比综合治理中心、金水区流动人口计划生育服务中心、金水区总医院、金水区新型农村合作医疗服务中心。

2020年，圆满完成各项筛查任务。脑卒中完成筛查评估问卷4035人，完成总任务的100.8%，开展血脂等实验室化验16140项次，确定高危人群1374人。肺癌早期完成筛查评估问卷4007人，完成总任务的100.2%，复查高危人群674人。金水户籍妇女患宫颈癌人数5169人，金水户籍群众患乳腺癌人数5149人；产前超声筛查18538人，血清学筛查17561人；新生儿听力筛查24891人；新生儿耳聋基因筛查18387人，新生儿苯丙酮尿症和甲状腺功能减退症筛查23826人。

【公共卫生服务】 按照社区卫生服务中心三年行动计划要求，坚持社区与养老结合，持续推动社区卫生服务中心和医养结合机构建设。2020年，完成23家中心（站）选址，8家已完工（丰庆路杲村中心、国基路中心、未来路中心、人民路工人新村站、南阳路纺机前街站、花园路甲院站、南阳新村物华华庭站、北林路金明站），15家正在推进建设。2020年，金水区21家社区卫生服务中心发热哨点诊室全部完成升级改造。大力开展优质服务基层行活动，2020年已有10家中心（经八路、东风路、北林路、丰产路林科、丰产路、大石桥、杨金路、文化路文丰、凤凰台、花园路）达到国家基本标准，3家（东风路园田、南阳新村、丰庆路安泰）达到推荐标准；建成投用杨金路和丰庆路2家社区卫生服务中心医养结合机构。

【冬春季疫情防控准备】 加快推进发热门诊建设。持续开展金水辖区发热门诊规范化升级改造。金水辖区12所发热门诊（省人民医院、郑大二附院、省职工医院、黄河中心医院、郑州人民医院、郑州九院、金水医院、大桥医院、中医一附院、省中医院、中医三附院、中医研究院）均在相对独立区域规范化设置"三区两通道"，并全部完成改造升级。提升核酸检测能力。在金水区13所二级及以上医疗机构和区疾控中心开展PCR实验室项目建设。2020年，金水区疾控中心PCR通过市级审核，等待省级验收；13所二级及以上医疗机构均完成核酸检测项目增设和标准化改造，正常开展工作。金水区有核酸检测能力机构为13家，计50台设备，单日检测量27131人次；随时可启用检测设备79台，启用后单日最大检测量将提高至7万人次。按照金水区131万人口计算，采取10:1混样检测标准，基本能够实现5~7天完成全员核酸检测的目标。加强防控物资储备。把医疗物资"保供"作为疫情防控的关键，明确检测试剂、防护用品、医疗器械、救治药品、消杀产品5大类33个重点品类，做好医疗物资采购、调配、投放、储备工作。2020年，医疗物资储备医用外科口罩2107862个，防护服装35713套，防雾护目镜7542个，隔离衣24891件，速干手消毒酒精2000余箱。另有1000万元应急物资储备到位，能够满足医疗机构30天满负荷运转需求；3所定点救治医院设置隔离床位104张、重症监护床位77张，能够满足突发疫情救治需求。

【新冠肺炎疫情防控】 严把院感防控关。从严落实进入医疗机构扫健康码、测温、戴口罩，一米以上间隔候诊，一医一患一诊室等管理措施和制度，规范设置发热门诊医疗机构"三区两通道"和"预检分诊"，实行独立设置及人物分流，持续做好职业暴露预防、医疗废物无害化处理等工作。同时，针对金水辖区省市医院多、监管难度大等问题，建立省区市三级信息互通机制，实行常态化督导，及时向省市报告反馈。2020年，累计处置医疗机构红码人员1683人次，发热门诊累计接诊12.3万余人次；开展疫情防控暨专题培训6期、900余人。严把流调溯源关。把流调溯源作为第一时间发现和切断传播链的有力武器，科学分析研判冬春季疫情防控新形势，强化流调队伍建设，在现有54人现场流调队伍的基础上，组建可随时启用的2个梯队、58人后备流调队伍和专业消杀队伍，并积极做好技术指导及对确诊病例、无症状感染者终末消毒工作。严把核酸检测关。把境外返回郑州人员、中高风险返回郑州人员、进口冷链食品作为核酸检测的重中之重，特别是针对近期国内多地发生的进口冷链食品外包装检测阳性事件，区卫健委按照进口食品必检、中高风险调运冷链食品必检、新增工作人员必检、重点市场一周一查、其他市场一月一查的措施要求，对辖区所有大中小型超市及农贸市场全面开展各类冷库冷冻肉、冷冻冷藏海产品及四类重点产品（生肉、海鲜、冻品、活禽）的拉网式排查、不间断监测工作。共检测进口冷链食品经营单位108家，采样2364份。

（撰稿：王中灵　审阅：陈晓清）

人力资源和社会保障

【概况】　金水区人力资源和社会保障局是金水区政府的职能部门，主管全区人力资源和社会保障工作。下设8个二级机构：郑州市金水区人才人力资源服务中心、郑州市金水区劳动保障服务中心、郑州市金水区劳动人事争议仲裁院、郑州市金水区退休人员服务中心、郑州市金水区劳动就业培训中心、郑州市金水区创业服务中心、郑州市金水区劳动监察大队、郑州市金水区社会保险中心。

2020年，人社局先后获得“全省人力资源和社会保障系统先进集体”“2020年《中国劳动保障报》先进单位”“2019年度就业创业及社会保险工作先进集体”“2020年全国清理整顿人力资源市场秩序专项执法行动取得突出成绩单位名单”“金水区目标考核优秀单位”等荣誉称号。

2020年，区人社局规范党内政治生活，定期召开党组会，对各项重大工作进行谋划安排。制定《关于进一步加强和规范领导管理体制的通知》。认真贯彻落实《中国共产党支部工作条例》，配齐配强支部班子，强化“三会一课”“领导干部分包支部”制度落实，开展支部工作观摩、支部书记述职评议等活动。研究制定《金水区人力资源和社会保障局全年学习计划》，实行政治学习“月计划、周提示”制度。

新冠肺炎疫情发生以来，人社局每天选派党员干部75名下沉至东风路街道32个无主管楼院参与一线防疫。严格要求党员干部服从社区统一调配，做好值守门岗、人员登记、宣传防疫等工作。充分发掘抗疫一线典型事迹，编制简报10期。在配合社区做好防疫卡口工作的同时，结合人社局工作职责积极推进辖区企业复工复产。

【城镇就业】　2020年，共完成新增就业34617人，占全年目标任务的144.23%，其中，下岗失业人员实现就业4662人，就业困难人员实现就业1070人；城镇登记失业率控制在4%以内。城镇“零就业家庭”动态为零。全年累计帮助81家小微企业和26个自然人申请创业担保贷款2.16亿元，占全年目标任务的166%。向重庆、江苏等地发送返岗复工专车，点对点协助330多名企业员工安全返岗。积极协助受疫情影响较大的314家企业申请应急稳岗补贴2.05亿元。为175家企业发放扩招员工补贴资金近100万元。制定《关于进一步加

3月6日，金水区向重庆奉节发送返岗复工直通车，帮助企业员工返岗

（区人社局/供图）

强和规范就业援助工作的通知》和《关于进一步加强和规范全区劳动保障工作的通知》。鼓励就业困难人员灵活就业，发放灵活就业人员社会保险补贴190万元。为近百名毕业年度离校未就业实名登记高校毕业生发放求职创业补贴。截至年底，金水区已设立66个大学生就业见习基地，开发就业见习岗位3451个。积极开展线上“春风行动”招聘月和“百日千万网络招聘专项行动”，召开现场招聘会31场，累计参会企业1000余家，提供岗位3万余个，初步达成就业意向3800余人。

【技能培训】　2020年，人社局共完成职业技能提升培训2.7万人次，占全年培训任务的108%，补贴金额发放534.8万元，其中，失业人员就业技能培训完成6920人次，占全年任务的102%；农村劳动力职业技能培训完成1107人次，占全年任务的138%；新增高技能人才780人，占全年任务的104%。企业以工代训共申报48586人，累计194055人次，申请补贴金额9702.75万元。多措并举，开展职业技能培训。培训范围逐步扩大。将辖区所有企业劳动者全部纳入职业培训补贴范围。培训能力不断提升。全面掌握辖区职业技能培训资源，搭建校企合作平台，建立企业培训中心，不断提高全区职业技能培训能力。提高技能培训效果。制定完善的培训计划，加强培训监管，切实提升培训课程质量。

【大学生创业园建设】　2020年，金水区大学生创业园发展到7家，面积超过2万平方米，全年新入孵项目129个，带动创业人员1206人，带动就业人数2457人，全年累计营业额为44835万余元，累计纳税额为1098万余元，2020年12月金水区被国务院授予大众创业万众创新示范基地称号。持续营造创业氛围。2020年，金水区进一步完善赛制，成功举办第五届“创赢未来”大学生创业资助项目选拔赛，设总奖金315万元，共有200多个项目报名参赛。经过初评、复赛、决赛3个环节、6场比赛角逐，成长组和初创组各20个项目分别获得了最高50万元的资助。

【人才服务】　积极开展各类人才推荐认定。上报高层次人才8人，办理青年人才申报认定427人；选拔推荐百千万人才工程国家级人选2人，享受国务院特殊津贴人员8人；评审认定初级职称1907人，中高级职称申报2623人。积极组织专项人才活动。以第三届省招才引智创新发展大会为契机，区人才办等单位共同承办第三届河南招才引智创新发展大会金水专场活动。推行“互联网+”人才服务，实现人才服务事项全流程网上办理；做好重点人才跟踪服务，对各类人才定期进行走访。

【人事管理】　做好公开招聘工作。与区教体局共同组织金水区教师招聘引进工作，完成教师招聘引进695人。持续规范事业单位岗位管理。累计办理岗位设置手续160余件。认真落实机关事业单位工资福利待遇。及时完成全区正常晋升工资的审批工作。四是继续规范考核奖励。规范平时考核审批备案流程，对12家区直单位进行检查指导。

【构建和谐劳动关系】 2020年，人社局不断推进和谐劳动关系建设，着力解决疫情影响下劳动关系领域的突出问题。加强劳动监察执法。进一步畅通举报投诉渠道，加大对拖欠农民工工资行为的查处力度，集中开展《保障农民工工资支付条例》的宣传，全面落实建筑工地“一金三制”和按月足额支付农民工工资长效制度。共处理各类投诉举报案件1731件，涉及劳动者3700人，为劳动者追讨工资、工程款4958.5601万元。健全劳动争议调解仲裁机制。积极推进仲裁机构标准化、信息化建设，开展线上办案。在17个办事处建立劳动争议调解中心。仲裁工作先后获得省市级“优秀仲裁院”“优质服务窗口”称号及“五一劳动奖章”，并在2020年的全市标准化线上办案交流评比中获一等奖。全年立案3859起，受理1154起，结案1126起。提高工伤认定办案质量。全年接待工伤认定方面群众来电、来访3000余人次，调解撤案7件，工伤认定网上申报并受理案件737件。建立服务企业长效机制。完善辖区企业信息库，全面掌握辖区企业情况。通过走访涉案企业，帮助企业完善管理。

（撰稿：袁文蕊　审阅：刘培哲）

民政工作

【概况】 2020年，金水区民政局被工业和信息化部、民政部、国家卫生健康委员会评为国家智慧养老应用示范基地。成功创建郑州市精神文明单位。被评为郑州市社会工作先进单位、郑州市社会组织评估工作先进单位、郑州市居家和社区养老服务改革试点工作先进单位。成立河南省首个社工关爱互助基金、河南首家标准化街道社工站。

新冠肺炎疫情发生以来，区民政局把疫情防控作为当前最重要的一项工作来抓，落实落细各项防控措施，局党支部利用网络和“学习强国”APP平台开展疫情防控宣传活动，通过微信工作群传达上级关于疫情防控的要求。区民政局先后在东三环鸿宝路金水交通防疫站、丰产路分包社区、花园路分包社区和防控隔离酒店成立临时党支部，召开会议传达区委区政府关于新型冠状病毒性肺炎防控会议有关精神，要求全局党员干部和职工在疫情防控工作中，始终把人民群众的生命健康摆在第一位。

【养老服务】 区级中心敬老院建设项目已完成可行性研究报告的编制等一系列手续，其他准备工作同步开展。社区养老照料设施建设2020年被列入“民生实事”项目共22个，列入区委重点工作“五个一”项目共17个。其中“民生实事”22个项目中，完成建设任务的15个，占完成任务量的68%；“五个一”17个项目中，完成建设任务的9个，占完成任务量的53%。截至年底，政府购买养老服务对象为4034人，累计提供各类服务33.2万单，政府补贴889万元；社区日间照料中心（托老站）公共服务累计组织社区老人参与文体娱乐活动78.4万人次、主题活动2.3万人次、专题讲座2.8万人次、兴趣娱乐8.4万人次，提供志愿者服务3.3万人次，开展高龄巡视7.6万人次，建立老人健康档案2.2万余份。

居家养老服务工作。全区正在提供服务的服务对象共108户、130人，其中：孤寡老人63户、76人（城市53户、66人，农村10户、10人），空巢老人45户、74人。在岗服务员93人，定时上门提供基本生活类服务。

智慧养老服务工作。截至年底，已为260余位老人安装智能养老终端，累计服务2200人次。

高龄津贴发放情况。2020年前三个季度，新增老人2593人，死亡957人，全区共有享受高龄津贴老人22306人，累计发放资金2335.02万元。第四季度高龄津贴12月底资金核实后，预计2021年1月初发放到位。11月，金水区被评为第四批全国智慧健康养老示范基地，金水区丰产路街道、花园路街道入围智慧健康养老示范街道。

【社会救助】 健全完善金水区“善治金水”社工助力社会治理创新体系，完成2020年度金水区购买专业社会工作服务工作，投入经费1527万元在社会治理、社会救助、社会保障、社会福利、社区服务、党团建设等近20个服务领域以及老、弱、病、残、孤、困、妇、幼等群体方面购买35个社工服务项目和50个社工服务岗位，涵盖全区19家单位（部门）、16个街道以及辖区部分学校、医院、园区；组织开展社会工作和志愿服务宣传，在国际社工日、志愿者日等节日开展社工和志愿者服务宣传活动70余场次；组织社会工作各领域专题培训3次；指导完成金水区社会工作协会换届工作；组织辖区内社工服务机构及民政干部学习深圳、广州、上海等城市社会工作先进经验。城市低保标准现为730元/人·月，截至年底，全区共有低保对象1814户、2194人，累计发放低保金1662.9398万元；全区共有低收入家庭87户、203人。做好残疾人两项补贴（重度残疾发放护理补贴和为生活困难残疾人发放生活补贴）工作。截至年底，全区共有重度残疾人2753人，累计发放重度残疾人护理补贴295.03万元；困难残疾人1201人，累计发放困难残疾人生活补贴147.348万元。做好特困供养工作。全区共有特困人员59人，累计发放特困人员救助供养金702165元，照料护理金每季度发一次，截至年底，已发放40014元。做好临时救助和慈善救助工作。截至年底，累计为41人次发放临时救助金14.02万元。认真做好儿童福利和慈善工作。按照政策及时、足额发放孤儿、因艾滋病致孤和受艾滋病感染儿童及事实无人抚养儿童救助金。实施开展“福彩圆梦·孤儿助学工程”项目和“明天计划”项目，实施残疾儿童康复救助工作；完善儿童福利信息系统和儿童福利综合管理信息系统。

【慈善事业】 围绕“安老、慈孤、扶残、助学、济困”等领域，重点开发慈善项目。先后开展“迎新春、送温暖”“爱心相连，结对帮扶”“善行金水、关爱女性”等慈善公益活动，其中，针对卢氏县官道口镇、杜关镇的弱势群体和困难群众开展的“爱心相连，结对帮扶”慈善项目，荣获第五届“郑州慈善大奖”最具影响力慈善项目称号。在2020年开展的“慈善一日捐”和“上善若水，汇爱成金”金水区“慈善日”集中捐赠仪式上，共募集善款9160万元，创下了郑州市各县（市、区）慈善日捐赠记录的新高。截至年底，慈善总会共募集各类善款（疫情、公益日、慈善日）9375万元，救助各类群体5000余人次，支出各类救助金540万元左右。

【基层组织建设】 指导相关街道办事处开展金水区第十届村委会换届选举工作。对金水区40个行政村的人口数、户数、村民小组数和村民代表数以及重点村、难点村进行摸底排查；根据区委办公室、区政府办公室关于印发《金水区农村干部激励保障暂行办法》的通知，组织村委会主任进行了体检；对40个行政村督促、指导修订完善各村村规民约；做好社区居委会成员缺额补选的相关工作。

【社会组织服务】 做好社会组织登记管理工作。截至年底，审批成立登记民办非企业单位11家、社会团体1家；审批民办非企业单位变更登记29件、社会团体变更登记1件；审批注销登记民办非企业单位2家。截至年底，全区共登记407家社会组织，其中，民办非企业单位385家，社会团体22家。

【婚姻登记】 婚姻登记服务。截至年底，婚姻登记处共办理婚姻登记17534对，其中，办理结婚登记9202对，离婚登记6244对，补领结婚证1463对，补领离婚证625对。

（撰稿：闫保才　审阅：袁菊娜）

爱国卫生

【概况】 金水区爱卫办、金水区

创建办、金水区城市管理考评办公室、金水区改进城市管理办公室。

新冠肺炎疫情发生以来，区爱卫办立即召开新冠肺炎疫情防控工作专题会议。在疫情防控设卡点阶段，每天安排13~15名工作人员，深入文化路街道文丰社区和农科路社区疫情防控登记点对小区进出人员及车辆进行测温、登记检查，对外地返回郑州人员及时上报、隔离。

区爱卫办通过在社区宣传栏（电子屏）、小区楼院等公共场所张贴《河南省爱国卫生运动委员会关于新型冠状病毒感染的肺炎疫情防控倡议书》《致全体郑州市民的一封信》等宣传新型冠状病毒感染的肺炎及各类其他冬春季传染病预防知识，加强疫情防护知识宣传普及，发放新型冠状病毒性肺炎的预防措施宣传单30万份。联合区市场管理处，对辖区内的各类市场进行了排查，并结合每周五“全城清洁”行动开展搬家式大扫除，保障市场内干净、整洁。

【国家卫生城市复审】 5月20日，全区国家卫生城市复审工作启动，金水区制定工作方案、督导方案、考核方案和宣传方案，健全信息宣传、督查通报、工作联络、台账销号、月度考评等机制。全年共接到郑州市督导组专报交办、市督办通知书各类问题1200余条，全部整改完毕。区督导组检查样本总量6000余处，发现问题1.1万余条，整改率100%。严格执行“日调度、周点评、双周红黑旗、月考核”，每天召集9个工作组、4个督导组组长和“六小”行业治理工作组副组长召开日调度会。共召开27次工作会议，发放红旗27面，黑旗18面，刊发工作简报186期，督查专刊175期。

【爱国卫生】 召开全区爱国卫生工作会议，对爱卫工作进行全面总结、安排和部署。完善区、街道、社区三级管理体系，从而保证各项目标任务的落实。充分发挥爱卫会组织协调作用，定期召开爱国卫生工作例会，对每个时期、各个阶段爱国卫生工作进行总结、安排和部署。

2020年，区爱卫办先后制定《金水区2020年病媒生物防制工作方案》等一系列文件，召开爱国卫生工作例会、协调会，编发爱国卫生信息简报，受理办结群众来信、来访和投诉电话，协调解决爱国卫生方面的各类问题。全年共受理“12320”和群众投诉94个，已全部整改完毕。

5月31日是第33个世界无烟日，主题是“保护青少年远离传统烟草产品和电子烟”。组织开展小型宣传活动25次。张贴宣传海报800份，共发放17000余份宣传册，2000余份宣传品。开展以“共建卫生家园，共享健康佳节”为主题的环境卫生整治、冬春季爱国卫生运动加强市场环境卫生整治等活动，共开展整治行动49次。通过组织各类健康细胞创建申报、层层指导和检查验收，共120家单位基本达到区级健康单位标准，其中突出的37家单位被推荐申报市级健康单位，1家被推荐申报省级健康单位。加强卫生城市管理日常督导力度，全年累计发现问题6000余处，下发督查通知单2100余份，及时督促相关单位整改回复。2020年，共有36家单位进行省、市级卫生单位的创建和复审工作。全年共开展“全城清洁”行动56次，逐步解决无物业管理楼院环境卫生问题和城乡接合部垃圾积存问题。全年累计整治楼院和公共单位及道路卫生2020处，累计出动人数299647人次，累计出动车辆19500辆，累计清理各类垃圾8.5万吨、杂物乱堆35213处、卫生死角29868处、“小广告”85317多处。清理道路垃圾1410立方米，城乡接合部清理垃圾12670立方米。

【城市管理工作】 为促进城市高质量发展，金水区制定《金水区进一步改进城市管理工作实施方案》《金水区大城管工作实施方案》等，进一步明确“序化、洁化、绿化、亮化”四大类工作的职责和各责任单位的主体责任。2020年以来，编辑领导信息96篇，工作简报367篇，日报360期，周报50期，月报10期。全年下发96份责令整改通知单，涉及137个问题。

（撰稿：王　进　审阅：芦燕宇）

退役军人事务

【概况】 金水区退役军人事务局围绕就业创业扶持、帮扶解困、走访慰问等五大职能，为退役军人提供专业化、亲情化服务。严格落实“三会一课”、党员理论学习等党内政治生活制度，积极开展多种形式的机关党建活动，组织全体党员干部赴河南省廉政教育中心、中原豫西抗日纪念馆、八路军后方医院等地接受革命传统教育10余次。

新冠肺炎疫情发生以来，全体党员干部取消春节休假，全员上岗，保证每天50%人员下沉到杜岭街道办事处张砦街社区做好疫情防控工作。在小区门口设置卡点，除公务、生活物资保障车辆和人员，其他外来人员一律禁止入内。为保障小区居民的生活需求，每天登记居民所需物资清单，并及时采购送货上门。同时，组织号召金水区优秀退役军人企业家向武汉重点疫区捐款捐物共计50万元，慰问援鄂军人家属，送去慰问金（物品）共计5万元。

【走访慰问】 在春节及“八一”期间，四大班子领导对辖区驻军单位进行走访慰问5500人次，并为现役军人家庭、军队离退休干部、军队无军籍退休退职职工送去慰问金（物品）。为立功受奖对象发放奖励金。为退役军人发放临时困难救助金。向金水区优抚对象发放红利性消费券，累计130万元。为义务兵发放家庭优待金。审批发放现役军人病故抚恤金1000余万元。为一至六级伤残军人医疗减免194万元。同时为各类优抚对象发放优抚款2938万元。

【落实企业军转干部政策待遇】 2020年，发放企业军转干部解困资金约700多万元，发放企业军转医疗救助资金80余万元，为困难企业军转干部发放临时性困难救助金30余万元。为企业军转人员进行了健康体检工作。

【退役军人就业创业】 积极开展“定向式”“定岗式”“订单式”教育培训。2020年，组织退伍士兵培训300余人次。联合金水区辖区优秀企业，共同建立退役军人创业示范基地，为退役军人提供就业岗位3000余个。河南军创园作为辖区优秀军创企业，荣获河南省举办的首届“建行杯”退役军人创业创新大赛一等奖，作为河南省唯一的退役军人“创业创新”团队参加首届全国退役军人创业创新大赛。

【三级联动服务工作】 做好“社工+义工+军休军工”三级联动服务工作。为了更好地服务于军队离退休干部和军队无军籍退休退职职工（以下简称军休军工），金水区率先推出全省首家军休军工社会工作服务项目，社工以开展常规活动为基础，结合军休军工需求，进一步开展以“红色勋章”“红色记忆”等为主题的特色服务活动20余场，个案服务48个，小组服务188个，服务1.2万余人次，媒体报道60余次。

4月，慰问援鄂军人家属 （区退役军人事务局/供图）

【退役士兵两险补缴工作】 率先形成金水区退役士兵两险补缴工作联席会议制度，成立由退役军人事务局、财政局、人社局、医保局等10家业务部门为成员的工作专班，集中办公。为了让退役士兵能尽快享受到国家待遇，金水区制定《实施分类施策，规范推进“两险补缴”工作办法》。2020年，金水区受理部分退役士兵社会保险集中补缴，全部审核通过。缴费率、办结率均为100%。

【法律服务】 结合工作实际，联合河南泰豫恒律师事务所，成立了“娘家人”法律援助工作室，帮助有法律需求的退役军人答疑解惑，多方位援助。2020年，共梳理法律援助问题125条，接待退役军人的法律咨询312人次。

（撰稿：姚　军　审阅：季向东）

医疗保障

【概况】 郑州市金水区医疗保障局，为区政府工作部门。2020年8月28日，按照《中共郑州市金水区委机构编制委员会关于理顺金水区医保及社保经办机构管理体制的通知》精神，成立金水区医疗保障中心。

2020年，区医保局党组多次组织学习中共十九届五中全会精神，并将中共十九届五中全会精神作为医保工作的指导方向和重要政治任务，把会议精神融入日常工作中。在每周二、周五开展党员学习，并利用每月党员活动日积极开展多种形式的主题党建活动。年初，医保局党组制定出台了《金水区医疗保障局党组2020年党风廉政建设工作要点》，从持续加强党的建设、压紧夯实主体责任、全面落实从严治党、提高干部队伍素质建设4个方面阐述了2020年工作任务及目标。

新冠肺炎疫情发生以来，结合实际工作，相继制定《金水区医疗保障局关于成立新型冠状病毒感染的肺炎防控工作领导小组的通知》《金水区医疗保障局关于做好新型冠状病毒感染的肺炎救治保障工作的通知》《金水区医疗保障局关于印发在疫情防控期间为企业“送政策送服务送要素强信心”活动月实施方案的通知》等文件，为疫情防控做好后勤保障。4月，区医保局开展“三送一强”活动，助力企业复工复产。局领导班子带头深入医院、药店、企业调研，了解企业复工复产情况，解读最新政策，协调帮助企业解决困难，并发放医用口罩、额温枪、《医保政策问答手册》等。同时，宣传医疗保险费阶段性减征、缓缴政策，减轻企业负担，保障企业运转，为企业送去温暖，增强发展信心。

【医保政策宣传】 区医保局多次联合局委、街道、辖区部分两定机构等，在大型广场、社区开展宣传活动。通过展板、条幅、发放宣传品等形式向广大群众宣传医保待遇、经办服务、城乡居民医疗保险门诊统筹、异地就医等医保政策、相关业务办理流程，提升群众医保政策知晓率。并积极配合市医保局做好分级诊疗体系建设、“三医联动”等相关改革政策的制定和落地，10月16日，联合开展“三医联动，健康惠民”主题宣传活动。切实把医保政策宣传到基层、到群众中去。

【医保征缴】 区医保局召开党组会议研究部署2021年度城乡居民医保征缴工作，并通过召开推进会、组织人员下社区等途径全面推进征缴工作，在筹资标准提高的情况下，做好医保征缴工作。通过发放医保宣传手册，悬挂宣传标语，公示栏张贴海报，在街道、社区电子显示屏循环播放医保宣传片，微信工作群广发通知等方式，扩大城乡居民医疗保险的宣传覆盖面。为进一步做好低保人员、特困人员、困境儿童、丧失劳动能力的残疾人及符合政策的低收入人群资助参保，区医保局与政法、残联、民政等部门及时核对名单。截至年底，金水区应参保42万余人，实际缴费参保41.4万余人，参保率达98.6%。

【医保信息维护】 为进一步贯彻落实关于深化医疗保障制度改革的

意见，加强数据有序共享。从4月开始，区医保局按照省、市医保局的工作要求，在金水区、郑东新区范围内开展医保定点医疗机构、医保定点零售药店、医保医师、医保护士、医保药师5项信息业务编码维护工作。一方面，分批次对两定机构人员进行业务培训，建立微信群解答信息维护工作中遇到的问题。另一方面，针对大型医疗机构上门培训指导信息维护工作，及时解读上级最新政策，帮助解决工作中遇到的问题。已审核医疗机构221家，医师12154人，护士18917人；药店384家，药师438人。

【医保基金安全】 为切实加强医保基金监管，维护医保基金安全，2020年，金水区医疗保障局深入开展医保基金专项治理。开展自查自纠专项治理工作。成立打击欺诈骗保专项治理工作领导小组，采取自查和抽查相结合的方式对全区定点医药机构医保基金使用情况进行专项治理。自查自纠专项治理工作共核查定点医疗机构123所、定点药店391所，对发现有违规行为的7所定点机构进行了处理。区医保局自12月24日起，启动全区定点医疗机构专项治理“回头看”工作，认真汲取安徽省太和县部分定点医疗机构诱导住院、虚假住院等问题的教训，有针对性进行严格监督检查。该次重点检查全区44所具备住院资格的医疗机构，发现大量问题，检查结果和处理意见均已按要求上报。

【医疗救助】 为有效缓解困难群众“因病致贫、因病返贫”问题，医保局充分发挥医疗救助的救急救难作用，确保实现及时救助、应救尽救，最大限度减轻困难群众医疗支出负担，扎实做好医疗救助工作。截至年底，全区共计救助630人次，救助金额129.9万元，其中，住院救助598人次，救助金额128.4万元；门诊救助32人次，救助金额1.5万元。

（撰稿：刘　凡　审阅：宋小康）

园区建设

科教园区

【概况】 郑州金水科教园区（以下简称园区）位于郑州市东北部，南接郑东新区龙湖和龙子湖区域，北至黄河南岸，西起中州大道，东至京港澳高速辅道，规划面积62.7平方公里，内含2个街道、16个行政村，规划人口45万人。2020年，园区完成固定资产投资152.4亿元。在郑州市高品质推进城市建设进程中，园区金科智慧城片区被纳入32个城市建设核心板块建设范围。11月30日，园区被工信部授予“国家网络安全创新应用先进示范区”称号。

【招商引资】 园区以重大项目建设为契机，紧紧围绕建设信息安全、共享经济两大千亿级产业集群，扩充项目储备，引入优质项目，抓好项目落地投产运营。2020年，成功签约引进科大讯飞、金山办公、大丰中原总部、UU跑腿总部、数说安全研究院、国家网络安全培训基地中原分中心等84个项目，总投资达26亿元。

【项目建设】 园区共有占地类产业项目36个。金科·智汇谷、聚方科技园、河南信息安全产业示范园等10个项目已全部或部分投入运营，投用面积达90万平方米。另有在建项目11个。其中，河南省信息安全产业示范基地部分投入使用；河南外包产业园二期、新科技市场二期、西亚斯亚美迪国际软件园、朗驰智能科技园部分楼体正在装修施工；河南省地理信息导航产业园、中科院过程所郑州分所、辉瑞医疗电子产品科研中心部分楼体已经封顶。沿黄科创带·芯基地项目2个厂房已完成主体施工。待建及前期项目20个，郑州启迪科技城、北大国际创业孵化中心、榕基软件园、人工智能生态示范区、金科智慧城等项目正在进行修规控规调整等前期工作。

【产业集群打造】 2020年，园区紧盯特色产业，加快培育核心业态。新增数说安全、赛欧思等信息安全骨干及链条企业38家；信大捷安被认定为首批河南省工业控制系统信息安全技术支撑单位，推出了全球首款符合5G-V2X智能交通要求的安全芯片；山谷网安参与起草的信息安全技术智慧城市安全体系框架国家标准已于3月1日正式实施，信息安全技术网络产品和服务安全通用要求国家标准11月19日发布，人工智能辅助的软件安全检测与漏洞发现技术研究项目入选中央引导地方科技项目库；拓普计算机“互联网+电梯”智慧监管平台项目入选国家新型信息消费示范项目；基于大数据的招投标信息服务关键技术与平台研发项目入选河南省制造业与互联网融合试点示范项目；华辰智控生物识别大数据融合关键技术及应用、信大捷安面向移动政务网络的跨域安全技术开发及应用推广、拓普计算机基于数据安全和全程可控的智能电子政务系统开发及应用3个项目获得省科学技术奖；金明源、山谷网安、兵峰等7家企业的负责人获得郑州市领航企业家（成长型）荣誉称号。

【科技创新】 2020年，新增河南中科安永科技有限公司等科技型中小企业90家，郑州时空隧道等14家高新技术企业，海利未来等12家“专精特新”中小企业；信大捷安、拓普计算机、华辰智控3家企业被认定为河南省人工智能创新型企业；山谷网安等6家企业被确定为河南省重点上市后备企业；大山教育在港股主板上市；科大讯飞人工智能创新研究院和中原区域总部正式落地。新增郑州市公益诉讼情报数据工程技术研究中心等4家市级研发平台；河南省储能过程与系统工程技术研究中心等4家省级研发平台，依托拓普计算机新建“基于大数据的政务服务智慧审批平台”入选工信部大数据产业发展试点示范项目；依托山谷网安建设的“人工智能辅助的软件安全漏洞检测平台”入选工信部试点示范项目。尚合孵化器获批国家小型微型企业创业创新示范基地，众汇孵化器、聚方孵化器获批河南省小型微型企业创业创新示范基地。新增知识产权636件；新增技术交易机构9家，技术转移示范机构1家，完成技术交易额1.78亿元。

【基础设施】 2020年，慧雅东路、鸿博路等15条道路、12.2公里实现通车；自来水、天然气、通信管线完成14.6公里。龙源路下穿连霍工程、龙津路与连霍高速立交工程保通辅道、连霍高速北侧匝道及桥梁建设完成。金水区郊野公园累计消纳土方392万立方米。完成龙源路等5条道路两侧800棵行道树栽植。姚店堤小学、河村小学、周庄小学二期、金水一中等6所学校主体建设或部分建设完成。晴翠变电站投入使用，金达变电站主体完成。中央大道和金城大道2座公厕建设完成。热力干管自龙源路下穿高速工程已完成施工，龙津路热力干管正在进行顶管施工，龙源路、金城大道热力干管已敷设完成400米。优化现有3条公交线路，增加高峰期上行、下行对开班次，新增临时公交场站1个、公交线路1条，定制2条免费便民公交线路，增设夜班车。

【合村并城】 园区按照“牢牢把握以建为主、提升品质、扩大成效”的阶段性任务，不断优化提升安置区品质，新型城镇化建设形成突破性态势。河村、小贺庄、马头岗3个安置区完成房屋分配6469套；杨槐2期、河村西地块、周庄1期3个安置区项目已封顶。完成任庄小金庄网签工作，共计住户2701户；完成北录庄村片区、大贺庄项目、周庄项目改造方案批复工作；完成杨槐项目安开混合用地、姚店堤项目安置区用地、小贺庄项目开发区用地、马林项目开发区用地等工程供应461.2004亩。

【规划编制】 园区围绕“扩空

5月，龙源路（宝瑛路—鸿宝路）建成通车 （金水科教园区/供图）

间，增后劲”发展目标，启动总规新一轮调整工作，总规实施评估及调整论证报告已通过专家评审会，调整方案已基本确定。68条道路管线综合专项规划、园区重点区域城市设计规划、公共服务设施和综合交通等专项规划方案已全部编制完成。《郑东新区北部区域概念性总体规划（2014—2030）（金水科教园区部分）修改》获市政府批复。黄庄合村并城项目、金科智慧城核心板块、华中生物研究院、中以科技城等重点项目控规编制或调整工作有序推进。

【土地报批】 2020年，园区注重建设发展要素，土地报批、供应工作取得新突破。完成中原高速项目（2019年度第四批次乡镇建设征收土地）142亩的报批工作。完成马林合村并城项目、马头岗项目约298亩土地的征收工作。完成姚店堤一宗开发区、中以科技城约148亩土地的供应工作。

【疫情防控】 细化防疫措施，快速成立了园区疫情防控工作领导小组，并及时召开专题会议，每日研究讨论工作措施及协调解决疫情防控重点，累计报送防疫日报57期，编发防疫简报55期，起草各类材料33份，发放省、市、区各级防控文件76份。疫情防控期间共督导2个街道60余次，累计排查1000余户次、1万余人次。协调各方筹措口罩2万余个、一次性手套1000余双、消毒液300余桶、御寒大衣100余件等防疫物资。疫情防控初期统筹安排机关工作人员下沉杨金路街道，抽调69名工作人员，下沉南阳新村街道，累计值守60余天。送政策送服务。帮助60余家企业协调一次性口罩4万余个、消毒用品3吨，对接2家中央厨房为企业提供中餐和晚餐服务，协调公交公司安排公交专线、增加公交班次、提供地铁站口接驳车服务，积极对接金融部门为企业解决融资、贷款6000余万元。同时，园区内共有18家企业、49种产品参与到各项疫情防控工作中。郑州金惠新悦信息科技有限公司研发的疫情防控健康登记系统在郑州市、济南市等国内8个大城市应用，累计服务企业1000余家、社区2000余个；河南恒华科技有限公司研发的智能测温通行系统被10余所省内医院采用；河南好年景生物发展有限公司捐赠300余桶过氧化氢消毒液，助力企业复产复工。

（撰稿：赵　佳　审阅：王文靖）

河南科技园区

【概况】 河南科技园区（原河南科技市场，以下简称园区）建成于1993年，是由金水区人民政府兴办的中部地区最大的电子信息技术与产品集聚区。园区企业主要从事各类品牌计算机及零配件、外设、数码、通信、元器件、监控等相关配套产品及技术的研发、调试、销售，其产品已辐射到河南省及周边近20个省、市，部分软件产品辐射到全国乃至国外，辐射人口达1.2亿人。

2020年，园区占地0.98平方公里，入驻市场主体5715家，从业人员3.2万人。园区内有科技型企业133家、高新技术企业23家。全年营业收入170亿元，完成税收3.6亿元，服务业增加值37亿元，技术合同登记交易额4.5亿元。

园区依托改造，推进空间拓展和内涵提升，助力智汇城芯互联、众诚科技等企业做大做强，创新展示、体验等线上线下互动模式，超前布局新材料、大数据等前沿科技领域，推动5G与虚拟现实、互联网和人工智能融合发展，带动传统信息技术产业优化升级，巩固提升中西部电子信息产品交易展示中心地位，努力打造全国有竞争力的电子信息产业集聚区的产业定位和目标任务。

园区被河南省发展和改革委员会批准为“河南省电子信息产业园区”；被中国电子商会批准为“中国中部电子信息产业集聚区”；被河南省商务厅批准为“河南省电子商务示范基地”；被河南省发改委批准为“金水区特色商业区”。目前，园区在建设规模、企业数量、知名度、成交额等综合数据对比中，位居全国同行业前列，已成为中部地区电子信息产品集散中心和技术贸易中心，被誉为“河南的中关村”“中原硅谷”。

【复工复产工作】 2020年新冠肺炎疫情发生以来，园区一手抓疫情防控，一手抓经济发展。多次联合市、区相关部门与楼宇企业召开协调会，推动楼宇卖场提前20天开业，3月园区经济指标即实现正增长。扎实开展“三送一强”（送政策、送服务、送要素，强信心）工作，缓解企业防疫物资需求，落实政府政策到位，并推动银行为企业提供金融信贷支持。经协调平顶山银行为智汇城授信9000万元，协调商场为1270家商户减免租金800余万元，园区企业全部复工复产。园区企业智云数据疫情初期攻坚研发的“全自动红外测温设备”为全省唯一被工信部认定的经适型测温产品，累计销售额超千万元，为全国疫情防控工作作出重要贡献，还被列为中国援助国际疫情重灾区重要保障物资。

【企业安置协调】 2020年，金水区老旧市场拆迁改造工作涉及园区7万余立方米，中科大厦爆破后，除创新大厦外均已拆迁完毕。改造涉及“四上企业”（规模以上工业企业、资质等级建筑业企业、限额以上批零住餐企业、规模以上服务业企业）50家已全部安置，其余涉及市场主体1273家，分别安置到百脑汇、数码港等周边楼宇家属院。拆迁前后市场主体数量对比不降反增，为园区发展打下良好基础。

【助力园区发展】 6月12日，郑州市委书记徐立毅调研园区后，园区积极落实市、区领导讲话精神，组织人员参观学习华强北、中关村等国内先进园区，开启相关工作如融资平台、物流配送中心、人才公寓等。利用河南科技园区金创企业管理有限公司金创公司对众诚科技等企业扶持资金1200万元，利用应急转贷资金对慕华教育等发放资金400万元，为企业申报各级资金奖补1900余万元，有力推动企业发展，众诚科技荣获河南省“专精特新”企业荣誉称号和CMMI（Capability Maturity Model Integration，即能力成熟度模型集成）五级国际软件行业认定。

【举办发展论坛】 11月27日，园区举办第二十届中国电子专业市场年会暨中国（金水）科技市场发展论坛，吸引国内外电子卖场运营商、知名厂商、专家学者、智库机构、投融资机构及省、市、区职能部门负责人近200人参加。论坛主要回顾中国电子专业市场发展历程、探讨新形势下金水区科技与创新发展之路。会上，中国电子商会与园区建立长期战略合作关系，依靠商会行业资源、专业智库优势，搭建服务平台，畅通商户与金水地区企业沟通渠道，助推金水区新一代信息产业相关企业做强、做大。

【党建工作】 园区党工委推行“党建+社会责任”的模式，2020年组织医疗企业扶持河南省卢氏县疫情防控工作，向当地捐赠医疗监测设备价值30万元；为当地扶贫工作提供帮助，捐赠各类办公用品价值13.4万元。先后出动志愿者

11月27日，第二十届中国电子专业市场年会暨中国（金水）科技市场发展论坛开幕
（河南科技园区/供图）

500余人次，营造提升郑州市创建文明卫生城市氛围。

（撰稿：刘志成　审阅：刘　昭）

国家知识产权创意产业试点园区

【概况】　国家知识产权创意产业试点园区是国家知识产权局于2011年批准建设的全国唯一一家知识产权创意产业专业性服务园区，旨在发挥知识产权制度激励创新的基本保障作用，以实施知识产权强国、强省、强市战略纲要为主线，围绕知识产权的创造、运用、保护、管理、服务，探索通过知识产权运营转化，促进地方经济产业结构优化升级、创新转型。

园区已有中国郑州（创意产业）知识产权快速维权中心、国家知识产权局巡回审理庭、国家知识产权局知识产权出版社、郑州原创认证保护中心等一批国家级平台落户，百度百家号创业中心、今日头条创作空间、深圳浪尖、百度云等知名企业入驻，斩获红点奖、IF设计奖、红星奖、中国设计智造等重大奖项127项。先后荣获“全国专利系统先进集体”“全国知识产权系统人才工作先进集体”“全国专利文献服务网点”“国家知识产权服务业集聚发展示范区”“河南省服务外包示范园区”“河南省版权示范园区”“河南省科技服务业示范基地”“河南省工业设计中心”等荣誉称号。

【知识产权工作】　第一家世界知识产权组织（WIPO）技术与创新支持中心（TISC）落户创意园区。大力倡导学习研究之风，提升专业素养，园区33名职工学习IP综合、PCT、专利、IP管理等专业课程，先后获得世界知识产权组织WIPO学院颁发的85份专业证书。搭建了涵盖全球102个国家、地区和组织的专利信息服务平台。

建设河南省第一家知识产权运营中心。2019年运营中心挂牌以来，多项工作实现新突破，形成知识产权运营服务体系基本完整生态圈：运营河南省首支规模3亿元的重点产业知识产权专项运营基金；组建全省第一个高校科研机构知识产权运营联盟、第一个知识产权运营金融联盟、第一个知识产权运营社会服务联盟、第一个生物农业知识产权运营联盟、第一个信息安全产业知识产权运营联盟；成立全省第一个知识产权评估中心；成立全省首家线下商标交易运营中心；撰写全省第一份《专利代理机构发展检测报告》《专利服务业发展状况报告》，系统性地摸清河南省知识产权服务业发展现状。

2020年，园区洽谈对接企业123家，49家企业列入园区招商项目库，已正式入驻企业42家。其中今日头条、百度百家号等头部企业正式开业运营；大河美术—拍卖融媒体，阿里—“1688”平台河南区域中心，“快手”河南运营中心，国家专利运营试点企业、全国知识产权分析评议服务示范机构——河南行知专利服务有限公司，国家专利运营试点企业——高航知识产权服务有限公司等一批重点企业正式入驻。同时，依托今日头条、百度百家号、河南网络电视台等头部企业的线上流量和本地IP资源，积极打造新媒体产业集群。

上线发行全国第一支知识产权信托产品——“创意壹号”。高效利用国家知识产权运营体系建设专项资金，发行全国首支1500万元的信托产品——“知识产权创意壹号”，对符合政策要求、持有具备市场价值知识产权的8家企业予以低利率的贷款支持，进一步打通了IP无形资产与金融行业融通渠道，实现了IP有效流转和成果转化。

发行河南省行业组织第一笔“知识产权创新券”。6月，为帮助企业共度“疫情”难关，园区发起成立全省首家县区级知识产权协会——金水区知识产权协会名义，面向全省发行5000万元知识产权创新券，通过代理申请费用减免、精准扶贫专项扶持、项目服务减费等“组合拳”，对企业在专利申报、商标注册、软件著作权申报等方面予以减费资助，即时兑现，整体降费率达10%，进一步减轻了企业负担，使企业感受到温暖。截至年底，共发放1500余万元。

河南省重点产业知识产权专项

运营基金持续发力。继续强化河南省首支、也是唯一一支重点产业知识产权专业运营基金作用发挥，2020年，基金通过了亚弘生物、IPRdaily、帝测科技项目的投资决策，筛选优势项目、进行调研的企业31家，基金向园区推荐入驻优质企业2家。

知识产权“严保护、大保护、快保护、同保护”格局加速构建。依托全国唯一一家外观设计专利全类别预审授权的中国郑州（创意产业）知识产权快速维权中心，开展集受理、授权、确权、维权于一体的外观设计专利全类别预审授权“一站式”综合服务，使外观设计专利由原来3~6个月的授权周期，缩短到10个工作日；构建“行政执法+司法保护+调解仲裁+社会监督”的知识产权多元化保护机制，企业在“家门口”就能享受到知识产权维权服务，营商环境不断优化。截至年底，已完成外观设计专利预审达到757件，授权346件，备案企业达428家，办理执法维权案件共57件。

【项目运营】 HPC好莱坞泛娱乐国际文化创意产业园建设项目。已完成1号楼、2号楼地上一、二层结构施工；完成3号楼筏板钢筋绑扎、负三层钢筋绑扎；完成4号楼筏板钢筋绑扎、负二层钢筋绑扎；完成桩基检测；完成园区HPC展厅布置，洽谈企业16家；制定新品的产业招商推广方案。

探索“一区多园”模式打造金水北部区域多极化增长点。立足园区原始创新策源地和自主创新主阵地的功能定位，挖掘释放内生动力，放大园区品牌输出效应，推进创新生态提升，积极构建以HPC好莱坞泛娱乐国际文化创意产业园、天麓文创园、UFO.WORK共享办公等为特色的“一区多园”知识产权空间布局，现已选定UFO.WORK共享办公金城社区为园区“第一分园”。

（撰稿：郭晓禾　审阅：王　刚）

金水自贸区块

【概况】 河南自贸试验区郑州片区金水区块（以下简称金水自贸区块）位于郑州中心城区北部核心区，西至花园北路、南至柳林东路、北至新龙路、东至中州大道，面积0.28平方公里。

金水自贸区块按照“强化双自联动、聚焦三大重点、推进四创融合、构建五个体系”的总体思路，着力打造“一区三中心”。即：强化自贸试验区和自主创新示范区“双自联动”协同发展，聚焦政府管理改革、主导产业培育和区块开发建设三大重点工作，大力推进制度创新、产业创新、科技创新和开放创新相互融合，积极构建政务服务体系、国际贸易运行体系、科技创新生态体系、知识产权运营体系和新经济发展体系，着力打造总部经济集聚区和“一带一路”经贸交流中心、知识产权运营保护中心、国际协同创新中心，培育产业发展新引擎，促进经济结构转型升级，为内陆地区扩大开放探索新模式，为国家全面深化改革积累新经验，发挥示范带动、服务全国的积极作用。

【总体布局】 为充分发挥自贸试验区溢出效应，促进区块内外联动发展，按照三个层次进行功能布局。核心区，依托国家批复的金水自贸区块0.28平方公里范围，积极推进制度创新和政策创新，营造国际一流的营商环境，搭建国际经贸合作平台，培育发展新技术、新产业、新业态、新模式，打造总部经济集聚核心区。联动发展区，在金水科教园区、国家知识产权创意产业试点园区、河南科技园区等范围内，大力发展信息技术、服务外包、知识产权服务等产业，与核心区建立联动发展合作机制，为核心区提供产业、空间和功能支撑。辐射带动区，以自由贸易试验区建设为契机，在全区探索地方政府管理体制创新，进一步优化政务环境和营商环境，全面提升对外开放水平，推动产业结构调整升级。

【规划建设】 项目整体拆迁已基本清零，控规已获市政府批复并取得规划设计条件，核心板块城市设计已提交市规委会审议通过，项目建设用地已挂牌出让。土壤检测、文探、地勘、基建电施工等工作已全部完成，土方已挖至地下5米，累计清运土方108万立方米。项目上方16条高压线缆（8条220千伏高压线缆、8条110千伏高压线缆）入地工程稳步实施，土建工程已基本完成，设备电缆已进场安装，正在加快推进新建电缆线路投运和原高压架空线路拆除等工作。

【产业集聚】 在全省率先出台了《金水自贸区块企业集群注册管理办法》，并挂牌设立“河南自贸试验区郑州片区（金水）企业服务中心”，金水自贸集群注册线上服务平台即将上线。2020年，全年累计注册企业超1000家，注册资金超160亿元。同时，进一步推进郑州国际金贸港招商运营。围绕新型总部、新型贸易、新兴金融、新兴科技等主导产业，研究制定金水自贸区块招商图谱，建立招商项目库，并对标国内先进自贸区、自创区的产业政策，出台《中国（河南）自由贸易试验区郑州片区金水区块产业扶持办法（试行）》，先后引进了美国奕恩现实、中远海运物流河南总部等一批优质企业，并与信金资本、英国Keterm资本等资本机构签署战略合作协议。

【制度创新】 积极协调推进自贸试验区改革创新试点任务落实。郑州自贸片区下达的年度改革创新试点任务全面完成，国家自贸试验区改革试点经验复制推广任务100%落实；“证照分离”改革全覆盖试点事项清单涉及金水区14个部门共计52个事项，全部落实到位。二是积极梳理制度创新典型案例。围绕政务服务、金融服务、知识产权保护等重点领域共形成8个创新案例。其中，“企业集群注册新模式”成功入选“河南自贸试验区2020年最佳实践案例”，“知识产权信托助力知识成果转化”“建立跨部门知识产权保护协作机制”等均为省内首创典型案例。

【对外开放与国际合作】 积极拓展自贸区发展物理空间，在区块外租赁2万平方米办公楼宇建设“一带一路”经贸产业园，已引进河南省涉外商事服务中心和河南高品源矿产品有限公司等118家知名跨境企业入驻，先后成功获批了市级众创空间、市级跨境电子商务园区、省级跨境电商示范园区和省级外贸综合服务平台，新引进广州信义亨、河南信德展览等25家实力较强的跨境电商及服务类企业，招商入驻率达到100%，园区整体产值21.2亿元，完成一般贸易进出口额11.1亿元，跨境电商交易额6.5亿元。积极拓展海外运营体系建设。搭建海外运营服务平台，整合海外运营资源，依托自贸区企业已在美国、俄罗斯、南非等国家和地区整合的28个境外办事处，并联运行海外仓30万平方米。

【新冠肺炎疫情防控】 按照区委、区政府统一安排，积极参与疫情防控工作，24小时牢守社区一线。发挥自贸区贸易便利化优势，协调企业调动海内外资源，全力支援一线，将防疫物资送到防疫人员和群众手中，以实际行动践行社会责任担当。创新“1+2+3+N”企业复工复产服务模式，成立一支密切联系企业的常态化服务专班队伍，重点做好政策保障、物资保障等方面要素保障，组织开展企业赋能、银企对接、线上招聘三类服务企业活动，以台账式管理帮助企业协调解决复工复产中遇到的N个困难，确保金水自贸企业顺利复工、健康发展。累计帮助企业申请各级各类奖补资金68.5万元，协调减免房租、物业费等企业运营成本近10万元，在全省率先开展银企线上直播对接活动，帮助15家企业5500万元资金缺口“不见面”线上直接嫁接。

（撰稿：徐　琳　审阅：杨宁可）

滨水产业带

【概况】 滨水产业带位于郑州市城区东北部，金水区中间地带，其规划范围为金水区境内东风渠和魏河两侧各约600米，以及文化路（北三环至魏河段）西侧约600米，即东风渠与魏河十字交叉形成的稀缺滨水地带。规划总长度17.2

公里，其中东风渠为贾鲁河至中州大道段，长11.6公里；魏河为惠济金水交界处至中州大道，长5.6公里。

2020年，金水区滨水产业带管委会坚持以习近平新时代中国特色社会主义思想为指导，以疫情防控为重点，以实现金水区“实现两个率先，领跑中部城区发展”为目标，坚持两手抓，一手抓疫情防控，一手抓项目建设，确保了滨水产业带建设各项工作顺利推进。

【项目招商】 结合辖区招商资源情况，积极与区商务局、楼宇办及相关街道办事处进行沟通协调，审时度势地确定了更加符合滨水实际的招商策略。主动与建业凯旋广场、瀚海北金、正弘城、科新苑、华润数码公园地下商业、金水万达中心、瀚宇天悦等在建、现存商务楼宇业主对接，摸清招商资源基数，建立翔实的楼宇资源台账。

【更新和完善滨水产业带项目库】 加强与相关街道的沟通联系，对滨水产业带项目库进行了更新和完善，实行台账管理。建立了辖区重点项目库定期联系制度，通过电话沟通、现场调研，建立项目库，相继储备了美景美境、瀚海思念城、未来金水天奕、豫发豫园等项目，按照项目滚动运作机制，进一步强化了项目的筹划、建设和储备工作。

【完善滨水产业带范围内相关规划】 组织协调土地规划部、辖区单位对《金水区滨水产业带中长期战略发展研究》等相关规划进行讨论研究，主要是通过实地查勘、走访和座谈等方式开展。随着滨水开发建设的进一步推进，辖区规划的提升和优化将为滨水产业带的长远发展提供支撑。

【掌握辖区土地动态】 对《金水区滨水产业带中长期战略发展研究》及相关规划的可发展性、持续性等进行讨论研究，为滨水产业带的长远发展提供支撑。走访徐寨、枣庄等城中村改造项目、汽车北站改迁项目等，跟进郑州市渠北公园等新建项目，为项目单位做好土地、规划方面的技术支持和服务，为需要协助办理土地、规划手续的项目单位提供帮助，加快项目进度。

【新冠肺炎疫情防控】 成立疫情防控工作领导小组，下设办公室负责机关日常防控工作。严格落实防疫下沉要求，全体人员分两批下派到人民路街道办事处工人新村社区作为一线防疫工作人员，在社区的统一指挥下，在东里路与人民路、东里路与工一街2个卡点坚持24小时值守，确保了辖区防疫安全。购买防疫物资，购买口罩、消毒液、消毒酒精和护目镜等为管委会机关人员提供防疫物资保障。8月至10月，抽调1名科级干部参加郑州机场疫情防控工作。

（撰稿：郭伟科　审阅：史忠华）

丰庆路街道

【概况】 丰庆路街道位于金水区西北部，南临北环快速路，北靠大学城，西接省体育中心，东邻国基路街道，总面积13.8平方公里，常住人口27.6万人。现辖陈砦村、庙李村、西史赵村、张家村、二十里铺村、琉璃寺村、杲村7个行政村和中方园、瑞丰、北晨、四月天、安泰、丰庆佳苑、普罗旺世、水晶城、泰和、瀚宇、呈祥、九锦台、泰苑、天悦城、青年城、观澜苑16个社区。北环快速路、国基路、三全路、连霍高速横穿东西，东风渠路、文化北路、丰庆路、索凌路纵贯南北，形成“四纵四横”的道路网络，交通便利，地理位置优越。

2020年，丰庆路街道完成固定资产投资85.8亿元，占目标任务的112.7%；重点项目总投资103.8亿元；建筑业总产值108.8亿元，同比增速96.4%；居民人均可支配收入增长7.5%，社会消费品零售总额达52.6亿元；财政收入完成8.8亿元，引进域内外资金13.3亿元。

【重点项目建设】 辖区杲村、二十里铺、张家村、庙李（A-01地块已取得五证，建筑主体开始施工，部分楼栋已封顶；陈砦城中村改造D-04-01地块已取得建设用地规划许可证、不动产权证、建设工程规划许可证、建筑工程施工许可证，地下车库开始施工；丹尼斯陈砦商业综合体项目土地手续已经完成附属物清单确认、征收补偿安置会议程序、补偿方案公示、社会保障金缴纳、市局收储红头文件出具和听证告知书确认、土地征收等工作；郑州海洋生物博物馆二期各项前期手续已经办理完毕，极地馆主体已封顶，二次结构砌筑完成90%，小丑鱼世界主体已封顶，二次结构完成95%，外墙粉刷完成95%；瀚海思念城项目完成清表、围挡搭设、临建及施工道路硬化、土方开挖、基坑支护、桩基施工，截至年底，1#、2#、3#、4#楼地上主体施工中，5#楼及集中、街区商业地下室主体施工中。

【城市高品质建设】 城市精细化管理方面，完成“一环十横十纵”道路路面、交通设施等改造提升工作。北三环沿线的违法建设已拆除25处，拆除面积共计2477平方米。处理城市管理第三方考评机构发现的问题2000余件，处理数字化城市管理指挥中心派遣的各类数字化城市管理案件48721件，整改率达到98%以上。市政重点工程建设方面，顺利完成郑州市轨道交通

7号线一期工程陈砦站涉及的文化路118院、文化路130号院共计158户的住宅征收补偿工作及附属物拆迁工作，完成郑州市轨道交通7号线一期工程龙门站涉及的征收补偿工作。重大基础设施建设方面，持续加快城区断头路打通工程，新开工道路4条，年底前完成通车，续建道路10条；公厕选址11座，建成二类公厕4座，5座一类公厕招标完成，即将投入建设，2座一类公厕等待招标。加快教育公共服务设施建设，新建2个中小学建设项目（庙李小学、庙李中学）；新建成杲村卫生服务中心1个，呈祥社区卫生服务站1个；完成安置房竣工面积55.5万平方米，新增投资86.1亿元；新建4个游园项目、2200平方米。

【大气污染防治】　辖区PM_{10}、$PM_{2.5}$平均浓度均控制在国家和省定目标以内，大气环境质量持续改善，重污染天气大幅减少。加强工地扬尘污染治理，辖区内所有施工工地按照“8个100%”整治达标，待建及停工工地全部采取绿化、硬化、覆盖等措施。全年累计修补破损防尘布6800平方米，修补围墙、围挡760米，更新围挡公益广告6600平方米。加强非道路移动源污染防治，开展工地非道路移动机械环保验收工作。加强挥发性化工气体污染治理，鼓励对重点行业推行强制性清洁生产审核，实施源头替代。

【民生服务】　全年共完成安置房网签3040套、34.1万平方米。其中，庙李村C-01地块“四证”已办理完毕，全年共完成安置房网签1266套；陈砦村一期（美景项目）“四证”已办理完毕，完成安置房网签1067套；二十里铺村D-01-2纯安置地块完成安置房网签707套。全年完成扶助贷款550万；新增就业人数1366人；建成移交区政府安置区配套幼儿园4所；启动推进外国语中学庙李分校、纬五路一小分校、龙门第二实验学校建设工作；2个社区卫生中心建成投用，1个养老服务中心初步完成评审；建成并投入使用便民超市1个，1个农贸市场（银河路农贸市场）正在改造升级；深入开展安全生产专项整治活动，排查各类安全生产经营单位、安全隐患场所908家，排查整改各类安全隐患546处；建成街面矛盾调处中心2个，调解各类纠纷259件；累计发放城市临时价格补贴金8.42万元；累计发放城市困难群众天然气补贴2.05万元、用电补贴7666.4元、取暖补贴3.1万元、用水补贴3.67万元。

【平安建设】　对重点区域加强巡查力度，在中小学门口设立学校爱心岗，维护学生安全。采取街道科级领导分包村、社区，责任到村（社区），建立街道、村（社区）两级联动管理机制，有序推进矛盾纠纷排查、化解；动员各村、社区全面摸排涉黑线索，对辖区内的重点人群进行突击检查，坚决做到“黑恶必除，除恶务尽”。2020年，街道共接待来访群众150余批次、550余人，处理网上信访信息系统信访来件185件，均已办结。

【基层党建】　加强政治建设和思想建设，用好“五种学习方式”强化理论武装。组织中心组集中学习10次，班子讲党课25次，打造精

2020年社区（村）换届选举工作　　（丰庆路街道/供图）

品党课2个，组织专题学习3次，开展志愿活动300余次；推进基层党组织建设，推进“强村工程”，筑牢村党组织战斗堡垒。成立“两新”党组织37个，成立无主管楼院党支部4个，向103家“两新”组织派驻党建指导员，辖区72个物业服务项目实现“双向进入、交叉任职”；强化阵地管理，开展文化活动36次，公益宣传6次，拍摄党建宣传纪录片《日出杲村》1部，开展“接待选民日”活动9次；于2020年年底顺利完成辖区5个行政村、8个社区的党组织换届选举工作。约谈现任村（社区）“两委”负责人、“一肩挑”意向人选和党员群众代表180余人次，物色村（社区）“两委”意向人员314人。

【新冠肺炎疫情防控】 丰庆路街道党工委牢固树立“一盘棋”的疫情防控理念，凝聚防控攻坚合力。以社区为疫情防控基本单元，社区党组织作为防控“指挥部”，用好人防、技防、群防“三件武器”，充分发挥党建引领，在横向层面上成立“机关干部+民警+医务工作者+社区人员+志愿者”的管控服务专班。楼院闭环管理和社会防控。在纵向层面上成立“党组织成员+党小组长+网格长+网格党员”的网格防控队伍，织牢横向到边纵向到底的联防联治防控网。累计解除居家隔离21733户、47206人，各项管控举措迅猛有效，疫情得以有效遏制。荣获郑州市抗击新冠肺炎疫情先进集体和郑州市先进集体党组织称号。

（撰稿：冯世营　审阅：薛劲云）

国基路街道

【概况】 国基路街道地处郑州市金水区北部，辖区总面积12.48平方公里，常住人口13.1万人，辖沙门、柳林、路砦、高皇寨、刘庄、杓袁、杨君刘7个行政村，21世纪、风雅颂、新田、琥珀名城、金印阳光、魏河、康苑居、国基、新龙、宏康10个社区，有党组织36个。

2020年，国基路街道公共财政收入完成7.36亿元，地区生产总值完成73.7亿元，全社会固定资产投资完成48.78亿元，社会消费品零售总额完成142.41亿元，重点项目完成投资74.3亿元。

【街区品质提升】 辖区杓袁村已完成村民回迁，正在进行网签；路砦村安置区房屋实测已完成，已初步拟定分房方案；杨君刘村安置区主体已封顶，二次结构已完成；刘庄村1号安置区部分主体已封顶，5号、7号安置区最高建至15层；高皇寨村2号安置区已出正负零，最高建至6层，4号安置区符合勘探条件的地块文探、地勘已完成，施工围挡已完成，正在打地基；柳林村1号安置区符合勘探条件的地块文探、地勘已完成，桩基施工已完成；沙门村1号安置区已全部封顶，4号安置区正在桩基施工；自贸区建设累计清运土方107.92万立方米，高压线入地土建工程基本完成；天荣市场搬迁工作已完成，共拆迁建筑面积约5万平方米。以“双创”工作为契机，采取全方位持续宣传、多部门联合整治等举措，全面推进城市管理提升、功能提升、品质提升。2020年，共开展“全城清洁”行动32次、道路交通集中整治活动38次。持续开展建筑工地扬尘、餐饮油烟、汽修及散乱污企业等专项治理工作，常态化抓好大气污染防治，共有181家汽修企业签订危废、固废处置合同；督促150余家餐饮门店对油烟净化器进行清洗、更换，整改率达到100%；全面推行河长制，深入开展河道综合治理工作，排查整治河道排污口6处。13条在建道路推进有序；新建街头微景观5处，新建绿地8万余平方米，新植乔木5000余株，新植月季2万株；新建停车场泊位数1070个。

【民生事业发展】 新增就业829人，完成各类就业、创业等培训149人。发放低保金57.5万余元、优抚补助87.2万余元；办理城乡居民医疗保险1024人、城乡居民养老保险147人。加大利益导向机制投入，强化优生引导，开展“预防出生缺陷”、“7·11”世界人口日等

12月25日，国基路街道举行“快乐星期天”活动　　（国基路街道/供图）

各类主题宣传活动18次，义诊活动11次，发放宣传品及资料18000余份。加强文明宣传力度，推进公共文化服务体系建设，围绕开展“我们的节日”“快乐星期天”等主题，组织开展各类文化活动100余场。

【社会稳定】　大力开展扫黑除恶、防诈骗、反邪教等工作。共发放宣传资料2万余份，悬挂条幅200余副。严格落实领导接访、包案制度，深入开展各类特殊利益群体人员排查及矛盾纠纷排查化解工作，共调解农民工工资纠纷事件120起，涉及829人，金额2529万元；加大信访事项办理力度，共接待群众来访39起、590余人次。全覆盖夯实安全监管责任。对1046家单位进行安全检查，发现隐患问题686处，整改到位654处。

【基层党建】　切实把开展防控疫情斗争作为巩固拓展“不忘初心、牢记使命”主题教育成果的实际行动，以78个防控服务卡点为阵地，组建党员志愿服务队16个。深入开展“亮赛比”活动，围绕“三项工程、一项管理”等工作，切实为群众解决生产生活难题，不断提升群众幸福感和满意度。通过开展庆祝建党99周年系列活动，进一步密切党群关系，促进各种资源力量向中心工作汇聚。扎实推进“挂图作战　集中攻坚”工作。邙山三建小区已成立楼院党支部、自管会和志愿者服务队伍；选派21名党员干部深入辖区企业担任“两新”指导员；选派44名社区干部及44名物业服务项目负责人完成“双向进入、交叉任职”工作。坚持力量下沉、重心下移，严把选人标准，优化班子结构，严格审核把关，切实做好村（社区）“两委”换届相关工作。

【新冠肺炎疫情防控】　国基路街道第一时间成立疫情防控工作领导小组，街道班子成员全部下沉到分包社区（村），深入一线开展疫情防控工作；采取全面摸排不遗漏、宣传引导全覆盖、管控服务不间断、值班值守全天候、卫生清理全方位等措施，确保全面管控到位；组建由副科级干部牵头的区级集中安置隔离点服务保障工作小组，由街道出资为安置人员配备日常生活用品，对于安置人员合理需求给予帮助；严防境外输入性疫情。通过上门走访、微信填表、电话问询、大数据排查等多种方式相结合，及时全面掌握入境人员情况。

（撰稿：毛慧洁　审阅：孙大志）

经八路街道

【概况】　经八路街道位于金水区中南部，是省委、省军区及众多省直机关办公、生活所在地。辖区东起花园路，与丰产路街道、花园路街道相邻；西至东三街、黄河北街，与大石桥街道、南阳路街道相连；北承红专路，与文化路街道相依；南临金水河，与杜岭街道相望。总面积3.44平方公里，共有11个社区、53个网格，常住人口94738人，流动人口29986人。辖区有公共单位80家，两新党组织51家，自管党员2846名，流动党员450名。

辖区地理位置优越，金水河由西至东流经辖区南部；交通便利，金水路、花园路、文化路、黄河路等25条市主次干道交错构成道路交通网，38条公交线路穿梭其中；商业服务环境良好，正道中环百货等大型商场及各小型超市和百货店极大方便了居民群众的日常生活。

经八路街道纬一路口袋公园　　（经八路街道/供图）

【城市管理提升】　辖区“住改商”整治基本完毕。街道持续发力、锲而不舍，集中时间、集中人员，分别对经八路、经五路、纬五路、纬三路、黄河路等路段上的396个“住改商”门店进行了集中关停。

打造了三条示范道路。以“一拆、一改、三畅、三增”（一拆违章建筑腾空间、一改沿街门店治乱点、三行有序分离保畅通、三增配套设施提品质）为总体理念，着力打造了经五路和经八路两条背街支路，改造后的经五路车行、慢行、人行分离，群众出行方便，经八路人行道全部退让出来，方便了居民出行和保障了人行安全；配合“一环十纵十横”指挥部高标准完成黄河路主干道的综合提升工作。

稳步推进老旧小区改造。完成55个系统改造老旧小区的居民意见征求、设计招标和施工招标工作，开工30个楼院，施工总形象进度85%；打造老旧小区改造示范楼院5个，基本完成改造任务3个；拆除违建2.5万平方米、清运垃圾3万余吨，改造雨污水管道1.3万余米，23个楼院完成沥青铺装。为加快示范楼院的改造步伐，街道抽调精干力量组成工作专班，利用一周时间顺利拆除了文化路5号院和纬一路9号院内困扰居民、单位多年的500平方米危房，极大消除了安全隐患，也为增加便民服务设施腾退出空间。

【民生保障】　劳动保障。超额完成“一年十一万就业计划”任务完成2798人，占目标的133.24%；下岗失业人员再就业任务完成535人，占目标的144.59%；就业困难人员再就业任务完成107人，占目标107.5%；帮助解决外来务工人员工资拖欠问题7起，共计2万余元；为小微企业提供创业贷款1800万元，举办大型户外招聘会共4场，提供就业岗位19600余个，达成就业求职意向人数达1290人。

民政服务。为辖区183户低保家庭发放低保金194余万元；为136名生活困难残疾人发放补贴19万余元；为256名重度残疾人发放护理补贴30余万元；重审变更住房保障实物配租234户，变更经济适用房申请资料22件；为4021名80岁以上的老人发放高龄津贴500余万元。

计生工作。共申请18岁以下独生子女父母奖励费1833人，城镇60岁奖励扶助10282人，国家特别扶助人137人，区级提前特别扶助6人，生育关怀抚慰金11人。共办理登记一孩185对、二孩133对，三孩申请初次审批3对；办理独生子女光荣证58本；完成孕前优生健康检查484对；共发放避孕药具45638只。共申请18岁以下独生子女父母奖励费1833人，城镇60岁奖励扶助10282人，国家特别扶助137人，区级提前特别扶助6人，生育关怀抚慰金11人。

为居民办实事，选址建设两处日间托老中心。利用省委三区老社区办公用房522平方米改造成经五路日间托老中心并投入使用；与新华印刷集团签订协议，将单位提供的1500平方米社区综合性服务用房打造成高质量的红旗路日间托老中心，建成后将弥补辖区养老设施严重不足的情况。

助力复工复产。帮助企业解决实际问题5718件、用工人员5047人，减免租金326万元、税金4430万元、行政收费1038万元，落实奖补资金46.7万元、稳岗奖补资金等109万元；协调市城管局帮助辖区规上工业河南省新华印刷集团解决危废垃圾处理问题，为辖区重点工程郑州市人才公寓文华苑项目申请施工绿色通道。

【平安建设】　重点地区综合性整治。联合社区民警定期开展重点地区集中清查、巡查行动，维护辖区治安环境。矛盾纠纷大排查、大化解工作。各级网格长及社区调解员深入楼院、门店对辖区矛盾纠纷情况进行排查，发现问题及时化解、及时上报。开展影响法治化营商环境执法司法突出问题专项整治工作。召开专项整治工作部署会，向辖区企业发放调查问卷，广泛收集企业意见，推动专项整治工作顺利开展。开展各类宣传活动。2020年，通过版面、画册、现场等形式分别开展禁毒、未成年人防溺亡、防电信诈骗宣传共30余次，让辖区群众充分认识到毒品的危害、学习到毒品辨别知识；在夏汛期间现场劝阻在河边游玩的儿童，普及防溺水知识，提高安全意识；重点针对独居老人普及防电信诈骗知识，提升防范意识。

【信访工作】　层层排查。在社区层面，坚持每周一查和重点时期集中查相结合，对易引发矛盾纠纷领域进行地毯式排查。明确责任。对排查出的矛盾纠纷造册登记，将调处化解责任分解到社区、单位，对难于界定主管部门或涉及多个部门及新出现不稳定因素的领域，根据实际情况指定牵头部门进行化解。对排查出的一般性矛盾纠纷，由社区民调员及群众自发组织的调解队伍进行调解，社区无法解决的矛盾纠纷逐级上报，力争将矛盾化解在萌芽状态。认真开展领导接访活动，每天由班子成员到综治中心接待室现场接访。全年办理各类信访案件共86件（其中，转送78件，交办8件）。重大时期坚持由领导带班24小时值班制度。

【应急防患】　落实安全生产责任制。2020年年初，街道与11个社区、1808家生产经营、企事业单位、沿街商户层层签订安全生产目标责任书，确保形成齐抓共管良好态势。督促辖区10家企业参与双重预防机制的建设，积极推进企业标准化创建工作。

全面开展隐患排查整治专项行动。按照区安委会工作要求，开展“冬春火灾防控”“打通生命通道消防安全专项治理”“商场市场消防安全专项整治”等隐患排查整治工作，做好元旦、春节、“五一”、两会、金鸡百花奖、中秋、国庆期间的安全生产监管。

开展安全生产专项整治三年行动。制定工作方案，重点对辖区的人员密集场所、居民楼院安全生产责任制落实情况、消防设施、电气、燃气、“三合一”场所等方面的情况进行专项排查、整治。同时注重闭环、确保实效，对排查出来的隐患，全程做好隐患的跟踪、记录、复查、整改，确保检查不走过场。

开展老旧小区项目改造安全管理安排部署和既有房屋安全等建筑领域排查治理。通过召开专题会议，认真学习市委书记徐立毅在“三项工程、一项管理”推进中加强安全管理的批示，安排部署与施工企业签订施工安全目标责任书，要求其落实主体责任，加强规范管理，确保施工安全。街道主要领导、科室联合社区深入老旧小区督导施工安全，对既有房屋安全等建筑领域开展安全隐患排查，及时发现问题，及时督促整改。

继续强化安全教育培训和安全生产宣传。开展“防灾减灾”、“安全生产月”活动，制作安全生产宣传长廊，印制、张贴、发放消防安全条幅、海报、宣传册；全年共组织辖区重点单位、楼院居民开展应急救援演练20余次。

【区域化党建】　强化党性教育，营造干事氛围。街道党工委书记带头为机关支部、社区党组织上党课2次，班子成员带领集中学习4次。严格“三会一课”、星级评定制度，班子带头参加主题党日、组织生活会。持续开展“万名党员进党校”“党课开讲啦”等活动，全年共开展各类党课培训71次。

加强区域共治，创造和谐氛围。围绕“区域统筹、资源共享、优势互补、同驻共创”的区域化党建工作目标，12月17日召开了街道第二届党代会第二次会议，与128个成员单位现场签订了共建协议，辖区93家党组织提供8大类、118项“智库”服务，实施10项民生工程，全年共开展共建活动132次、圆梦“微心愿”共8期90个，结对认领帮扶辖区困难群众139户，惠及辖区4378名居民。

完善志愿体系，助推“党建+志愿服务”。各社区已完善了“一支街道志愿服务总队、11支社区志愿服务中队、若干支楼组各类服务小队”的三级联动志愿体系。7月，举办红色账户积分兑换推介会第一期。11家爱心单位和商户积极响应，无偿提供食品、家居用品、日用百货等30余种商品参与兑换，辖区400余名志愿者参与现场积分兑换活动。2020年，红色账户已发放1809册，累计兑换1572人次。

完善便民服务设施，打造群服务驿站。在纬一路建成高标准的党群服务中心。积极向河南省军区争取2698平方米的房屋用于建设街道党群服务中心。至年底，可集中办理社保、计生、驾驶证、工商执照等政务服务，并可提供图书阅览、书法绘画、托老育幼等便民服务；依托经八路纬三路口“公改商”封停后的房屋，在纬三路建设经纬市集，运用区域化党建的共建、共享优势，协调辖区单位房产交由街道统一招商、集中管理，共同打造“经纬便民市集”，为群众提供家门口的低偿、便捷服务。同时在经五路上打造了一个党群服务驿站，自10月建成投入使用以来，开展手工制作、合唱排练、诗词朗诵等居民文化活动，周边居民纷至沓来。

经八路街道省委社区城市书屋　（经八路街道/供图）

“六小门店”整治，联合执法督促问题整改。每日对“六小”门店督察整改台账进行梳理，对照行业标准，挨个对沿街“六小”门店进行问题反馈，发出整改通知单和整改期限。联合金水区卫生监督所、经八路食药所和工商所开展联合执法14次，督促整改465家门店，对423家“六小”门店下发了整改通知书。

资源整合，全力完成“挂图作战，集中攻坚”行动任务。街道51个无主管楼院实现党组织和群众性志愿服务组织全覆盖。创建“五个一”工作法，即“一块牌子，一个阵地，一个意见箱，一个公开栏，一套运行机制”。成立老旧小区改造临时党支部，设置征求意见箱，通过每日一次碰头会、每周一次联席会、每月一次安全检查，推动改造工作。依托楼院改造临时党支部，建立无主管楼院自管会。号召楼院党员和志愿者主动担当楼院自管治理，现自管会有149名志愿者。探索物业进驻无主管楼院管理模式和“红色物业”运行机制，促使56个物业服务项目建立“双向进入、交叉任职”联动机制。完善联络员制度。摸排非公有制企业163家，已建立党组织47家，按照非公企业所属社区，要求社区副书记为党建指导员，进行工作全覆盖。

坚持党建带群团，增强群团组织活力。12月24日成立金水区首家街道级新联会，开启新的社会阶层人士统战工作在基层实践探索的新篇章。认真落实区妇联安排的“四组一队”队伍建设，组织各社区开展各项活动，认真摸排辖区“两新”组织，广泛建立妇委会；开展普法、反家暴和“和睦家庭”宣传活动。集中进行清真“三化”治理，辖区清真门店53家，共排查35家问题门店，已全部整改完毕。

【新冠肺炎疫情防控】　建立街道、社区、网格、楼院、临时党小组五级架构，建立“1+1+1+N”工作模式，实行单元管理、闭环管理，每个网格配备1名网格长、1名民警、1名医务人员和N个工作人员，确保人民群众的生命健康安全；成立楼院临时党小组，筑牢疫情防控一线堡垒，印发《致经八路街道广大共产党员的倡议书》，要求所有党员做到带头做好预防、带头劝导到位、带头守好家园，引导辖区党员成为疫情防控战役的宣传员、监督员、战斗员。严格执行“早发现、早报告、早隔离、早治疗”总体要求，关口前移、重心下移，及时科学有效处置，发现疫情及时统计上报，把各项防控措施落实到位。同时防疫知识和防范意识的普及与宣传，通过条幅、微信、短信、喇叭等方式进行新型冠状病毒防疫知识讲解宣传，劝诫居民在家休息，勤洗手、勤消毒，对外来及返回郑州人员及时进行登记，落实隔离政策。疫情防控期间，印制7种宣传海报4000张，条幅900幅，倡议书5000份，制作各类版面1600余个，参与防疫宣传3000余人。

2020年抗疫期间，经八路辖区的123个党组织、2000余名在职党员共同参与其中，充实防控力量；70余家单位积极向街道积极捐赠防控物资，关切一线防控人员、彰显社会责任；1500多名居民志愿者加入“自己的楼院自己看、自己的家园自己守”全民行动，用自己的实际行动守护家园安全。

（撰稿：章　艳　审阅：房建设）

文化路街道

【概况】　文化路街道位于金水区中北部，辖区面积约5.57平方公里，下辖14个社区居民委员会、1个行政村（关虎屯村），常住人口13万人，流动人口2.6万人。辖区内共有54家公共单位，河南农业大学、郑州大学工学院等8所大中专院校，河南省农科院、河南省社科院等5家科研单位，居民文化程度相对较高，文化特色优势突出，是金水区科研文教中心。

2020年，文化路街道完成税收17.01亿元，完成社会消费品零售总额85.07亿元，引进域外境内资金12.6亿元，完成固定资产投资11.89亿元，规模以上工业同比增长32.3%。

【经济建设】　惠企政策落地，营商环境持续优化。深入落实“三送一强”惠企政策，印发“金水十条”扶持政策，共帮扶企业12099家，解决问题12168个，持续助力经济复苏。充分发挥文化路街道办事处资源、区位、环境等优势，引进以金融、科技信息、总部经济等为主的高端产业，现代产业体系结构不断完善。招商引资持续发力，质量规模企稳向好，2020年新增“四上”企业入库12家。

汇聚商圈优势，特色经济形成规模。以区域整体谋划为指引，汇集辖区知名企业国贸360、正弘城、大商新玛特、建业凯旋广场等，形成以正弘城、国贸360为核心的消费新地标和新的商圈经济增长点。重点打造以农科路酒吧街为主的特色夜经济，并辐射带动金水万达金街与蓝堡湾贵人街等周边区域协调发展，形成具有区域特色街区发展之路。培育特色楼宇、引进重点知名企业，全年完成培育年缴纳区级税收100万元以上楼宇36幢、年缴纳全口径税收亿元以上楼宇1幢（金成国际广场）；完成引导培育高技术服务业特色楼宇1栋（世博中心）；积极引导培育特色楼宇3栋（世玺中心、兰德中心、正弘中心），引进重点知名企业4家。

立足经济指标，积极推进重点项目建设。2020年对8个重点项目完成投资26.93亿元，经五路17号院改造项目已完成征收和拆除工作，正在编制改造方案；河南博物院抗震加固工程建设项目已完工；361街坊片区改造项目1号楼主体已封顶，2号楼建至地上13层；轨道交通7号线河南农业大学站已完成征收补偿、房屋拆除，开始全面施工；轨道交通8号线枣庄站已开始施工，东风路站进入拆迁阶段。

【城市管理】 凝聚提升城市管理合力。立足“一环十横十纵”“三项工程一项管理”“支路背街改造”工作，加大对辖区道路综合改造提升力度。以农科路为重点项目，通过统一立面、突出特色、提升品位，打造农科路酒吧街特色商业街区。联合多部门不定期在重点区域进行联合执法，杜绝车辆乱停放、占道经营等现象发生。全年累计整治乱停乱放非机动车3500余辆，清理“四乱”13000处，修补路面、踏步台阶2000余平方米，更换道路破损路砖2000多平方米，捆扎线缆1200多米，规划非机动车停车线2500多米，清理道路障碍物55处。

紧盯生态环境攻坚。组织开展“环境污染防治”、“6·5”世界环境日等活动，积极推进大气污染防治攻坚工作，督促辖区施工单位严格按照“六个到位”“八个百分之百”施工，做好“两个禁止”和“三员”24小时值守制度。加大餐饮油烟治理和燃气锅炉低氮改造项目推进力度，完成12台锅炉低氮改造。全面提升辖区绿化水平。完成绿化面积8500平方米，新植乔木2000株，月季、花灌木6000株，完成屋顶绿化面积500平方米。完成补植300余株，黄土裸露复绿120余平方米，建设小游园1000平方米、微景观6处，有效改善辖区绿化，营造和谐人居环境。

聚焦文明城市创建。组建“一办三组”，健全工作机制，从对标自查、督促整改、集中攻坚、回头问效四个方面着手，结合金鸡百花奖入驻辖区酒店的契机，在金水金街、万达文华酒店周边增设特色花箱73个、鲜花外摆760余米，有效提升了街区颜值。在强化宣传动员上下足功夫，累计发放入户征求意见表4万张，增设精神文明宣传栏400余组，并发动800余名志愿者，深入背街小巷、老旧小区卫生死角，开展志愿服务活动40余次，形成人人了解创建、参与创建、支持创建的浓厚氛围。

【社会管理】 加强重点区域治安巡防体系建设。聚焦辖区360广场、数码公寓等治安重点地区，提升双重预防体系建设水平，通过深化专职治安巡防队建设，累计巡查500余次，扑救初期火灾17起，调解纠纷35起，保障居民生产生活安全。

全面落实“四包一”责任。共接待来访群众6批、160余人，排查铁路预警人员50人次，处理扬言案件73起，调处各类矛盾纠纷184起，有力维护了辖区的安全。

持续增强辖区消防安全意识。结合“安全生产月”宣传活动，多角度、多领域、多行业抓好安全生产宣传教育，重点抓好居民楼院、“多合一”场所等区域的安全隐患排查，对排查出的问题隐患认真分类梳理，建立隐患整改落实清单，落实责任人，做到隐患发现及时，整改彻底，坚决堵塞可能发生安全生产事故的隐患漏洞。

【民生事业】 优化便民服务质量。印发“便民服务事项”清单，公示办理流程等，完善问题反馈措施，提升工作人员业务水平，强化业务办理效率，累计共办理生育服务证593个，审核申请城镇奖扶人员5992人，办理独生子女证共70份，发放独生子女费467280元，持续为113名低保人员、76名困难残疾人、228名重度残疾人和2355名高龄老人发放津贴。同时加大职业技能培训力度，组织失业人员职业技能培训841人次，实现就业再就业2531人，完成全年任务127%，确保城镇登记失业率控制在4%以下。

老旧小区改造有序推进。聚焦“三项工程，一项管理”，2020年纳入文化路街道改造规划楼院30个，涉及75栋楼、3251户居民，总建筑面积31万余平方米，按照“最多改一次”的原则，结合居民诉求，在改造过程中做到扩容公共空间，增加公共服务设施，让城市有机更新推进老旧小区不断焕发出新活力。其中丰产路47号连片改造示范院将暖气增设、电梯加装与楼院整治同步进行，引进河南万纳物业服务有限公司进驻开展物业服务，改管并举，使改造项目成为群众赞誉的民生民心工程。

扎实推进民生项目建设。以“五个一”为抓手，持续推进街区形态更新、业态更新、功能更新。完成农科路日间照料中心建设，党群服务中心建设项目已启动招标，东关虎屯幼儿园已完成主体建设。引进首慈康健养老集团，在红专北街5号建成高标准医养结合的老年康乐服务中心——首慈乐康养护院。养护院设置床位294张，集康复医院、养护照料、认知症特色专区于一体，切实解决周边居民养老、康护的需求，河南省民政厅党组书记、厅长鲍常勇、金水区委书记张红伟参与挂牌剪彩，并对该项目给予充分肯定。

【基层党建】　强化党组织堡垒作用。在各社区建立疫情防控临时党支部，组建文化路街道疫情防控“红色突击队”，共15个临时党支部、37个临时党小组，发动党员冲锋在抗疫第一线，实行24小时值守，鼓励广大党员自愿为抗击疫情捐款捐物，累计捐款159198元，迅速筑起一道联防联控、群防群治的严密防线。

聚焦党组织整体提升。依托学习贯彻中共十九届五中全会、“万名党员进党校充电计划”暨“党的创新理论万场宣讲进基层”培训、“两委”换届等契机，在党务工作资格认证、共产党员店挂牌等亮点工作上下足功夫，组织29名入党积极分子参加培训，发展19名党员，为党建工作注入红色能量。

开展“挂图作战，集中攻坚”行动。文化路街道围绕重点领域和重点任务进行分解，细化分工、责任到人、科学安排，确保“挂图作战　集中攻坚”任务落地见效。全年成立无主管楼院党组织9个，建立群众性志愿服务组织39个，为改善人居环境、打造示范楼院提供坚实后盾。

提升“两新”党组织活力。为补齐“两新”党组织短板，文化路街道召开“两新”党组织党建知识培训会，带领“两新”党组织代表观看电影《八佰》和前往郑州圆方集团学习，全面提升“两新”党组织凝聚力，不断强化“两新”党务工作者队伍建设。

党建引领志愿者活动。依托爱心联盟志愿服务团队优势，完成3个社区党员志愿者招募工作，发动志愿者积极投身疫情防控、便民服务、交通整治等各项工作当中。

【新冠肺炎疫情防控】　文化路街道办事处第一时间启动疫情防控应急预案，成立新冠肺炎疫情防控领导小组，组建“一班三组”，建立全天候24小时工作机制，文化路街道机关、社区（村）联合区直下沉人员共1000余人参与疫情防控工作，设置管控服务点131个，拉网式排查居民50060户，共计105416人次，疫情防控行之有效，辖区安全稳定，无防控事故。疫情有效稳控后，按照内防反弹、外防输入要求，抓好疫情日常防控，实行落地排查制度，对中高风险地区返回郑州人员全面核实，逐一建档立卡，明确责任人，精准掌握，动态管理。共排查风险地区返郑人员1000余人，境外返郑人员538人，核查密集人员信息161人，集中隔离192人。同时，利用楼院宣传栏、辖区电子屏宣传疫情常态化防控宣传常识及标语，居民自我防护意识和健康意识增强。定期对辖区医疗机构、酒店（宾馆）、影院等密闭性场所，办事大厅等重点场所进行巡查，督促完善防控措施，有效杜绝因人员集聚产生的防控隐患。

（撰稿：陶奇昌　审阅：赵　静）

人民路街道

【概况】　人民路街道地处金水区和管城回族区两区交界处，由辖区主干道人民路而得名。辖区面积1.519平方公里，有常住人口3.5万余人。除汉族外，还有回族、满族、维吾尔族、壮族等少数民族居住。下辖人民路社区、紫荆山路社区、工人新村社区、顺河路第一社区、顺河路第二社区、顺河路第三社区、水文局社区、东里路社区和金紫伊苑社区9个社区居民委员会。辖区内驻国家直属单位有水利部黄河水利委员会；驻省属单位有河南省环境保护厅、河南省中医学院第一附属医院、河南省中医药研究院、河南省话剧团、河南歌舞演艺集团有限公司、河南省文化厅幼儿园、河南黄河河务局；驻市属单位有郑州市升达艺术馆、郑州市十一中、郑州市公安局交巡警一大队、郑州歌舞剧院等。其中位于人民路的丹尼斯总店是在郑州较早出现的、成功的量贩式大型百货超市。辖区交通便利、基础设施完善，北依紫荆山公园和金水滨河公园，是比较理想的人居地带。

2020年，人民路街道完成财政收入4.65亿元，同比增长49.5%；完成固定资产投资4.11亿元，同比增长35.6%；完成社会消费品零售总额173亿元，同比下降-3.3%；完成重点项目建设2.96亿元，同比增长28.1%；完成建筑业总产值55.81亿元，同比增长14.6%。全年引进企业82家，新增“四上”企业入库5家。

【重点项目建设】 城北路打通及棚户区改造项目，正在进行水电气暖等配套设施安装；110千伏南仓输变电工程项目顺利完工；城东路民族饭店老旧小区改造项目，控规设计已公示批准，完成征收，正在编制改造方案。围绕“四个三”建设，依据辖区资源，因地制宜，着力对“老楼宇、老商圈”改造提升，稳步推进丹尼斯商圈等特色商圈（街区）经济、紫荆山商务等特色楼宇建设。

【城区环境提升】 深入开展“三项工程、一项管理”，以点连线、连线成面，将道路、楼院、街区联动整治，从而实现全域提升。道路综合改造方面，辖区28条道路已经验收通过，其中优秀24条，优秀率85%，重点打造的3条示范道路中，顺河路、工二街已完成，城东路道路综合改造的城东路顺河路节点施工已完成。设置交互空间、金水顺苑足球场、生态停车场等设施，着力打造兼具品质功能环境于一体的城市“会客厅”。老旧小区综合改造方面，启动19个老旧小区的综合改造，共计109幢楼，建筑面积38.13万平方米，惠及居民4600户，重点打造的3个示范楼院中，顺河路43号院和城北路8号院基本完成改造，工人新村改造成为全市城市有机更新典范工程，累计迎接省内外考察团观摩交流70余次，改造成效被《人民日报》、新华社等媒体刊载。城市精细化管理方面，持续开展全城清洁活动，累积清理楼院80余个，清理各类垃圾100余车、300余处，完成增绿补绿14800平方米，新植乔木670棵，新植月季等花灌木1300株、街头微景观建设1处。扎实完成金鸡百花电影节和国家网络安全宣传周服务保障，圆满完成了创卫复审、创文各项工作。

【社会治理】 社会治理高效有序。持续加强排查矛盾纠纷，切实做好不稳定因素排查、突出问题化解等工作。积极开展依法信访、安全生产等主题宣传活动58次，排查化解矛盾纠纷36起，检查生产经营单位79家，各类门店786家，排查各类隐患607处，下发责令整改通知书17份，全部整改到位，在各级两会、疫情防控时期实现“零非访”“零上访”“零干扰”的目标。

民生服务扎实推进。全年新增劳动力2407人，完成小额担保贷款850万元，分别占年目标任务的141%和106%；完成110户低保、低收入家庭审核工作，上报申请公租房159件，解决10件拖欠劳动者工资纠纷案件，为45名劳动者挽回拖欠工资、社会保险费等经济损失15万元。以“五个一”为抓手，着力补好公共服务短板，街道级标准化党群服务中心室内方案设计已完成；工人新村社区卫生服务中心已建成投入使用；规范化养老（托老）服务中心、保育院已完成选址；黄河生活广场打造高标准农产品超市，正在与郑州市投集市共同细化方案。

【基层党组织建设】 政治引领全面提升。召开18次党工委会议专题研究党建工作，开展“逐社区观摩”3次，组织开展人大代表和政协委员活动日活动，听民声，解民惑；落实书记讲党课4次，中心组学习12次、开展“万名党员进党校”活动3期，解读中共十九届五中全会精神2次，实现党员教育全覆盖，形成学、思、践、悟的氛围。开好意识形态联席会议，研判应对辖区意识形态领域风险点；多渠道巩固意识形态领域主阵地，全年在主流媒体和新媒体刊发信息520余篇，被中宣部采用3篇。

党建基础不断夯实。顺利完成社区“两委”换届，班子成员平均年龄下降至31.4岁，学历均达专科以上；21个改造项目成立临时党支部，53个无主管楼院成立党组织、居民自治组织和志愿服务队伍，治理模式实现由“靠社区管”向“自治共管”转变，工人新村社区党总支被授予“郑州市先进基层党组织”和“郑州市抗击新冠肺炎疫情先进集体”荣誉称号。

【党风廉政建设】　注重警示教育，开展以案促改典型案例学习，增强干部队伍廉洁自律意识。逐级签订党风廉政建设目标责任书26份，对照整改清单自查问题30个，制定整改措施45项；开展作风纪律大整顿活动，督查社区、科室52次，对6名职工进行提醒谈话，做到警示教育常态化，全力维护风清气正的政治生态。

【新冠肺炎疫情防控】　抗疫斗争持续深入推进。第一时间成立街道疫情防控工作领导小组，2月份全员上岗，并宣传发动辖区23家公共单位、300余名志愿者加入疫情防控工作队伍，24小时严防死守83个管控点，迅速构建了“以小区保社区、以社区保街道”的联防联控体系。随着疫情形势变化，按照“外防输入、内防反弹”要求落实常态化疫情防控，完善人防、技防、物防融合，着力抓牢防控风险点与专班管理，抓实重点人群核查与重点场所排查，抓细日常监督检查与信息核查报送，街道实现“零确诊”“零疑似”的防控成果。

“三送一强”（送政策、送服务、送要素、强信心）精准落地。将“三送一强”活动贯穿全年工作始终，为企业复工提供“点对点”疫情防控和“助企”政策服务。实地走访企业1080家、在建工地3家，累计协助企业招聘员工569人，购买口罩10万个、大型红外测温仪3台、额温枪160个、消毒液2.8吨，申请贷款1.235亿元，实际解决问题1544个，惠及1077家企业，为守稳辖区经济发展基本盘打下了坚实基础。

（撰稿：王鹏飞　审阅：张晓戈）

花园路街道

【概况】　花园路街道位于金水区东部，辖区东起东明路，西至花园路，南起金水路，北至黄河路，面积3平方公里，是河南省人大常委会、省政协等省级机关和省直机关所在地，辖区登记人口80361人。现有人口47604人，户籍人口60919人，由10个社区组成，分别是省供销社社区、通信花园社区、省卫生厅社区、甲院社区、农业院社区、工业院社区、省民航社区、戊院社区、省水利厅社区、省银行社区。

花园路街道位于省直单位行政区，地理位置特殊，土地稀缺，可利用资源少，辖区经济以第三产业为主。辖区各项基础设施和城市功能比较完善，金融、商务、商业等现代服务业和生活性服务业有机交融。辖区内有省建设银行、省人保等金融、保险机构总部，各类商业银行分支、网点密集分布，西北角的金融广场可以提供方便、快捷、高效、集中的金融服务。广汇国贸、经纬大厦、新闻大厦等一批商务楼宇业务发达，对辖区经济发展起到了十分重要的支撑作用。

2020年，花园路街道社会消费品零售总额34.91亿元，同比降低10.8%，完成一般财政预算收入2.8亿元，同比增长26.7%；固定资产投资完成2.6亿元，占目标任务的87.2%；同比增长10%，省、市、区重点项目完成1.67亿元，占目标任务的66.1%，同比降低57.5%。

【重点项目建设】　花园路街道辖

区共有省、市、区重点项目3个。郑州嘉里中心项目稳步推进，1期、2期、3期规划证及施工证齐全，1号楼预售许可办理完成。河南影视大厦项目已办理备案、规划、环境评估、文物勘探、土地等手续。省接待办汽车队综合楼项目正在办理相关手续。

【城市精细化管理】 城市道路综合改造。已完成政一街全段、经一路全段、政二街全段、政四街（经一路至经二路南侧部分）、经四路（纬四路至纬二路段）、经二路（纬四路至纬二路段）的综合改造提升以及花园路纬五路口、经四路与纬二路道路微景观建设等工作。2020年共恢复房屋189处，面积4202.35平方米；拆除违章建筑152处，面积1268.38平方米。“一环十纵十横”道路综合改造1期工程黄河路示范段和经三路示范段主体已完工。

老旧小区改造。2019年计划改造的10个楼院已基本完工。2020年计划改造的楼院27个，征求居民意见、设计招标和施工招标工作均已完成，所有楼院均已全面开工，共征求居民意见3775户，入户率达86.92%。全年已累计拆除违建3566.2平方米；楼梯间基层处理完成90%；雨污水分离与强弱电预埋管完成55%，道路铺装、节能保温等工作正在稳步推进。重点楼院纬二路8号院完成87%，纬二路27号院完成75%，金水路3号院完成52%。

交通秩序整治。为全力做好全国文明城市复审工作，联合省人大常委会、省政协等30余家单位设置文明交通岗，持续开展行人逆行闯红灯治理活动，推动交通环境持续优化。

【公共服务】 完成17个公益创投项目的招投标，累计开展活动280余场，服务群众1万余人次。完成第七次全国人口普查工作。悬挂宣传条幅320余幅，张贴宣传海报1900余张，设置电子屏宣传88个，向居民发放人口普查宣传资料2000余张；共划分普查小区216个，选调普查指导员43名、普查员216名。

【民生保障】 最低生活保障、困境儿童等社会救助。全年新增符合最低生活保证家庭10户、13人，因户籍迁出花园路辖区办停2户、2人，全年累计发放低保金83.83万元。新增事实无人抚养儿童4人，困难群众医疗救助13人次，申请临时救助和救急难各4人次，慈善各类救助80多人次，为94名低保人员发放红利性消费券4.7万元，为98名低保人员发放消费券4.9万元。

关爱残疾人群体。辖区共有残疾人517人，其中，享受重度残疾人护理补贴165人，享受困难残疾人生活补贴71人，享受重度残疾人特殊生活补贴35人，享受低保家庭精神病患者医疗救助8人，享受听力、视力、言语通信补贴123人，为30名重度残疾人和精神、智力三级残疾人发放特殊生活补贴11.9万元。

老年人服务。实行80岁以上老人高龄津贴制度是重点民生实事。2020年，受理新申请342人，累计发放高龄津贴10546人次，金额383.18万元。

公租房审核。2020年，受理公租房动态审核及年审共计115户。

加大劳动和社会保障力度。全年实现城镇新增就业再就业人数2464人，完成小额担保贷款2185万元，新办理居民养老保险11人，居民医疗保险309人。

做好卫计管理与服务。2020年度共办理生育登记服务证251个，独生子女父母光荣证89个，新增城镇奖扶对象736人，新增国家特扶对象8人。

【基层党建】 夯实基层党建基础。坚持基层党建工作述职制度，整理汇编党建应知应会学习资料，制定社区党组织委员管理办法，开办“书记论坛”，举办发展党员业务、党员志愿服务、党建引领社会治理创新等培训8期，新组建“两新”党组织2家，新接转入企业退转党员222名，新发展党员18名，培养积极分子33名。累计向区委宣传部报送信息200篇、网络媒体158篇、其他报刊120篇、《金水时讯》26篇，刊发花园路社区报8期。组建考察组，采取逐一谈话、相互评价、群众评议等办法，对

153名“两委”成员进行全面考察、届期评估，高标准筹备社区“两委”党组织换届选举工作。

党建引领推动事业发展。充分发挥区域大工委作用，联动多元主体，织密联防联控、群防群治疫情防控网，实现辖区疫情防控的阶段性重大胜利。积极探索“一核多元、融合共治”长效治理模式，全面提升街区治理水平。组织开展“亮赛比”“挂图作战　集中攻坚”和星级楼组创建等活动，实现“双改”项目、无主管楼院、物业服务企业等“两新”党组织全覆盖。圆满完成全国文明城市创建，“国家网络安全宣传周”和“金鸡百花电影节”宣传和志愿服务等活动。指导通信花园社区创建“全国文明单位”，指导农业院社区争创“河南省巾帼文明岗”。指导通信花园社区积极探索“1+3+N”模式，用楼组创建助推院区改造，多方联动提升治理效能。成功召开花园路街道第一届居民议事会议第一次会议，会上，表决通过了《花园路街道居民议事会议议事规则（草案）》和《花园路街道民生实事项目票选制实施办法（草案）》，为花园路街道居民议事会议规范化运行提供坚实的制度保障。

【新冠肺炎疫情防控】　坚持党建引领，发动广大党员、群众，织密联防联控，群防群治的疫情防控网络。进行地毯式排查，布置卡点防控，进行全域消杀，推进“四级五色”管理。针对困难户、孤寡老人等特殊群体，免费发放口罩、酒精等防护物资，定期买粮、送菜、买药，满足各项基本生活需求。常态化抓好疫情防控，成立24小时工作专班，专人对接区疫情防控部门，做好紧急情况处置以及境外、国内中高风险地区返回郑州人员的核查、统计、汇总及上报工作。

（撰稿：郭佳星　审阅：王晓峰）

2月，花园路街道新冠肺炎疫情防控一线　（花园路街道/供图）

杜岭街道

【概况】　杜岭街道办公地址设在二七路95-1号，地处郑州市繁华的商业中心地带，是金水区的南大门，辖人民路以西、西太康路以北、铭功路以东、金水河以南，呈不规则的多边形，辖区内有大小街道9条，其中西里路、北二七路和西太康路为主干道，辖区内交通便利，公交路线四通八达，总面积0.9平方公里，下辖7个社区，有大小楼院及平房区46个，居民5097户，辖区居住人口16050人，2020年人口普查户籍人口17559人。

辖区内有公共单位18家，其中主要有郑州市政协、郑州市公安局、金水第一公安分局、郑州幼儿师范高等专科学校、郑州师范附属小学、金水区新建幼儿园、郑州百货大楼、郑州市购书中心、天河大酒店、广州大酒店等。

2020年，杜岭街道办事处公共财政收入全年目标2.05亿元，实际完成3.05亿元，占目标任务的149%；固定资产投资全年目标3.08亿元，实际完成3.44亿元，占目标任务的111.7%；社会消费品零售总额全年目标29.95亿元，实际完成22.11亿元，同比减少1.8%；省、市重点项目全年目标2

亿元，实际完成2.13亿元，占目标任务106.3%。

【城市精细化管理】 道路综合整治。根据“千百十”道路创建划分，杜岭街道共有15条路段，截至年底，有9条优秀路段和3条卓越路段通过市里验收；剩余北二七路、西太康路由于受二七路地下管廊和360广场建设影响，暂时未列入创建计划；铭功路段等待地铁完成施工后，可申请创建优秀路段。

交通秩序综合整治。全年共拖移机动车350余辆，非机动车9000余辆，摆放共享单车8万余辆次。治理占道、突店经营，依法暂扣经营工具35个，开具处罚法律文书16个。清理游商150余次。

大气污染防治。对辖区4个建筑工地、14个老旧小区改造工程项目加强监督巡查。坚持每天由副科级带班领导带队巡查2次，截至年底，共下达环境污染防治现场检查整改意见书50余份，督促施工方立即整改问题。每周对辖区油烟净化器进行全面抽查，每月联合执法队督查油烟餐饮店铺，督促辖区餐饮单位安装餐饮油烟在线监控设备，辖区有79家餐饮企业，发现问题80余处并全部完成整改，油烟净化器安装使用率达100%。

【民生保障事业】 辖区享受低保政策家庭62户、74人，全年累计发放低保金54.69万元，对低保、低收入、特困人员发放电费、天然气费、取暖费等临时性补贴共5.7万元。全年累计办理慈善医疗救助30人，发放医疗救助金7.7万元；为37人发放困难补贴2.57万元；为93人发放重度补贴5.56万元；“救急难”累计救助8人，共发放1万元。2020年，高龄工作方面，完成累计1777人次共计67.06万元的高龄津贴发放，为27位80岁以上老人办理高龄津贴，为6位高龄老人办理迁出，为4名百岁老人发放重阳节慰问金共0.4万元，为3名无法自理的老人进行了居家养老申请；共为37名困难残疾人和92名重度残疾人发放临时补贴共计8.18万元；发放特殊生活补贴28人，共计12.26万元；完成就业再就业1700人，其中，下岗失业人员再就业155人，困难人员再就业22人。办理就失业登记证40本，其中就业22人、失业18人。困难人员认定30人。组织招聘会1场。

【社会管理服务】 2020年，杜岭街道办事处排查化解矛盾纠纷25起，累计接访200人次，群众安居乐业，有力地促进了辖区经济社会和谐稳步发展。同时，加强法律宣传教育，通过悬挂横幅、发放宣传资料、上街咨询等多种形式，广泛开展法治宣传活动，深入辖区楼院、学校，宣传法律知识，提高辖区居民的法律认知水平。截至年底，人民调解制作口头卷宗135件、书面卷宗164件，调解率达到99%，开展法治宣传、排查共65次，安置帮教人员5名，档案全部录入完毕。

【创新工作】 依托党群服务中心，办好为民造福实事。党群服务中心自9月运营以来，在不断完善硬件的同时加强软件建设，定期发布各功能室活动预约，围绕以“党建+三位一体、五社联动、N趋于无穷大服务”的模式，积极推进各项工作开展。全年开展各项活动107次，累计参加人数1256人次。建成1个养老服务中心、3个日间照料中心，共计2500平方米，其中，养老服务中心位于彭公祠街6号，面积1600平方米，拥有20张床位，内部设施配备到位，预计2021年实现运营；烟草院日间照料中心（200平方米）、8栋楼日间照料中心（200平方米）、彭公祠日间照料中心（400平方米）均已完成建设。改造提升1个农产品超市——市民新村北街全日鲜超市，预计2021年6月完成建设。

创新举措统筹发展城区经济。培育打造3个以上特色街区，升级改造西里路婚纱照材特色街区，依托百货大楼、大卫城，重点推进二七商圈建设，同时聚焦新田360建设太康路商圈；培育打造3座以上特色楼宇，重点将位于北二七路106号、建筑面积7000平方米的和邦大厦打造为以现代商贸为主导行业的商务楼宇，现入驻企业24家，1楼、2楼商业用房入驻企业9家。协调建筑面积大约为6000平方米的新桥商务，将空置面积约为2500平方米的7~10层作为商务楼宇使用，并积极引入河南省青年商会将科技型企业孵化器项目扎根落地，打造科技型特色楼宇；打造3个以上综合改造老旧小区示范点，分别是彭公祠68号院、张砦南街1号院、杜岭中街114号院，截至年底，张砦南街1号院已经完工；彭公祠68号院已不作为示范楼院，新增西里路54、55号院合并为示范楼院改造，并增加改造项目；杜岭街114号院正在改造中，已完成70%。打造3条以上综合改造示范道路，分别是西里路全段、杜岭街北段（西里路至金水河南岸）、市民新村北街，截至年底，西里路、杜岭街北段已经完工，市民新村北街基础项目已完工，架空线缆入地工作完成40%，通信公司正在进行作业。

【基层党建】　建设“学习型”党组织。创新“线上+线下”双线开展党内政治生活，推广运用好“学习强国”APP学习平台，结合党员活动日、专题党日、“三会一课”等活动，营造党员干部自觉学习、深入学习、持续学习的良好氛围。

建设“创新型”党组织。积极探索社区“党建+工作”模式，注重在杜岭街道中心工作、“三项工程、一项管理”、“三送一强”活动等工作中，积极发挥党建引领作用，搭建党群议事会、商户联盟两个平台，开展党员示范引领、五星商户创建、居民提案三大活动，引导党员亮身份，商户共同发展，促进党建工作与民心工程、环境综合治理等工作深度融合。

开展“挂图作战　集中攻坚”行动。杜岭街道围绕基层党建“挂图作战　集中攻坚”行动，制定杜岭街道基层党建“挂图作战　集中攻坚”行动目标任务台账，具体明确19项目标任务，建立8个“三项工程、一项管理”项目一线党组织、14个无主管楼院党组织，覆盖辖区34个无主管楼院，服务居民1.1万余人，组建18个无主管楼院群众性志愿服务组织，征集350余名志愿者，建立了“一核多元、融合共治”工作机制。建立2个物业公司服务项目临时党支部，并成立会议联动机制。摸排辖区10人以上非公企业共计15家，其中9家已建立党组织，对其他6家派驻党建指导员；摸排辖区社会组织共计7家，其中2家建立了党组织，对其他5家派驻党建指导员，及时指导党建工作。

【新冠肺炎疫情防控】　杜岭街道办事处坚持贯彻落实“三个一”工作模式，全力抓好疫情常态化防控，践行“人民至上，生命至上”的核心理念，确保辖区人民生命健康安全。建立“1”个专班，坚持街道党工委副书记牵头抓总，全身心投入辖区疫情常态化防控，上联下通，确保防控政策第一时间传达到位、措施到位。落实一项机制，严格国（境）内外中高风险地区来往报备机制，严防输入病例。织密一张疫情防控网，积极发挥辖区各级党组织、党员队伍、楼栋长队伍、志愿服务队伍，充分调动人民群众发现问题、报告问题积极性，切实落实社区属地责任、行业主管责任，单位主体责任，个人和家庭自我管理责任，坚持依靠群众打好常态化疫情防控战役。全年共排查境外返郑人员231人，实际到辖区境外人员9人，其中，集中隔离3人，居家隔离6人；在区集中隔离点隔离2人，排查密接人员2人，集中隔离2人，与其接触4人，居家隔离4人。

（撰稿：陈迎光　审阅：时富欣）

南阳路街道

【概况】　南阳路街道位于金水区西部，东三街北段16号，因临近辖区主干道南阳路而得名。辖区东至黄河北街，西至二环道及朱屯以东，南至岗杜街，北至寺坡村、孟砦南街，面积3.42平方公里，地势西北高、东南低。

南阳路街道辖区主要路段：南阳路段（岗杜街—太极公馆以南）、黄河路段（岗杜北街—黄河路下穿铁路桥）、沙口路段（金水路铁路桥以北—农业路高架以南）、二环道（二环道以西至下穿桥中心线）。辖区共有10个社区，159个居民楼院，常住人口68045人，流动人口23847人。有回族、满族、壮族、土家族、蒙古族、瑶族、朝鲜族、布依族、侗族9个少数民族。拥有河南省红十字血液中心、郑州市政管理处、恒天重工股份有限公司等公共单位。辖区有南阳路、沙口路、黄河路、卫生路等大小街道21条，交通便利，22、23、27、30、32、41、67、71、83、91、202路公交车从辖区通过。

2020年，南阳路街道完成税收2.28亿元。全社会固定资产投资目标总量11.41亿元；社会消费品零售总额完成16.61亿元；省、市、区重点项目年度投资完成20.16亿元；引进域外境内资金12.9亿元；辖区在册建筑业企业23家，完成建筑业产值6.68亿元。

【重点项目建设】 寺坡、六里屯城中村及连片改造项目。安置房网签完成1369套，共回迁528户，回迁率达99.5%；A-03地块连片安置房7#楼、8#楼、9#楼已封顶。

大孟砦城中村改造项目。F地块已经全部封顶；安开混合G地块7栋住房二次结构砌体已完成；I-01、I-02地块5栋楼主体封顶。

王府坟城中村改造项目。项目进度如下：1#楼、2#楼建至15层，3#楼完成地下室负二层顶板、梁模板铺设、墙柱合模，4#楼完成地下室负二层模板加固，5#楼建至3层。

红专路道路改造工程。红专路（海滩街—天明路）主路已铺设第一层沥青，准备铺设面层沥青，北侧人行道正在进行电力施工；孟砦路已完工；红专路（南阳路—铁东路）雨污水管道改造已完成，正在进行路床的铺设。

海滩街（黄河路—丰乐路）道路改造工程。正在进行雨污水管网、电力施工，金水区外国语小学门前已铺设保通路，同时正在协调红线内附属物拆除工作。

【城市高品质建设和管理】 开展“全城清洁”“联合执法”行动。全年对辖区56个无主管家属楼院“全城清洁”530次，清理各类杂物、垃圾410余车；对市容环境治理、交通秩序整治进行联合执法，共清理占道1123余处，治理“突店”经营869余处，劝阻非机动车乱停乱放2100处，清理非机动车、共享单车1200辆，清理废旧、“僵尸车”6辆。

推进数字化案件办理及垃圾分类。全年共计派件14500余件，及时处理回复14400余件，综合处置率99.8%以上；以“党建引领七驾齐驱”管理模式，推行生活垃圾分类社区自治共治，促成171栋家属楼院实现垃圾分类自治模式。

做好养犬工作。对辖区所有犬只进行摸底排查登记，建立台账，实行规范化管理。截至年底，共排查犬只2530只，办理“养犬证”2530只，年复审率达到100%。

推进路院共治。把握全市“双改”工作契机，从城市发展的全局出发，以路院共治为抓手，充分挖掘郑纺机厂丰厚的历史文化底蕴，围绕黄河路南阳路“金水纺苑”建设，协同规划设计、合理统筹，将纺机前街2号院打造为投入成本相对较小、综合品质明显提升、生活功能比较完善、得到百姓拥护支持的可复制推广的老旧小区改造示范点，受到省区市领导及人大、政协多次观摩调研。

完成主干道综合改造工程。按照“一环十纵十横”道路综合改造安排部署，全面推进辖区黄河路、京广路道路改造提升工作，重点推进黄河路南阳路、黄河路沙口路道路节点沿街建筑立面、防盗网拆除、架空线缆入地、街景景观绿化、“金水福苑”及“金水纺苑”等改造项目。

提升旧改工作。突出“一拆五改三增加”和“最多改一次”原则，延续“建管一体化”工作模式，2020年实质开工22个楼院。同时高标准打造黄鹤小区、黄河路230号院、东三街北段4号院3个旧改示范楼院。

推动支路背街综合改造。以“千、百、十”道路创建为抓手，对辖区所有道路内的改变房屋用途、违法建设进行“拉网式”摸底排查整改。改变房屋用途已基本整治到位505处；整治违建20处，拆除整治率达100%。

【污染防治攻坚】 提升散尘污染治理水平。针对辖区15个建筑工地建立24小时巡查机制，确保出现扬尘问题第一时间发现、治理和上报，全年共收到并回复处理区下发督导案件250余件，回复率100%。同时推进工地扬尘智慧监管建设，督促4家规模以上工地进行智慧化工地申报、安装视频监控、车辆识别装置、喷淋控制装置、电量监测装置等，实现工地远程监控管理。

推进餐饮油烟治理。受新冠肺炎疫情影响，辖区餐饮企业波动较大，南阳路街道办事处对辖区各单位（门店）的油烟净化器安装使用情况进行不间断地排查并登记造册，更新台账，辖区有大型餐饮企业6家、中型67家、小型216家，共计289家全部加装油烟收集装置。辖区中小型餐饮门店已全部粘贴油烟监控二维码指示牌，开展线上督促及时对油烟净化装置清理。

“散乱污”企业持续动态清零。实施“淘汰一批、整合一批、提升一批”工作方式，持续开展对辖区疑似“散乱污”企业的排查治理工作，同时建立完善常态化巡查机制，防止疑似“散乱污”企业死灰复燃。

【民生实质性改善】 全面推动社会保障。实现新增城镇就业再就业2800余人，失业人员转就业380余人；细致做好低保低收入、残疾人救助、高龄老人津贴工作，完善信息录入、登记造册，实现应保尽保；完善住房保障工作制度，认真做好保障性住房的材料受理与初审工作。

全面推动健康保障。加快推进人口计划生育转型发展、统计改革和信息化建设，辖区总人口88462人，其中已婚育龄妇女18488人，出生统计准确率100%，领取独生子女父母光荣证共计51人，发放60周岁独生子女父母奖励扶助6900余人，全面落实计划生育家庭扶助保障政策。

全面推动便民服务。大厅窗口推行“一口式受理”，实现服务受理“零推托”、服务方式“零距离”、服务事项“零积压”，更好地提升服务质量和办件速度。

【平安建设】 对辖区生产经营单位进行拉网式排查，对发现的隐患问题落实整改到位，做到真排查、严排查，确保全覆盖、无盲区。全年共对1400余家单位、商户开展隐患排查，共计排查隐患800余处。建立智慧消防平台，运用物联网、云计算、大数据、移动互联网等信息技术，推进“智慧消防”建设，实现“传统消防”向“现代消防”的转变。认真落实“分级负责，归口管理”和“谁主管，谁负责”的信访工作原则，特殊时期周六周日坚持接访，做到有访必接，切实解决群众反映的各种困难。

【党组织建设】 推进规范化建设。逐领域制定建设标准、逐支部开展筛选排查、逐社区进行观摩调研，持续推进“红领锋巢”区域化党建联盟体系建设，实现基层党组织战斗堡垒更加巩固。

扩大党组织覆盖面。坚持推动党建与项目建设互促共进，以党建引领“三项工程、一项管理”为抓手，深入开展“挂图作战、集中攻坚”活动，不断推进基层党建重点任务落实落细。

提升服务水平。坚持建管用并重，统筹集聚各类资源，完善各项功能，帮助辖区21家物业服务企业建立党组织并入驻党建指导员，切实树立党员先锋形象，提升党群关系。

强化精神文明建设。不断完善志愿者服务站建设，规范志愿服务运行机制、工作流程和活动开展，提升“社区党建+志愿服务”工作模式，常态化开展志愿服务项目。成立107个志愿服务队，助推“挂图作战、集中攻坚”行动扎实开展。

【新冠肺炎疫情防控】 南阳路街道紧紧围绕党中央和省、市、区委部署要求，自觉扛起重大政治责任，全面动员、全面部署、科学防治、精准施策，疫情防控的各项工作持续稳步推进。拉网排查，全面摸清底数。全方位、立体式摸排楼院住户及重点场所，成立社会防控专班，24小时值守，核实核查境外返回郑州人员、湖北武汉人员、赴京返回郑州人员信息，确保全覆盖、无死角排查登记。强化楼院管控，规范“卡口”工作。辖区无主管楼113个，有物业楼院61个，经前期合并调整共设置了155个管控服务点。每个管控服务点设有专班专案，全程负责楼院疫情防控。多方联动，积极开展爱国卫生运动。加强对辖区车辆、人流量较大的商场周边、医院等区域卫生死角整治和清扫力度，组织环卫人员增加清扫保洁频次，杜绝脏、乱、差卫生环境问题，做到零“漏洞”，从根本上减少病毒滋生地。广泛宣传引导，做好思想保护。通过张贴防控标语500余处、悬挂条幅1500多幅、制作600余块防控服务点宣传栏、张贴和发放各类宣传彩页9万多份，引导居民科学防治。五是强抓复工复产，推进“三送一强”活动。为维护正常经济社会秩序，保证项目建设发展进度，街道坚持“一手抓防控、一手抓生产”，在确保防控工作效果的同时，有序推进企业、工地复工复产工作。“三送一强”活动开展以来，街道主要领导带头实地指导疫情防控和产能恢复统筹情况，同时积极对走访情况建立问题台账、重点企业台账和重点新开工项目台账，对走访情况进行分析总结。

（撰稿：轩冰冰　审阅：任红伟）

大石桥街道

【概况】　大石桥街道成立于1984年，位于金水区西南部，东与经八路街道接壤，南隔金水河与二七区相接，西与中原区相望，北与南阳路街道为邻，办公地址设在优胜南路3号院11号楼。辖区面积约1.9平方公里，呈不规则的东西向长方形状，下设9个社区。

2020年，大石桥街道完成公共财政预算收入2.1亿元，占全年任务96.0%，同比增长65.2%。省、市、区重点项目完成3.24亿元，占目标任务的136%；社会消费品零售总额完成26.59亿元，占全年任务目标任务的100.4%，同比降低14.1%。

【市政节点工程】　省、市、区重点项目有序推进。沙口村改造项目安置房建设1期、2期均已封顶，正在做二次结构，按照预定工期有序推进。市政控制性节点（地下交通）工程项目大石桥站，优胜南路4号院1号正在协商拆除，其余房屋均已拆迁完毕。569户房屋所有权证已注销545份。

【城市管理】　以“三项工程、一项管理”为抓手，高品质打造惠民工程。着力打造综合改造示范道路，验收通过区级优秀路段8条，已打造黄河南街示范道路1条，提升街区服务功能和形态风貌；加速推进以金水路78号院、东三街14号院、防疫路4号院为示范楼院的31个老旧小区改造，2020年总体进度达70%以上。狠抓城市精细化管理，搭建“1+2+N”工作框架，促进辖区城市环境整体改善；新建停车场3个、82个停车泊位；倡导垃圾分类新风尚，新设“四分类”垃圾桶1200个，覆盖90个楼院，“绿色、低碳、环保”理念深入人心；聚焦生态环境保护，新增绿化14200平方米，新建公园1个。

【大气污染防治】　做好工地防疫和夏季管控。对辖区地铁3号线金水路站、沙口村安置房1期和2期、千寻大厦等项目，严格落实疫情防控措施，确保来郑人员信息准确，身体健康。加强工地夏季臭氧管控措施落实到位，工地实行“专员”24小时驻守，确保所有工地按要求施工，上午10点到下午6之间严禁进行电焊、喷漆等易产生VOCs的施工，督促施工单位严格落实主体责任，坚决按照“8个100%”施工要求达标施工。

餐饮油烟整治。加快推进辖区内19家企事业单位和大型餐饮企业油烟净化在线监控系统安装工作，利用科技手段监测油烟净化设备使用情况。依照《金水区2020年夏季餐饮企业油烟污染防治专项行动方案》在全辖区开展餐饮企业油烟专项治理，联合执法中队、食药、工商、城管等部门开展执法行动146次，下达整改文书79份。开展餐饮企业“二维码电子身份”安装工作，辖区所有餐饮企业全部安装“二维码电子身份证”，每月5日和20日前餐饮企业通过扫描二维码进行油烟净化设备保养信息登记，实现全流程动态管理。

【民生工程】　提升公共服务能力品质。街道党群服务中心建设面积3000余平方米，主体已完工，内部二次建设已完成95%。街道社区卫生服务中心已完成建设。沙口村安置区A、B地块2所公办幼儿园建设主体已封顶。

做好低保优抚、临时救灾救助、扶贫助残等工作。保障弱势群体基本生活，落实灵活就业、养老、医疗保险补贴等各项优惠政策，开展创业培训、2020年首届健康路夜市招聘会、秋季招聘会，继续拓宽就业渠道，实现城镇新增就业1952人，发放小额担保贷款830万元。保障性住房工作稳步推进。投入运营社区托老站4家；发放各类救助金326.86万元；发放生育登记服务证209人；帮助330名退役士兵完成社保补缴、接续；发放优抚金210.39万元；大力推进社保业务“就近办”，办理社保业务995件。

【平安稳定建设】　扫黑除恶专项斗争深入推进。加大宣传力度，营造浓厚氛围。综合运用传统宣传载体和微信工作群、报纸刊发等新媒体手段，广泛深入宣传发动扫黑除恶专项斗争，拓宽群众举报渠道。突出排查重点。对辖区内的重点地区、重点人群进行专项检查，坚决做到“黑恶必除，除恶务尽”，确保扫黑除恶专项行动取得成效。

妥善做好稳控化解工作。深入开展矛盾纠纷排查工作，坚持普遍排查与重点排查相结合，对于排查出来的矛盾纠纷，提前介入做好政策解释和思想疏导，真正做到发现得早、化解得了、控制得住、处理得好。2020年，共排查各类矛盾纠纷382余起，化解371起，矛盾化解率97%。持续开展“大排查、大整治”专项活动。联合区应急管理局检查六中队，对辖区规模以上企业进行全面检查，共开展安全生产排查整治行动5次，检查生产经营单位20余家，发现并整改安全隐患8次。

【党组织建设】　引导基层党组织、积极投身疫情防控。动员各基层党组织、党员志愿者通过亮党员身份、起模范带头作用，引导广大党员群众积极参与到疫情防控中来，16个临时党支部、36个临时党小组、585名志愿者主动认领管控服务点上的岗位。26个基层党组织自发捐款68642.6元，党员覆盖率达90%；提交入党申请书14人，火线发展党员1人。拍摄疫情防控微视频《只要平凡》，荣获金水区一等奖，并在“学习强国”APP平台展播。

“挂图作战、集中攻坚”行动。成立“挂图作战　集中攻坚”行动领导小组，围绕2个部分8项指标制定大石桥街道基层党建重点任务“挂图作战　集中攻坚”行动目标任务台账，每周对各社区工作推进情况和完成情况进行通报，结合“亮、赛、比”等活动形成互促共进的局面。31个“三项工程、一项管理”项目和46个无主管楼院已全部实现党组织覆盖，14个物业服务项目全部完成“双向进入、交叉任职”，新组建物业服务企业党组织7家、10人以上非公有制企业党组织13家。

精神文明创建。在辖区内制作大型公益广告6处。制作创文宣传展板500余块，分别张贴至各楼院及单元，在各社区家属院内进行广泛宣传。利用辖区商铺电子屏及公益广告宣传“创文”内容，用板报、宣传旗、趣味活动等形式进行“创文”宣传。制作小型文明知识宣传牌120块在辖区每个单元口进行悬挂。印制创建文明城市调查问卷4000份，在辖区居民中展开调查活动，发放市民文明手册1万余册，进一步提高居民对创文工作的知晓率。

明确党风廉政建设主体责任和监督责任。签订党风廉政“一岗双责”目标责任书，实行工作报告制度和约谈提醒制度。加强对街道干部职工在岗在位、午间饮酒、工作态度、履职情况等进行督查。成立专门督查组，深入社区楼院、居民群众，督查矛盾纠纷排查、楼院卫生创建等工作开展落实情况。

【新冠肺炎疫情防控】 大石桥街道办事处成立新冠肺炎疫情防控工作领导小组，多次召开工作会议，听取防控工作进展，研判疫情发展态势，分析防疫重点、难点问题，安排制定工作措施。为压紧压实防控责任，在辖区87个楼院全面落实“六包一”网格化管理责任制，在各楼院门口悬挂“六包一”责任示意图，公布楼院负责人、值守人员电话。街道党工委书记、办事处主任既当指挥员，又当战斗员，每日深入各社区、楼院逐一察看管控服务点工作情况，现场解决发现的问题。

筑牢阵地堡垒，强化联防联控。为全力做好防控工作，充分发挥基层党组织和党员在疫情防控工作中的战斗堡垒作用和先锋模范作用，广泛动员社会各界力量参与疫情防控工作。街道党工委牵头抓总，各社区党组织坚守疫情防控前沿，以楼院为作战单元，辖区63个管控服务点都成立了临时党支部或党小组，把生活、工作在辖区的各类党员全部“网”进疫情防控党组织，保证每个值守帐篷有党组织、有党旗、有党员，每名党员都佩戴党员徽章，身着红马甲，佩戴红袖标，亮出身份。在疫情防控工作中，充分发挥党组织凝聚作用，广泛吸纳社会志愿者、爱心企业、辖区共建单位以及文艺团队等群体积极参与疫情防控工作，积极整合街道社区工作人员、下沉人员、楼院长、临时党支部、公共单位、各类志愿者等人员力量，对辖区16753户居民进行精准摸排，对重点人员实行动态监测，实时掌握人员动态信息，实行日报、汇总、梳理、上报等制度，确保疫情防控信息畅通。动员组织志愿者参与管控服务点轮班值守，进行政策宣讲、测量体温、扫码登记、突发事件应急处置、消杀消毒，为隔离人员代买代购等服务，严格按照“到人、到时间、到楼院、到措施、到职责”的“五到”工作要求，实现对全辖区防控防守无盲区，筑牢联防联控坚实堡垒。

（撰稿：杨　崇　审阅：宋　锋）

南阳新村街道

【概况】 南阳新村街道，位于金水区西北部，东至丰庆路，与文化路街道办事处相邻；南至太极公馆小区南墙，与南阳路街道接壤；西至嵩山路北段，与西开发区石佛乡乌龙口村相连；北至兴隆铺热电厂刘寨工业园区南墙，与惠济区相接，呈不规则的南北向长方块状。京广铁路、沙口路、南阳路、丰乐路、天明路纵贯南北，农业路横穿东西，总面积7.5平方公里，交通便捷。现辖12个社区，共211个楼院，80%为无主管楼院，辖区居民16万余人、49438户，其中，常住人口136890人，流动人口约25600人，是金水区面积较大、人口较多的街道之一。街道党工委有12个社区党委、18个“两新”党组织，直管党员3028人。

2020年，南阳新村街道办事处公共财政收入完成1.93亿元，占全年任务的107%。固定资产投资全年完成6.23亿元，占目标任务的73%；社会消费品零售总额完成19.42亿元，占全年任务的88.2%；重点项目建设完成投资8.93亿元，占目标任务的105.07%；域内境外资金完成8.2亿元，占目标任务的103%。

【城市管理】 抓好重点领域卫生环境的消杀工作，辖区楼院消杀率达到100%。积极完善辖区绿化，新植乔灌木8232株，地被13000平方米，绿化面积及覆土面积均为42000平方米，补种月季10000余株。开展“全城清洁”行动37次，清理垃圾256立方米，清扫道路15万平方米，清除杂物乱堆484余处，卫生死角476余处。已超额完成“千、百、十”示范路段建设工作，9条路已完成市级优秀路段验收。强力推进迎接国家卫生城市复审工作。切实做好三条综合示范道路改造工作。持续完成老旧小区改造任务。2020年，系统改造老旧小区35个，施工总进度为65%。常态化做好大气污染防治，统筹抓好工地开复工及疫情防控工作。排查、整治“散、乱、污”，及时发现及时治理，保持动态清零。开展小微企业危险废物排查，完成辖区19家汽修企业的危险废物集中收集试点工作。完成3台天然气锅炉低氮拆改，1台已改造燃气锅炉在线监控设备的安装工作。按要求对辖区非道路移动机械进行规范治理，禁止违规使用。对生态环境部、中央环保督察回头看以及省环保督察问题整改情况进行再排查，防止问题反弹。

【社会管理和信访工作】　办理系统案件63件，集体访10起、10批、80人（次），堵门、堵路6起，落实预警信息41次。制定全年《安全生产工作要点》，签订《安全生产目标责任书》，签订率100%；全面开展各类重要节点、重点行业领域安全生产大检查工作；开展各类宣传教育培训工作；扎实做好汛期防灾减灾工作。社会治安综合治理。2020年街道技防监控系统已完成，辖区的道路和楼院监控系统已实现全覆盖；深入开展对邪教的专项整治及扫黑除恶专项斗争。排查调处各类矛盾纠纷450起，调解率达到100%。

【社会保障和民生实事】　受理公租房新户15户，处理问题件388余件；为222户、287人落实最低生活保障待遇，发放低保金197万元；审核高龄津贴申请材料5384人，发放高龄津贴233万元。城镇居民奖扶人员累计申请7559人，涉及资金847万元；申报独生子女死亡或伤残特别扶助对象124名，涉及资金188万元；办理一孩生育服务证392个，二孩生育服务证363个，三孩生育证审核2个，独生子女光荣证123本。完成就业2568人，占全年任务的122%；接管省市退管人员10057名，接管企事业单位离退休人员9525人；新增城乡居民基本养老84人，办理全民医保1600人；更新辖区企业台账1716家，完成在建工程诚信等级评价20家。

扎实有序推进第七次人口普查工作，组织培训4期，对120名指导员和598名普查员进行培训，张贴海报6000余张，发放宣传彩页1万张，放置易拉宝13个，摆放展板90块，悬挂条幅300幅，开展形式多样的宣传活动，切实提高普查对象的支持度、配合度。2020年，党群中心共接待服务居民164578余人次，建立6个微信居民群，日接待量最高可达600余人次，开展“初心加油站”党建活动130余场、“志愿新村”180余场、“人人主题汇”活动120余场、“公益学堂”活动11000余场、“便民零距离”1500余场。开展11期“311空巢老人帮扶”活动，服务空巢老人538户；益惠卡商户已合作90余家；爱心课堂已经开了28期，服务累计12600人次。走访慰问辖区164名优抚对象、42名退役军人公益性岗位人员、14名困难企业军转干部。为17名在郑州参保“两属”困难企业退休军转干部发放春节慰问金29500元；为11名

南阳新村街道党员志愿者防疫卡点值守　　（南阳新村街道/供图）

企业军转干部发放春节慰问金17500元，并发放生活困难补助费138359元。组织165名伤残军人、“两参”人员、“三属”、60岁以上农村籍义务兵等进行年度审核认定。开展纪念抗美援朝出国作战70周年老兵座谈会，为43名参加抗美援朝的退役老兵发放纪念章，并发放慰问物资。开展“致敬2020网上祭英烈”、企业军转干救助、部分退役军人社保补缴、优抚对象临时价格补贴、消费券发放等工作。

【党建工作】 开展“大支部”及组织生活不规范等问题支部集中排查整顿工作，增设27个社区党支部，全面完成整改工作。挂图作战，开创高质量党建工作新局面，成立8个改造项目临时党支部、18个无主管楼院党支部，覆盖54个改造项目和152个无主管楼院，全面提升城市基层党建质量。积极筹备“两委”换届选举，深入谈心谈话，广泛剖析测评，开展竞争上岗，为换届选举工作打好基础。

【新冠肺炎疫情防控】 认真按照上级指示精神，做好疫情防控各项工作，疫情防控期间，共设卡点178个，制作各类宣传页11万余份、宣传条幅2860余幅，通过微信宣传85000余人次；累计排查148500余户、287980余人，排查重点场所1860次，国内返回郑州11800户，涉及人员20236人，有效地处置了3名确诊、12名疑似和151名密接人员；辖区国外返回郑州人员189人，全部做到了零感染。

（撰稿：窦希艳　审阅：王帅亮）

丰产路街道

【概况】 丰产路街道地处郑州市城区东北部，辖花园路、政七街以东，东风渠、农业路以南，中州大道以西，黄河路、纬五路以北，东与郑东新区相连，南临花园路街道办事处，西接文化路街道，北连北林路街道。2020年，辖区共有主次干道及背街小巷23条，总面积8平方公里。现辖17个社区、1个常砦行政村和7个自然村，总人口约18万人。辖区有河南省财政厅、省粮食局、省质量技术监督局、河南报业集团等50余家省直单位。综合服务设施完善，拥有中国工商银行河南省分行、国家开发银行、农业发展银行河南省分行等众多金融机构和省人民医院、省胸科医院、黄河路第三小学、34中、61中等科教文卫设施。以省人民医院为中心的医疗科技商务服务商圈、以省财政厅周边楼宇为中心的财富广场金融业商圈容纳和服务了众多的大型企业与中小创业公司，极大地激发、促进了街道经济的增长潜力。

2020年，丰产路街道完成财政收入10.19亿元，占全年任务的103.84%；完成固定资产投资70.93亿元；完成重点项目投资74.71亿元；完成社会消费品零售总额64.93亿元，同比增长5.5%。

【城中村改造】 坚定信心，克服外部重重困难，一方面集中力量冲刺西韩砦片区改造房屋征收拆迁，在保障项目建设期间，符合大气污染防治“8个%”工作要求的同时，积极协调各方，主动作为，千方百计解决项目面临的实际困难和问题，倾力推进安置房项目建设，部分城改项目已步入建设快车道；另一方面努力做好群众工作，通过村民组和党支部及时向村民通报改造建设动态，想方设法争取群众的理解和支持，统筹协调拆迁村民过渡安置的稳定，保障产业发展稳步提升。

【高品质城区建设】 以改善人居环境，提升道路和小区基础设施面貌为出发点，在已建设的黄河路、经三路综合整治示范道路的基础上，坚持“块抓条保”工作机制，立足为民，拆除全段42处面积6500余平方米的违章建筑，迁移17处变电箱，推进住改商以及整饰沿街各楼体外立面等综合整治任务；全力对2020年计划改造的45个老旧小区，共188栋楼，涉及居民6478户，建筑面积59.82万平方米的改造任务发起攻坚，依靠群众、立足为民，成立的改造提升工作临时党支部，共计征求意见5939户，已完成6200平方米的违建拆除，凝集群众智慧和意见，坚持大整治和微改造相结合，建设和谐宜居、群众满意的城区新环境。

以提升城市精细化管理水平为目标，扎实推进迎接卫生城市复审工作各项整治任务的落实。街道以社区为整治工作落实阵地，分包社区班子成员为阵地指挥，各职能科室和垂直管理执法部门为保障后盾，成立10个创卫复审工作推进小组，协同配合，各有侧重，持续推进复审工作的问题自查整改和处置，常态化保持辖区各类型场所环境卫生干净、整齐。

【民生服务】 常砦社区、金龙社区养老照料设施建设基础建设已完成，设施配备基本完成；押砦社区、姚砦社区养老照料设施升级改造工作已全面完工。推进社保业务“就近办”，提高政务服务水平，打通服务群众的“最后一公里”，社会民生补贴津贴严格依规惠民，就业再就业任务超前完成计划目标，社会保障工作在积极的政策宣传引导下新增和续缴人数持续增长。街道便民服务中心积极推进受理关口前移，认真做好四级联动工作协调和配合等工作，37项为民服务业务均纳入便民服务中心窗口办理，同时加强窗口人员的学习培训，群众办事满意度逐步提高。

【社会治安综合治理】 加强社会矛盾纠纷排查、化解、调处力度，坚持工作例会和督查快报制，定期将工作中的问题情况进行点对点通报，落实领导包案责任制，分包领导和社区党组织将工作落到平时，入院入户，提前介入化解矛盾，倾听群众诉求，提升化解社会重大风险的能力水平。加强安全生产工作，严格落实安全生产管理“一岗双责”领导责任制、消防安全责任制，加大对楼宇企业、居民楼院、建筑工地等场所的安全隐患排查处置力度，集中开展6次安全生产大排查大整治工作，坚决杜绝重大安全事故发生，全面提升突发事件应急处置能力。

【构建党建新格局】 以街道党工委理论中心组学习、“三会一课”等党内生活为主要抓手，结合“党课开讲啦”“万名党员进党校”等活动，全年开展社区书记轮训、党员教育培训320余次。落实民主集中制，主持召开党建专题会议15次，深入社区（村）开展调研13次，在街道各级党组织中建立党建联系点20个，通过“五个一”工作法，累计为党建联系点解决难点问题60余项；与村、社区书记签订党建目标责任书17份，列出党建考核细则8项，坚持问题导向，结合2020年区委巡察组的意见建议，查找出党建工作中的问题10项，有针对性地开展专项整治行动，问题已全部整改。

认真贯彻落实《农村基层组织工作条例》和村（社区）“两委”换届选举方案，累计召开培训会、专题会12次，严格落实信访工作“三个一”机制，化解信访问题7个，研、选、育结合，走访离任干部、党员群众80余人，下物色高素质人选36人，完成村（社区）党组织换届工作。在新一届村（社区）党组织中开展“八个一”系列活动，召开见面谈话会、廉政谈话会2次，领办“开门一件事”18项，以“X+1”形式，组建由17名成员组成的“书记帮带团”，通过“引”思想、“传”经验、“帮”工作、“带”形象，有效提升4名新任社区书记的工作能力。

以逐村（社区）观摩为抓手，结合“亮、赛、比”活动，形成有见解、有创新的书面材料18篇，进一步发挥“头雁效应”，全力推进黄河路经三路沿线道路整治提升、老旧小区改造等工作。召开区域化党建联席会4次，完善区域化党建单位联动机制。以“红色物业”为载体，不断提升党建引领物业服务水平。以楼宇党建为特色，通过实施“六联”机制，构建“1+1+1+N”联建模式，全力打造金成时代广场党建示范点建设。突出“品牌效力”，结合“去行政化”，以集约化形式打造6880平方米的街道党群服务中心。积极落实智慧养老产业发展行动计划，2020年12月27日，街道办事处入选全国第四批智慧健康养老示范街道。建立无主管楼院“一核多元　融合共治”的治理机制，成立无主管楼院党支部10个，引导、指导无主管楼院小区成立自管会42个，建立群众性志愿服务队伍43个，实现无主管楼院“无管”变“共管”。

【新冠肺炎疫情防控】 健全“1+3”工作机制，筑牢疫情防火墙。实行每日一会制度。街道疫情防控领导小组每天下午5时召开工作组碰头会，及时通报工作进展，汇报存在的问题，协商处置办法，并根据疫情发展趋势变化和上级部署要求，及时调整工作策略。筑牢三道防线。筑牢模范防线：发挥党建引领作用，街道和社区党员干部、公共单位党员、小区常住党员带领社区工作人员、物业人员、楼栋长、热心群众对辖区进行地毯式排查、网格化管控，深入每户细致摸排，落实排查情况日报告及信息登记制度、疫区进入郑州人员跟踪电话回访制度。筑牢思想防线：在各小区楼院醒目位置张贴宣传彩页3万份，悬挂宣传条幅3000余幅，发放疫情倡议书3万余份。在户外LED大屏播放宣传片，引导群众科学防控，保护自身生命健康。加强正面宣传，不造谣、不传谣、不信谣，防止引发恐慌。筑牢安全防线：小区物业每天全面消毒，无主管楼院由街道统一请消杀公司消毒。辖区内各小区共配备400余个废弃口罩垃圾桶，由专业人员定时收集、消毒、清运。

构建“一二三四”防控模式，打好管控组合拳。上线1个小程序，实现信息登记电子化。面对居民和返郑人员的基数大、返郑速度快、人流量大的情况，街道率先在疫情防控初期与相关企业联动研究建立二维码登记系统机制和运行规则，紧急上线了小区健康登记管理系统，并在人流量最大的金成时代广场试行。全市健康系统上线后，街道紧急制作楼院二维码2000余个，无缝对接保障了辖区居民和返郑人员的出入楼院有序、高效。凭2张证明出入小区，加强封闭式管理。街道先后制作并发放居民出入证20余万张，要求小区居民在规定的时间段内全部凭出入证和身份证出入小区。对进入小区的人员严格检测体温，外来车辆一律禁止入内，有效切断病毒传播途径。通过3种途径查清信息，台账全覆盖。对群居群租人员实行上门巡查，结合数据平台和物业公司信息，精准掌握小区群居、群租户基本信息，上门排查、核对群租现状和隔离措施落实情况。率先设置隔离酒店，做好外地返回郑州人员、确诊密接人员的集中隔离安置工作。疫情防控期间共成立医学集中隔离酒店4个，接收集中隔离观察人员587余人，转运确诊病例5例。街道对在辖区药店购买治疗发热、咳嗽相关药品人员和小区登记居住的外籍人士信息及身体状况进行摸排，补充登记台账，避免疏忽遗漏任何管控细节。全面掌握平台推送的前往发热门诊就医人员信息，社区联合社区卫生服务中心一并对发热人员建立随访台账，重点关注重复就诊的发热人员，关注其病情动态，及时核查更新管理台账。四是实行4项措施，科学化防治管控。由街道机关及区直部门下沉的干部带头，整合力量，大力发动楼院热心群众组成“专班+志愿者”队伍，成立“4+1”专班队伍，以楼院卡口为战疫阵地，全天候不间断值守楼院。对居家隔离人员每日2次体温监测，按照隔离管理规定张贴隔离标识，并在楼栋单元口公示隔离住户信息；街道对日隔离最高峰5800余人的居家隔离人员进行巡查并提供“代买代送”服务，保障居家隔离人员生活必需物资，社区志愿者通过电话、微信等方式积极与居家隔离人员沟通联络，疏导心理、安抚情绪，确保隔离期人员身心舒畅。逐步建设完善标准化管控服务点。在小区限定出入口设立管控服务点，划定功能区域，人员在出入过程中互不影响；配备洗手液、消毒液为进入人员做基础消毒；除张贴宣传海报及公示政府通知通告外，还完善了二维码、通道指示等标识标牌，方便居民高效通行，人员不因扫码登记而排队聚集；与公安分局联动，建立“一院一警”制度，随时处置突发事件。在严防疫情防控期间，坚决落实“两证一扫一测”。明确专班责任制，在街道专班小组的带领下，以物业公司管理为主，无主管楼院以专班负责人为主，各有侧重，对辖区各居民楼院实行封闭管控。

“三到位”筑牢复工疫情防

线，统筹推进经济发展。统筹推进疫情防控和经济社会发展工作，面对疫情，丰产路办事处及早谋划、提前介入、细致服务，为企业复工复产按下“快进键”。摸排宣传到位。街道由相关分管领导牵头，以网格化管理方式，对辖区商务楼宇开展企业返岗复工摸底排查工作，了解企业经营情况和人员复工情况。及时将各级部门关于疫情防控的指导性文件、各级政府关于应对疫情缓解企业经营压力的措施及细则通过线上、线下的方式传达到每一家企业。主体责任落实到位。主动与楼宇物业公司建立联防联控的管理机制、疫情报告机制，全面落实楼宇疫情防控主体责任，督促物业严格按照规定每日对楼宇公共区域以及电梯间进行消杀，定点设置废弃口罩回收点，关闭楼内公共空间，对进入楼宇人员逐一进行登记、测温、建立台账。支持帮扶到位。一方面街道积极支持楼宇企业有序安全复工，为企业复工创造条件和便利。另一方面规范复工秩序，做实复工核查。街道制定复工复产流程图，指导协助企业单位制定疫情防控应急预案；市、区领导和办事处主要领导走访辖区规模以上企业，开展“三送一强”活动，疫情防控斗争期间，街道共协调帮助263家企业购买防疫物资口罩18万个、消毒液5.2吨，为辖区枣庄城中村改造项目协调建设资金6000万元。

（撰稿：杨　晨　审阅：姚文波）

东风路街道

【概况】　东风路街道位于金水区西北部，东临渠西路，南到双铺路，西至南阳路，北接北三环，辖区总面积6.5平方公里。东风路街道办事处辖17个社区，3个村，143个楼院，人口15.7万人。辖区公共资源丰富，有河南财经政法大学文北校区、郑州轻工业学院等高等院校，有河南省中医院第二附属医院、河南省煤炭医院等综合医院，拥有河南省科技市场、百脑汇、硅谷广场等高端IT产业汇集地，是金水区委、区人民政府、区人民检察院等区级机关所在地。

2020年，东风路街道办事处公共财政预算收入完成3.58亿元，同比增长8.6%；固定资产投资完成18.12亿元；社会消费品零售总额完成117.64亿元。

【项目建设】　2020年，小铺城中村改造项目（续建）完成投资8.3亿元。十二里屯城中村改造项目完成投资5200万元，9号楼已封顶。姜砦城中村改造项目5栋安置房已有4栋封顶。大铺城中村改造项目A1地块5栋安置房均已出正负零，最高建至19层；A2地块正在进行二次结构施工。安尚逸品铭座大厦项目完成投资3800万元。恒大都市广场项目完成投资9000万元。郑州轻工业学院老校区改造建设工程项目完成投资5000万元，学生宿舍、食堂主体结构施工已完成，工程训练中心正进行桩基施工、土方开挖。

【城市管理】　打造完成文劳路（园田路—文化路）、信息学院路（双铺路—北环路）、北三环南侧（丰华路—索凌路）3条示范道路，因地制宜设置微景观、城市小品17个，新建游园2个，城区环境进一步提升。以文雅小区、南阳路105号院、河南省会计学院家属院老旧小区改造为示范点，统筹推进辖区13个老旧楼院升级改造，共拆除违建5653平方米，清运垃圾13670吨。

【大气污染防治】　全面完成对辖区9个工地智慧化监控管理。严抓工地扬尘治理，督促工地整改存在问题95处，扬尘治理成效显著。开展散煤治理专项检查行动，通过地毯式排查，确保全域无煤化管理。排查餐饮服务单位500余家，整改餐饮油烟问题46家，督促20家大型餐饮服务单位完成安装油烟在线监控系统，完成11家单位锅炉低氮改造，切实做到室外喷涂、切割、焊接等“散乱污”问题动态清零。

【社会民生】　统筹做好退役军人、低保、残疾人、失业人员等的社会化服务。2020年，街道共为退役军人及“三属”人员发放临时价格补贴109906.79元；为27名残疾人申请关爱卡；为14名残疾人发放18件辅助器具；实现城镇新增就业2509人，城镇失业再就业370人。在博颂路、明达路、丰乐路、园田路等统一施划夜间限时免费停车位，新增公共停车泊位1456个，满足群众停车需求；新增城镇就业2509人，发放创业担保贷款3290万元；组织市场监管、住建、教育、民政、消防、公安等相关职能部门组成联合执法组，对辖区无证幼儿园进行检查，提出整改意见，准入2家、整合9家、取缔7家。

【基层党建】 以加强党的思想建设为目标，开展“听党话、感党恩、跟党走”主题教育13场，集中学习市委书记徐立毅调研金水讲话精神8场，通过线上线下开展“弘扬劳动精神，争当出彩先锋”活动26场，举办弘扬劳动精神演讲比赛3场。通过定期开展逐社区、村观摩，开展村（社区）党组织书记“亮、赛、比”及“学、思、践、悟”大练兵活动，进一步学习先进、相互促进。通过组织开展“手抄党章”、党建知识现场提问、“学习强国”APP月度积分评比、党建知识考试、抽查党员学习笔记等形式，以考促学、以查促进，增强学习效果。通过线上线下开展“听党话、感党恩、跟党走”主题教育13次，举办弘扬劳动精神演讲比赛3场，学习徐立毅调研金水讲话精神8次，中共十九届五中全会精神33次，党员干部的工作劲头、干事热情进一步提高。

大力开展“挂图作战，集中攻坚”。先后成立老旧小区楼院整治提升临时支部委员会11个，成立无主管楼院（片区）党支部9个，“三项工程、一项管理”工作得到有力推进。中海锦苑、天伦锦城等小区成立“红色物业”，建立“红色议事厅”，小区物业服务更为优化。通过在无主管楼院推行“一核多元、融合共治”工作机制，涌现出丽江水花园小区等先进典型，为居民减免、节约公摊费用200余万元。

持续优化干部队伍。村、社区换届选举工作中，街道主要领导提前介入，深入各村，通过个别谈话、集体座谈等方式摸准村情、民情、选情，确定了“白庙村更新换代、宋砦村补充新鲜血液、十二里屯村确保稳定”的村级换届选举工作原则。街道打破求稳怕乱的思维惯性，突出党的领导，突出政治标准、政治表现，坚持优中选优“下深水”选人，社区、村党组织班子成员平均年龄35.6岁，其中，35岁以下人数70人，占比57.3%；大专及以上学历113人，占比92.6%；女性“两委”成员80人，占比65.5%。干部队伍得到优化，

改造后的园田路3号院　　（东风路街道/供图）

基层组织更加坚强有力。

【新冠肺炎疫情防控】 新冠肺炎疫情发生后，街道成立了疫情防控领导小组。多次组织召开工作协调会，明确各社区、村党组织书记为疫情防控工作第一责任人，注重发挥各基层支部的战斗堡垒作用和党员个人的先锋模范带动作用。各社区、村支部根据各自实际先后成立疫情防控临时党支部19个，成立临时党小组155个，组建党员志愿者服务队47个。

组织成立疫情防控专项督查组，每天深入社区村疫情防控一线找问题、查不足，督促各防控卡点补齐工作短板，切实将自身发现的问题及上级督查组发现的问题落实整改到位，提高纪律规矩约束的刚性，为疫情防控取得阶段性胜利提供坚强纪律保证。

以居民小区、楼院为基本管理单元，合理设置防控卡点156个，依托《郑州市疫情立体化防控系统》建立街道居民管理系统1个、社区（村）居民管理系统20个，楼院居民管理系统156个，落实、落细疫情防控各项工作要求。

针对街道50个无主管楼院管控力量薄弱问题，先后组织科室、社区、区直单位、巡防、协管、志愿者等500余人充实到无主管楼院，并为每个院调集安装临时帐篷，配齐防控物资，实现24小时应急值守，迅速补齐无主管楼院管控短板。

求真求实、稳扎稳打，及时解决工作中出现的问题。针对合租房屋返郑人员无法满足居家隔离要求的问题，街道及时协调辖区一家酒店作为集中隔离点，并组织医务人员、管理人员、服务人员提供隔离期间的服务，切实解决部分返城人员的后顾之忧。

累计向居民发放《万众一心共抗疫情》通知4万份，宣传页85548份，悬挂宣传条幅1000余幅，在各疫情防控卡点摆放各类宣传展面1500余块，引导群众科学认识疫情，形成人人参与疫情防控的良好社会氛围。

疫情防控常态化后，街道严格落实属地责任，抽调精干人员充实到社区治理办公室，成立疫情防控工作专班，“人防+物防+技防”相结合，健全及时发现、快速处置、精准管控机制，组织各社区村紧盯重点人员、重点场所，慎终如始做好疫情防控。同时，根据区委、区政府“三送一强”工作部署及要求，组织班子成员分别对141家限上企业进行走访，收集到问题建议70余条；对限下企业，利用短信平台强化政策推送6万余条，完成复工备案5028家，累计为企业发放测温枪160把、口罩15900个，解决用工380人、困难事项2828件，减免房租1025.1万元，帮助企业获取贷款300万元，受助企业达2616家，实现了疫情防控与复工复产的“双统筹”“双胜利”。

（撰稿：栾振涛　审阅：郝书文）

未来路街道

【概况】 未来路街道地处郑州市城区中东部，总面积5.2平方公里，辖1个行政村、5个自然村和11个社区，总人口约13.9万人，其中，常住人口6.7万人，暂住人口7.2万人。街道因主干道未来路而得名，与郑东新区CBD隔路相望，承东接西，联南贯北，是金水区的东大门，是郑州中优布局的重要地带。

2020年，未来路街道一般公共预算收入完成7.56亿元，同比增长11.41%；地区生产总值完成160亿元，同比增长6.2%；第三产业增加值完成148亿元，同比增长6.9%；固定资产投资完成20.5亿元，占目标任务的177%；社会消费品零售总额完成59.3亿元；重点项目建设完成投资30亿元，占目标任务的127%。

【经济发展】 打造五大核心板块。坚持统筹疫情防控与经济社会协同发展，持续聚焦“六稳”“六保”任务，认真落实“控、保、稳、进、抬、扛”六字要求，突出医疗康养、金融服务、旧城复兴、人文科教、生活慢街，打造五大核心板块。

塑造夜经济品牌。着力打造金水升龙广场特色商业街区为集美食、餐饮、书店、酒吧、购物于一体的夜间经济消费引领核心区、百花里商业街夜间亲子消费集聚区、郑州贸易中心栈夜间娱乐消费集聚区、唐人街文化广场文娱消费集聚区和英协路福元路夜间特色餐饮示范路五个夜经济品牌。

开展“三送一强”活动。以“三送一强”活动为载体，助力楼宇企业复工复产。全年已帮扶企业10441家，解决企业用工人数1680人，帮助企业贷款3300余万元，帮助企业申请各类奖补资金260余万元。

创建特色楼宇。围绕未来大厦、宏光协和广场、楷林国际、荣勋赢座等金融服务特色楼宇，探索打造现代金融服务产业集聚区，逐步形成金融服务千亿级规模产业。以金水升龙广场商圈、百花里商业街区发展为基点，推动楼宇经济与特色街区、商圈经济互补发展扩充区域经济总量，促进经济持续发展。积极探索“三个一”楼宇服务新模式，持续开展“创新发展微论坛”活动，创新开展“文化服务进企业高端讲坛”4期，助力楼宇企业经营管理水平全面提升。培育年缴纳区级税收100万元以上楼宇23幢，培育年缴纳全口径税收亿元以上楼宇6幢，打造金融特色楼宇1幢，引进知名企业5家。

加大招商引资力度，引进中国人寿保险河南分公司等5家重点企业正式入驻。积极推动中国广电河南5G联合运营创新中心（金水）项目建设，打造5G生态产业链。2020年共谋划百万元以上项目61个。

【城市管理】 生态环境持续优化。以2020年郑州市国家卫生城市复审工作为契机，推进城市管理规范化精细化长效化。大力开展宣传教育、病媒生物预防控制、市容环境卫生治理等工作，下发爱国卫生宣传手册2000余份，病媒生物预防控制宣传页4000余份、健康教育手册2000余份，出动环卫队387人、巡查队202人，排查窨井4429口。

道路综合改造提升。按照“三项工程、一项管理”工作要求，持续深化“一模式四体系”工作法，落实“路长制”工作，改进城市管理新格局；完成40条优秀路段的打造和“一环十横十纵”涉及未来路街道辖区的道路提升工作；以绿化改造提升为着力点，打造未来金燕片区、未来福顺片区、未来民航片区3个美丽街区，因地制宜打造7个微景观，打造生态单侧围墙段5465米，新增绿化面积35241平方米，完成新植乔木3080余株。

综合治理成效显著。持续开展“铁拳行动”和“雷霆行动”，重点整治机动车乱停乱放、共享单车乱停放等违规行为，有效遏制道路交通秩序乱象；积极引入索克物业，推动垃圾分类工作融入物业公司日常管理；切实加强建筑工地扬尘治理及辖区违法建筑集中治理改造，加大违建拆除力度，拆除违法建筑68处、10430.51平方米；积极开展国三及以下排放标准柴油货车淘汰工作，完成36辆问题清单车辆的注销和拆解手续。2020年，共接收数字化案件41063余件，办结数字化案件40893件，结案率99.6%。其中，违章经营16208件，占比40%；非机动车整治1390件，占比3%；宣传广告9651件，占比24%；环境卫生5125件，占比13%；其他类别8689件，占比21%。大气污染防治工作。以智慧化施工工地提升工作为载体，推行“互联网+”智慧监管，积极与施工方对接，完成辖区10个在建工地的智慧化安装工作；对辖区施工工地、工厂企业内非道理移动机械及油品使用进行“拉网式”排查，完成24台非道理移动机械编码登记工作；加大锅炉综合治理，对辖区16家企业的20台锅炉完成低碳改造；对辖区各类餐饮场所油烟净化装置安装、使用、清洁及专用油烟排放通道设置等进行拉网式排查，明确责任人，已有7家进入市级管理平台；排查整治“小散乱污”企业16家，全部签订《危废和固废处理合同》。

新型城镇化建设加速推进。完成聂庄E地块272户安置房交付工作，制定《聂庄城中村及片区改造方案》，已获批复；完成聂庄A-03和开发区2宗土地收储工作；完成18户看守所家属院协议签订和安置房回迁工作，20户室内装修评估；黑朱庄安置房1期住宅已安置750户，商铺分配48套，写字楼182户全部安置完毕；2期已分配房屋160多套。

【民生保障】 各项惠民政策精准落地。树牢人民至上、以人民为中心的发展思想。积极落实各类惠民政策，不断优化居民行政事务办理流程。2020年，共办理生育证、独生子女证991个，落实独生子女父母奖扶对象3562人，独生子女奖励扶助831人，发放奖励扶助金418万余元，落实居民养老保险110人、国家特扶对象21户、35人，完成2020年公租房第1批合同到期重审及公租房（含原廉租房）年审工作（年审17户，重审14户，货币补贴5户），完成64个残疾人过期证件审核及办理，按时发放127名残疾人护理补贴、49名残疾人困难生活补贴、59名残疾人特殊生活补贴，上报精神残疾人员“以奖代补”8人，通信补贴84人，全年为辖区各类残疾人、低保人员及特困人员等困难群体发放各类补助资金近137万元，为1075名80岁以上老人发放高龄津贴达143万余元。实现城镇新增就业再就业2366人，帮助困难人员再就业45人，失业人员再就业287人，帮助辖区企业申请“以工代训”补贴73家，申请小额担保贷款1500万元。

加快民生服务阵地建设。在金色港湾社区打造“果蔬缘@”社区健康厨房项目，“深化老年餐桌”服务范围。在未来路纬二路新建成“未来路街道社区卫生服务中心”并投入使用；依托辖区医疗资源丰富的优势，在姚砦路和民航路与辖区省级卫生医疗机构联合建立资源共享、相互支持、互惠模式的“智慧健康驿站”，其中民航路智慧健康驿站已投入使用，开展健康科普、助老康复、医疗保健、疫情防控等服务，深受居民群众欢迎；新建未来社区卫生服务中心和希尔顿酒店2个母婴室并投入使用。

社会治理能力提升。面向社会招标购买6个专业化社工服务项目，不断拓宽服务渠道、提升服务效能；以“党建引领民生集中服务月”活动为主题，开展活动50余场，真正把民需、民向送到百姓家门口；广泛开展劳动保障监察执法活动，调解讨薪案件108起，讨回工资372.4万元；依托网格化管理平台，解决各类问题1075起，办结率99%。

加大对公益事业、优抚对象投入力度。开展关爱“留守妇女”精准帮扶助农销果志愿服务活动。积极推动公益事业发展，在“中华慈善月”募捐善款19336.99元，“2020郑州慈善日”募集善款800余万元；认真摸清街道优抚对象底数，不断提升服务质量。对203名优抚对象及企业军转干进行走访慰问，发放“爱心消费券”和“十一黄金周”消费券4815张，价值157500元。

楼院改造实现大提升。坚持党建引领，创新设立“一路带两院”3个工作专班，以海星花园、天平花园等4个示范楼院的改造提升带

12月6日，新鑫花园社区党总支开展关爱“留守妇女”精准帮扶助农销果志愿服务活动　（未来路街道/供图）

动19个老旧小区整体改造成效。

【安全稳定】 持续开展安全隐患排查整治工作。以《安全隐患排查治理曝光制度》为抓手，持续推进安全生产专项整治三年行动。建立双重预防机制，完善智慧安监大数据云平台，排查各类场所1022处，排查安全隐患256处，有效预防了各类事故的发生。以微型消防站为依托，打造“三分钟应急救援圈”，处置区域内各类险情52次，间接或直接避免经济损失1000多万元，有力保障了群众生命财产安全。

加强宣传引导，提高群众安全意识。以各类活动为载体，向广大居民宣传、扫黑除恶、安全生产、处置非法集资等相关知识140余次，不断提高辖区群众的思想认识；向广大居民宣传反邪教、禁毒等相关知识，开展防范电信网络诈骗宣传活动，提高辖区群众的思想认识。

主动化解各类矛盾隐患。抓住重大节假日、全国两会等重要节点，广泛开展排查和普法宣传活动，开展各类信访专项排查活动18次，上报不稳定因素86起，本级接访235批780人次；牵头组织召开的三方会谈及约谈28次，组织、配合公安机关到资产投资地核查（实）19次；组织开展法制矛盾纠纷排查治理活动5次，调处成功177件，完成12个社区（村）法律顾问全覆盖工作；积极与公安、工商等职能部门协同作战，集中开展打击和处置非法集资专项整治行动。受理涉非法集资企业75家，涉案金额约130亿元，查封扣押资产约8亿元，累计陆续偿还资产兑付约10亿元。

【基层党建】 高水平抓牢基层党建。为规范党支部建设和党员教育工作，按照地域和功能类别调整组织设置，完成“大支部”整顿支部6个，“两新”组织换届选举17个，新成立“两新”组织11个；以“挂图作战 集中攻坚”行动为契机，突出党建在“三项工程、一项管理”“党建引领民生服务”等重点工作中的引领作用，实现38个无主管楼院党组织全覆盖，组建无主管楼院群众性志愿者服务组织17支，实行“双向进入、交叉任职”物业服务企业项目62个，实现党组织覆盖辖区93家、10人以上非公企业，打造未来大厦楼宇党建、楷林物业和莲花嘉园业委会“红色物业”示范点。

多形式宣传，强化阵地建设。通过开展“亮、赛、比”活动、“逐社区（村）”观摩，互相学习、互相提高，锤炼基层党员干部本领；完成村（社区）两委届期评估，为换届工作打下坚实基础。充分利用“未来大家谈”“万名党员进党校”培训班、党建业务知识测试等载体，加大党员培训教育力度。定期开展“党的创新理论万场宣讲进基层”“听党话、感党恩、跟党走”等主题宣讲活动，有力推进宣传工作遍地开花。完成创建全国文明城市复审工作，抓好《郑州市文明行为促进条例》宣传落实，扎实开展公民道德建设工作。

强化队伍建设，壮大“主力军”。以燕庄村及各社区“两委”换届为契机，3个党总支升格为党委，4个党支部升格为党总支，新当选新一届村（社区）党组织班子成员共62人，其中村7人、社区55人。新老班子年龄、学历、女性对比来看，实现了“一降两升”，班子结构进一步优化。

党建引领各项工作高质量发展。同时，坚持党建引领为先，深入贯彻十九届中纪委四次全会和省、市、区纪委全会精神，紧抓作风纪律，开展“学案例、转作风、提素能”和作风纪律大整顿等专题活动，深化以案促改工作，强化党风廉政建设；切实履行好监督执纪责任，严肃执纪问责，全年共接收上级转办件21件，已全部办结，开展谈话提醒19人，在全街道营造风清气正的政治生态。人大、工会、团委、妇联等工作齐头并进。分别组织区人大代表和政协委员参加区十三届人大六次会议和区九届政协五次会议，每季度组织代表和委员参加街道“政情通报会”，通报“一府两院”工作和街道工作；新建工会10家，建会企业排查104家，涉及工会职工2886人；街道共入编基干民兵80人，组成金水区应急连工程机械排，完成郑州市2020年国防后备力量整组拉动检验考核。

【新冠肺炎疫情防控】 未来路街道办事处以“关口卡得严、人员控得住、小区管得好”为目标，以党建引领下的联防群治承包责任制为抓手，发挥党支部主阵地作用，成立检测站点临时党支部15个，突击队和党员志愿服务队30支，辖区“两新”党组织捐款捐物5万余元，党员捐款15.6万元，爱心企业捐赠大量物资，助力疫情防控。充分整合省、市、区各类工作力量619人，科学分配，组建132个楼院专班，沉入楼院卡口，全程负责楼院疫情防控工作。街道始终坚持把人民群众生命安全和身体健康放在第一位，切实做好疫情监测、排查、预警、防控等工作，织密辖区联防联控网络，有效遏制疫情蔓延势头，实现了“零确诊、零疑似、零感染”的良好效果。

（撰稿：阴丽红　审阅：封　侃）

北林路街道

【概况】 北林路街道位于金水区城区东北部。所辖区域为北环路、八一路以南，东风渠以北、以东，中州大道以西，东西长、南北窄，呈不规则扇形，花园路、经三路、环城快速路交错其间，交通便利，素有郑州“北大门”之誉。辖区面积6.7平方公里，辖11个社区居民委员会，1个行政村（马李庄村），4个自然村（马李庄、桑园、徐砦、黄家庵）；人口15万余人，其中流动人口3万人。辖区单位呈现“三多”的特点：公共单位多。共有35家，其中省直单位3家，分别是省工业与信息化厅、省福彩中心、省电视台和省畜牧局。大中专院校多。包括华北水利水电学院、河南牧业经济学院在内的14所院校。知名企业多。如省工商银行、郑州移动公司、河南小汽车修理有限公司等。

2020年，北林路街道完成地方一般公共预算收入4.25亿元，同比增长18.60%；社会消费品零售总额63亿元，完成率82%；固定资产投资22.95亿元，同比增长11.97%；重点项目建设43.51亿元，同比增长17.04%；实际吸收外资1750万美元，外贸进出口8.23亿元人民币。

【营商环境改善】 2020年，新增“四上”企业21家，完成率100%。积极推动“三送一强”“金水十条”系列“政策包”落实见效，走访规上企业135家、规下企业6242家，帮扶企业4829家；协调解决事项4919个；税收减免465万元、行政收费减免14万元；房租减免29万元、帮助贷款1380万元。完成中国移动5G、人民银行中央空调改造等项目8.1亿元固定资产入库；推动华北水利水电勘测设计有限公司等16家企业获批科研经费；完成“一带一路”特色商圈及楼宇建设；企业数据库得到持续完善。推行“一网通办、一次办成”“一件事”集成办理、“双随机、一公开”等各项改革持续深入。配合商务局搭建纵横进出口有限公司、蓝普实业外贸企业出口转内销线上销售平台，支持河南隆丰化工、市双力化工参加展览展示活动；新世纪农贸市场获评郑州市三星级规范化管理农贸市场。

改造后的经三路　　（北林路街道/供图）

【城市环境治理】 坚持24小时全天候、无缝隙动态监控，23家建筑工地均已完成智慧化工地提升和联网工作。辖区中小型餐饮服务场所全部安装在线管理二维码，实现油烟净化设施从安装使用到运维清洗全过程监管。16家锅炉单位实现低氮排放。2020年，空气综合指数为5.17，全市排名第2，“生态北林”在严管严控中持续改善。

【民生服务】 持续抓好民生工程，设置“一站式”便民服务大厅和多个便民服务窗口，推行业务受理“即时办”，最新政策“早告知”，了解群众需求“主动问”，特殊群体“上门送”等措施，切实提升服务效能。11个社区、1个村退役军人服务站全面建立，顺利办结退役士兵保险接续。

推进老旧小区改造工作。将党员议事会、党员活动日与“日碰头、周推进、月评比”工作机制相结合，共同搭建“街道党工委+社区党组织+临时党支部+楼栋党小组”四级组织架构，由党组织牵头，党员带头，城管、片警、执法、工商、税务、食药、社区等人员共同参与，采取“包家到户、先谈后拆、以拆带建”的方式，成立各类工作专班，层层制定具体拆除方案，共拆除违章建筑45处，3000余平方米；拆除突出防盗窗365户、12000余平方米；拆除灶台外封59户、400余平方米，为破解违章建筑及突出防盗网拆除问题积累了“北林经验”，完成机电小区、北苑小区、奥克家属院等6个老旧小区改造任务。

积极构建1+10+N智慧养老体系。以街道养老服务中心为核心，以辖区10个社区托老站为支撑，以智能化养老为手段，以N项养老服务项目为内容，把“互联网+应用”与“中心+托老站”服务深度融合，新建完成托老站4家，升级改造4家，切实形成“1+10+N”养老模式，实现了医养资源在城区养老服务圈15分钟内可达、可触、可及。

社会治理高效开展。严格落实“日排查、日报告、周汇总”制度，加大村民福利、过渡费发放等问题的清查力度，上级交办案件按期办结率100%。全力做好安全生产和消防安全工作。积极开展“消除事故隐患　筑牢安全防线”安全生产月主题宣传活动，上报的5家企业单位均完成双重预防体系建设工作。院校社区、广电社区等6个社区荣获市级民主法治示范社区称号，街道蝉联市级平安建设先进单位称号，全省首家未成年人强制隔离戒毒所社区戒毒（康复）工作指导站落户北林，“惠民北林”在便民利民中持续提升。

【党建宣传】 始终把学习宣传贯彻习近平新时代中国特色社会主义思想和中共十九大系列全会精神作为首要政治任务，积极组织两新党组织赴大别山接受红色实践教育；开展街道党员红旗渠精神实地体验教学；采取5G视频直播形式，创新“万名党员进党校”培训方式，切实把思想和行动具体转化为“六个北林”建设目标。

把牢“研”的方向，将意识形态工作与重点工作相结合，适时召开老旧小区改造、两会等重要时间节点、“双改”工作等意识形态分析研判会；以“非常‘课’乐　数你出彩”主题活动为主线，开展学霸来啦教育课堂、环保趣味运动会、祝福祖国红歌会、“好家训培养出彩子女　好家风成就美好家庭”等群众喜闻乐见的文化活动，完成纸媒、电（视）台正面宣传报道240余篇，省级网络媒体正面宣传430余篇。

突出“领”的作用，牢固树立“一盘棋”理念，完成社区（村）“三委”换届，全部实现书记、主任“一肩挑”、委员年龄和学历“一降一升”的目标。高标准推进规范化标准化建设，5个社区、1个村升格为党委，5个社区升格为党总支，推动42家10人以上非公企业成立党组织，物业企业全部建立党组织及实现党建指导员覆盖。建立“两新”党组织联系工作机制，成立鑫苑金融广场、一带一路产业园区域党建联盟，真正把党支部建设成为企业向前不断发展的“助推器”，“红色北林”在夯实引领中全面巩固。

【新冠肺炎疫情防控】　北林路街道办事处坚决抓好外防输入、内防扩散两大环节，落实落细各项防控措施，突出“早”字当头，第一时间召开新冠肺炎防控工作专题领导班子会议，研究制定街道疫情防治工作方案，努力绘制了横竖交叉、点面融合、条块结合，责任明确的防疫工作“作战图”。突出“快”字领先，结合辖区实际，积极协调各方，集中人力、物力，在显著位置、小区楼道张贴疫情防控告知书、防控信息、防控流程和公示联系电话，并迅速向广大党员群众发放防控宣传知识图册1000余套，《致辖区党员的倡议书》900余份；印制《致辖区群众的一封信》《致辖区商户的一封信》1000余份；采取流动宣传车、小区楼院固定语音、微信网络等宣传形式，确保了辖区院院有典型，街街有条幅，家家能接收，大手笔营造了“人人争做疫情防控宣传员”的宣传格局。突出“活”字结合，严格按照“不漏一户、不落一人”要求，以小区楼院为作战单元，把成立疫情防控工作临时党支部作为先决条件，充分发挥区域化党建平台的作用和资源优势，共成立临时党支部90余个，设置党员先锋岗50余个，积极调动社会各界参与到疫情防控工作中来，着力构建党组织引领、党员带头、居民群众广泛参与的联防联控、群防群治防控体系，通过入户走访、电话核实、台账比对等措施，对辖区11个社区、1个行政村，44128户居民，35家公共单位进行全覆盖、拉网式排查，分类别建立未出市人员、近期外出返回人员和未返回人员3本台账，推行24小时专班值守制度，在98个卡口创新建立“一码多彩三对照”卡口管理模式，实行逢人必问、逢车必查、逢进必登。实行企业疫情防控工作承诺制，建立钉钉复工复产工作群，与区直相关职能部门无缝对接，逐步形成了“线上注册申报，职能部门指导把关，线下批准验收，社区日常监管”的服务模式。突出“感”字为重，积极开展“送温暖、抗疫情、暖一线”疫情防控慰问活动。一方面，向无偿资助北林路街道抗疫的30余家党代表、人大代表、政协委员和各类爱心企业发放爱心证书，颂扬他们的社会责任和担当；另一方面，对任劳任怨，昼夜坚守在疫情一线的物业公司、党员志愿者、热心群众代表等送上慰问品和感谢信，号召大家不断凝聚合力，以爱心聚集信心，同舟共济、共克时艰，为打赢疫情防控阻击战贡献自己的力量。

（撰稿：贾晨莹　审阅：李　科）

凤凰台街道

【概况】　凤凰台街道位于郑州市金水区东南部，东靠中州大道，北到熊耳河，西南至管城回族区界，与未来路相接，郑汴路穿境而过，总面积4.5平方公里，常住人口3.7万人，流动人口2.2万人。凤凰台街道办事处下设8个社区（建业城市花园社区、英协社区、省检察院社区、南航新村社区、凤凰城社区、张庄社区、王庄社区、凤凰台社区）。

2020年，凤凰台街道公共财政收入完成4.51亿元，占目标的99.46%；全社会固定资产投资完成7.06亿元，占目标的124.8%；省、市、区重点项目投资12.39亿元，占目标的128.9%；社会消费品零售总额完成45.68亿元，同比增长0.8%；引进域外境内资金完成10.79亿元，占目标的105.7%；辖区楼宇企业共缴纳区级税收1.33亿元，完成年缴纳区级税收100万元以上楼宇8幢，完成培育亿元楼宇（升龙环球广场全年全口径税收达1.49亿元）年度任务。

【重点项目推进】　清华城华贸中心项目：塔楼主体全部封顶，外墙保温完成，建成建筑面积约37万方。王庄城中村改造项目：B-5-1、B-6-1、B-8-1、B-8-2地块已交房；B-7/A03地块施工手续已办完，桩基、3#楼21层、1#楼11层施工完成。张庄城中村改造项目：1号院预售证已办完，1#、2#、6#楼主体封顶；2号院预售证正在办理，1#楼9层、3#~4#楼17层正施工，2#、5#楼3层主体封顶。

【城区建设】 聚焦群众需求，以“三项工程、一项管理”为抓手，推进未来路、建业路综合改造和省检家属院等3个老旧小区改造提升，修补破损道路面积840平方米，捆扎线缆2100余米，拆除违建3900余平方米，新增停车位500个，打造郑汴路、青年路等优秀路段6条；新增王庄祥和苑等楼顶绿化3500平方米，新建凤祥园、凤瑞园等游园3处，15个在建工地按要求监管到位。加快推进高品质街区建设。邀请第三方对辖区进行调研及规划设计，结合辖区产业优势和文化特色，将辖区打造成具有明确商业特色的街区，整体规划方案已初步形成。6月20日，凤凰台街道办事处举办了“首届街区高品质发展论坛”，进一步廓清了高品质发展路径，吸引了更多有投资意向的优质企业。

【民生服务】 全面落实各项惠民政策，积极做好民生保障工作，发放低保、临时救助、残疾人救助等各类补助金96.3万余元，实现就业再就业1133人，完成小额担保贷款申报970万元，新增居民参保926人；新建1个社区养老服务中心，已全面竣工；完成拟建1所公办幼儿园及2个社区卫生服务站的选址工作。

推进运营凤凰爱心之家项目。依托街道党群服务中心，打造总面积约800平方米、包含爱心粥屋、老年配餐中心、爱心理发店等五部分的凤凰台爱心之家，并以“党建引领，服务弱势群体”为理念，通过招募社会公益企业入驻、党群服务中心指导监督的形式运营，全年已服务辖区环卫工人、老年人等关爱群体3.5万余人次。

【基层党建】 强化基层基础，提升党建水平。以区域化党建为平台，通过“舆论共造、人才共选、过程共管、多方共建”等方式，选优配强党组织带头人，完成村、社区党组织换届任务。

加强新时代“两新”组织党建工作，以点带面带动辖区党组织发展。重点培育鑫山公司及建业集团两新党组织，打造以鑫山党委为中心的凤凰城建材商圈党建示范点，模范引领辖区两新企业党组织建设。2020年，全国“小、个、专”企业党建现场会到鑫山党委进行观摩；依托建业红色物业，以“挂图作战、集中攻坚”“亮、赛、比”工作为抓手，打造红色居民议事厅，实现齐抓共管格局。省委常委组织部部长孔昌生到建业党委调研。

【新冠肺炎疫情防控】 对于各种潜在的风险，科学预判，认真分析风险点以及发展趋势，沉着应对、“精准拆弹”。在疫情防控工作中，坚持靠前指挥，迅速建立疫情防控领导机构，面对形势的不断变化，提前谋划、精准施策，因地制宜设置53个基础作战单元，成立8个临时党支部，制定“一二三四六”管控服务点工作规范，建立“3+N”工作路径，实现社区闭环管理。切实保障了辖区群众的健康与安全。疫情防控期间，共排查居民72951人，高效有力处置应急突发事件。在做好疫情防控的同时，统筹推进复工复产，深入开展“三送一强”活动，帮扶企业2552家，解决企业用工3474人，协调凤凰城、陈砦花卉等专业市场为500余家商户减免租金4900余万元，社保、两费预计减免4000万元，有效推动企业商户有序复工、正常运营。

（撰稿：樊一迪　审阅：李朝欣）

杨金路街道

【概况】 杨金路街道位于中州大道以东，连霍高速以北，北临贾鲁河。辖区面积20.88平方公里，常住人口约2.5万人。地理环境优越，交通发达便利，中州大道贯通南北、杨金路连接东西，贾鲁河自西向东横穿境内。辖区由9个行政村构成（马头岗村、徐庄村、马林村、新庄村、周庄村、河村、小贺庄村、杨槐村、大贺庄村），并被划分9个二级网格，54个三级网格；其中有郑州铁路局动车段等公共单位，还有一大批高新技术公司在辖区内落户（河南省信息安全产业示范基地、河南外包产业园、河南新科技市场、聚方科技园、嘉阳科技广场等商务楼宇，信大捷安、山谷网安、金惠网络等）。

2020年，杨金路街道完成地方一般公共预算收入3.01亿元；全社会固定资产投资87.5亿元；社会消费品零售总额3.64亿元；工业总产值2.23亿元；引进境内域外资金10.8亿元。

【产业发展】 2020年，共承担47个省、区、市重点项目，26个续建项目中，信息安全示范基地等21个项目正在主体施工，新庄安置区等5个项目正在办理施工相关手续；7个计划新开工项目中，小贺庄开发区等2个项目按期开工建设，863物流软件与电商孵化器项目已进场，科教园区地下停车场项目正在完善设计方案及相关手续，金水飞地经济总部产业园正在清理附属物；14个前期项目中，金科智汇城1期等3个项目基本完成附属物清理；华中科技园等10个产业项目前期手续稳步推进。

【大棚户区改造】 安置区回迁工作稳步进行。积极推进马头岗安置房回迁前期工作，稳妥进行人口界定及三榜公示，完成安置房分配1497人、1725套，分配房屋面积15.54万平方；周庄安置区正在进行园林绿化及配套工程施工，大贺庄安置区等5个已回迁安置区正在进行网签前期准备工作。部分拆迁遗留问题得以解决，街道拆迁遗留问题涉及7个村、56户，已拆除遗留户17户，其中，金城大道马头岗段全部清理完毕，正在进行路面施工。

【民生项目建设】 街道层面社区卫生服务中心于5月投入使用；新庄党群服务中心正在试运营；大贺庄养老服务中心主体建设基本完成，正在进行设计图纸确认；金水科教园区第六幼儿园已完成后期装修，同时结合辖区无证幼儿园整治，积极与教体局沟通协调，加快推进辖区公立幼儿园建设工作；农贸市场已完成选址，正在前期设计；积极推进金城大道两侧绿化、供热管网铺；积极协调利用公共空间建设足球场地，新建成社会足球场4个，为满足学生运动、居民娱乐提供便利，其余各项涉及群众生活的民生服务设施均在逐步推进中。

【城乡接合部综合整治】 结合各村回迁情况强力拆除金城大道以北违法建设及彩板房，已拆除128713.2平方米。全面深化城乡接合部综合整治，不断规范以杨金路为重点的建成区清扫保洁管理工作，加大对周庄村、马头岗村等群众散居点的垃圾清扫清运力度，营造干净整洁的生活环境。规范人员密集区域的车辆停放和管理，加大违规停车的治理力度，提升辖区整体面貌。

【生态环境治理】 加强辖区43个在建建筑工地的扬尘源头管控和非道路移动机械污染管控，细化工地台账71个；开展散乱污企业“回头看”检查行动，高度重视上级转办问题的办理，中央、省、市督导组共交办问题146个，全部完成整改。

【平安建设】 继续以“行政村、单位、市场、门店”为主体，进一步深化专群结合、整体联动、高效运转的打、防、控、管一体化工作机制，社会各界广泛参与的社会治安群防群治网络格局。以开展“六五”普法教育为契机，扎实推进“法律六进”等活动，不断增强干部、群众的法治意识。有针对性地开展安置房、学校、企事业单位各行业法律法规大型宣传活动20次，收到了明显的普法效果。接待受理群众来访48起、300余人次，提高群众对信访工作的认识，加深群众对规范信访的理解，畅通信访渠道。严格落实安全生产“一岗双责”责任制，深入开展扫黑除恶专项斗争和宗教专项治理，社会大局整体安全有序。

【社会保障】 疫情防控期间，为保障辖区困难人员基本生活物资有保障，向辖区低保、失独家庭及特困人员发放84消毒液80瓶、温度计80个、喷壶40个、免洗消毒液111瓶、口罩265个等防疫物资，发放生活物资葵花籽油37桶、鸡蛋37箱、大米37袋以及红利消费券430张价值21500元，因疫情救助辖区困难人员6人，救助金额

2400元。低保享受待遇户数39户，人数41人，困难群众医疗救助10人。与马头岗军用机场军民共建，“八一”建军节，街道党工委、办事处为官兵们送去了价值3万元的慰问物资。慈善日慈善捐款活动辖区共计捐款金额1275万元。全年接访辖区农民工220余次，协调解决1250余名农民工工资，共计发放农民工工资3415万元。完成失业人员再就业29人，帮助就业困难人员实现就业10人、排查高技能人才6人、返乡农民工创业完成25家。

【基层党建】 严格按照流程做好村两委换届前期准备工作，截至12月底，支部换届顺利完成。深刻贯彻落实基层党建重点任务“挂图作战　集中攻坚”行动的部署要求，着力打造新科技市场党建示范点，并进行更深度地亮点挖掘工作，通过举办多种形式的“庆七一”主题党日活动、“万名党员进党校”活动、组织参观郑州圆方党建基地等形式不断丰富党内政治生活，以党建引领街道各项事业高质量发展。

【党群服务中心建设】 杨金路街道办事处立足实际，结合特色，深挖群众需求，统筹区域规划，着力打造并不断完善杨金路街道为实现“凝聚党心·服务群众”目标，经过一年选址和建设，杨金路街道新庄党群服务中心于2020年12月起开始试运营。中心建筑共6层，建筑面积为4848平方米，设有政务服务大厅、杨金印象展厅、廉政馆、图书室、儿童乐园、科普馆等各类功能室共23个。以党建为引领、服务为基础、活动为亮点，运作模式上探索自主运作为主，第三方组织合作入驻为辅的新型可持续发展运作模式。运作方式上采取社工全线负责日常运营，通过整合多方资源，凝心聚力服务辖区居民。拟建设品牌项目2个，打造集党建宣传堡垒、便民服务窗口、文化学习阵地、全民健身场所、娱乐活动空间等功能为一体的综合性党群服务中心。

【新冠肺炎疫情防控】 杨金路街道办事处第一时间成立了疫情防控办公室，要求各村、各单位做好防范，启动联防联动制度，对外地尤其是武汉返回郑州人员进行摸底排查、严密监测、动态报告。利用微信工作群做好疫情防治基本知识的宣传和普及，客观准确反映疫情和防范工作情况，做好群众的思想工作。各村对外来人员进行隔离观察，每天进行体温检测，做到“有事报情况，无事报平安”，同时制定严密的消杀制度，定时对辖区公共区域、人员密集区域开展消杀工作，尤其是电梯间、楼道、垃圾桶等位置。期间辖区被隔离户数856户，身体状况良好，均解除隔离。湖北返回郑州人员88人，已配合做核酸检测，均为阴性。防控工作以来，街道多方协调争取，为基层防控工作人员发放口罩10600个，防护服30套，防护手套150双，电子体温计18个，袖箍1400个。从3月开始，分行业、领域逐步复工复产复学，辖区外包产业园、科技市场等先行复工。

（撰稿：李伟霞　审阅：李彦松）

8月7日，杨金路街道组织干部职工到郑州市圆方集团学习（杨金路街道/供图）

兴达路街道

【概况】　兴达路街道位于金水区东北部，北依黄河、东临中牟县、南接郑东新区、西连杨金路街道办事处、惠济区花园口镇，下辖7个行政村、19个自然村、2个社区、52个村民组，常住人口1.9万人，区域面积39.07平方公里。

2020年，兴达路街道地方一般公共预算收入完成4.48亿元，增速69%；固定资产投资完成64.65亿元，完成全年目标的105.2%；省、市、区重点项目完成61.81亿元，占目标的104.6%；全年建筑业总产值5.1亿元，同比增速117.1%；社会消费品零售总额完成3.86亿元；全年引进境外资金12亿元，占全年任务139%；新签约项目金额30亿元；新开工项目金额20亿元。

【“三大平台”建设工作】　大棚户区改造取得新进展。2020年，兴达路街道办事处顺利启动黄庄村合村并城项目，完成黄庄整村拆迁，涉及约500户、2500余人，相关安置区已开工建设。

重点项目进展顺利。2020年兴达路街道办事处率先实现规上企业、规下服务业、重点项目复产复工率100%；积极为辖区企业协调减免各项税费，有效助推辖区企业复产复工、恢复活力；辖区内郑济高铁项目平稳推进；四环及大河路快速化工程主路顺利通车，辅道及各种管线建设顺利推进；四环至新建107国道连接线工程推进顺利；郊野公园建设项目推进顺利，为全区重点工程消纳土方370余万立方米；省道S312项目在全市率先进场施工，工程进展平稳有序；金科智汇谷完工，中科院过程所等高科技企业相继入驻，开启了兴达路街道楼宇经济和总部经济序幕。

市政基础设施日臻完善。兴达路、杨金路等地下综合管廊建设基本完工。完成辖区内630个公共停车泊位建设；来童寨村和黄岗庙村污水处理厂顺利进场施工建设；完成了7个足球训练场地建设工作。

【国土绿化建设】　2020年，兴达路街道办事处围绕全面提高可视绿量和景观质量，高效推进辖区国土绿化工作。持续深入开展“散乱污”企业专项整治，黄河湿地自然保护区综合整治工作初见成效，贾鲁河、索须河故道、石沟河综合治理成效显著，建成京港澳高速公路、连霍高速公路、东三环、贾鲁河生态景观廊道和森林氧吧，辖区空气质量进一步好转，森林覆盖率稳居全区第一。

【生态环境治理】　提高大气污染防治力度。加强建筑工地扬尘源头管控，将辖区38个项目工地全部纳入“三员”管理和“8个百分百”动态监管范畴，狠抓日常巡查和零点夜查，全年共对辖区施工工地下达整改通知单470余份，查处工地144处；约谈市级查处工地21个；高度重视上级转办问题的办理，全年共接到上级督查转办问题472件，已全部整改到位并回复，整改率100%。

全面开展“全城清洁”活动。共出动人员3970余人次、机械175台次，清理生活垃圾及杂物13000立方、清除卫生死角2743处、清理乱贴乱画及小广告4370余处，通过全城清洁活动，辖区环境得到明显改善。

深入开展垃圾分类工作。共计发放《郑州市城市生活垃圾分类管理办法》宣传页9800余份；投放旧衣物回收桶87个；各村（社区）分类垃圾桶已投放完毕，投入使用率95%以上。

城乡接合部环境整治。四环内区域着重城市环境综合改善提升，四环外区域重点抓好城乡接合部环境综合改造及黄河湿地综合整治建设工作，结合美丽乡村建设，高标准推进辖区各村（社区）环境综合整治提升。全面开展全域清洁，着力解决垃圾积存、扬尘污染、违法建设、散乱污企业等，累计清理各类垃圾134627平方米；拆除违建314处，拆除74637.58平方米，清扫路面3468.4万平方米，清理占道（突店）经营4963处，整治机动车和非机动车违规停放14637辆；马渡示范点建设取得阶段性成果，村庄基础配套和群众文化娱乐设施进一步完善，来童寨、黄岗庙综合改造工作稳步推进。契合黄河流域生态保护和高质量发展，兴达路街道办事处聘请国内一流规划设计公司，对辖区沿黄7公里、15平方公里的区域进行高标准设计，产业发展也同步导入，着力打造黄河岸边美丽乡村。

【社会管理服务体系】 严格落实安全生产“一岗双责”责任制，与7家行政村辖区企业分别签订《2020年度安全生产目标管理责任书》，与辖区各村（社区）、学校、单位签订了《2020年综治和平安建设工作目标责任书》，与各村签订了《2020年禁种铲毒工作责任书》、《秸秆禁烧工作责任书》共计320余份，发放防火宣传册4300余份。开展安全生产集中整治工作，对辖区建筑工地、集贸市场等重点排查整治，累计排查510余次，排查隐患173个，整改到位173个，整改率100%。兴达路街道坚持科级干部定期接访等有效机制，强化源头治理理念，重排查、重研判、重化解，共接访284起，涉及2473人，涉及金额共计约5607.63万元；信访立案案件27起，办结案件27起，办结率100%；不予受理案件0起。全年共排查出辖区各类矛盾纠纷143起，成功调处143起，其中口头调解75起，书面调解68起；执行社区矫正对象26人，解除社区矫正对象13人，转区1人；全力做好辖区信访工作，逐个摸排辖区各村存在的问题，将问题消弭在萌芽状态，有效维护基层稳定。

【党的建设】 兴达路街道办事处坚持思想建党、制度治党，切实推进全面从严治党。完成了“逐村观摩”和2019年度辖区党组织书记述职工作；完成了马渡等6个村“大支部”整改工作；强化了班子成员分管领域全面从严治党的领导责任，制定《2020年度兴达路街道履行全面从严治党主体责任清单》，认真落实党风廉政建设“一岗双责”责任制，结合工作实际，突出以案促改警示教育作用，促进监察职能向村组延伸。重视抓好“学习强国”APP平台的学习，扩大平台覆盖面，2020年街道新增学员642人，学员总数达1571人；开展“党的创新理论万场宣讲进基层”活动27场，举办“学习强国”挑战赛3场；组织开展“红色文艺轻骑兵”活动14场，联合河南省电视台开展2020年度“中原戏迷擂台赛”活动7场、文化下基层活动7场，开展理论宣讲、公益宣传等“快乐星期天”活动24场；兴达路街道大力加强正面宣传报道工作，共发表“两报”（《河南日报》《郑州日报》）完成37篇；其他报刊完成62篇；电（电视）台完成67篇；《金水时讯》完成42篇；央广网、中华网、中原网等网络报道转载报道6377篇；各报客户端339篇。

（撰稿：宋建庆、胡贵舟　审阅：路　莹）

组织机构

中共金水区委

书　记　　陈宏伟（5月免）
　　　　　张红伟（5月任）
副书记　　魏　东
　　　　　李伟革（11月免）
　　　　　张艳华（女，11月任）
常　委　　陈宏伟（5月免）
　　　　　张红伟（5月任）
　　　　　魏　东
　　　　　李伟革（11月免）
　　　　　张艳华（女，11月任）
　　　　　赵惠玲（女，11月免）
　　　　　杨　林
　　　　　付建峰
　　　　　卢书选
　　　　　杨　洁
　　　　　时　博（7月免）
　　　　　曹可艳
　　　　　周学军（12月免）
　　　　　高国全（12月任）

区委工作机构

区委办

主　任　　曹可艳
常务副主任　刘智勇
副主任　　和　琛（女）
　　　　　拜　祎
　　　　　王　飞

督查事务中心

主　任　　刘英杰
副主任　　苏　鹏
　　　　　于　鹏

党史研究室

主　任　　（空缺）
副主任　　（空缺）

综合目标考评服务中心

主　任　　刘　兵（7月免）
副主任　　曹晓燕（女）

区委组织部

部　长　　时　博（7月免）
常务副部长　周纪斌
副部长　　任拉拉（女）
　　　　　魏虎山
区绩效办主任
　　　　　周　丹（女）
区绩效办副主任
　　　　　张　静（女）
区人才办主任
　　　　　瓮翔宇
区大村办主任
　　　　　张　浩
区干部信息管理中心主任
　　　　　王大勇
区干部信息管理中心副主任
　　　　　牛晓帆
区电教中心主任

刘　茜（女）
干部监督室主任
王洁莹（女）
区公务员办主任
彭新建

区委宣传部
部　长　杨　林
常务副部长　赵伟峰
副部长　王珺洁（女）
李志强
区委外宣办主任
余志贞（女）
区委外宣办副主任
董　礼（女）
区文产办主任
王志勇
区文产办副主任
张　爽
区网信办主任
董湘芸（女）
区文明办副主任
尹瑞山

统战部
部　长　付建峰
常务副部长　沈建忠
副部长　杨洁琛（女）
陶建莉（女，回族）
李　莉（女）

政法委
书　记　卢书选
副书记　潘夕泉
姬松洲
李朝辉
黄昌平
政工科　禹建伟
督促检查室　付　嵩
巡防办主任　朱　华
巡防办副主任
刘琳琳
燕　勇
原综治办副主任
王　熠
原维稳办副主任
郭文洋

区委机构编制委员会办公室
主　任　刘　敏（女）
副主任　陈占胜
耿恩强

区委老干部局
局　长　张　敏（女）
副局长　郑福海
关工委办公室主任
岳子琳（女）

城乡社区治理委员会
主　任　时　博（7月免）
常务副主任　袁小培（女）
区社区公共服务中心主任
袁小培（女，10月任）
副主任　敖　娜（女）
李　成
区社区公共服务中心副主任
李彦坤（10月任）
陶　冶（女，10月任）

中共金水区纪律检查委员会、金水区监察委员会
区委常委、区纪委书记、区监委主任　赵惠玲（女，11月免）
区纪委副书记、区监委副主任
刘建伟
张红梅（女）
区纪委常委、区监委委员
刘艳萍（女）
段建飞
区纪委常委　赵建英（女）
黄利华（女）
区监委委员　胡　睿
曹　振
办公室主任　张春霞（女）
调研法规室主任
李安明
组织部部长、正科级纪检监察员
徐丽敏（女）
宣传部部长　王美琪（女）
党风政风监督室主任
郑军伟
党风政风监督室副主任
徐晶晔（女）
信访室主任　吕志坡
纪检监察干部监督室主任、正科级纪检监察员　姚战丽（女）
第一纪检监察室主任
丁海骧
第二纪检监察室主任、正科级纪检监察员　王明军
第三纪检监察室主任
杨　楠
第四纪检监察室主任
韩　洁
第五纪检监察室主任
洪　涛

第六纪检监察室主任
崔华伟
案件审理室主任
黄利华（女，兼）
信息技术保障室主任
吴英超（女）
驻中共金水区委办公室纪检监察组组长
任海霞（女）
驻中共金水区委组织部纪检监察组组长　刘东洋
驻中共金水区委宣传部纪检监察组组长　李田中
驻中共金水区委统战部纪检监察组组长　张凤玲（女）
驻中共金水区委政法委员会纪检监察组组长　柴丽萍（女）
驻金水区人大常委会机关纪检监察组组长　刘利辉（女）
驻金水区人民政府办公室纪检监察组组长　牛曼丽（女）
驻政协金水区委员会机关纪检监察组组长　王　轶
驻金水区发展和改革委员会纪检监察组组长　刘亚蕾（女）
驻金水区教育局纪检监察组组长
王昳方
驻金水区财政局纪检监察组组长
陈　琳
驻金水区人力资源和社会保障局纪检监察组组长
谷　健（女）
驻金水区住房和城乡建设局纪检监察组组长　吴亚红（女）
驻金水区城市管理局纪检监察组组长　来　涛
驻金水区卫生健康委员会纪检监察组组长　聂晓玥（女）
驻金水区市场监督管理局纪检监察组组长　常浩锋
驻金水区人民法院纪检监察组组长
吴深磊
驻金水区人民检察院纪检监察组组长　赵　宇（女）

中共金水区委巡察工作领导小组办公室

中共金水区委巡察工作领导小组办公室主任　孟培武
中共金水区委巡察工作领导小组办公室副主任　张可歌
中共金水区委巡察组组长
张军伟（11月免）
中共金水区委巡察组正科级巡察专员　张军伟（11月任）
中共金水区委巡察组组长
武巧玲（女，11月免）
中共金水区委巡察组正科级巡察专员　武巧玲（女，11月任）
中共金水区委巡察组组长
孙志立（11月免）
中共金水区委巡察组正科级巡察专员　孙志立（11月任）
中共金水区委巡察组组长
孙　辉（11月免）
中共金水区委巡察组正科级巡察专员　孙　辉（11月任）
中共金水区委巡察组副组长
杨　光（11月免）
中共金水区委巡察组副科级巡察专员　杨　光（11月任）
中共金水区委巡察组副组长
吴艺钦（女，11月免）
中共金水区委巡察组副科级巡察专员　吴艺钦（女，11月任）
中共金水区委巡察组副组长
汪　琳（女，11月免）
中共金水区委巡察组副科级巡察专员　汪　琳（女，11月任）
中共金水区委巡察组副科级巡察专员　王　洋
中共金水区委巡察组副科级巡察专员　陈　娟（女）
中共金水区委巡察组副科级巡察专员　徐正皓
中共金水区委巡察组副科级巡察专员　崔　巍

区委直属各单位

党校

校　长　李伟革（11月免）
张艳华（女，11月任）
常务副校长　秦历源（女）
副校长　马国卿（女）

残疾人联合会

党组书记、理事长
席秀卿（女）
副理事长　江　涛
党组专职副书记
青小丽　（女）

原档案局

局　长　（空缺）
副局长　曾笑卫（女）
孙俊美（女）
档案馆馆长　王爱红（女）

科学技术协会

党组书记、主席 冯晓翠（女）
副主席 李军霞（女）
党组成员、副主席 刘 欣（女）
党组成员 左献伟
党组成员 王 娜（女）

金水区人大常委会

党组书记、主任 薛 燕（女）
副主任 李贻忠
许贵舟
燕建华
杜艳洁（女）
张 涛
党组成员 冯景义
杨 旗

区人大常委会工作机构

办公室

主 任 李慧敏（女）
副主任 陈 冰（女）
朱治斌

财经工作委员会

主 任 单广州
副主任 梁新宇

法制工作委员会

主 任 林宇峰
副主任 赵 炜

城建工作委员会

主 任 李军彦

代表联络工作委员会

主 任 臧跃鹏
副主任 马 骅（女）

教科文卫工作委员会

主 任 李 涛
副主任 田 森

信访办公室

主 任 周淑娟（女）
副主任 单丽霞（女）

老干部管理办公室

主 任 邱 媛（女）
副主任 李建生

金水区人民政府

区 长 魏 东
常务副区长 杨 洁
副区长 赵高翔
赵德武
竟新宇
张 川（女，回族）
闵武杰
吴怀广（11月任，挂职）
二级调研员 潘杰昌
副县级干部 何守华
段庆洲
王 双（女）
王 珂
许 忠
江 涛
毛国安
四级调研员 杨玉坤（12月任）
党组成员 杨宇峰

区政府工作机构

区政府办公室

主 任 杨宇峰
党组专职副书记 史慧丽（女）
副主任 高媛媛（女，兼）
单丙星
张 申
邹会芳（挂职）
吕 馨（女，兼）
刘宇晓
李 剑

地方史志办公室

主 任 向天燕
副主任 冯丽萍（女）

督促检查室

主 任 王松洋
副主任 陈 华
王 红（女）

电子政务中心

主 任 武丽娜（女）
副主任 （空缺）

金融服务办公室
（地方金融监管局）

主 任（局长） （空缺）
副主任（副局长） 吴周水
杨涵媛（女）

区政务服务办公室

党组书记、主任

黄国建
区政务服务中心主任
刘洪超
党组成员、副主任
王燕平
李书乐
区政务服务中心副主任
杨彦峰
赵佳滨（女）

区信访局

党组书记、局长
单红杰
矛排中心主任
李洪星
副局长 杨增伟
吴小芳（女）
郑 洁
矛排中心副主任
王 博
娄 航
信访督察专员
秦喜娥（女）

区发展和改革委员会

党组书记、主任
段亚丽（女）
党组成员、副主任
王松乾
马映军
党组成员 刘 粤（女）
重点项目服务中心主任
范新芳（女）
副主任 王 沛（女）
价格认定中心主任
张 娜（女）
价格成本监测所所长
樊江涛

区统计局

党组书记、局长
刘 兵（7月任）
党组成员、专职副书记
李遂山（7月任）
副局长 王伯渠（8月任）
党组成员、副局长
贺淑霞（女，7月任）
党组成员 贾 佳（女，7月任）
普查调查中心主任
丛东雷

区教育局

党组书记、局长
李 正（7月任）
党组专职副书记
田彩霞（女，7月任）
党组成员、副局长
王德峰（7月任）
高德圆（7月任）
胡培林（7月任）
区政府教育督导室副主任
李荣成（7月任）
区高招办主任
曹鹏举（7月任）

区科学技术局

党组书记、局长
郝庆丰
党组专职副书记
杨 琳（女）
副局长 张 戈
党组成员、副局长
陈贞希（女）
李 洋
金水区外国专家局局长
王 博

区工业和信息化局

局 长 李 敏（女）
党组书记 吴红梅（女）
党组专职副书记
罗春阳（女）
党组成员、副局长
宋有军
崔 英（女）

区民政局

党组书记、局长
刘 楠
党组成员
刘 冰
党组成员、副局长
王建德
副局长
赵学峰
社区服务中心主任
范 雷
副主任 阮晓祥

区司法局

党组书记、局长
郭 冰
副局长 黄敬胜
陈 瑜（女）
薛永明
鲍红丽（女）
区依法治区办公室副主任
张新建

司法所所长

丰庆路司法所所长
叶国梁
国基路司法所所长
张龙娟（女）
杨金路司法所所长
王艳杰（女）
丰产路司法所所长
闵岩锋
南阳路司法所所长
刘慧敏（女）
南阳新村司法所所长
胡品晶（女）
花园路司法所所长
郑燕涛（女）
人民路司法所所长
范　青（女）
经八路司法所所长
张婷婷（女）
文化路司法所所长
梁俊丽（女）
杜岭司法所所长
徐爱凤（女）
石桥司法所所长
蔡松伟
东风路司法所所长
李湧涛
未来路司法所所长
华　凯（女）
北林路司法所所长
张艳丽（女）
凤凰台司法所所长
闫　寒
兴达路司法所所长
张伟奇

区财政局

党组书记、局长
袁先锋
党组专职副书记
袁志刚
党组成员、副局长
齐慧茹（女）
党组成员、副局长、金水投资公司经理　余志钦
党组成员、副局长
胡　昕（女）
总会计师　轩兆伟
区国库集中收付中心主任
赵俊平（女）
副主任　乔延杰
江发林
区国有资产监督管理办公室主任
魏　欣（女）
区税源办公室主任
周艳红（女）
副主任　王　臻（女）
副主任　张　杰
区收费服务中心主任
娄宝霞（女）
副主任　李晓杰
区国有资产监督管理办公室副主任　刘晓静（女）
王晶晶（女）
区政府采购管理办公室主任
郁　凯
区财务投资管理办公室主任
张大勇

区人力资源和社会保障局

党组书记、局长
鞠　卫
党组副书记　郑湘梅（女）
副局长　张志刚
张　颖（女）
常小飞（女）
才人力资源服务中心主任
李雪玲（女）
劳动监察大队队长
秦玉杰
劳动人事争议仲裁院院长
李　飞
人才人力资源服务中心副主任
刘大捷（女）
劳动保障服务中心主任
朱国栋

区住房和城乡建设局

党组书记、局长
刘　辉
副局长　王华杰
朱定强
张爱民
荆云亮

区保障性住房管理办公室

住建局党组副书记、保障办主任
弓　俊
副主任　周琰伟
贾　慧（女）
杨　华

区交通运输局

局　长　郭　峰
党组专职副书记

王 峥
副局长 靳爱花（女）
刘晓南（女）
苑春营
运管局局长 万建奇
农管所所长 孟慧勇

区城市管理局
党组书记、局长
王延军
党组专职副书记
马喜才
党组成员、执法大队队长
张家俭
党组成员、副局长
录军胜
邢爱玲（女）
史 进
金水区市容环境卫生管理队队长
聂思民
金水区市政设施管理养护所所长
刘红旗
金水区市容环境卫生管理队副队长 张永庆
金水区绿化管理所所长
韩宏强

区城市综合执法局
金水区城市管理局副局长、城市管理执法大队大队长
张家俭
金水区城市管理执法大队副大队长 李化付
高延军
金水区城市管理执法大队工会主席 曹俊华（女）

区农业农村工作委员会
党组书记、主任
张福敏
党组专职副书记
李会建
副主任 程俊红（女）
胡广华（女）
李俊锋
区农开办主任
周 军
区农开办副主任
屈泽华
区绿化办副主任
苏 攀（回族）
区水资办主任
魏建平（女）

区商务局
党组书记、局长
赵 蔚（女）
党组专职副书记
邵 燕（女）
副局长 刘慧文（女）
马 超（回族）
张金萍（女）

区文化旅游体育局
党组书记、局长
许孔安（7月任）
副书记 胡长卿（7月任）
副局长 周新忠（7月任）
宋柯薇（女，7月任）
郭小红（女，7月任）
区文化馆馆长
海 静（女，回族）
区图书馆馆长
贺秋艳（女）
区广电中心主任
俎姗姗（女）
区综合执法大队队长
庞 礴

区卫生健康委员会
党组书记、主任
李 东
党组专职副书记
张 龙
副主任 高俊杰
白志霞（女）
刘常红（女）
袁瑞辰（女）
金水区总医院党委书记、院长
屈燕鸣（女）
金水区妇幼健康中心所长
石俊阁（女）
金水区卫生监督所所长
石 华（女）
金水区疾病预防控制中心主任
王慧敏
金水区医疗保健委员会健康管理中心主任 窦春燕（女）
金水区健康教育所所长
杨殿庆（11月保留原职级待遇）
金水区计划生育协会会长
陈晓清（女）
金水区出生人口性别比综合治理中心主任 赵能霞（女）
金水区流动人口计划生育服务中心

主任　　　　黄　丽（女）

区退役军人事务局

局　长　　　解小杰
副局长　　　周法宪
　　　　　　季向东

区应急管理局

党组书记、局长
　　　　　　库光耀
党组专职副书记
　　　　　　邢宝丽（女）
党组成员、副局长
　　　　　　孙朝阳
　　　　　　杨中军
　　　　　　王金祥
监察大队大队长
　　　　　　王金州

区审计局

党组书记、局长
　　　　　　黄　涛
专职副书记　代红梅（女）
副局长　　　马晓辉
　　　　　　巴成杰（回族）
经济责任审计办公室主任
　　　　　　牛秋沣（女）

区市场监督管理局

党组书记、副局长
　　　　　　李国强
党组副书记、局长
　　　　　　彭　涛
党组专职副书记
　　　　　　李红霞（女）
党组成员、副局长
　　　　　　胥亚鹏
副局长　　　赵　阳
党组成员、副局长
　　　　　　卢建国
　　　　　　耿德涛
　　　　　　赵　凯

区医疗保障局

局　长　　　吕志献
副局长　　　白利民
　　　　　　宋小康（女）

区人民防空办公室

主　任　　　周志伟
党组书记　　刘艳亮（女）
党组专职副书记
　　　　　　岳彦华
党组成员、副主任
　　　　　　高海歌（女）
　　　　　　许春颖（女）

区政府直属事业单位

区城市改造办公室

党组书记、主任
　　　　　　高媛媛（女）
党组专职副书记
　　　　　　马自芹（女）
副主任　　　高　珂
　　　　　　狄淦龙
　　　　　　张　舰

区爱卫办

主　任　　　芦燕宇（女）
副主任　　　庾蔓莉（女）
　　　　　　徐海伟

区房屋征收与补偿办公室

党组书记、主任
　　　　　　王林伟
党组副书记　沈百栋（10月免）
副主任　　　李鸿涛
　　　　　　张小涛（女）

区投融资决策研究中心

经　理　　　余志钦
副经理　　　党卫军
　　　　　　赵　慧（女）

区楼宇经济建设工作领导小组办公室

主　任　　　李保超
副主任　　　于若雨（女）
　　　　　　宋广森

区直属机关事务管理局

党组书记、局长
　　　　　　谢　丹
专职副书记　李宏建
副局长　　　宋海军
　　　　　　范红浩

区智慧城市管理中心

主　任　　　吕　馨（女）
党组专职副书记
　　　　　　张耀伟
副主任　　　李士秀
　　　　　　杨伟生
　　　　　　张　燕（女）

金水建设综合开发有限公司

经理、党支部书记

王　项

副经理、党支部副书记

孔颜可

副经理　张晓晶（女）

郑州金达建设发展有限公司

支部书记、经理

邹会芳

支部副书记、副经理

赵志浩

组织委员、副经理

张报峰

区接待办

党组书记、主任

谢　丹

党组成员、副主任

赵俊涛

赵灵妮（女）

区政府采购中心

党组书记、主任

王　丽（女）

专职副书记　缑花梅（女）

副主任　岳　娜（女）

陈泽辉

投资评审中心

党组书记、主任

周保民

党组专职副书记

孙　奎

党组成员、副主任

孟保英（女）

任宗军

区粮食流通中心

主　任　沈百栋（10月任）

副主任　陈　丽（女，10月任）

李培岩（10月任）

原区粮食管理中心党组专职副书记

李亚磊（10月保留职级待遇）

常胜男（女，10月保留职级待遇）

区城区综合交通管理办公室

党组书记、主任

翟华风

副主任　张锡杰

中国（河南）自由贸易试验区郑州片区管理委员会金水区办事处

主　任　刘文奇

副主任　杨宁可（女）

政协金水区第九届委员会

主　席　武建民（5月退）

余遂盈（5月任）

党组副书记

付建峰（9月兼任）

副主席　张　华（5月任）

王居良

宋红霞（女，5月退）

王　静（女）

刘凌云（女，5月退）

王　浩（女，5月任）

党组成员　徐建军

李劲松（女，满族）

秘书长　张书林

区政协工作机构

办公室

主　任　张学亮

副主任　高超新

城建环保委员会

主　任　彭　英（女）

副主任　常　春（女）

民主法制委员会

主　任　赵竞生（回族）

副主任　王雁玲（女）

经济科技委员会

主　任　徐　工

副主任　魏华亮

学习文史提案委员会

主　任　王彩虹（女）

副主任　王　瑜（女）

港澳台侨委员会

主　任　邢惠娟（女）

委员管理联络委员会

主　任　王建伟（女）

副主任　宋　林

文教卫生委员会

主　任　白平坤

副主任　臧学庆

老干部管理办公室

主　任　袁永平（女）

副主任　田　恬（女）

区人民检察院

党组书记、检察长
王　青（女）
党组副书记、副检察长
谷伟东
党组成员　副检察长
王　水（女）
党组成员、副检察长
李　斌
党组成员、副检察长
梁运芳
党组成员、区纪委监委派驻区检察院纪检监察组组长
赵　宇（女）
专职检委会委员
甄菁华（女）
孙　刚

区人民法院

党组书记、院长
蔡理亮
党组副书记、常务副院长
王　琴（女）
党组成员、副院长
常　青（女）
赵　阳
党组成员、政治部主任
邓现民
党组成员、副院长
李春强
党组成员、执行局局长
张启明
审判委员会专职委员
王松鹤
张春尧
崔　雷

群众团体

区总工会

党组书记、主席
李劲松（女，满族）
党组成员、常务副主席
原晓青（女）

共产主义青年团郑州市金水区委员会

书　记　　王　倩（女）
副书记　　沈季惠（女）

工商业联合会

主　席　　李江波
党组书记　张祖卿

红十字会

常务副会长　王　炜（蒙古族）
党支部书记、副会长
张红丽（女）

派出机构

郑州金水科教园区管理委员会

党工委书记　魏　东
党工委副书记、管委会主任
张艳华（女，11月任）
党工委副书记、管委会主任
李小虎（7月免）
党工委委员、管委会副主任
杜保民
王　浩（女，4月免）
唐成山
郝俊昌
金水区副县级干部
毛国安
金水区副县级干部
时军亮
党工委委员　徐　工
规划建设局局长
杨建军
招商科技局局长
录青霞
产业发展办公室主任
崔　琦
企业服务中心主任
孙建力
招商科技局副局长
索艳钊
市政环保局副局长
张国辉
产业发展办公室副主任
庞　浩
企业服务中心副主任
张铁军
韩　宁（女）
吴怀广（挂职）
赵富旺（9月免）
张宇飞(挂职,10月任)

河南科技园区管理委员会

党工委书记、主任
张双喜
金水区国家知识产权创意产业试点园区副主任　崔文修
党工委副书记、常务副主任
梁振国
副主任　　何　剑（回族）
刘　昭（回族）
张成军
综合科科长　王永飞

科技技术交易科科长
吴运峰
硬件建设管理科科长
魏　婧（女）

国家知识产权创意产业试点园区管委会

党工委书记、管委会主任
王爱辉（女）
党工委委员、管委会副主任
刘运泽
王友光
高学峰
崔文修
办公室主任　史金奎
知识产权服务局局长
郝国胜
招商局局长　许士柯
产业发展局局长
朱振华（女）
中国郑州（创意产业）知识产权快速维权中心主任
姚　琳（女）
办公室副主任
王　刚
招商局副局长
张　鹤
产业发展局副局长
肖会珍（女）
中国郑州（创意产业）知识产权快速维权中心副主任
吴　洋
中国郑州（创意产业）知识产权快速维权中心副主任
杨　帆

滨水产业带管委会

办公室副主任
李　静（女）
史忠华
土地规划部部长（空缺）
项目部部长　马　涛

丰庆路街道

街道党工委书记
郑迎波
街道党工委副书记、办事处主任
乔战峰
街道党工委副书记
胡香荣（女）
街道人大工委主任
刘启锋
街道纪工委书记
史金霞（女）
办事处副主任
王天柱
牛建民
谢晓飞
街道党工委委员
王　震
街道党工委委员
郭　伟
街道党工委委员
张笑倩（女）

国基路街道

党工委副书记、办事处主任
孙大志
党工委副书记
田　波
人大工委主任
王德峰

纪工委书记、监察专员办公室主任
王建华
正科级干部　徐存彬
副主任　靳战峰
张　柯
田宇飞
党工委委员　刘春光
党工委委员　孙立中
党工委委员　鲁庆华
食药所所长　李　凯
执法中队队长
赵永刚

经八路街道

党工委书记　李　华（女）
党工委副书记、办事处主任
赵　聪
党工委副书记
冯　燕（女）
人大工委主任
赵建凌
纪工委书记　钱东方（女）
办事处副主任
袁书强
王利伟
姚　淼
党工委委员　王　燕
党工委委员　胡志爽
党工委委员　姚丽华（女）

文化路街道

党工委书记　王麟乐
党工委副书记、办事处主任
杨正杰
党工委副书记

谭　丽（女）

人大工委主任

田保松

纪工委书记　王雪萍（女）

办事处副主任

吴　颖（女）

李一丁

方雅蕾（女）

党工委委员　张士朝

党工委委员　贾江华

党工委委员　沈　辉

人民路街道

党工委书记　董青丽（女，回族）

党工委副书记、办事处主任

徐峰杰

党工委副书记

邵金安

人大工委主任

王青峰

纪工委书记　赵　亮

办事处副主任

陈志立

陈东洲

丁　剑

党工委委员　谈振丽（女）

张晓戈（女）

刘国民

花园路街道

党工委书记　张俊英（女，汉）

党工委副书记、办事处主任

曾　辉

党工委副书记

崔海东

人大工委主任

曹建刚

纪工委书记　师建义

办事处副主任

宋延军

孟　云

荆小娣（女）

杨　梅（女，6月任，挂职）

党工委委员　刘立平（女）

杜岭街道

党工委书记　花　磊

党工委副书记、办事处主任

鲁晓华（女）

党工委副书记

朱其明

人大街道工委主任

王　莉（女）

纪工委书记　史卫萍（女）

办事处副主任

金　凤（女）

杨晏涛

王爱东（女）

党工委委员　周宝芝（女）

党工委委员　段咏鹏

党工委委员　刘　楠

南阳路街道

党工委书记　李国梁

党工委副书记、办事处主任

吴　昊

党工委副书记

李　杰

人大街道工委主任

王　莉（女）

纪工委书记

关　磊

办事处副主任

杨顺利

池晓东

李俊霞（女）

党工委委员　王艳平（女）

郑　宏（女）

党工委委员　祁　帅

大石桥街道

党工委书记　刘继峰

党工委副书记、主任

李存保（女）

党工委副书记

赵子名

人大工委主任

宋　锋

纪工委书记　张静燕　（女）

办事处副主任

方　亮

宋永胜

党工委委员　沈　荣（女）

邓森赫

陈宇旸

南阳新村街道

党工委书记　连　卿

党工委副书记、办事处主任

王　东

李　昕

人大街道工委主任

李宗昌

纪工委书记　郑顺英（女）

办事处副主任

徐清朴

贾建立
李建强
党工委委员　张进福
党工委委员　赵　宇（女）
孟马成

丰产路街道

党工委书记　王　展
党工委副书记、办事处主任
郭俊伟
党工委副书记
王　喆
人大工委主任
吉智勇
纪工委书记　胡传雷
办事处副主任
白新国
沙广森
党工委委员　汪亚琴（女）
徐新峰
翟　凯
工商质监所所长
魏跃武
食药所所长
鲁银环（女）

东风路街道

党工委常务副书记
梁振国
党工委副书记、办事处主任
王　栋
党工委副书记
王广敏
人大工委主任
周桂荣（女）
纪工委书记　郝书文
副主任　黄振营
史　锘（女）
张成军（挂职）
党工委委员　王　勇
党工委委员　董丽霞（女）
付庆彬
执法中队长　耿　亚

未来路街道

党工委书记　聂思军
党工委副书记、办事处主任
汪守景
党工委副书记
任景刚
人大街道工委主任
魏　航
纪工委书记　韦丽云（女）
办事处副主任
钱其旺
葛　宁（女）
张卫民
党工委委员　岳振华
党工委委员　李　占
党工委委员　刘　倩（女）
执法中队长　庞少军
市场监管所所长
杨雅斐（12月任）

北林路街道

党工委书记　牛　易
党工委副书记、办事处主任
石中亮
党工委副书记
王建锋
人大工委主任
孙士先
纪工委书记　刘雅丽（女）
办事处副主任
张云丽（女）
办事处副主任
吴焕军
办事处副主任
孔之见
廖　啸
党工委委员　李　科（女）
党工委委员　徐　洋
党工委委员　许小伟

凤凰台街道

党工委书记　翟俊杰
党工委副书记、办事处主任
魏建鹏
党工委副书记
李朝欣
人大工委主任
杨立伟
纪工委书记　刘　冲
办事处副主任
周　凯
张　波
杨永杰
党工委委员　贾海涛
党工委委员　樊文广
党工委委员　冯　雷

杨金路街道

党工委常务副书记
秦　伟
党工委副书记、办事处主任
王　刚
党工委副书记

李彦松
人大工委主任
韦　伟
纪委书记　杨关勤
办事处副主任
武明辉
杨伟松
李坚明
党工委委员　姚伟强
党工委委员　邢慧敏（女）
党工委委员　马　焜
食品药品监督所所长
袁　浩
执法中队中队长
杨文峰

兴达路街道

党工委书记　孔之见
党工委副书记、办事处主任
崔　辉
党工委副书记
路　莹（女）
人大工委主任
夏伏军
纪工委书记　李　鹏
副主任　杨　振
姚国庆
副主任、政法委员
刘晓攀
党工委委员　姚建永
党工委委员　王　莉（女）
党工委委员　冯可攀
执法中队中队长
李　华
食药所所长　刘奎斌
工商所所长　周亚辉

垂直管理单位

国家税务总局郑州市金水区税务局

党委书记、局长
焦豫安
党委副书记、副局长
王丁虎
党委委员、副局长
李红卫
党委委员、副局长
李伟锋
党委委员、副局长
李　莉（女）
党委委员、副局长
陈建新
党委委员、副局长
丁郑强
党委委员、副局长
薛新辉
党委委员、副局长
王国胜
党委委员、副局长
张春晖
党委委员、纪检组组长
巴　郁
党委委员　黄海清（女）

郑州市自然资源和规划局金水分局

党组书记、局长
梁新生（3月任）
党组专职副书记
陈伯磊（3月任）
党组成员、副局长
张志峰（3月任）
陈晓霞（女，3月任）
弓鸿勋（3月任）
党组成员、执法监察队队长
齐瑞鹏（3月任）
党组成员、区土地储备中心主任
冯建敏（3月任）
区规划服务中心副主任
张　鹏（3月任）
申冰文（3月任）

郑州市生态环境局金水分局

党组书记、局长
胡　冰（女，10月任）
党组专职副书记　彭金亮
党组成员、副局长　袁永忠
王留政
王东亮
环境监察大队大队长
孟慧丽（女）

郑州市市场发展中心金水市场分中心

书记、主任　贾大志
副主任　张　伟（3月任）
刘　生（3月任）

郑州市公安局金水分局

党委书记、局长
何汝伟（11月任）
党委副书记、政委
毛保国（11月任）
党委副书记　陈建平（11月任）
党委委员、纪委书记
周　斌（11月任）
党委委员、副局长
肖振亚（11月任）
朱孝斌（11月任）
刘　恒（11月任）
严文志（11月任）

荣　誉

2020年度全区各单位获奖情况

一、经八路街道

河南省社区治理和服务创新试验区（河南省民政厅）

二、花园路街道

全国文明单位（通信花园社区）（中共中央精神文明建设指导委员会）

第四批智慧健康养老应用试点示范街道（中华人民共和国工信部、中华人民共和国民政部、中华人民共和国国家卫生健康委员会）

河南省文明单位标兵（通信花园社区）（中共河南省委、河南省人民政府）

河南省优秀志愿服务社区（省供销社社区）（河南省精神文明建设指导委员会）

河南省巾帼文明岗（河南省妇女联合会）

三、人民路街道

河南省第五批省级充分就业社区（水文局社区）（河南省人力资源和社会保障厅）

市级文明单位（中共郑州市委、郑州市人民政府）

郑州市抗击新冠肺炎疫情先进集体（工人新村社区）（中共郑州市委、郑州市人民政府）

郑州市先进基层党组织（工人新村社区）（中共郑州市委）

四、杜岭街道

河南工会示范性户外劳动者驿站（河南省总工会）

河南省巾帼文明岗（河南省妇女联合会）

五、大石桥街道

2020年度全省党员教育电视片观摩交流活动三等奖（《追时间的人》）（中共河南省委组织部）

六、南阳路街道

2020年度全国综合减灾（安全）示范社区（晖达社区）（国家减灾委员会、中华人民共和国应急管理部、中国气象局）

抗击新冠肺炎疫情及红十字应急救护知识竞赛活动单位组织一等奖（中国红十字会总会办公室）

2020年度全省党员教育电视片观摩交流活动优秀奖（《繁星守护》）（河南省委组织部）

2020年度河南省综合减灾（安全）示范社区（晖达社区）（河南省减灾委员会、河南省安全生产委员会）

七、南阳新村街道

优秀志愿服务组织（河南省精神文明建设指导委员会）

郑州市抗击新冠肺炎疫情先进集体（三北社区）（中共郑州市委、郑州市人民政府）

郑州市2019年度铁路沿线环境综合整治工作先进集体（郑州市人民政府）

“爱国卫生杯”铜杯（郑州市人民政府）

先进基层武装部（中共郑州市委、郑州市人民政府、郑州警备区）

八、文化路街道

河南省文明单位（中共河南省委、河南省人民政府）

2020年河南青年志愿服务项目大赛银奖（共青团河南省委、河南省文明办、河南省民政厅、河南省生态环境厅、河南省水利厅、河南省卫健委、河南省残联）

2020年度河南省综合减灾（安全）示范社区（蓝堡湾社区）（河南省减灾委员会、河南省安全生产委员会）

先进基层武装部（中共郑州市委、郑州市人民政府、郑州警备区）

九、丰产路街道

第四批智慧健康养老应用试点示范街道（中华人民共和国工信部、中华人民共和国民政部、中华人民共和国国家卫生健康委员会）

十、东风路街道

河南省文明单位（中共河南省委、河南省人民政府）

2020年度全省党员教育电视片观摩交流活动优秀奖（《“疫”不容辞》宣传片）（中共河南省委组织部）

河南省第三批星级充分就业社区（同乐花园社区）（河南省人力资源和社会保障厅）

2019年度百城建设提升工程工作基础先进单位（中共郑州市

委、郑州市人民政府）

十一、北林路街道

全国文明单位（鑫苑社区）（中央精神文明建设指导委员会）

河南省五星规范化司法所（河南省司法厅）

2019年度“河南省五四红旗团委”（共青团河南省委）

2020年度河南省综合减灾（安全）示范社区（广电社区）（河南省减灾委员会、河南省安全生产委员会）

2020年度“爱国卫生杯”竞赛铜杯（郑州市人民政府）

十二、未来路街道

河南省文明单位（中共河南省委、河南省人民政府）

河南省第五批省级充分就业社区（升龙社区）（河南省人力资源和社会保障厅）

2020年河南省五星规范化司法所（河南省司法厅）

市级文明社区（民航路社区）（中共郑州市委、郑州市人民政府）

郑州市创建国家生态园林城市工作先进集体（郑州市人民政府）

郑州市民族团结进步模范集体（郑州市人民政府）

“爱国卫生杯”银杯（郑州市人民政府）

十三、凤凰台街道

河南省文明单位（中共河南省委、河南省人民政府）

河南省“扫黄打非”进基层示范点（省检社区）（河南省“扫黄打非”工作领导小组办公室）

十四、丰庆路街道

河南省文明单位（中共河南省委、河南省人民政府）

首批省级农村基层党建示范村（杲村）（中共河南省委组织部办公室）

省级卫生先进单位（河南省爱卫会）

郑州市抗击新冠肺炎疫情先进集体（中共郑州市委、郑州市人民政府）

郑州市先进基层党组织（中共郑州市委）

十五、国基路街道

2019年人口与家庭动态监测调查先进单位（河南省卫健委）

城乡居民两险集中征收工作优秀单位（河南省税务局、河南省人力资源和社会保障厅、河南省医保局）

2020年度河南省卫生先进单位（河南省爱卫会）

郑州市民族团结进步模范集体（郑州市人民政府）

十六、杨金路街道

河南省农村科普宣传工作先进单位（河南省科学技术协会）

2019年度新型城镇化工作先进乡（镇）街道（中共郑州市委、郑州市人民政府）

市级文明单位（中共郑州市委、郑州市人民政府）

十七、兴达路街道

先进基层武装部（中共郑州市委、郑州市人民政府、郑州警备区）

十八、区委办公室

2019年度郑州市综合工作优秀单位（中共郑州市委、郑州市人民政府）

十九、区人大常委会机关

2020年度河南省人大宣传工作先进单位（河南省人大常委会办公厅）

二十、区政府办

郑州市“公交都市”创建工作先进集体（郑州市人民政府）

郑州市创建国家生态园林城市先进集体（郑州市人民政府）

二十一、区政协机关

2020年度《协商论坛》宣传工作先进单位（政协河南省委员会办公厅）

二十二、区纪委监委

检举举报平台全省推广部署应用试点（河南省纪委监委检举举报平台推广部署工作领导小组办公室）

二十三、区人武部

民兵工作先进单位（中共郑州市委、郑州市人民政府、郑州警备区）

党管武装工作先进单位（中共郑州市委、郑州市人民政府、郑州警备区）

二十四、区委组织部

微视频作品《时代更迭、初心不改》《追时间的人》《繁星守护》《“疫”不容辞》被省委组织部表彰为全省党员教育电视片观摩交流活动优秀作品（中共河南省委组织部）

二十五、区委宣传部

市级文明单位（中共郑州市委、郑州市人民政府）

二十六、区委统战部

2020年度《中国统一战线》宣传工作先进单位（中央统战部）

2020年度《中国统一战线》宣传标兵（中央统战部杂志社）

2020年中央台办对台宣传工作先进单位（中央台办）

2018—2019年度全国“五好”县级工商联（中华全国工商业联合会办公厅）

河南省首届网络直播大赛优秀组织奖（河南省商务厅）

二十七、区委政法委

2019年度平安建设先进集体（中共郑州市委、郑州市人民政府）

二十八、区委社治委

全省社区治理和服务创新实验区（河南省民政厅）

二十九、区法院

智慧法院优秀成果二等奖（最高人民法院）

三十、区检察院

全国文明单位（中央文明建设指导委员会）

全国先进基层检察院（最高人民检察院）

全国检察宣传先进单位（最高人民检察院）

最高人民检察院第十九批指导性案例（最高人民检察院）

河南省人民满意的政法单位（中共河南省委）

河南省五四红旗团支部（共青团河南省委）

河南省综合考评先进基层检察院（河南省人民检察院）

2019年度“两项监督”工作集体二等功（河南省人民检察院）

全省检察信息工作直报点先进单位（河南省人民检察院办公室）

郑州市平安建设人民满意的政法单位（中共郑州市委、郑州市人民政府）

三十一、区总工会

2019年度基层职工互助保障工作优秀单位（中国职工保险互助会）

三十二、团区委

2019-2020年度新闻宣传报道工作先进单位（中国新闻社河南分社）

三十三、区妇联

2019年度河南省新时代“巾帼志愿者优秀暖心故事”（河南省妇联）

三十四、区科协

2020年全国科普日活动优秀组织单位（中国科学技术协办公厅）

河南省第十四届青少年科学素质大赛优秀组织单位（中共河南省委宣传部、河南省教育厅、共青团河南省委、河南省全民科学素质工作领导小组办公室、河南省科学技术协会）

2020年河南省全国科普日优秀特色活动（河南省科学技术协会）

第34届河南省青少年科技创新大赛优秀组织奖（河南省科学技术协会、河南省教育厅、河南省科学技术厅）

三十五、区委老干部局

2020年度《中国火炬》杂志宣传工作先进集体（《中国火炬》杂志社）

2019年全省老干部工作优秀调研成果二等奖（中共河南省委老干部局）

三十六、区红十字会

抗击新冠肺炎疫情暨红十字会应急救护知识竞赛单位组织一等奖（中国红十字会总会办公室）

三十七、区信访局

2020年度全省集中治理重复信访化解信访积案专项工作先进单位（河南省信访工作联席会议办公室）

三十八、区城改办

2019年度新型城镇化工作先进集体（中共郑州市委、郑州市人民政府）

三十九、区卫健委

第四批智慧健康养老应用示范点（中华人民共和国工信部、中华人民共和国民政部、中华人民共和国国家卫生健康委员会）

第九届女性题材优秀电视作品优秀奖《致敬，平凡生活中爱的行动与坚持》（国务院妇女儿童工作委员会办公室、中国电视艺术家协会、中华全国妇女联合会宣传部）

全国改善医疗服务示范医院（国家卫健委医政医管局、健康报社）

2019年人口与家庭动态监测调查先进单位（河南省卫健委）

河南省第五周期医师定期考核工作先进集体（河南省卫健委）

河南省计划生育协会工作先进单位（河南省计生协）

河南省计划生育协会宣传工作先进单位（河南省计生协）

四十、区农委

节水型社会建设达标县（中华人民共和国水利部）

2019年度郑州市“三农”工作（乡村振兴）先进单位（郑州市人民政府）

四十一、区财政局

2019年度全市国企改革攻坚工作先进集体（郑州市人民政府）

四十二、区人社局

2020年《中国劳动保障报》先进单位（中华人民共和国人力资源和社会保障部）

2020年全国清理整顿人力资源市场秩序专项执法行动取得突出成绩单位（中华人民共和国人力资源和社会保障部办公厅）

全省人力资源和社会保障系统先进集体（河南省人力资源和社会保障厅）

郑州市第五届职业技能竞赛电梯安装维修工大赛团体第三名（郑州市人民政府）

第二届中国河南招才引智创新发展大会郑州市筹办工作先进集体（郑州市人民政府）

2019年度就业创业及社会保险工作先进集体（郑州市人民政府）

四十三、区教育局

“基于教学改革、融合信息技术的新型教与学模式”实验区（中华人民共和国教育部）

2020年全国青少年校园篮球“满天星”训练营（中华人民共和国教育部）

国家级信息化试验区（中华人民共和国教育部）

第二届全国文明校园（金水区艺术小学）（郑州市第七初级中学）（中央文明委）

河南省文明单位（中共河南省委、河南省人民政府）

2019年度河南省民办教育服务与管理先进单位（河南省教育厅）

2019—2020学年度全省教育宣传先进区（河南省教育厅）

河南省中小学人工智能实验区（河南省教育厅）

2020年河南省“中国体育彩票”U15足球锦标赛男子第一名（河南省体育局）

四十四、区发改委

第三批国家级“双创”示范基地（国务院办公厅）

河南省第二次全国污染源普查先进集体（河南省第二次全国污染源普查领导小组办公室）

2019年度郑州市产业发展工作先进单位（郑州市人民政府）

四十五、区统计局

河南省第四次全国经济普查先进集体（河南省人力资源和社会保障厅、河南省统计局、河南省第四次全国经济普查领导小组办公室）

四十六、区民政局

第四批国家智慧养老应用示范基地（中华人民共和国工信部、中华人民共和国民政部、中华人民共和国国家卫生健康委员会）

市级文明单位（中共郑州市委、郑州市人民政府）

2020年度“99公益日”活动先进单位（河南省慈善总会）

四十七、区工信局

第四批国家智慧健康养老示范基地（中华人民共和国工信部、中华人民共和国民政部、中华人民共和国国家卫生健康委员会）

国家网络安全“高精尖”技术创新平台（中华人民共和国工信部）

河南省信息技术应用创新联盟、郑州市5G产业联盟、河南省区块链产业联盟、河南省人工智能产业创新发展联盟（河南省工业和信息化厅）

四十八、区保障办

2019年度老旧小区综合改造工作先进单位（郑州市人民政府）

四十九、区城管局

河南省文明单位（中共河南省委、河南省人民政府）

河南省基层工会规范化建设示范点（河南省总工会）

2019年度月季花杯竞赛银杯（郑州市人民政府）

2019年铁路沿线环境综合整治工作先进集体（郑州市人民政府）

郑州市创建国家生态园林城市先进集体（郑州市人民政府）

2020年郑州市“环卫优胜杯”（郑州市人民政府）

五十、区执法大队

2020年度“强基础 转作风 树形象 打造人民满意城管”专项行动表现突出单位（河南省住房和城乡建设厅）

第二批河南省行政执法责任制示范点（河南省法治政府建设领导小组办公室）

金水区城管部门推出服务型行政执法新举措（河南省法治政府建设领导小组办公室）

首批河南省服务型行政执法标兵（河南省法治政府建设领导小组办公室）

五十一、区应急管理局

2020年度安全生产执法先进单位（河南省应急管理厅）

河南省综合减灾示范社区（河南省减灾委员会、河南省安全生产委员会）

五十二、市自然资源和规划局金水分局

郑州市国家森林城市复审工作先进单位（郑州市人民政府）

五十三、区司法局

河南省五星规范化司法所（河南省司法厅）

2020年度河南省法治县（市）、区创建活动先进单位（河南省普法教育工作领导小组）

五十四、区审计局

2019年全省投融资公司运营情况专项审计调查先进集体（河南省审计厅）

2018年全省环境污染治理专项审计调查先进集体（河南省审计厅）

2019年全省“放管服”改革政策措施落实情况专项审计调查先进单位（河南省审计厅）

五十五、区科技局

2020年度全省科技市场工作先进单位（河南省科学技术厅）

五十六、区市场监督管理局

河南省文明单位（中共河南省委、河南省人民政府）

第三批省级食品安全示范区（河南省人民政府食品安全委员会）

河南省市场主体年报工作先进集体（河南省市场监督管理局）

2020年全省市场监管系统先进集体（河南省人力资源和社会保障厅、河南省市场监督管理局）

五十七、区事管局

全国2019—2020年节约型公共机构示范单位（国家机关事务管理局、中华人民共和国国家发展和改革委员会、中华人民共和国财政部）

全国文明单位（中央精神文明建设指导委员会）

五十八、区人防办

河南省人防系统“铸盾”形象先进集体（河南省人民防空办公室）

五十九、区爱卫办

2019年度郑州市“爱国卫生杯”金杯（郑州市人民政府）

2020年度郑州市“爱国卫生杯”铜杯（郑州市人民政府）

六十、区楼宇办

中国楼宇经济领军发展城区奖（中国楼宇经济全球合作大会）

六十一、郑州金水科教园区管委会

国家网络安全“高精尖”技术创新平台（中华人民共和国工业和信息化部）

河南省高新技术企业、高新区、特色产业基地统计工作先进单位（河南省科学技术厅）

河南省信息技术应用创新联盟、郑州市5G产业联盟、河南省区块链产业联盟、河南省人工智能产业创新发展联盟（河南省工业和信息化厅）

郑州市产业集聚区建设先进单位“两强”组团新区、“五快”专业园区（郑州市人民政府）

六十二、国家知识产权创意产业试点园区管委会

世界知识产权组织第三批技术与创新支持中心（世界知识产权组织、国家知识产权局）

河南省知识产权政务信息及宣传工作先进集体（河南省知识产权局）

郑州市“五快”专业园区（郑州市人民政府）

六十三、河南科技园区

2019年度三星级服务业“两区”称号（河南省服务业局）

六十四、区金达公司

2020年度防雷减灾工作先进

集体（河南省气象灾害预防技术中心）

六十五、区政务办

2019年度河南省五四红旗团支部（共青团河南省委）

2020年度综合政务督查工作典型经验做法（郑州市人民政府）

六十六、郑州市生态环境局金水分局

第二次全国污染源普查表现突出单位（国务院第二次全国污染源普查领导小组办公室）

2020年区人大常委会文件目录

金水区人民代表大会常务委员会关于补选张延明同志为金水区出席郑州市第十五届人民代表大会代表的报告

金人常〔2020〕1号

2020年1月15日

金水区人民代表大会常务委员会关于印发《金水区人大常委会2020年工作要点》的通知

金人常〔2020〕2号

2020年4月30日

金水区人民代表大会常务委员会关于确定2020年度向区人大常委会述职并接受评议的金水区选举产生的郑州市十五届人大代表的决定

金人常〔2020〕3号

2020年4月30日

金水区人民代表大会常务委员会关于批准金水区人民政府2020年政府投资项目年度计划的决议

金人常〔2020〕4号

2020年7月31日

金水区十三届人大常委会第二十七次会议关于批准金水区2019年度财政决算的决议

金人常〔2020〕5号

2020年7月31日

金水区十三届人大常委会第二十七次会议对区人民政府《关于金水区2020年上半年国民经济和社会发展计划执行情况的报告》的审议意见

金人常〔2020〕6号

2020年7月31日

金水区十三届人大常委会第二十七次会议对区人民政府《关于金水区2019年度财政决算和2020年上半年财政收支预算执行情况的报告》的审议意见

金人常〔2020〕7号

2020年7月31日

金水区十三届人大常委会第二十七次会议对区人民政府《关于金水区2019年度本级预算执行和其他财政收支的审计工作报告》的审议意见

金人常〔2020〕8号

2020年7月31日

金水区人民代表大会常务委员会任免名单

金人常〔2020〕9号

2020年7月31日

金水区十三届人大常委会第二十八次会议对区政府《关于金水区社区矫正工作开展情况的报告》的审议意见

金人常〔2020〕10号

2020年9月25日

金水区十三届人大常委会第二十八次会议对区政府《关于金水区城市管理工作情况的报告》的审议意见

金人常〔2020〕11号

2020年9月25日

金水区十三届人大常委会第二十八次会议对区人民政府《关于金水区对外开放招商引资工作情况的报告》的审议意见

金人常〔2020〕12号

2020年9月25日

金水区十三届人大常委会第二十八次会议关于区人民政府《关于金水区学前教育规范发展工作情况的报告》的审议意见

金人常〔2020〕13号

2020年9月25日

金水区人民代表大会常务委员会关于对2020年度人大代表优秀建议批评和意见进行表扬的通报

金人常〔2020〕14号

2020年11月30日

金水区人民代表大会常务委员会关于对2020年度办理代表议案建议批评和意见先进单位进行表扬的通报

金人常〔2020〕15号

2020年11月30日

金水区人民代表大会常务委员会关于对2019—2020年度优秀人大代表进行表扬的通报

金人常〔2020〕16号

2020年11月30日

金水区人民代表大会常务委员会任命名单

金人常〔2020〕17号

2020年11月30日

金水区人民代表大会常务委员会任命名单

金人常〔2020〕18号

2020年11月30日

金水区人民代表大会常务委员会任命名单

金人常〔2020〕19号

2020年11月30日

金水区人民代表大会常务委员会关于批准金水区人民政府调整2020年度财政收支预算的决议

金人常〔2020〕20号

2020年11月30日

金水区十三届人大常委会第二十九次会议对区人民法院《关于行政审判工作情况的报告》的审议意见

金人常〔2020〕21号

2020年11月30日

金水区十三届人大常委会第二十九次会议对区人民检察院《关于刑事执行检察工作情况的报告》的审议意见

金人常〔2020〕22号

2020年11月30日

金水区十三届人大常委会第二十九次会议对区人民政府《关于金水区楼宇经济工作情况的报告》的审议意见

金人常〔2020〕23号

2020年11月30日

金水区十三届人大常委会第二十九次会议对区人民政府《关于郑州市金水区国家知识产权创意产业试点园区工作情况的报告》的审议意见

金人常〔2020〕24号

2020年11月30日

金水区人民代表大会常务委员会关于补选张涛为市人大代表的报告

金人常〔2020〕25号

2020年12月23日

郑州市人民政府令

第223号

《郑州市地方志工作规定》业经2017年11月2日市人民政府第76次常务会议审议通过，现予公布，自2017年12月22日起施行。

市长　程志明

2017年11月21日

郑州市地方志工作规定

第一条　为了继承和发扬中华民族优秀文化传统，全面、客观、系统地编纂地方志，规范和加强地方志管理，科学、合理开发利用地方志资源，发挥地方志服务经济社会发展的作用，根据国务院《地方志工作条例》和《河南省地方志工作规定》，结合本市实际，制定本规定。

第二条　本市行政区域内地方志的组织编纂、管理、开发利用和宣传推广工作，适用本规定。

第三条　本规定所称地方志，是指市、县（市、区）、乡镇（街道）编纂的地方志书和地方综合年鉴。

地方志书，是指全面客观系统记述本行政区域自然、政治、经济、文化和社会的历史与现状的资料性文献。

地方综合年鉴，是指系统记述本行政区域自然、政治、经济、文化和社会等方面情况的年度资料性文献。

第四条　市、县（市、区）人民政府应当加强对本行政区域地方志工作的领导，将地方志工作纳入国民经济和社会发展规划、政府年度工作任务，所需经费列入本级财政预算。

第五条　市、县（市、区）地方史志编纂委员会由本级有关领导及相关部门负责人组成，负责本行政区域地方志工作的统筹规划、组织协调、督促指导。

市、县（市、区）地方史志工作机构在本级地方史志编纂委员会的领导下，主管本行政区域的地方志工作，负责对承担编纂任务的单位进行业务指导和督查。

第六条　市、县（市、区）地方史志工作机构应当根据省地方志编纂总体工作规划，拟定本行政区域地方志编纂工作规划，经本级人民政府批准后组织实施，并报上一级地方史志工作机构备案。

市、县（市、区）地方史志工作机构按照本行政区域地方志编纂工作规划制定编纂方案，确定编纂体例、编写分工、资料收集等内容。

第七条　以市、县（市、区）行政区域名称冠名的地方志书、地方综合年鉴，由本级地方史志工作机构组织编纂，其他组织和个人不得编纂。地方志书每二十年编纂一次，地方综合年鉴每年编纂一次，均应公开出版。

以乡镇（街道）行政区域名称冠名的地方志书、地方综合年鉴，由乡（镇）人民政府、街道办事处适时组织编纂。

第八条　按照编纂方案承担编纂任务的国家机关、人民团体、企事业单位和其他社会组织，应当将地方志工作列入年度工作计划，明确负责编纂工作的机构和人员，保障工作条件。

承担编纂任务的单位，应当在规定的时间内按照要求完成地方志初稿编纂任务，并对所编纂的地方志稿件的质量负责。

第九条　编纂地方志应当全面客观，存真求实。地方志书、地方综合年鉴应当观点正确、体例严谨、资料翔实、文风端正。

第十条　地方志编纂人员实行专兼职相结合。专职编纂人员应当具备相应的专业知识和文字能力，并可以依照国家规定参加专业技术职称评定。兼职编纂人员应当由有关方面专家、学者和其他适合从事地方志编纂的人员担任。专职兼职编纂人员应当经过地方志编纂业务培训。

科研单位、高等院校和其他组织应当支持科研人员、专家学者参与地方志编纂。

第十一条　地方志的编纂内容和过程应当公开。

地方史志工作机构应当广泛听取公民、法人和非法人组织对地方志编纂工作的意见、建议。

地方志的编纂内容涉及争议事项的，地方史志工作机构应当征求有关专家、学者或者单位的意见，提出修改方案，报本级人民政府审定。

第十二条　以市、县（市、区）行政区域名称冠名的地方志书，由本级地方史志工作机构组织评审，报上一级地方史志工作机构审查验收合格后，方可公开出版。乡镇（街道）志由乡（镇）人民政府、街道办事处组织评审，经县（市、区）地方史志工作机构审查验收合格后，方可公开出版。

以市、县（市、区）、乡镇（街道）行政区域名称冠名的地方综合年鉴，经本级人民政府批准后方可公开出版。

第十三条　已通过审查验收的地方志书和经批准的地方综合年鉴，未经审查验收机构或者批准机关同意，任何组织和个人不得擅自更改。

第十四条　地方志书、地方综合年鉴应当在出版后三个月内向上一级地方史志工作机构备案，并向市、县（市）方志馆无偿提供馆藏书。

第十五条　鼓励国家机关、人民团体、企事业单位和其他社会组织编纂部门志、行业志、专业志及相应年鉴。市、县（市、区）地方史志工作机构应当给予业务指导。

部门志、行业志、专业志及相应年鉴应当在出版后三个月内向本级地方史志工作机构备案。

鼓励有条件的村（社区）编纂村（社区）志书、年鉴。村（社区）志书、年鉴由乡（镇）人民政府、街道办事处负责组织评审，报县（市、区）地方史志工作机构审查验收。

第十六条　市、县（市、区）人民政府应当建立地方志资料年报制度和大事月报制度。

市、县（市、区）地方史志工作机构负责确定地方志资料年报和大事月报呈报单位，并根据工作需要进行调整。

第十七条　地方志资料年报和大事月报呈报单位，应当按照有关规定，向市、县（市、区）地方史志工作机构报送相关资料。

地方志资料年报呈报单位提供的地方志年报资料，应当包括主体资料、人物资料、专题资料、图片资料和附录资料等，资料内容应当客观真实、全面系统。

大事月报呈报单位提供的月报资料，应当包括自然、经济、政治、文化、社会等方面发生的月度大事、要事。

第十八条 市、县（市、区）地方史志工作机构可以向国家机关、人民团体、企事业单位和其他社会组织以及个人征集文字、图表、照片、音像、电子文本、实物等各种地情资料，有关单位和个人应当对所提供资料的真实性负责。

征集的资料应当由市、县（市、区）地方史志工作机构集中统一管理，妥善保存。

第十九条 市、县（市、区）地方史志工作机构应当将已出版的地方志通过网络、电视、广播、报刊等媒体向社会推介。

市、县（市、区）地方史志工作机构应当建立本级地情网站和地方志数据库，开拓社会用志途径。

公民、法人和非法人组织可以免费利用地情网站、数据库查阅地方志资料。

第二十条 市、县（市）人民政府应当建立方志馆，用于地方志和其他地情文献的收藏保护、展览展示、信息服务、宣传教育、文化交流等，并将其纳入本级公共文化服务体系，向社会免费开放。

鼓励单位和个人向方志馆捐赠地情资料。

第二十一条 在地方志工作中作出突出成绩和贡献的单位和个人，根据国家、省政府有关规定给予表彰和奖励。

地方志成果可以依照有关规定参与优秀社会科学成果评奖。

第二十二条 市、县（市、区）地方史志工作机构应当建立健全目标考核责任制度和督查通报制度，对本行政区域地方志工作进行考核和督查，并通报考核和督查情况。

第二十三条 违反本规定，有下列行为之一的，由本级人民政府地方史志工作机构督促限期改正；逾期不改正的，由本级人民政府通报批评：

（一）承担编纂任务的单位不按照规定完成编纂任务的；

（二）承担资料年报、大事月报任务的单位不按照规定完成任务的；

（三）擅自编纂、出版地方志书和地方综合年鉴的；

（四）未按规定将已出版的志书、年鉴报送备案的。

第二十四条 地方史志工作机构及其工作人员违反本规定，有下列行为之一的，由所在单位或者其他有权机关责令改正，对直接负责的主管人员和其他直接责任人员依法给予行政处分：

（一）故意在地方志编纂中加入虚假资料的；

（二）故意将征集的地方志资料和编写的地方志文稿据为己有的；

（三）将地方志稿作为个人著作发表的；

（四）地方志书和地方综合年鉴经审查验收合格后，擅自更改其内容的。

第二十五条 郑州航空港经济综合实验区、郑东新区、郑州经济技术开发区、郑州高新技术产业开发区等区域内地方志的组织编纂、管理、开发利用和宣传推广工作，由其管理委员会参照本规定执行。

第二十六条 市、县（市、区）地方史志工作机构应当将地方史编写纳入工作范畴，统一规划、统一管理。地方史的编写工作，参照本规定执行。

第二十七条 本规定自2017年12月22日起施行。

索 引

说 明

1. 本志索引采用主题分析法编制。

2. 全部标引词按首字的汉语拼音音序排列，同音字按声调排列，首字相同按第二字音序排列，以此类推。

3. 标引词后的阿拉伯数字表示内容所在的页码。

A

B

C

D

E

F

G

H

J

K

L

M

N

P

Q

R

S

T

Z